Beck'sche Reihe
BsR 1061

Dieses Lexikon des Widerstandes wendet sich an historisch interessierte Leser ebenso wie an Studenten, Lehrer und Wissenschaftler. Mit über 300 biographischen Personenartikeln eröffnet es neue Zugänge zur lebensgeschichtlichen Vielfalt des Widerstandes. Sachartikel zeigen, welche grundsätzlichen Dimensionen die Widerstandsgeschichte in den vergangenen dreißig Jahren erschlossen hat. Großer Wert wurde von den Herausgebern auf die europäischen Dimensionen des Widerstandes gelegt – nicht aus einer modischen Orientierung auf Europa, sondern um deutlich zu machen, daß die Überwindung der nationalsozialistischen Besatzungs- und Gewaltherrschaft ein Ziel europäischer Politik war und die Nachkriegsentwicklungen tief beeinflußt hat. Knappe Literaturhinweise sollen die vertiefte Weiterarbeit erleichtern.

Peter Steinbach ist Professor für Politikwissenschaft an der Freien Universität Berlin und wissenschaftlicher Leiter der Gedenkstätte Deutscher Widerstand. *Johannes Tuchel*, Dr. phil., ist Leiter der Gedenkstätte Deutscher Widerstand. Beide haben zahlreiche Veröffentlichungen zur Geschichte des Widerstandes vorgelegt und gehören zu den herausragenden Wissenschaftlern auf ihrem Gebiet.

Lexikon des Widerstandes 1933–1945

Herausgegeben von
Peter Steinbach und Johannes Tuchel

Unter Mitarbeit von Ursula Adam,
Hans Coppi, Klaus Drobisch,
Norbert Haase und Sylvia Rogge-Gau

VERLAG C.H.BECK MÜNCHEN

Die Deutsche Bibliothek – CIP-Einheitsaufnahme

Lexikon des Widerstandes 1933–1945 / hrsg. von Peter Steinbach und Johannes Tuchel. – Orig.-Ausg. – München : Beck, 1994
(Beck'sche Reihe ; 1061)
ISBN 3 406 37451 4
NE: Steinbach, Peter [Hrsg.]; GT

Originalausgabe
ISBN 3 406 37451 4

Umschlagbilder (von links oben):
Otto Hampel, Liselotte Herrmann (mit Sohn Walter),
Sophie Scholl, Claus Schenk Graf von Stauffenberg
Umschlagentwurf: Uwe Göbel, München
Fotos: Gedenkstätte Deutscher Widerstand, Berlin

Satz: Fotosatz Otto Gutfreund GmbH, Darmstadt
Druck und Bindung: C. H. Beck'sche Buchdruckerei, Nördlingen
Gedruckt auf säurefreiem, aus chlorfrei gebleichtem
Zellstoff hergestelltem Papier
Printed in Germany

Inhalt

Vorwort

„Ich möchte, daß man weiß, daß es keinen namenlosen Helden gegeben hat" – kaum eine andere Vorbemerkung kann besser als dieser Satz aus den letzten Aufzeichnungen des tschechischen Widerstandskämpfers Julius Fučík die Absicht charakterisieren, die wir mit der Veröffentlichung des Lexikons zur Widerstandsgeschichte verfolgen. Daß gerade die lebensgeschichtliche Dimension das Verständnis des Widerstands in seiner ganzen Vielfältigkeit, aber auch Einsamkeit, in seiner Hoffnung und Verzweiflung, in seinem Optimismus und seinem Versagen zu vertiefen vermag – diese Überzeugung zeichnete bereits in den fünfziger Jahren die eindringlichen Versuche von Ricarda Huch, Walter Hammer und Günther Weisenborn, von Annedore Leber und Karl Dietrich Bracher, von Margret Boveri und Hermann Graml aus. Sie haben versucht, in Lebensskizzen Dimensionen einer Entscheidung deutlich werden zu lassen, die die Zeitgenossen nur selten verstanden und deren Voraussetzungen sich die Nachgeborenen immer neu zu vergewissern haben.

Hinderlich bei jedem Versuch der Aneignung waren oftmals Verengungen des Blicks, der auf eine bewußte Einseitigkeit der Traditionsbildung zielte und damit nicht selten gerade das aus dem Bewußtsein zu verdrängen drohte, was die große Leistung des Widerstands war: über die historisch oft fest gewachsenen Grenzen und Frontstellungen der Konfessionen und Traditionen, der Milieus und Werte, der lebensgeschichtlichen Prägungen und politischen Lagerbildungen hinauszugreifen. Wer sich für den Widerstand interessierte, konzentrierte sich häufig auf diejenigen Persönlichkeiten, die den eigenen Überzeugungen nahestanden. So ging der Wille zur Auseinandersetzung mit dem Regimegegner aus anderen Traditionen, zur Annäherung an die Vielzahl der Wege in den Widerstand und an die Pluralität der Widerstandswirklichkeiten verloren.

Begünstigt wurde diese Entwicklung durch Bestrebungen, das

Erbe des Widerstandes für die Festigung neuer Traditionen zu nutzen, deren Deutschland nach dem Untergang des Dritten Reiches bedurfte. Das „andere Deutschland" bot sich dafür besonders an, weil es geeignet war, der Welt vor Augen zu rücken, daß nicht alle Deutschen Nationalsozialisten waren. Die deutsche Teilung und der Kalte Krieg förderten allerdings die Neigung, Exklusivitäten zu formulieren – und dies hieß: auszugrenzen –, denn der in jeweils einem der deutschen Teilstaaten geehrte Widerstand hatte es schwer, im anderen Anerkennung zu finden. Hinzu kam, daß jeder Versuch, staatlich verbindliche Traditionen zu stiften, in pluralistischen Gesellschaften Widerspruch hervorruft, der in der Regel dazu führt, daß man nicht allein die Methoden der geschichtspolitisch motivierten Erinnerung kritisiert, sondern diejenigen in den Zweifel der Mitlebenden zu stellen sucht, auf die sich das offizielle Erinnern beruft. So kam es in den sechziger Jahren zu Blockaden der Wahrnehmung, zu einer vielfältigen Aufspaltung der Erinnerung und der Weigerung, das nachzuvollziehen, was der Widerstand verkörpert hatte: über Gegensätze vielfältiger Art hinweg Gemeinsamkeit zu finden und aus einer Gesamtverantwortung für Mitmenschen, Überzeugungen und Nation zu handeln.

Mit den über dreihundert biographischen Skizzen unseres Lexikons sollen neue Zugänge zur lebensgeschichtlichen Vielfalt des Widerstandes eröffnet werden. Dabei werden Angehörige aller Gruppierungen vorgestellt. Die Personenartikel ermöglichen nicht nur einen biographischen Überblick, sondern sie zeigen die Motivationen des Widerstands und machen so deutlich, wie unterschiedlich „Wege in den Widerstand" sein konnten. Dies bedeutet heute, daß wir jede Opposition gegen den Nationalsozialismus außerordentlich differenziert würdigen müssen und erst vor dem Hintergrund ganz konkreter Erfahrungen, Herausforderungen und Hoffnungen analysieren können. Sachartikel sollen erklären helfen, welche grundsätzlichen Dimensionen die moderne Widerstandsgeschichte in den vergangenen dreißig Jahren erschlossen hat – bis hin zur aktiven Regimegegnerschaft aus dem Exil oder aus der Kriegsgefangenschaft, aus den Gefängnissen oder zu der im Alltag bewiesenen Zivilcourage, die sich am Leitbild des stellvertretenden mitmenschlichen Handelns orientierte. Diese Artikel sollen in gewiß zuweilen als problematisch empfundener Kürze über die wesentlichen organisatorischen und theoretischen Grundlagen des Widerstands gegen den Nationalsozialismus informieren. Sie sollen grundsätzlich in thematische Zusammenhänge einführen und Zusammenhänge zwischen den einzelnen Regimegegnern, den geistigen Strömungen der Zeit und den weltanschaulichen Grundlagen des Widerstands aufzeigen. Großer Wert wurde weiterhin auf die europäischen Dimensionen des Widerstands gelegt, um deutlich zu machen, daß die Überwindung der nationalsozialistischen Besatzungs- und Gewaltherrschaft ein Ziel europäischer Politik war und die Nachkriegsentwicklungen tief beeinflußt hat. Zugleich wird dadurch erkennbar, wie wichtig die Auseinandersetzung der Deutschen mit dem Widerstand gegen den NS-Staat für ihre Rückkehr in den Zusammenhang der europäischen Politik war. Knappe Literaturhinweise sollen die vertiefte Weiterarbeit erleichtern, aber auch deutlich machen, daß das hier vorgelegte Unternehmen ohne die Vorstudien, die in verschiedenen widerstandsgeschichtlichen biographischen Sammlungen veröffentlicht worden sind, nicht realisierbar gewesen wäre. Zu erwähnen ist an dieser Stelle allerdings auch, daß im Zuge der Arbeit an der ständigen Ausstellung „Widerstand gegen den Nationalsozialismus" in der Gedenkstätte Deutscher Widerstand Berlin viele Schicksale der Widerstandskämpfer und Regimegegner erforscht werden konnten. Allein auf der Grundlage dieser Vorarbeiten konnten viele der hier veröffentlichten biographischen Artikel geschrieben werden.

Dieses Buch wurde an der Forschungsstelle Widerstandsgeschichte erarbeitet, die mit Mitteln der Volkswagen-Stiftung 1993 an der Freien Universität Berlin, Fachbereich Politische Wissenschaft, Abt. Historische Grundlagen der Politik, und der Gedenkstätte Deutscher Widerstand eingerichtet wurde. Artikel von Mitarbeitern der Forschungsstelle wurden namentlich mit einem Kürzel gekennzeichnet (A. = Dr. Ursula Adam, C. = Dr. Hans Coppi, D. = Dr. Klaus Drobisch, H. = Dr. Norbert Haase, R. = Sylvia Rogge-Gau). Die anderen Artikel stammen von den Herausgebern.

Wir möchten an dieser Stelle allen für die gute Zusammenarbeit danken, nicht zuletzt Herrn Dr. Detlef Felken aus dem Beck-Verlag, der dieses Lexikon geduldig und vertrauensvoll begleitet hat. Wir hoffen, daß es dazu beiträgt, die Vielfältigkeit und auch Widersprüchlichkeit des Widerstands als Herausforderung für die eigenen Positionen zu akzeptieren. Vielleicht läßt sich auf diese Weise die Hoffnung des Jesuitenpaters Alfred Delp erfüllen, der vor seinem Tode schrieb: „Bei der Begegnung mit uns muß man spüren, daß wir uns weder überflüssig noch unterlegen wissen...“

Berlin, im Februar 1994 Peter Steinbach/Johannes Tuchel

Abshagen, Robert (12.1. 1911–10.7. 1944). Nach einer kaufmännischen Lehre arbeitete A. bei Versicherungsgesellschaften, später auf dem Bau und als Seemann. 1931 der KPD beigetreten, war er zuerst zwischen Oktober 1933 und Januar 1934 inhaftiert, wurde im September 1934 erneut verhaftet und im November 1934 zu zweieinhalb Jahren Zuchthaus verurteilt. Kurz nach der Haftentlassung wurde er in das KZ Sachsenhausen eingewiesen und im Krankenrevier eingesetzt. Im April 1939 aus dem KZ entlassen, knüpfte er Kontakte zu Oskar ↑Reincke und Bernhard ↑Bästlein. Zusammen mit diesen beiden und Franz ↑Jacob bildete er bis Frühjahr 1942 die Leitung der Widerstandsorganisation um Bernhard Bästlein, zog sich aber im Frühsommer 1942 nach Meinungsverschiedenheiten etwas von der illegalen Arbeit zurück. Im Oktober 1942 verhaftet, wurde er im Mai 1944 vom Volksgerichtshof zum Tode verurteilt und in Hamburg hingerichtet.

Lit.: K. Bästlein: „Hitlers Niederlage ist nicht unsere Niederlage, sondern unser Sieg!" – Die Bästlein-Organisation. Zum Widerstand aus der Arbeiterbewegung in Hamburg und Nordwestdeutschland während des Krieges. In: B. Meyer, J. Szodrzynski (Hrsg.): Vom Zweifel und Weitermachen. Fragmente der Hamburger KPD-Geschichte. Hamburg 1988.

Adlhoch, Johann (29.1. 1884–21.5. 1945). Als Siebzehnjähriger schloß sich A. 1901 dem Christlichen Holzarbeiter-Verband an und war seit 1910 Arbeitersekretär in Weilheim, seit 1919 in Augsburg, danach Diözesansekretär der katholischen Arbeitervereine. 1925 war er Vizepräsident des Deutschen Katholikentages. Zwischen dem 26. Juni und dem 5. Juli 1933 war A. erstmals, Ende April 1934 erneut und im März 1935 zum dritten Male inhaftiert. Nach dem Anschlag vom ↑20. Juli 1944 verhaftete die Gestapo A. schließlich zum vierten Male. Am 19. September 1944 wurde er in das KZ Dachau eingeliefert, wo er zehn Jahre zuvor bereits schwer mißhandelt worden war. Am 26. April 1945 begann für 7000 Häftlinge – unter ihnen A. – der Todesmarsch in das Ötztal. Die geschwächten Gefangenen waren den Strapazen nicht mehr gewachsen; Hunderte starben. Nahe von Bad Tölz wurden die Häftlinge von US-Truppen befreit. A. war völlig entkräftet und starb in einem Münchener Lazarett an den Haftfolgen.

Lit.: J. Fuchs u.a. (Hrsg.): Christus! – nicht Hitler. Zeugnis und Widerstand von Katholiken in der Diözese Augsburg zur Zeit des Nationalsozialismus. St. Ottilien 1984.

Aktionseinheit, oft auch als Einheitsfront bezeichnet. Basierend auf Erfahrungen in sozialen und politischen Auseinandersetzungen in der Weimarer Republik bildeten sich lange vor 1933 in Gemeinden und Städten mehr oder weniger stabile Verbindungen zwischen Kommunisten, Sozialdemokraten und parteilosen Arbeitern, um sich gemeinsam gegen NS-Angriffe zu verteidigen. An den Spitzen von KPD und SPD verhinderten unterschiedliche Konzeptionen und Ziele eine A. Neben dem Hauptziel nach 1933, die Diktatur zu stürzen und den nach Ansicht vieler drohenden Krieg zu verhindern, waren die Betätigungsfelder der an der A. Beteiligten, Hilfen für Verfolgte und deren Familien zu organisieren, gegenseitige Unterstützung und Zusammenhalt in Betrieben, in Haftanstalten und Konzentrationslagern, aber auch im Exil und bei den Internationalen Brigaden in Spanien zu gewährleisten. Vorwiegend kam die A. an der Basis, z. T. auch auf mittlerer Ebene zustande, oft erst nach harten Debatten über die Ursachen, die zum NS-Regime geführt hatten, und über politische Streitfragen. So scheiterten etwa Vereinbarungen der Parteispitzen wie beim Treffen von Franz Dahlem und Walter Ulbricht als Vertreter der KPD mit Friedrich Stampfer und Hans ↑Vogel von der SPD-Führung in Prag am 23. November 1935. Vor allem die KPD propagierte die A., explizit auf ihren Konferenzen vom Oktober 1935 und Januar/Februar 1939, sowie auf der internationalen Ebene die Kommunistische Internationale bei ihrem 7. Weltkongreß im September und Oktober 1935. Die A. hatte eine sich weit über die Arbeiterbewegung hinaus erstreckende ↑Volksfront zum Ziel, die allerdings lediglich partiell erreicht wurde. *D.*

Andersch, Alfred (4. 2. 1914–21. 2. 1980). A. wurde als Funktionär des KJVD in Bayern nach dem Reichstagsbrand 1933 im KZ Dachau inhaftiert. Bis zu seiner Einberufung zur Wehrmacht 1940 arbeitete er als Büroangestellter in München und Hamburg. 1941 wurde er vorübergehend aus der Armee entlassen. Nach der erneuten Einberufung 1943 desertierte er am 6. Juni 1944 in Italien und lief zu den Amerikanern über. In der amerikanischen Kriegsgefangenschaft leistete der junge Schriftsteller einen entscheidenden Beitrag zum Aufbau einer demokratischen Kulturzeitschrift. A. gehörte zu den Mitbegründern der „Gruppe 47" und setzte sich in seinem literarischen Werk immer wieder mit Problemen der NS-Herrschaft, des Krieges und des Widerstandes auseinander. In der Bundesrepublik engagierte er sich gegen die Wiederbewaffnung und nahm häufig kritisch zu aktuellen Zeitfragen Stellung. Seine Erfahrungen als Deserteur verdichtete er 1952 in dem literarischen Bericht „Die Kirschen der Freiheit". 1958 siedelte Andersch in die Schweiz über, wo er 1980 starb.

Lit.: St. Reinhardt: Alfred Andersch. Eine Biographie. Zürich 1990. *H.*

Antinazistische Deutsche Volksfront. Bereits 1937 vervielfältigten in München Karl Zimmet und Rupert Huber erste Flugblätter gegen den Nationalsozialismus und verstärkten diese Tätigkeit zusammen mit Hans und Emma Hutzelmann nach dem deutschen Überfall auf die Sowjetunion 1941. Die Münchener Gruppe arbeitete mit anderen regionalen Kreisen zusammen, vor allem mit der Münchener Widerstandsorganisation von Zwangsarbeitern und Kriegsgefangenen, der Organisation „Brüderliche Zusammenarbeit der Kriegsgefangenen" (BSW). Die Bezeichnung A. war zugleich die Unterschrift unter ihrem zwölften und letzten Flugblatt vom April 1943. Im Herbst 1943 wurden vor allem interne Schriften wie

„Der Wecker" und „Leit- und Merkpunkte" über die Ziele der künftigen Widerstandsaktionen hergestellt und diskutiert. Der Kontakt zur BSW lief vor allem über das Ehepaar Hutzelmann. Für die Kriegsgefangenen wurden Lebensmittel und Kleidung organisiert und Nachrichten weitergegeben, auch durch den tschechischen Chemiker Karel Mervart. Durch Gestapo-Spitzel wurde die BSW im Herbst 1943 aufgedeckt; mehr als 90 ihrer Mitglieder wurden im KZ Dachau erschossen. Im Januar 1944 begannen die Verhaftungen von Mitgliedern der A. Der VGH verurteilte am 8. Dezember 1944 Hans Hutzelmann, Huber und Mervart zum Tode. Sie wurden am 15. Januar 1945 im Zuchthaus Brandenburg-Görden hingerichtet. Emma Hutzelmann konnte untertauchen und starb bei einem Luftangriff; Zimmet täuschte eine Geisteskrankheit vor und konnte überleben.

Lit.: J. A. Brodskij: Im Kampf gegen den Faschismus. Sowjetische Widerstandskämpfer in Hitlerdeutschland 1941–1945. Berlin (Ost) 1975. – H. Bretschneider: Der Widerstand gegen den Nationalsozialismus in München. München 1968.

Armster, Otto (11. 7. 1891–21. 9. 1957). A., als Oberst ab April 1944 Leiter der Abwehrstelle Wien, hatte seit 1939 Kontakte zum Widerstandskreis in der Abwehr unter Admiral Wilhelm Canaris, mit dem er befreundet war. A. arbeitete hier mit Georg Alexander Hansen, Hans ↑Oster und Ludwig ↑Gehre zusammen und traf sich mehrfach mit Hermann ↑Kaiser, einem Vertrauten von General Friedrich ↑Olbricht. Die Verschwörer sahen A. als Verbindungsoffizier im Wehrkreis XVIII (Salzburg) vor. Am 23. Juli 1944 in Wien verhaftet, wurde er nach Berlin gebracht und bis zu seiner Befreiung am 25. April 1945 im Zellengefängnis Lehrter Straße festgehalten. Am 15. Mai 1945 wurde A. vom sowjetischen NKWD festgenommen und in die Sowjetunion verschleppt, von wo er erst 1955 zurückkehrte.

Lit.: L. Jedlicka: Der 20. Juli 1944 in Österreich. Wien und München 1965.

Attentate auf Hitler. Lange Zeit vor dem Anschlag vom 20. Juli 1944 planten Gegner des nationalsozialistischen Regimes, Hitler zu töten. Insgesamt sind über vierzig solcher Versuche bekannt. Die meisten Attentate scheiterten an den strengen Sicherheitsmaßnahmen und an technischen Schwierigkeiten. Hitler wurde von seiner Leibwache, dem „Reichssicherheitsdienst", scharf bewacht. Im November 1938 versuchte der junge Schweizer Maurice ↑Bavaud, Hitler mit einer Pistole zu erschießen. Im entscheidenden Augenblick verstellten Passanten das Schußfeld. Zu Beginn des Zweiten Weltkrieges kam jedoch Johann Georg ↑Elser seinem Ziel bereits sehr nahe. Er konnte im Münchener Bürgerbräukeller eine selbstgebaute Zeitbombe zünden. Nach diesem Attentat wurden die Schutzmaßnahmen weiter verschärft. Während des Krieges mied Hitler schließlich fast jede Begegnung mit der Öffentlichkeit. Nur wenige derjenigen, die zum Attentat bereit waren, konnten noch in die unmittelbare Nähe Hitlers gelangen. Henning von ↑Tresckow versuchte 1943 zusammen mit seinem Adjutanten Fabian von Schlabrendorff ein Attentat. Sie gaben einem Begleitoffizier Hitlers auf dem Rückflug vom Hauptquartier der Heeresgruppe Mitte ein Päckchen mit einer als Cognacflasche getarnten Bombe mit, deren Zünder jedoch versagte. Rudolf Freiherr von Gersdorff versuchte im März 1943, Hitler und Göring beim Besuch einer Beutewaffenausstellung im Berliner Zeughaus mit einer Bombe zu töten. Der unvorhersehbar kurze Aufenthalt Hitlers machte das Attentat unmöglich. Auch der Versuch von Axel Freiherr von dem Bussche, sich gemeinsam mit dem verhaßten Diktator in die Luft sprengen, scheiterte an einer schweren Verwundung von dem Bussches kurz vor dem geplanten Anschlag. Erst am 20. Juli 1944 kam es zu einem erneuten A., als es Claus Schenk Graf von ↑Stauffenberg gelang, in der Lagebaracke des Führerhauptquartiers Wolfschanze einen Sprengkörper zu zünden. Hitler überlebte auch dieses Attentat.

Lit.: P. Hoffmann: Die Sicherheit des Diktators. Hitlers Leibwachen, Schutzmaßnahmen, Residenzen, Hauptquartiere. München und Zürich 1975.

Auer, Judith (**19. 9. 1905–27. 10. 1944**). J. Vallenthin, älteste von vier Geschwistern, wuchs in Berlin auf und verlor 1918 ihre Eltern. Jüdische Verwandte der Familie ermöglichten ihr den Besuch eines Lyzeums und ein Musikstudium, das sie 1926 abbrechen mußte, um ihren Lebensunterhalt als Stenotypistin zu verdienen. Bereits als Studentin hatte sie sich dem KJVD angeschlossen und 1925 die Organisationsleitung einer Weddinger Gruppe übernommen. 1927 trat sie der KPD bei und folgte 1928 ihrem Mann, Erich A., einem Funktionär der Kommunistischen Jugendinternationale, für ein Jahr nach Moskau. Sie arbeitete seit 1937 als Einkäuferin im Kabelwerk Oberspree und beteiligte sich trotz der Gefahren für ihre 1929 geborene Tochter an verschiedenen Widerstandsaktionen. A. war mit Aenne Saefkow, der Frau von Anton ↑Saefkow, befreundet, in dessen Widerstandsorganisation sie 1941 einbezogen wurde. Franz ↑Jacob fand nach seiner Flucht aus Hamburg bei ihr Quartier. Ihre Wohnung in Bohnsdorf diente als Treffpunkt für die Leitung der Gruppe. Sie sammelte Lebensmittelkarten, Geld und Lebensmittel für illegal Lebende und hielt Verbindungen zur Widerstandsgruppe um Theodor ↑Neubauer in Thüringen. Im Juli 1944 wurde A. verhaftet, vom VGH zum Tode verurteilt und in Berlin-Plötzensee hingerichtet.

Lit.: G. Nitzsche: Die Saefkow-Jacob-Bästlein-Gruppe. Dokumente und Materialien des illegalen antifaschistischen Kampfes (1942–1945). Berlin 1957. C.

Aufstand in Auschwitz-Birkenau. Die Häftlinge des Sonderkommandos in Auschwitz-Birkenau, die zur Arbeit in den Krematorien und Gaskammern des Vernichtungslagers gezwungen wurden, entschlossen sich Anfang Mai 1944 nach dem Beginn der Massenvergasungen ungarischer Juden zum Widerstand. Aufstandspläne des Sonderkommandos in den Monaten Juni, August und September scheiterten an der abwartenden Haltung der Kampfgruppe Auschwitz., d.h. der zentralen multinationalen Widerstandsorganisation, der größtenteils politisch organisierte Nichtjuden angehörten. Mit dem von vier jüdischen polnischen Zwangsarbeiterinnen aus den Metall-Union-Werken herausgeschmuggelten Sprengstoff konnten heimlich Granaten für den Aufstand hergestellt werden. Rosa Robota, die die Verbindung zwischen dem Sonderkommando und den Arbeiterinnen herstellte, sowie Esther Wajcblum waren maßgeblich an dieser Aktion beteiligt. Als Anfang Oktober 300 Häftlinge des Sonderkommandos selektiert, d.h. getötet werden sollten, entschlossen sie sich zum Alleingang. Da die SS diesen Aufstand vom 7. Oktober 1944 sofort niederschlug, blieb er auf in zwei Krematorien untergebrachte Sonderkommandos beschränkt. Ein Erfolg für die Aufständischen war die Zerstörung des Krematoriums IV. Nach dem Aufstand lebten von 663 Häftlingen des Sonderkommandos nur noch 212. Die jungen Frauen, die den Sprengstoff geschmuggelt hatten, wurden von der SS gefaßt und am 5. Januar 1945 in Auschwitz-Birkenau gehenkt.

Lit.: H. Langbein: Menschen in Auschwitz. Wien 1972. – F. Müller: Sonderbehandlung. München 1979. *R.*

Aufstand im Warschauer Ghetto. Das Warschauer Ghetto lag im Norden der Stadt, wurde im Herbst 1940 errichtet und war von einer Mauer umgeben. Im April 1943 lebten nur noch 60000 Juden im Ghetto. Über 300000 Juden waren hier bereits umgekommen oder in das Vernichtungslager Treblinka deportiert worden. Eine erste bewaffnete Auseinandersetzung vom 18. Januar 1943 zwischen jüdischen Ghettokämpfern und der SS, die die Deportationen wiederaufnehmen wollte, bewirkte die vorläufige Einstellung der Deportationen am 22. Januar. Die Aufständischen nutzten die Zeit zur Vorbereitung des A., indem sie sich erneut durch Kontakte zur polnischen Widerstandsbewegung Waffen beschafften. Die jüdische Bevölkerung baute geeignete Keller als Bunker aus. Der A., der vom 19. April bis zum 16. Mai 1943 dauerte, wurde von jungen polnischen Juden durchgeführt, die sich im Laufe des Jahres 1942 zur Jüdischen Kampforganisation, der Żydowska Organizacja Bojowa (ŻOB), zusammengeschlossen hatten. Ihre Führungsmitglieder, so der Kommandeur Mordechai Anielewicz und Yitzhak Zuckermann, waren politisch organisiert als Mitglieder der zionistischen Jugendorganisation Haschomer Hazair. Andere Mitglieder des Leitungsstabes, wie Marek Edelman, gehörten dem Bund an, der sich als Teil der sozialistischen Arbeiterbewegung verstand. Als die SS am 19. April ins Ghetto kam, um Deportationen durchzuführen, wurde sie mit einer bewaffneten Kampftruppe konfrontiert, die sie zum kurzfristigen Rückzug zwang. Der Chronist des Ghettokampfes, der jüdische Historiker Emanuel Ringelblum, berichtete, daß die jüdischen Kämpfer sich ihres aussichtslosen Kampfes bewußt waren, „doch die nationale Ehre gebot den Juden, Widerstand zu leisten und nicht zuzulassen, wehrlos zur Schlachtbank geführt zu werden".

Lit.: M. Edelman: Das Ghetto kämpft. Berlin 1993. – E. Ringelblum: Ghetto Warschau. Tagebuch aus dem Chaos. Stuttgart 1967. *R.*

Auslandskontakte. Der deutsche Widerstand gegen Hitler wurde im Ausland niemals als eigenständige Kraft und ernstzunehmender Verhandlungspartner anerkannt. Die Geschichte der Verbindungen zwischen der deutschen Opposition und den Regierungen in London, Washington und Moskau spiegelt mangelnde Aufgeschlossenheit, wachsendes Unverständnis, aber auch vielfach fehlenden Wirklichkeitssinn der beteiligten Gesprächspartner. Seit Mitte der dreißiger Jahre versuchten einzelne Regimegegner aus dem Umkreis von Carl ↑Goerdeler, Ludwig ↑Beck und Ulrich von ↑Hassell, Gesprächspartner im Ausland über die Folgen nationalsozialistischer Außenpolitik zu informieren. Sie versuchten zugleich, ein eigenständiges außenpolitisches Programm des Widerstands zu entwickeln, welches vor allem der Verhinderung eines Krieges dienen sollte. Nach 1938 rückten unterschiedliche außenpolitische Vorstellungen in den Vordergrund und zeigten, daß im Widerstand um eine grundlegende Neuorientierung – die Annäherung an den Westen oder die stärkere Zusammenarbeit mit dem Osten – gerungen wurde. Im Verlauf des Krieges und vor allem nach den schweren Niederlagen der Wehrmacht bei Stalingrad im Winter 1942/43 rückte die Frage nach einem raschen Friedensschluß und nach der Wiedergutmachung begangenen Unrechts in den Mittelpunkt vieler Gespräche. Auch die Bedeutung eines besiegten Deutschland für Europa sollte in den außenpolitischen Neuordnungsdiskussionen geklärt werden. Immer wichtiger wurde jedoch die Notwendigkeit, im Ausland Kenntnisse von der Existenz einer deutschen Opposition und ihrer politischen Vorstellungen zu vermitteln. Mehrfach trafen Mitarbeiter des Amtes Ausland/Abwehr wie Dietrich ↑Bonhoeffer, aber auch einzelne Vertreter der deutschen Widerstandsbewegung wie Josef ↑Müller mit Verbindungsleuten der Alliierten im neutralen Ausland zusammen, um die Möglichkeit von Friedensverhandlungen zu erörtern. Den Anschlag vom ↑20. Juli 1944 begriffen die ausländischen Regierungen zunächst nicht in seiner ganzen Bedeutung. Ihre Zurückhaltung wurde durch das wichtigste Kriegsziel der Alliierten bestimmt: die bedingungslose Kapitulation Deutschlands. So fühlten sich die Gegner Hitlers auch vom Ausland in ihrem Kampf allein gelassen. Erst nach 1945 wurde deutlich, daß sie sich in ihren Bemühungen und Diskussionen bereits den Grundfragen künftiger deutscher Außenpolitik gestellt haben.

Lit.: M. Thielenhaus: Zwischen Anpassung und Widerstand. Deutsche Diplomaten 1938–1941. Die politischen Aktivitäten der Beamtengruppe um Ernst von Weizsäcker. Paderborn 1984. – U. v. Hassell: Die Hassell-Tagebücher 1938–1944. Aufzeichnungen vom Anderen Deutschland. Hrsg. von Friedrich Freiherr Hiller von Gaertringen. Berlin 1988.

Bästlein, Bernhard (3. 12. 1894–18. 9. 1944). B. wuchs in einer sozialdemokratischen Hamburger Arbeiterfamilie auf und wurde Feinmechaniker. 1912 trat er dem Metallarbeiterverband und der SPD bei. Nach der

Rückkehr aus dem Krieg wurde er in einen Soldatenrat gewählt, wechselte mit dem linken Flügel der USPD 1920 zur KPD und emigrierte nach seiner Teilnahme an der kommunistischen „März-Aktion“ in Hamburg 1921 in die Sowjetunion. 1923 kehrte B. zurück, war zunächst Redakteur bei der Dortmunder „Westfälischen Arbeiterzeitung“ und anschließend bis 1931 in verschiedenen Redaktionen kommunistischer Blätter tätig. 1931 wurde er als politischer Leiter des KPD-Bezirks Mittelrhein eingesetzt, 1932 in den Preußischen Landtag und bei den Märzwahlen des Jahres 1933 in den Reichstag gewählt. Daraufhin im Mai 1933 verhaftet, erfolgte nach der Verbüßung einer Zuchthausstrafe 1936 seine Einlieferung zunächst in das KZ Esterwegen. Nach der Entlassung aus dem KZ Sachsenhausen im April 1940 fand er Arbeit als Feinmechaniker und nahm erneut Kontakt zu Gesinnungsfreunden auf, die er aus früherer Zeit oder aus der KZ-Haft kannte. Zusammen mit Oskar ↑Reincke, Franz ↑Jacob und Robert ↑Abshagen baute er systematisch eine hierarchisch gegliederte Widerstandsorganisation vor allem in Hamburger Betrieben und Werften auf, zu der über 50 Betriebsgruppen gehörten. B. wurde im Oktober 1942 an seiner Arbeitsstelle festgenommen und bei einem Fluchtversuch angeschossen. Zuerst in Hamburg-Fuhlsbüttel, später in Berlin-Plötzensee inhaftiert, gelang ihm nach einem Luftangriff am 30. Januar 1944 die Flucht. Er fand Anschluß an die kommunistische Widerstandsgruppe um Franz ↑Jacob und Anton ↑Saefkow und wurde im Mai 1944 Mitglied ihrer Berliner Leitungsgruppe. Am 30. Mai 1944 erneut verhaftet, wurde B. am 5. September 1944 zum Tode verurteilt und in Brandenburg-Görden hingerichtet.

Lit.: K. Bästlein: „Hitlers Niederlage ist nicht unsere Niederlage, sondern unser Sieg!“ – Die Bästlein-Organisation. Zum Widerstand aus der Arbeiterbewegung in Hamburg und Nordwestdeutschland während des Krieges. In: B. Meyer, J. Szodrzynski (Hrsg.): Vom Zweifel und Weitermachen. Fragmente der Hamburger KPD-Geschichte. Hamburg 1988.

Bästlein-Organisation. Im norddeutschen Raum bildete sich 1941 eine eigenständige kommunistische Widerstandsorganisation um die Hamburger Arbeiter Bernhard ↑B., Oskar ↑Reincke und Franz ↑Jacob. Die meisten Mitglieder der B. gehörten schon vor 1933 der KPD an und wurden durch die gemeinsamen Erfahrungen in nationalsozialistischen Gefängnissen, Zuchthäusern und Konzentrationslagern geprägt. Ende 1941 entwarf B. einen Organisationplan für die Gruppe. Jedem „Leiter“ standen „Mitarbeiter“ zur Seite. Die „Industriegruppen“ wurden in der Regel von einzelnen Personen geführt. Sie hielten die Verbindung zur „zentralen Leitung“, dem „Dreierkopf“ (B., Reincke, Jacob). 1942 entstand eine Betriebszellenorganisation, deren Schwerpunkt die Hamburger Werften bildeten. Es wurde verdeckt am Arbeitsplatz Propaganda gegen das NS-Regime gemacht, in der Rüstungsindustrie wurden einzelne Sabotageakte verübt. Vor allem aber unterstützten die Hamburger Widerstandskämpfer ausländische Zwangsarbeiter und sowjetische Kriegsgefangene, indem sie ihnen Lebensmittel und Kleidungsstücke zusteckten. Über die lokalen Zellen war jedes Mitglied der Leitung informiert. Die Verantwortung für die überörtlichen Kontakte und Einzelverbindungen wurden hingegen aufgeteilt, um die Gefahr der Aufdeckung der Gesamtorganisation zu verringern. Es bestanden auch Verbindungen nach Flensburg, Kiel, Lübeck, Rostock und Bremen. Große Bedeutung erlangte der Kontakt zu Wilhelm ↑Guddorf in Berlin, einem Angehörigen der ↑Roten Kapelle. Die Gestapo beschlagnahmte später vier von insgesamt 15 oder sogar 20 Schriften, die B. und seine Freunde seit Mitte 1942 geschrieben, vervielfältigt und überwiegend intern verbreitet hatten. Das „Merkblatt für Bauarbeiter" verteilten sie in ihrer wahrscheinlich einzigen größeren Flugblattaktion, da durch diese Art öffentlichen Protests die Betriebsgruppen nicht gefährdet werden sollten. Mitte Oktober 1942 gelang es der Gestapo, die meisten Mitglieder der B. zu verhaften. Die Festgenommenen lebten in Erwartung ihrer Strafverfahren, als Hamburg Ende Juli 1943 durch Flächenbombardements stark zerstört wurde. Unerwartet erhielten auch viele dieser Gefangenen Hafturlaub, tauchten sofort unter und setzten ihren Widerstand fort. Im Laufe des Jahres 1944 wurden aber die meisten von ihnen erneut gefaßt. Im Mai 1944 kam es zu den sogenannten „Hamburger Kommunistenprozessen" mit über vierzig Angeklagten. Bis in den April 1945 folgten weitere Verurteilungen. Es ergingen zahlreiche hohe Zuchthausstrafen, über sechzig Widerstandskämpfer werden auf Grund von Todesurteilen oder kurzerhand von der Gestapo hingerichtet.

Lit.: K. Bästlein: „Hitlers Niederlage ist nicht unsere Niederlage, sondern unser Sieg!" – Die Bästlein-Organisation. Zum Widerstand aus der Arbeiterbewegung in Hamburg und Nordwestdeutschland während des Krieges. In: B. Meyer, J. Szodrzynski (Hrsg.): Vom Zweifel und Weitermachen. Fragmente der Hamburger KPD-Geschichte. Hamburg 1988.

Barth, Karl (10. 5. 1886–10. 12. 1968). Im Haus eines Baseler Theologieprofessors aufgewachsen, studierte er bis 1909 in Bern, Berlin, Tübingen und Marburg Theologie und trat 1911 eine Pfarrstelle in der Schweiz an. 1921 wurde B. als Professor nach Göttingen berufen, wechselte 1925 nach Münster und 1930 nach Bonn. Schon 1915 Mitglied der Schweizer Sozialdemokratie, trat er 1932 der SPD bei. Von B. stammte Ende Mai 1934 der Grundentwurf der Thesen der Barmer Synode der ↑Bekennenden Kirche (BK). Er stand dem entschiedenen Flügel der BK nahe; seine theologischen Schriften inspirierten entschlossene Anhänger der BK wie etwa Dietrich ↑Bonhoeffer. Da B. den Eid auf Hitler verweigerte, suspendierte ihn die Bonner Universität am 26. November 1934. 1935 aus Deutschland ausgewiesen, ging er an die Universität seiner Heimatstadt. 1938 ermunterte B. in einem Brief an einen Prager Kollegen die Tschechoslowakei, bewaffneten Widerstand gegen die Gefahr einer NS-Annexion zu leisten, in den nächsten Jahren forderte er dies ebenso von Frankreich, den Niederlanden, Großbritannien, Norwegen und den USA. 1945 unterstützte er die Bewegung „Freies Deutschland" in der Schweiz finanziell und mit seinem Ansehen. Dazu äußerte er, daß trotz unterschiedlicher politischer Fernziele ein aktuelles Zusammengehen erforderlich sei. In seinen reformatorischen theologischen Schriften, mehr noch in aktuellen Arbeiten, trat er nach 1945 für einen Dienst für die Welt ein, was er auch nach 1945 in Äußerungen gegen Remilitarisierung und Atomaufrüstung erkennen ließ.

Lit.: G. Casalis: Karl Barth. Darmstadt 1960. *D.*

Baum, Herbert (10. 2. 1912–11. 6. 1942). B., als Sohn eines Buchhalters in Berlin aufgewachsen, engagierte sich bereits als 13jähriger Realschüler in der Kinderorganisation der SPD, den Roten Falken. 1927 wurde er Mitglied der Deutsch-Jüdischen Jugendgemeinschaft (DJJG). Vier Jahre später trat er dem KJVD bei, ohne daß seine persönliche Bindung zum DJJG abriß. In der DJJG lernte er seine spätere Ehefrau Marianne Cohn kennen. Engen Kontakt hielt B. auch zum nicht-zionistischen Bund Deutsch-Jüdischer Jugend, dem er aber selbst nie angehörte. Wegen seiner jüdischen Herkunft mußte der Elektriker B. seine Abendkurse zur Vorbereitung einer Ingenieursausbildung 1935 aufgeben. In dieser Zeit war er Organisationsleiter des KJVD-Unterbezirks Berlin Süd-Ost. Der begabte Jugendleiter B. sammelte in den folgenden Jahren junge Kommunisten meist jüdischer Herkunft sowie ehemalige Mitglieder der ab 1938 verbotenen jüdischen Jugendbewegung um sich. Während seiner Zwangsarbeit ab 1940 in den Siemens-Werken als Elektriker gewann er den Kreis junger Juden um Heinz und Marianne ↑Joachim für seine Gruppe. Im Spätherbst 1941 ging die Baum-Gruppe, der rund 35 Mitglieder angehörten, in den organisierten Widerstand. Sie stellten Flugblätter wie „An die deutsche Hausfrau" her. Am 18. Mai 1942 verübte die Baum-Gruppe in Zusammenarbeit mit der Gruppe um Joachim ↑Franke einen Brandanschlag auf die antisowjetische Propagandaausstellung „Das Sowjetparadies". B. wurde bereits am 22. Mai verhaftet und starb kurz darauf, vermutlich durch Selbstmord in der Haft.

Lit.: W. Löhken, W. Vathke (Hrsg.): Juden im Widerstand. Drei Gruppen zwischen Überlebenskampf und politischer Aktion. Berlin 1993. *R.*

Baum, Marianne (9.2. 1912–18.8. 1942). M. Cohn, die ihre Kindheit im Elsaß verlebt hatte, lernte ihren späteren Mann Herbert B. um 1928 in der Deutsch-Jüdischen Jugendgemeinschaft (DJJG) kennen. Drei Jahre später wurde sie wie Herbert B. Mitglied des KJVD. Die gemeinsame Berliner Wohnung in der Stralauer Straße, in der auch politische Schulungen stattfanden, wurde Treffpunkt für Weggefährten des Widerstandes. Ab 1940 mußte sie als Ankerwicklerin Zwangsarbeit in der Judenabteilung des Siemens-Elektromotorenwerks leisten, wo sie gemeinsam mit ihrem Mann wenige Tage nach dem Brandanschlag auf die Ausstellung „Das Sowjetparadies" am 22. Mai 1942 verhaftet wurde. Am 16. Juli 1942 verurteilte das Sondergericht V beim LG

Berlin Marianne B. zum Tode. Sie wurde am 18. August 1942 in Berlin-Plötzensee hingerichtet.

Lit.: W. Löhken, W. Vathke (Hrsg.): Juden im Widerstand. Drei Gruppen zwischen Überlebenskampf und politischer Aktion. Berlin 1993, S. 83 ff. – W. Scheffler: Der Brandanschlag im Berliner Lustgarten im Mai 1942 und seine Folgen. In: Berlin in Geschichte und Gegenwart. Jahrbuch des Landesarchivs Berlin 1984, S. 91 ff. *R.*

Baum-Gruppe. Die Gruppe um Herbert B. sammelte junge Kommunisten jüdischer Herkunft sowie ehemalige Mitglieder der ab 1938 verbotenen jüdischen Jugendbewegung, die sich gemeinsam zur politischen Schulung trafen. Während seiner Zwangsarbeit ab 1940 bei Siemens konnte B. den Kreis junger Juden um Heinz und Marianne ↑Joachim für seine Gruppe gewinnen. Im Spätherbst 1941 – zu Beginn der Deportationen jüdischer Bürger – formierten sich die Regimegegner um B. zur Widerstandsgruppe, der ca. 35 Personen angehörten. Das Durchschnittsalter der Mitglieder lag bei 22 Jahren. Die am kommunistischen Modell der Sowjetunion orientierte Programmatik der Gruppe zielte nicht darauf ab, die Judenverfolgung des Regimes anzuklagen, sondern versuchte die Bevölkerung zum Kampf gegen den NS-Staat zu motivieren. So druckte die Gruppe illegal Flugblätter, wie z. B. „An die deutsche Hausfrau“, das die schlechte Versorgungslage thematisierte. In Zusammenarbeit mit dem Kreis um Joachim ↑Franke und Werner ↑Steinbrink verübte die B. am 18. Mai 1942 im Berliner Lustgarten einen Brandanschlag auf die antisowjetische Propagandaausstellung „Das Sowjetparadies“. Viele der Gruppenmitglieder wurden bereits am 22. Mai 1942 verhaftet und später zum Tode verurteilt. Als Vergeltungsmaßnahme wurden zudem am 27. Mai 154 Berliner Juden in das KZ Sachsenhausen verschleppt und ebenso wie 96 dort bereits inhaftierte Juden erschossen. Die Angehörigen dieser 154 Ermordeten wurden in das Ghetto Theresienstadt deportiert. Weitere 250 Juden, von denen ebenfalls viele ums Leben kamen, brachte die Gestapo in das KZ Sachsenhausen.

Lit.: W. Scheffler: Der Brandanschlag im Berliner Lustgarten im Mai 1942 und seine Folgen. In: Berlin in Geschichte und Gegenwart. Jahrbuch des Landesarchivs Berlin 1984, S. 91 ff. *R.*

Bavaud, Maurice (15. 11. 1916–14. 5. 1941). Als Sohn einer streng katholischen Familie in Neuchâtel/Schweiz aufgewachsen, erlernte B. den Beruf des technischen Zeichners. Er fühlte sich jedoch zum Missionar berufen und absolvierte eine Missionarsschule. Als Jugendlicher engagierte er sich im katholischen St.-Josef-Verein und schloß sich Ende 1934 einer nationalschweizerischen Gruppe an. Der Kampf der Katholiken gegen das NS-System und die Verfolgung der deutschen Juden bestärkten ihn in der Ablehnung von Hitlers Herrschaft. Er fuhr am 9. Oktober 1938 nach Deutschland, mit der festen Absicht, Hitler zu töten. In Berlin wartete er vergeblich auf eine Gelegenheit, diesen zu erschießen. Auch sein Versuch, Hitler in Berchtesgaden zu sehen und zu ermorden, schlug fehl. Als Hitler am 9. November 1938 in München an der Veranstaltung zur Erinnerung an den Novemberputsch von 1923 teilnahm, mißlang auch hier der Attentatsplan. Nachdem B. sich zweimal vergeblich bemüht hatte, mit gefälschten Empfehlungsschreiben bei Hitler direkt vorgelassen zu werden, entschloß er sich, Deutschland zu verlassen. Auf der Rückfahrt wurde B. bei einer Fahrkartenkontrolle gefaßt und der Gestapo übergeben, als man bei ihm eine geladene Pistole und die fingierten Empfehlungsschreiben fand. Erst unter dem Druck der Gestapoverhöre gestand B. seinen Plan, Hitler zu töten. Er wurde in das Gefängnis Berlin-Moabit gebracht und schließlich am 18. Dezember 1939 vom VGH zum Tode verurteilt. Eineinhalb Jahre später wurde er in Berlin-Plötzensee hingerichtet.

Lit.: K. Urner: Der Schweizer Hitler-Attentäter. Drei Studien zum Widerstand und seinen Grenzbereichen. Stuttgart 1980. *R.*

Beck, Ludwig (29. 6. 1880–20. 7. 1944). Im März 1898 trat B. als Fahnenjunker in das preußische Heer ein und setzte nach dem Ersten Weltkrieg seine militärische Laufbahn in der Reichswehr fort. Im Oktober 1933 wurde er Chef des Truppenamtes im Reichswehr-Ministerium und im Juli 1935 zum Generalstabschef des Heeres befördert. Bis 1938 versuchte B., mit Denkschriften, Aktennotizen und Vorträgen die Außenpolitik Hitlers zu beeinflussen. In seiner kompromißlosen Ablehnung des Kriegsrisikos traf er sich mit Carl ↑Goerdeler. Im Sommer 1938 forderte er vergeblich die Generalität zum geschlossenen Rücktritt auf, um den drohenden Krieg in Europa zu verhindern, stellte seinen Posten aus Gewissensgründen zur Verfügung und wurde schnell zum Mittelpunkt der militärisch-bürgerlichen Opposition. Er beteiligte sich an den Attentatsplänen und sollte nach Hitlers Tod Staatsoberhaupt werden. Nach dem Scheitern des Anschlags forderte ihn General Friedrich Fromm am Abend des 20. Juli 1944 im Berliner ↑Bendlerblock auf, Selbstmord zu begehen. Als dieser Versuch mißlang, wurde der schwerverletzte B. von einem Feldwebel erschossen.

Lit.: K.-J. Müller: General Ludwig Beck. Studien und Dokumente zur politisch-militärischen Vorstellungswelt und Tätigkeit des Generalstabschefs des deutschen Heeres 1933–1938. Boppard am Rhein 1980.

Behrens, Karl (18. 11. 1909–13. 5. 1943). In Berlin-Kreuzberg aufgewachsen, engagierte sich B. bei den Pfadfindern. 1929 schloß er sich SA und NSDAP an. Aus Anlaß der Stennes-Revolte 1931 trat er jedoch wieder aus. Danach sympathisierte B. mit der KPD, aber auch mit der ↑Schwarzen Front. Von 1932 bis 1937 besuchte der gelernte Schlosser das Berliner Abendgymnasium. Über seine Englischlehrerin Mildred ↑Harnack kam B. in den von Arvid ↑Harnack geleiteten Schulungszirkel. 1934/35 hatte er Gespräche mit Anhängern von Ernst ↑Niekisch. Seit 1938 arbeitete B. als Werkzeugkonstrukteur bei der AEG-Turbinenfabrik. Dort hatte er lose Verbindungen zu NS-Gegnern. Im März 1938 wurde er wegen Flugblattverteilung angeklagt, aber wegen

Mangels an Beweisen freigesprochen. 1939 war B. wegen eines für seinen jüdischen Schwager gefälschten Taufscheins kurze Zeit inhaftiert. Im Februar 1939 heiratete er Clara Sonnenschmidt; aus der Ehe gingen drei Kinder hervor. Arvid Harnack entschied deswegen 1941, B. nicht als Funker für eine geplante Verbindung mit der Sowjetunion einzusetzen. B. soll einige Male verschlüsselte Nachrichten von Arvid Harnack an Hans ↑Coppi weitergeleitet haben. Im Mai 1942 wurde B. eingezogen und am 16. September 1942 an der Ostfront vor Leningrad verhaftet. Am 20. Januar 1943 wurde er vom RKG zum Tode verurteilt und in Berlin-Plötzensee hingerichtet.

Lit.: H. Scheel: Vor den Schranken des Reichskriegsgerichts. Mein Weg in den Widerstand. Berlin 1993. *C.*

Beimler, Hans (2. 7. 1895–1. 12. 1936). Der aus einer Landarbeiterfamilie stammende B. erlernte in München den Schlosserberuf. 1913 trat er dem Deutschen Metallarbeiterverband bei, schloß sich 1918 dem Spartakusbund an und wurde 1919 Mitglied der KPD. Mehrfach bereits Anfang der 20er Jahre aus politischen Gründen angeklagt, verurteilt und in Haft, wurde er 1925 Mitglied der KPD-Bezirksleitung Südbayerns, bevor er 1928 die Leitung des Unterbezirks Augsburg übernahm. 1932 wurde er Politischer Sekretär der KPD für den Bezirk Südbayern und in den Reichstag gewählt, nachdem er bereits vorher dem Bayrischen Landtag angehört hatte. Nach Hitlers Machtantritt im Untergrund tätig, nahm er an der illegalen Tagung der KPD-Führung am 7. Februar 1933 in Ziegenhals (bei Berlin) teil. Am 11. April 1933 von der Bayrischen Politischen Polizei verhaftet, wurde er im Münchener Präsidium schwer gefoltert und am 25. April 1933 in das KZ Dachau eingeliefert. In der Nacht vom 8. zum 9. Mai 1933 konnte er fliehen und später die Öffentlichkeit mit seinem Buch über das „Mörderlager Dachau“ informieren. Er emigrierte zunächst in die Sowjetunion, leitete 1934 das KPD-Büro in Prag und wurde ab Juli 1935 für die Rote Hilfe in Genf tätig. Im August 1936 ging er im Auftrage des ZK der KPD von Paris nach Spanien, wo er die deutschsprachigen Sendungen von Radio Barcelona unterstützte und bis zu seinem Tode an der Front maßgeblich an der Organisation der Internationalen Brigaden beteiligt war.

Lit.: U. Langkau-Alex: Volksfront für Deutschland? Frankfurt am Main 1977. *A.*

Bekennende Kirche. Die oppositionelle Gruppierung in der evangelischen Kirche, aus dem ↑Pfarrernotbund entstanden, wehrte Angriffe der nationalsozialistischen „Deutschen Christen“ ab, widersetzte sich der NS-Kirchenpolitik und verfocht gegen Gleichschaltungs- und Überfremdungsversuche die biblische Lehre. Dies fixierte ihre 1. Synode vom 29. bis 31. Mai 1934 in Barmen nach Entwürfen von Prof. Dr. Karl ↑Barth, der wie Pfarrer Martin ↑Niemöller zu ihren Repräsentanten zählte. Die B. fand Anhänger unter zahlreichen Protestanten, vorwiegend aus den Mittelschichten, dem Bürgertum und der Intelligenz, auch unter Offizieren. Die entschlossenste Strömung in der B. ging von der Gemeinde in Berlin-Dahlem aus. Neben dem kirchlichen Bereich wandte sich die B. vor allem gegen die Ausgrenzung von Protestanten jüdischer Herkunft, die von etlichen ihrer Anhänger unterstützt wurden. Am 28. Mai 1935 verabschiedete die Leitung der B. eine Denkschrift an Hitler, die außer der Aufhebung kirchenpolitischer Maßnahmen die Auflösung der Gestapo und der Konzentrationslager forderte. Ebenfalls zu den politischen Stellungnahmen der B. gehörte am 27. September 1938 die Gebetsliturgie gegen den drohenden Krieg. Über diese Fragen differenzierte sich erneut der entschiedene und der gemäßigte Flügel der B., während der politische Widerstand die B. ebenso als Unterstützung ansah wie die humanitäre Hilfe, die manche, so das Büro des Pfarrers Heinrich ↑Grüber, der Kreis um Franz ↑Kaufmann für verfolgte Juden, Pfarrer Paul ↑Braune gegen den Mord an Patienten von Heilanstalten, leisteten. Einzelne Anhänger der B. gehörten direkt zur politischen Widerstandsbewegung, vor allem in Kreisen, die den Umsturzversuch des ↑20. Juli 1944 herbeiführten, z.B. der Pfarrer Dietrich ↑Bonhoeffer. Ansonsten lehnte die B. ein Zusammengehen mit linken Kräften ab, ausgenommen Barth, der die Bewegung „Freies Deutschland" in der Schweiz unterstützte. Das NS-Regime suchte durch Massenverhaftungen wie von 715 Geistlichen im März 1935, aber auch mittels der demonstrativen Verhaftung von ↑Niemöller den Widerspruch aus der B. zu unterbinden. Einzelne Angehörige der B., wie Pfarrer Paul ↑Schneider und Friedrich ↑Weißler wurden von den Nationalsozialisten ermordet.

Lit.: W. Niemöller: Die evangelische Kirche im Dritten Reich. Bielefeld 1956.

D.

Bendlerblock. Zwischen 1911 und 1914 entstand im Berliner Tiergartenviertel ein geräumiger Komplex für das Reichsmarineamt. Das Hauptgebäude lag am Landwehrkanal in der Königin-Augusta-Straße 38–42 (ab 1933 Tirpitzufer, heute Reichpietschufer), der Ostflügel in der Bendlerstraße 14 (heute Stauffenbergstraße). Im Hauptgebäude bewohnte der Staatssekretär des Reichsmarineamtes – bis 1916 Großadmiral Alfred von Tirpitz – eine Dienstwohnung mit 24 Zimmern. In der Bendlerstraße arbeitete das Marine-Kabinett. Nach 1918 fand im Bendlerblock neben der geschrumpften Marineführung auch die neu geschaffene Reichswehrführung Platz. Der Sozialdemokrat Gustav Noske als Reichswehrminister zog in die frühere Wohnung von von Tirpitz. Von 1920 bis 1926 wohnte Hans von Seeckt als Chef der Heeresleitung in der Bendlerstraße 14. Die Dienstwohnung Noskes wurde vom neuen Reichswehrminister Otto Geßler zwischen 1920 und 1928 übernommen. Im Januar 1933 erörterte die Reichswehrführung unter General Kurt Freiherr von Hammerstein-Equord, seit 1930 Chef der Heeresleitung, im Bendlerblock, ob man Hitlers Kanzlerschaft noch verhindern könne. Schon am 3. Februar 1933 eröffnete Hitler an dieser Stelle der Generalität seine gewalttätigen politischen Ziele: Zerschlagung des „Marxismus" und Eroberung von „Lebensraum im

Osten". 1934 verschanzte sich während der Mordaktionen des 30. Juni General Werner Freiherr von Fritsch, Hammersteins Nachfolger seit Ende 1934, in seiner Dienstwohnung hinter schwerbewaffneten Posten. Anfang 1938 zog der letzte Oberbefehlshaber des Heeres, General Walther von Brauchitsch, in die Bendlerstraße 14 ein. Im Hauptgebäude am Landwehrkanal residierten Teile der Seekriegsleitung sowie des Amtes Ausland/Abwehr im Oberkommando der Wehrmacht unter Admiral Wilhelm Canaris. Den Hauptteil des Ostflügels nutzte das Allgemeine Heeresamt des Oberkommandos des Heeres unter General Friedrich Fromm, ab 1940 unter General Friedrich ↑Olbricht. Hier arbeitete Olbricht den Operationsplan „Walküre", offiziell zur Niederwerfung eines Zwangsarbeiteraufstandes gedacht, in einen Staatsstreichplan gegen Hitler um. Im Oktober 1943 wurde Oberst Claus Schenk Graf von ↑Stauffenberg Stabschef des Allgemeinen Heeresamtes in der Bendlerstraße. Seit 1. Juni 1944 war er Chef des Stabes des Befehlshabers des Ersatzheeres und hatte somit Zugang zu Lagebesprechungen im Führerhauptquartier Wolfschanze bei Rastenburg in Ostpreußen. Am ↑20. Juli zündete er dort in der Lagebaracke eine Bombe und flog nach Berlin zurück, wo er und seine Mitverschworenen in der Bendlerstraße bis in die Abendstunden verzweifelt den Staatsstreich in Gang zu setzen suchten, der wegen Hitlers Überleben mißlingen mußte. In der Nacht ließ General Fromm im heutigen Ehrenhof Stauffenberg, Friedrich ↑Olbricht, Albrecht Ritter ↑Mertz von Quirnheim und Werner von ↑Haeften nach dem erzwungenen Freitod von Ludwig ↑Beck erschießen. Am 2. Mai 1945 besetzten sowjetische Truppen den Bendlerblock, der bis zuletzt als Befehlsstand des letzten Kampfkommandanten von Berlin, General Wilhelm Weidling, gedient hatte. Nach 1945 nutzten eine Vielzahl von Dienststellen und Bundesbehörden den Bendlerblock, seit 1952/1953 erinnert der Ehrenhof an der Stauffenbergstraße an den 20. Juli 1944, und seit 1967 besteht die Gedenkstätte Deutscher Widerstand mit der Ausstellung „Widerstand gegen den Nationalsozialismus". Seit 1993 ist der Gebäudeteil am Landwehrkanal Berliner Dienstsitz des Bundesministeriums der Verteidigung.

Lit.: J. Tuchel: Der Bendlerblock. Berlin 1994.

Bernardis, Robert (7. 8. 1908–8. 9. 1944). Während seiner Ausbildung zum Berufsoffizier im österreichischen Bundesheer und in der Kriegsakademie in Berlin galt B., verheiratet mit Hermine Feichtinger, mit der er zwei Kinder hatte, noch als überzeugter Nationalsozialist. Nach Fronteinsätzen in Polen, Frankreich und in der Sowjetunion wurde er 1942 zum Major befördert und beim Oberkommando des Heeres als Gruppenleiter im Allgemeinen Heeresamt in Berlin eingesetzt. Im Winter 1943 bekam er als Oberstleutnant im Generalstab dort dienstlich Kontakt mit Claus Schenk Graf von ↑Stauffenberg und wurde im Frühjahr 1944 in die militärischen Umsturzplanungen einbezogen. B. war zunächst als Verbindungsoffizier zum Wehrkreiskommando Salzburg vorgesehen. Am Nachmittag des ↑20. Juli 1944 übernahm er in der Bendlerstraße die Weitergabe der Walküre-Befehle an die Wehrkreiskommandos. B. wurde noch am Abend dieses Tages verhaftet. Am 8. September 1944 verurteilte ihn der VGH unter Roland Freisler zum Tode, am selben Tage wurde er in Berlin–Plötzensee hingerichtet.

Lit.: P. Hoffmann: Widerstand, Staatsstreich, Attentat. Der Kampf der Opposition gegen Hitler. München 1985. – L. Jedlicka: Der 20. Juli 1944 in Österreich. Wien und München 1965.

Beuttel, Wilhelm (10. 8. 1900–27. 7. 1944). In der Familie eines Metallarbeiters in Friedberg/ Hessen aufgewachsen, schloß sich B. als Siebzehnjähriger der USPD an. Der gelernte Schneider wechselte 1920 mit dem linken Flügel dieser Partei zur KPD. 1922 wurde er zum Stadtverordneten in Friedberg und 1932 als Abgeordneter in den hessischen Landtag gewählt. Er besuchte 1929 einen Schulungskurs in Moskau und wurde 1931 Funktionär der KPD. Im Sommer 1934 floh B. aus Deutschland nach Paris und stand dort an der Spitze der „Roten Hilfe“, die Verfolgte des NS-Regimes unterstützte. 1937 wirkte er im Rahmen der KPD-Abschnittsleitung West. Nach der Besetzung Frankreichs durch deutsche Truppen tauchte B. in den Niederlanden unter. Seine Lebensgefährtin Maria Rentmeister war 1940 verhaftet und später in das Frauen-KZ Ravensbrück überstellt worden. Im Spätsommer 1942 reiste B., als holländischer Arbeiter getarnt, nach Deutschland. Er versuchte, neue Kontakte zu knüpfen, und arbeitete von seinem illegalen Quartier in Durlach aus eng mit dem Beauftragten des ZK der KPD Wilhelm ↑Knöchel zusammen, der eine Widerstandsgruppe im Ruhrgebiet aufbaute. B. wurde Anfang Februar 1943 verhaftet, am 25. Mai 1944 vom VGH zum Tode verurteilt und in Köln hingerichtet.

Lit.: B. Herlemann: Auf verlorenem Posten. Kommunistischer Widerstand im Zweiten Weltkrieg. Die Knöchel-Organisation. Bonn 1986. C.

Bewährungseinheiten. Die B. gehörten zu einem Gesamtsystem, das den Strafvollzug in den Dienst der Kriegführung stellte. Die seit April 1941 aufgestellten B. „500“ mit einer Gesamtstärke von 40000 bis 50000 Mann waren ausschließlich für kriegsgerichtlich bestrafte Soldaten vorgesehen, die zu besonders riskanten und verlustreichen Kampfeinsätzen an der Ostfront herangezogen wurden. Desertionen und Überlaufversuche wurden hart bestraft. Das Oberkommando der Wehrmacht veranlaßte im Oktober 1942 die Aufstellung der Bewährungstruppe 999 auf dem Truppenübungsplatz Heuberg. Sie bestand überwiegend aus zivilgerichtlich wegen politischer oder wegen krimineller Delikte mit Zuchthaus Bestraften und von der Wehrpflicht als „wehrunwürdig“ Ausgeschlossenen. Von den etwa 28000 „999ern“ zählte rund ein Drittel zu den politischen Gegnern des NS-Regimes, darunter ein Großteil aus der Arbeiterbewegung. Ihre Verbindungen aus der Illegalität und der Haft nutzten sie und suchten gemeinsam Kontakte zur Widerstandsbewegung in den besetzten Gebieten. Der Kampfwert der B. 999 galt wegen ihrer politischen Unzuverlässigkeit als gering. An ihren Einsatzorten in Nordafrika, besonders aber in Griechenland und auf dem Balkan liefen viele „Bewährungssoldaten" zu den Alliierten bzw. zu den Partisanen über. Ab August 1944 wurden Wehrmacht- und SS-Strafgefangene sowie KZ-Häftlinge zur „Bewährung" zur berüchtigten SS-Sonderformation „Dirlewanger" eingezogen. Viele von ihnen liefen im Dezember 1944 zur Roten Armee über.

Lit.: H.-P. Klausch: Die Geschichte der Bewährungsbataillone 999 unter besonderer Berücksichtigung des antifaschistischen Widerstandes. 2 Bde. Köln 1987. – H.-P. Klausch: Antifaschisten in SS-Uniform. Schicksal und Widerstand der deutschen politischen KZ-Häftlinge, Zuchthaus- und Wehrmachtstrafgefangenen in der SS-Sonderformation Dirlewanger. Bremen 1993. *H.*

Blencke, Erna (25. 7. 1896–21.6. 1991). Als Tochter eines Prokuristen in Magdeburg geboren, erhielt sie 1917 ihre Lehrbefähigung für Volks- und höhere Schulen, studierte von 1919 bis 1923 an der Universität in Göttingen Mathematik, Physik, Philosophie und Pädagogik und wurde 1929 in Frankfurt a.M. als Studienrätin tätig. Sie engagierte sich im Deutschen Lehrerverein, im Freidenker-Verband und war Funktionärin des ↑Internationalen Sozialistischen Kampfbundes (ISK). Als sie am 5. Mai 1933 aus politischen Gründen in Hannover-Ricklingen aus dem Schuldienst entlassen wurde, gründete sie einen Brotvertrieb, der zugleich als Tarnung der illegalen Arbeit des ISK diente. B. baute vor allem im Raum Hannover ISK-Gruppen auf und übernahm 1937 die illegale Reichsleitung. Nach einer Verhaftungswelle unter ISK-Mitgliedern drohte auch ihr die Festnahme, der sie Anfang 1938 durch Emigration über die Schweiz nach Frankreich noch rechtzeitig entgehen konnte. In Paris, dem Sitz der ISK-Auslandsleitung, berichtete sie über die illegale Arbeit in Deutschland und schrieb für die „Sozialistische Warte". Nach Kriegsausbruch interniert, konnte sie 1940 aus dem Lager Gurs fliehen und gelangte mit Hilfe internationaler Hilfskomitees im April 1941 in die USA. Hier wurde sie im deutschsprachigen Zweig des Workmen Circle politisch tätig sowie als Mitglied des Jewish Labor Committee, der Socialist Party und weiterer Organisationen der amerikanischen Arbeiterbewegung. Einem Ruf des DGB Hannover folgend, kehrte B. 1951 nach Deutschland zurück, wo sie vor und nach ihrer Pensionierung weiter pädagogisch und insbesondere in der Erwachsenenbildung arbeitete.

Lit.: E. Blencke. In: „Der Tägliche Mut." Frauen berichten über ihren Widerstand 1933–1945. Hrsg. vom Mädchentreff des IB Jugendsozialwerks. Frankfurt am Main 1983. *A.*

Blumenthal, Hans-Jürgen Graf von (23.2. 1907–13.10. 1944). Vor seinem Eintritt in die Wehrmacht sympathisierte B. mit den Zielen der Nationalsozialisten und war sogar Sturmbannführer in der SA. 1938 zählte er jedoch bereits zu einer militärischen Verschwörergruppe, die auf Betreiben von Hans ↑Oster und Erwin von ↑Witzleben im Falle eines Staatsstreichs Hitler verhaften sollte. Die Ziele dieser Gruppe waren zunächst auf die Verhinderung eines drohenden Krieges gerichtet und scheiterten nach dem Abschluß des Münchener Abkommens. B., verheiratet mit Cornelia von Schnitzler, mit der er einen Sohn hatte, blieb weiterhin mit den Widerstandskreisen in der Abwehr und mit der militärischen Opposition in Kontakt. Er war mit Claus Schenk Graf von ↑Stauffenberg verwandt und stellte sich als Gruppenleiter im Allgemeinen Heeresamt für die Verschwörer als Verbindungsoffizier im Wehrkreis II (Stettin) zur Verfügung. Am 23. Juli wurde B. von der Gestapo verhaftet und bei den Vernehmungen gefoltert. Der VGH verurteilte ihn am 13. Oktober 1944 zum Tode; am selben Tage wurde er in Berlin-Plötzensee hingerichtet.

Lit.: P. Hoffmann: Widerstand, Staatsstreich, Attentat. Der Kampf der Opposition gegen Hitler. München 1985.

Bodelschwingh, Friedrich von (**18. 8. 1877–4. 1. 1946**). 1903 zum Pfarrer ordiniert, trat er 1904 in die von seinem Vater geleiteten Anstalten für Behinderte in Bethel bei Bielefeld ein und übernahm sie 1910. Zudem bekleidete er mehrere hohe kirchliche Ämter, u. a. als Mitglied des Zentralausschusses der Inneren Mission. In Vorträgen äußerte er sich seit Ende der zwanziger Jahre über die sog. Rassehygiene, wandte sich aber gegen die damit verbundene „Ausmerzung" von Behinderten. B. wurde am 27. Mai 1933 zum evangelischen Reichsbischof gewählt, um die Besetzung dieser Funktion mit einem NS-Anhänger zu verhindern. Da ihn die nationalsozialistischen Machthaber nicht anerkannten, trat er nach einem Monat zurück. 1934 nahm B. an den Synoden der ↑Bekennenden Kirche teil. Im Mai 1940 intervenierte er jeweils zusammen mit Pfarrer Paul Gerhard ↑Braune in der Reichskanzlei und bei anderen Stellen gegen den Mord an Patienten von Heilanstalten, am 12. Juni 1940 beim Reichsjustizminister Franz Gürtner. Doch Braunes Denkschrift über den Massenmord an Kranken und Behinderten unterzeichnete er nicht und reagierte reserviert auf Bitten von Geistlichen, sie gegen den Abtransport von Kranken aus ihren Anstalten zu unterstützen. Für die Betheler Einrichtungen sprach er bei verschiedenen Personen und Institutionen vor und leistete gegen die Verschleppung dortiger Patienten hinhaltenden Widerstand. So konnte er trotz der Selektion einer Ärztekommission in Bethel im Februar 1941 die meisten Patienten vor den Krankenmordaktionen retten.

Lit.: W. Brandt: Friedrich von Bodelschwingh 1877–1946. Bielefeld 1984.

D.

Böchel, Karl (**15. 9. 1884–28. 2. 1946**). Der Schlosser aus Koblenz, Sozialdemokrat seit 1910, trat 1923 als linker SPD-Redakteur in Sachsen für ein Zusammengehen mit der KPD ein. 1924 bis 1933 Vorsitzender des SPD-Bezirks Chemnitz-Erzgebirge, gehörte er ab 1926 dem sächsischen Landtag an. Er gründete die linkssozialdemokratischen Zeitschriften „Der Klassenkampf" und „Marxistische Blätter" mit und kritisierte die Koalitionspolitik der SPD-Spitze und deren Unterstützung der Brüning-Regierung.

Am 24. April 1933 wurde er in den SPD-Vorstand gewählt und gehörte ab August 1933 dem Vorstand der ↑Sopade an. In ihm trat er weiterhin für aktiven Kampf gegen den Nationalsozialismus ein. Seit Mai 1933 in der Tschechoslowakei, beteiligte er sich am Aufbau des Grenzsekretariats Karlsbad, gründete im August 1933 zusammen mit Siegfried Aufhäuser die Arbeitsgemeinschaft Revolutionärer Sozialisten und setzte sich erneut für die Aktionseinheit von Sozialdemokraten und Kommunisten ein. Im Januar 1935 schloß ihn die Sopade wegen seiner parteikritischen Position aus. B. entwarf danach Programme für eine künftige soziale Demokratie und befürwortete eine ↑Volksfront. Im Dezember 1936 unterzeichnete er den Aufruf des Volksfrontausschusses. Da sich die ↑Revolutionären Sozialisten der Sopade und damit der von ihm kritisierten Politik näherten, trat er aus ihrer Arbeitsgemeinschaft aus. 1938 siedelte er nach Norwegen über. Seit Ende 1939 gelähmt, überlebte er hier, verborgen in einem Krankenhaus, den Krieg.

Lit.: J. Foitzik: Zwischen den Fronten. Zur Politik, Organisation und Funktion linker politischer Kleinorganisationen im Widerstand 1933 bis 1939/40. Bonn 1986.

Böckler, Hans (26. 2. 1875–16. 2. 1951). Der Sohn aus einer Landarbeiterfamilie aus Mittelfranken erlernte den Beruf eines Gold- und Silberschlägers und arbeitete als Metallschläger in Fürth. 1894 in die SPD und den Deutschen Metallarbeiter-Verband (DMV) eingetreten, wurde er bereits vor dem Ersten Weltkrieg hauptamtlicher Funktionär des DMV im Saargebiet und in Frankfurt a.M., Bezirksleiter des DMV für Schlesien und Mitarbeiter der Verbandszeitschrift in Berlin. Nach dem Kriegsdienst von 1914 bis 1916 setzte B. seine Gewerkschaftsarbeit in Danzig und Oberschlesien, später im Rheinland fort. Seit März 1920 Bevollmächtigter Sekretär des DMV in Köln, wurde B. 1927 zum Bezirkssekretär des Allgemeinen Deutschen Gewerkschaftsbundes (ADGB) für das Rheinland und Westfalen-Lippe berufen. 1928 in den Reichstag gewählt, wurde er nach der Zerschlagung der Gewerkschaftsorganisationen am 3. Mai 1933 erstmals, von Oktober bis Dezember 1933 erneut inhaftiert. Danach lebte B. zurückgezogen in Köln und Ottoherscheid. Nach 1939 stand er in Verbindung mit Jakob ↑Kaiser und Wilhelm ↑Leuschner. Im August 1944 von der Gestapo gesucht, konnte er ihr entkommen. Im Nachkriegsdeutschland setzte sich B. aktiv für den Neuaufbau der Gewerkschaften ein. Der Gründungskongreß des Deutschen Gewerkschaftsbundes (DGB) im Oktober 1949 in München wählte B. zu seinem ersten Vorsitzenden.

Lit.: U. Borsdorf: H. Böckler. Köln 1982. *A.*

Boehmer, Hasso von (9. 8. 1904–5. 3. 1945). B., Oberstleutnant im Generalstab und verheiratet mit Käthe Torhorst, mit der er eine Tochter und zwei Söhne hatte, wurde durch seinen Freund Henning von ↑Tresckow für die Ziele der Widerstandsgruppen um Ludwig ↑Beck und Carl ↑Goerdeler gewonnen und stellte sich für den geplanten Staatsstreich als Verbindungsoffizier im Wehrkreis XX (Danzig) zur Verfügung. Am Tag des Attentats auf Hitler befand sich der Befehlshaber des Wehrkreiskommandos XX General Bodewin Keitel, ein Bruder des Generalfeldmarschalls Wilhelm Keitel und Vorgesetzter von B., auf einer Inspektionsreise. Als dessen Erster Offizier nahm B. die aus Berlin einlaufenden Fernschreiben der Verschwörer entgegen. Keitel erfuhr jedoch über den Rundfunk von dem gescheiterten Anschlag und kehrte sofort nach Danzig zurück. B. wurde noch am ↑20. Juli 1944 verhaftet und kurze Zeit später nach Berlin in das Zellengefängnis Lehrter Straße gebracht. Im Januar 1945 wurde er in den Krankenbau des KZ Sachsenhausen verlegt, am 5. März vom VGH zum Tode verurteilt und noch am selben Tag in Berlin-Plötzensee hingerichtet.

Lit.: B. Scheurig: Henning von Tresckow. Eine Biographie. Oldenburg und Hamburg 1973.

Bohne, Walter (9. 1. 1903–5. 1. 1944). Aufgewachsen in der Familie eines Schneidermeisters, wurde B. Schiffsbauer auf einer Werft in Rogätz an der Elbe. Er schloß sich 1921 dem KJVD an, kurze Zeit später der KPD. Als begeisterter Sportler war er in der Arbeitersportbewegung aktiv. 1928 zog B. nach Hamburg und baute dort die Rote Sportbewegung auf. 1933 arbeitete er zunächst illegal, wurde 1934 verhaftet und zu zwei Jahren Zuchthaus verurteilt. Nach der Haftentlassung suchte er frühere politische Freunde auf und sammelte bis 1939 einen Kreis kommunistischer Sportler um sich. 1941 schloß sich B. der Widerstandsgruppe um Bernhard ↑Bästlein an und leitete hier die Industriegruppe „Werften“. Als er im Oktober 1942 verhaftet wurde, leistete B. Widerstand und wurde verletzt. Nach dem Luftangriff auf Hamburg Ende Juli 1943 konnte er fliehen und begann erneut mit dem Aufbau einer Widerstandsgruppe. Am 5. Januar 1944 versuchten drei Gestapobeamte, B. auf offener Straße zu verhaften. Er wehrte sich und wurde erschossen.

Lit.: K. Bästlein: „Hitlers Niederlage ist nicht unsere Niederlage, sondern unser Sieg!“ – Die Bästlein-Organisation. Zum Widerstand aus der Arbeiterbewegung in Hamburg und Nordwestdeutschland während des Krieges. In: B. Meyer, J. Szodrzynski (Hrsg.): Vom Zweifel und Weitermachen. Fragmente der Hamburger KPD-Geschichte. Hamburg 1988.

Bolz, Eugen (15. 12. 1881–23. 1. 1945). B. wuchs in einer katholischen Familie auf und schloß sich früh dem Windhorstbund, der Jugendorganisation der Zentrumspartei, an. 1919 wurde der Zentrumspolitiker B. zum württembergischen Justizminister, wenige Jahre später zum Innenminister ernannt. Er war mit Maria Hoeneß verheiratet, mit der er eine Tochter hatte. 1928 wählte ihn eine Rechts-Mitte-Koalition zum württembergischen Staatspräsidenten. B. unterstützte die Politik des Reichskanzlers Heinrich Brüning, unterschätzte jedoch Ende 1932 die politischen Ziele der NSDAP und bezog erst Anfang 1933 deutlich Stellung gegen Hitler. Am 11. März 1933 wurde seine Regierung von den Nationalsozialisten abgesetzt, B. selbst später mehrmals verhaftet. Er hielt trotzdem

Verbindung zu seinen politischen Freunden aus der aufgelösten Zentrumspartei, aus der verbotenen SPD und der früheren liberalen Deutschen Staatspartei. Später stellte er sich auch Carl ↑Goerdeler zur Verfügung und sollte nach dem Umsturzversuch vom ↑20. Juli 1944 ein Ministeramt erhalten. B. wurde am 12. August 1944 verhaftet, am 21. Dezember 1944 vom VGH zum Tode verurteilt und am 23. Januar 1945 in Berlin-Plötzensee hingerichtet.

Lit.: J. Köhler (Hrsg.): Christentum und Politik. Dokumente des Widerstands. Zum 40. Jahrestag der Hinrichtung des Zentrumspolitikers und Staatspräsidenten Eugen Bolz am 23. Januar 1945. Sigmaringen 1985. – R. Morsey: Eugen Bolz (1881–1945). In: J. Aretz, R. Morsey, A. Rauscher: Zeitgeschichte in Lebensbildern. Aus dem deutschen Katholizismus des 19. und 20. Jahrhunderts. Bd. 5. Mainz 1982, S.88 ff.

Bonhoeffer, Dietrich (**4. 2. 1906–9. 4. 1945**). B., Sohn des bekannten Psychiaters und Neurologen Karl B., wurde nach Theologiestudium und Habilitation Studentenpfarrer in Berlin. Bereits 1933 galt er als entschiedener Gegner der Nationalsozialisten und begründete in seinem Aufsatz „Die Kirche vor der Judenfrage“ die Pflicht der Christen zum Widerstand gegen staatliche Unrechtshandlungen. Von 1935 bis 1937 leitete er das Predigerseminar der ↑Bekennenden Kirche, das zunächst in Zingst/Pommern, später in Finkenwalde bei Stettin bestand, und war führender Theologe dieser kirchlichen Oppositionsbewegung. Die von B. geleiteten Kurse prägten alle Teilnehmer entscheidend in ihrer theologischen Entwicklung. 1937 untersagte Reichskirchenminister Hans Kerrl die Fortsetzung dieser Seminare. 1938 war B. in die Staatsstreichplanungen seines Schwagers Hans von ↑Dohnanyi eingeweiht. 1940 ins Amt Ausland/Abwehr des Oberkommandos der Wehrmacht eingezogen, reiste B. mehrmals ins Ausland, um Verbindungen zu alliierten Regierungen zu knüpfen. Anfang April 1943 wurde er verhaftet. Ohne Gerichtsverfahren blieb er zwei Jahre im Gefängnis Tegel gefangen. Hier entstanden seine bedeutendsten theologischen Werke. Im Februar 1945 wurde er in das KZ Flossenbürg gebracht und hier am 9. April 1945 nach einem SS-Standgerichtsverfahren ermordet.

Lit.: E. Bethge: Dietrich Bonhoeffer. Theologe, Christ, Zeitgenosse. München 1983 (5. Aufl.).

Bonhoeffer, Klaus (**15. 1. 1901–22. 4. 1945**). B. wurde schon bald nach dem Abschluß seines Jura-Studiums 1935 Chefsyndikus der Deutschen Lufthansa. Er war verheiratet mit Emilie Delbrück, mit der er eine Tochter und zwei Söhne hatte. In enger Verbindung mit seinen Schwägern Hans von ↑Dohnanyi, Justus Delbrück und Rüdiger ↑Schleicher nutzte er früh seine Reisemöglichkeiten, um vielfältige Kontakte zu Widerstandskreisen im diplomatischen und kirchlichen Umfeld des In- und Auslands zu knüpfen. Ebenso wie sein Bruder Dietrich B. wurde er während des Krieges durch die Vermittlung von Hans von Dohnanyi zum Amt Ausland/Abwehr des Oberkommandos der Wehrmacht unter Admiral Wilhelm Canaris eingezogen und in die Attentatspläne der Verschwörergruppe um Ludwig ↑Beck und Carl ↑Goerdeler eingeweiht. B. wurde am 1. Oktober 1944 verhaftet und am 2. Februar 1945 vom VGH zum Tode verurteilt. In der Nacht vom 22. auf den 23. April 1945 wurde er zusammen mit anderen Gefangenen aus dem Berliner Zellengefängnis Lehrter Straße auf einem nahe gelegenen Ruinengelände von einem Sonderkommando des RSHA hinterrücks erschossen.

Lit.: E. Bethge: Dietrich Bonhoeffer. Theologe, Christ, Zeitgenosse. München 1983 (5. Aufl.). – O. John: Falsch und zu spät. Der 20.Juli 1944. München und Berlin 1984.

Brandes, Alwin (12. 6. 1868–6. 11. 1949). B., gelernter Schlosser, wurde 1919 zum Vorsitzenden des Hauptvorstands des Deutschen Metallarbeiter-Verbandes in Stuttgart gewählt. Zwischen 1912 und 1933 gehörte er mehrfach dem Reichstag an. Er war verheiratet mit Minna Bennemann, mit der er drei Kinder hatte. Als die Nationalsozialisten 1933 die Gewerkschaften auflösten und deren Vermögen einzogen, vertrat B. die Ansprüche der ehemaligen hauptamtlichen Mitarbeiter seines Verbandes. Die Gestapo verhaftete ihn daraufhin und hielt ihn einige Zeit im KZ Oranienburg fest. 1936 wurde B. erneut festgenommen und wegen seines Einsatzes für seine früheren Kollegen vor dem VGH angeklagt, mußte jedoch freigesprochen werden. Er hielt später weiterhin Kontakt zu den Sozialdemokraten, die sich an den Plänen zum Staatsstreich beteiligten. Die Verschwörer sahen ihn als künftigen Ehrenvorsitzenden einer Deutschen Einheitsgewerkschaft vor. Wegen seines hohen Alters wurde B. nach dem gescheiterten Attentat auf Hitler von der Gestapo nicht verhaftet. Er überlebte das Kriegsende und setzte sich beim Neuaufbau der Gewerkschaften in der sowjetischen Besatzungszone für einen selbständigen Metallarbeiter-Verband ein.

Lit.: A. Brandes: Leben und Wirken eines deutschen Gewerkschaftsführers. Berlin 1949.

Brandler, Heinrich (3.7. 1881–16.9. 1967). Der gelernte Maurer arbeitete als Fliesenleger, trat 1901 der SPD bei und engagierte sich in Hamburg und Bremen in der Arbeiterjugendbewegung. Seit Ende 1914 war B. Sekretär des Bauarbeiterverbandes in Chemnitz. 1915 aus der SPD ausgeschlossen, betätigte er sich illegal für den Spartakusbund. Während der Novemberrevolution wurde er Mitglied des Arbeiter- und Soldatenrates von Chemnitz. Seit Dezember 1919 Mitglied der KPD, stand er als Nachfolger Paul Levis von Februar 1921 bis zu seiner Verhaftung im April 1921 an der Spitze der KPD. Nach seiner Flucht in die UdSSR gehörte B. den Führungsgremien der Komintern und der Roten Gewerkschaftsinternationale an. Auf dem 8. Parteitag Anfang 1923 als Vorsitzender der KPD bestätigt, leitete B. im Oktober 1923 in der sächsischen Arbeiterregierung die Staatskanzlei. Er wurde für die Niederlage beim Umsturzversuch der KPD verantwortlich gemacht und Anfang 1924 seiner Parteiämter enthoben. Zwischen 1924 und 1928 lebte er erneut in Moskau. Wegen tiefgreifender Meinungsverschiedenheiten mit der Komintern und der KPD initiierten B. und August ↑Thalheimer Ende 1928 die Gründung der Kommunistische Partei Deutschlands (Opposition) KPDO, deren Reichsleitung er bis 1933 angehörte. Daraufhin wurde er aus der KPD und der KPdSU ausgeschlossen. B. emigrierte 1933 nach Frankreich, wo er zunächst in Straßburg, dann in Paris den Aufbau eines Auslandskomitees der KPDO leitete. Er organisierte die illegalen Verbindungen nach Deutschland und war an der Herausgabe von Periodika, die nach Deutschland gebracht wurden, beteiligt. Nach Kriegsbeginn zeitweilig in Südfrankreich interniert, floh er gemeinsam mit August Thalheimer nach Kuba. Hier lebte B. bis 1946, gab nach 1945 für ehemalige Parteifreunde in Deutschland „Briefe aus der Ferne" heraus und kehrte über London 1949 nach Hamburg zurück. Er versuchte mit der „Gruppe Arbeiterpolitik", die eine Zeitschrift gleichen Namens herausgab, Traditionen der KPDO weiterzuführen.

Lit.: K. H. Tjaden: Struktur und Funktion der „KPD-Opposition" (KPDO). Eine organisationssoziologische Untersuchung zur „Rechts"-Opposition im deutschen Kommunismus zur Zeit der Weimarer Republik. Hannover 1983. – Th. Bergmann: „Gegen den Strom". Die Geschichte der Kommunistischen Partei (Opposition). Hamburg 1987. – J. Bekker: Der Widerstand der KPDO gegen den Faschismus. Mainz 1992. *A. C.*

Brandt, Willy (18. 12. 1918–8. 10. 1992). Der in Lübeck geborene Herbert Frahm war bereits 1929 in die SAJ und 1930 in die SPD eingetreten. 1931 trat er zur ↑SAP über. Im März 1933 war Frahm unter dem Decknamen B. Delegierter des illegalen SAP-Parteitages in Dresden und wurde im April 1933 zum Aufbau eines Auslandsbüros nach Oslo geschickt. Hier studierte er ab September 1934 Philosophie und Geschichte und hielt als Leiter des Auslandsbüros der SAP und der zentralen Auslandsstelle des SJVD Verbindungen zu Gruppen in Berlin und Norddeutschland. Mit norwegischem Fremdenpaß ging B. von 1934 bis 1938 häufig auf Informations- und Kurierreisen und wurde als Pressekorrespondent in Spanien tätig. Als SJVD-Vertreter setzte er sich für die Schaffung einer ↑Volksfront ein und nahm 1938 an der Pariser Konferenz des Ausschusses der deutschen Opposition teil. 1938 ausgebürgert, nahm B. die norwegische Staatsangehörigkeit an. Am 9.April 1940 flüchtete er vor der deutschen Invasion aus Oslo, war als norwegischer Soldat getarnt zwischen Mai und Juni 1940 in deutscher Kriegsgefangenschaft und begab sich anschließend illegal nach Schweden, wo B. 1941 das schwedisch-norwegische Pressebüro gründete. Im Juli 1942 bildete sich unter seiner Mitinitiative die Internationale Gruppe demokratischer Sozialisten, Arbeitskreis für Friedensfragen (sog. Kleine Internationale), deren ehrenamtlicher Sekretär B. bis Mai 1945 war. Er hatte Kontakte zu Gruppen des Widerstands in Deutschland. Im Hinblick auf die künftige einheitliche sozialistische Partei in Deutschland war B. 1944/45 maßgeblich für die Verschmelzung von SAP- und ↑Sopade-Ortsgruppen in Stockholm eingetreten und wurde Mitverfasser der Programmschrift „Zur Nachkriegspolitik der deutschen Sozialisten".

Nach Kriegsende kehrte B. als Korrespondent skandinavischer Zeitungen nach Deutschland zurück. Er schloß sich 1947 erneut der SPD an. Zwischen 1957 und 1966 war er Regierender Bürgermeister von Berlin, von 1964 bis 1987 Parteivorsitzenden der SPD, seit 1987 Ehrenvorsitzender der SPD. Von 1969 bis 1974 war B. vierter Kanzler der Bundesrepublik Deutschland, seit 1976 Vorsitzender der Sozialistischen Internationale. 1971 erhielt B. den Friedensnobelpreis.

Lit.: W. Brandt: Links und frei. Mein Weg 1930–1950. Hamburg 1982. *C.*

Brass, Otto (21. 12. 1875–13. 11. 1950). Als gelernter Feilenhauer aus einer Arbeiterfamilie in Wermelskirchen stammend, trat B. 1893 in den freigewerkschaftlichen Feilenhauerverband und 1895 in die SPD ein. Vor und während des Ersten Weltkrieges wirkte er als Geschäftsführer der „Remscheider Arbeiterzeitung". B. gehörte zu den Begründern der USPD, wurde Vorsitzender des Bezirkes Niederrhein und beteiligte sich 1918/19 an Aktionen der Arbeiter- und Soldatenräte. Seit 1920 Mitglied des Reichstages, wurde er 1920 in die Führung der KPD gewählt, legte diese Funktion aber auf Grund von fraktionellen Auseinandersetzungen 1921 nieder. Als B. 1922 mit anderen aus der KPD ausgeschlossen wurde, trat er der Kommunistischen Arbeitsgemeinschaft bei, die sich kurzzeitig der USPD und im September 1922 der SPD anschloß. Nach 1933 unterstützte B. als Buchhändler in Berlin die Verbreitung illegaler Materialien, gehörte zu den Verfassern des „Zehn-Punkte-Programms" der sozialdemokratischen Gruppe Deutsche Volksfront und traf sich konspirativ in Prag mit Mitgliedern des ↑Sopade-Vorstandes. B. wurde bei der Zerschlagung der Gruppe Deutsche Volksfront im Dezember 1938 verhaftet, im Juli 1939 vom VGH zu zwölf Jahren Haft verurteilt und im April 1945 aus dem Zuchthaus Brandenburg-Görden befreit. Nach 1945 trat er für die Gründung des Freien Deutschen Gewerkschaftsbundes (FDGB) ein und wurde Mitglied der SED.

Lit.: R. Griepenburg: Volksfront und deutsche Sozialdemokratie. Zur Auswirkung der Volksfronttaktik im sozialistischen Widerstand gegen den Nationalsozialismus. Marburg 1969. *A.C.*

Braune, Paul Gerhard (16. 12. 1887–19. 9. 1954). B. wuchs in einer Pfarrersfamilie auf und studierte Theologie. Zuerst als Pfarrer in Hohenkränig tätig, leitete B. seit 1922 die Hoffnungstaler Anstalten in Lobetal bei Berlin. Als Vorstandsmitglied der Inneren Mission schloß er sich der ↑Bekennenden Kirche an und wurde bereits 1933 erstmals durch die Gestapo verhört. B. arbeitete eng mit dem Berliner Büro von Pfarrer ↑Grüber zusammen, das sich vor allem um die Lage der „nichtarischen Christen" kümmerte, und wandte sich mit einem Memorandum über die Lage der Juden an die Leitung der deutschen evangelischen Kirche. B. protestierte 1940 entschieden gegen die Ermordung Geisteskranker, u.a. mit einer Denkschrift an die Reichskanzlei und an das Reichsinnenministerium vom 9. Juni 1940. Er weigerte sich, ihm anvertraute Kranke auszuliefern. Im Sommer 1940 nahm die Gestapo B.

für drei Monate in Haft. Gemeinsam mit Friedrich von ↑Bodelschwingh konnte er dennoch anschließend viele Insassen der Anstalten Bethel und Lobetal vor der Ermordung bewahren. 1946 wurde er zum Stellvertreter des Präsidenten des Central-Ausschusses für die Innere Mission gewählt und leitete ab 1950 ihren brandenburgischen Landesausschuß.

Lit.: B. Braune: Hoffnung gegen die Not. Mein Leben mit Paul Braune 1932–1954. Wuppertal 1983.

Brill, Hermann (**9.2. 1895–22. 6. 1959**). Der promovierte Jurist, bekannter Landespolitiker und Landtagsmitglied seit 1920 in Thüringen, wurde 1932 sozialdemokratischer Reichstagsabgeordneter. Es gelang ihm 1933, eine kleine konspirative Gruppe Gleichgesinnter zu bilden, die sich „Befreiung der Arbeit“ nannte. Daraus kamen er und andere 1934 zu ↑Neu Beginnen. B. gehörte zu den Mitbegründern der Gruppe „Deutsche Volksfront“ in Berlin und beteiligte sich 1936 maßgeblich an ihrem Programm. Am 21. September 1938 wurde er verhaftet und am 29. Juli 1939 vom VGH zu zwölf Jahren Zuchthaus verurteilt. Bis Ende 1943 in Brandenburg-Görden inhaftiert, kam er anschließend in das KZ Buchenwald. Dort entwickelte er in Zusammenarbeit mit sozialdemokratischen, kommunistischen und christlichen Häftlingen programmatische Grundlagen für die Zukunft. 1945 war B. thüringischer Ministerpräsident, 1946 bis 1949 Staatssekretär und Chef der hessischen Staatskanzlei und zwischen 1949 und 1953 Mitglied des Bundestages für die SPD, danach Hochschullehrer in Frankfurt am Main und Speyer.

Lit.: M. Overesch: Hermann Brill in Thüringen 1895–1946. Ein Kämpfer gegen Hitler und Ulbricht. Bonn 1992.

Brücklmeier, Eduard (**8. 6. 1903–20. 10. 1944**). Als Jurist trat B. 1927 in den Dienst des Auswärtigen Amtes. Er wurde zunächst mit Aufgaben im Nahen Osten und auf Ceylon betraut. 1933 bearbeitete er im deutschen Generalkonsulat in Kattowitz Minderheitenfragen und geriet darüber mit den Nationalsozialisten in Konflikt. Zwei Jahre später wurde er zum Legationssekretär in der deutschen Botschaft in London bestellt, die seit 1936 von Hitlers späterem Außenminister Ribbentrop geführt wurde. 1938 kehrte B. mit Ribbentrop nach Berlin zurück. Er war verheiratet mit Klotilde von Obermayer-Marnach, mit der er eine Tochter hatte. Als Mitarbeiter des Außenministers hoffte er wie der damalige Staatssekretär im Auswärtigen Amt, Ernst von Weizsäkker, darauf, daß der von Hitler geplante Krieg sich durch eine Zusammenarbeit zwischen deutscher Opposition und britischer Regierung verhindern lasse. 1940 wurde Legationsrat B. – nach einer kurzen Verhaftung im Oktober 1939 – auf Betreiben des Chefs des RSHA Reinhard Heydrich in den Ruhestand versetzt. Nach dem Scheitern des Attentats auf Hitler vom ↑20. Juli 1944 verurteilte ihn der VGH wegen seiner engen Kontakte zu den Widerstandskämpfern am 20. Oktober 1944 zum Tode; noch am selben Tag wurde er in Berlin-Plötzensee hingerichtet.

Lit.: M. Thielenhaus: Zwischen Anpassung und Widerstand. Deutsche Diplomaten 1938–1941. Die politischen Aktivitäten der Beamtengruppe um Ernst von Weizsäcker im Auswärtigen Amt. Paderborn 1984. – U. von Hassell: Die Hassell-Tagebücher 1938–1944. Aufzeichnungen vom Andern Deutschland. Nach der Handschrift revidierte und erweiterte Ausgabe unter Mitarbeit von K. P. Reiß, hrsg. von F. Freiherr Hiller von Gaertringen. Berlin 1988.

Bruhn, Gustav (14. 3. 1889–14. 2. 1944). B. wuchs in der Familie eines Eisenbahners auf und wurde Tischler. 1912 trat er der SPD bei, nahm als Matrose und Pionier am Ersten Weltkrieg teil und schloß sich der Spartakusgruppe an, trat 1919 jedoch der USPD bei und kam 1920 mit deren linkem Flügel zur KPD. 1925 war er Leiter des Unterbezirks Heide/Holstein der KPD, zwei Jahre später in derselben Funktion in Lübeck. 1928 kam er für die KPD in den Preußischen Landtag und gehörte später zur Leitung des KPD-Bezirks Wasserkante. 1933 mehrmals verhaftet, wurde B. im Herbst 1935 zu drei Jahren Zuchthaus verurteilt und anschließend bis 1939 im KZ Sachsenhausen gefangengehalten. Seine Frau Elisabeth wurde 1934 zu zwei Jahren Gefängnis verurteilt. Nach ihrer Freilassung suchten sie Kontakt zu ehemaligen Gesinnungsfreunden und stießen zur Organisation um Bernhard ↑Bästlein. B. und seine Frau wurden im Oktober 1942 verhaftet, konnten aber nach dem großen Bombenangriff auf Hamburg im Juli 1943 untertauchen. Nach einer Denunziation wurden sie am 14. Februar 1944 im KZ Neuengamme auf Befehl des Reichsführer SS und Chef der Deutschen Polizei Heinrich Himmler ermordet.

Lit.: K. Bästlein: „Hitlers Niederlage ist nicht unsere Niederlage, sondern unser Sieg!" – Die Bästlein-Organisation. Zum Widerstand aus der Arbeiterbewegung in Hamburg und Nordwestdeutschland während des Krieges. In: B. Meyer/J. Szodrzynski (Hrsg.): Vom Zweifel und Weitermachen. Fragmente der Hamburger KPD-Geschichte. Hamburg 1988.

Buchholz, Peter (31. 1. 1888–4. 5. 1963). Im Siebengebirge in einer Schreinerfamilie geboren, studierte er seit 1907 in Bonn und am Priesterseminar Köln und wurde 1911 zum Priester geweiht. Danach versorgte er eine Essener Pfarrei, unterbrochen durch Dienst als Divisionspfarrer im Ersten Weltkrieg. Seit 1926 Gefängnispfarrer in Essen, ab 1941 in Düsseldorf, betreute er nicht allein Häftlinge der NS-Justiz, sondern zunehmend mehr von ihr zum Tode Verurteilte. Im Mai 1943 nach Berlin-Plötzensee, eine der Haupthinrichtungsstätten, versetzt, empfand er die Sorge um Todeskandidaten als seine wichtigste Aufgabe. Er kümmerte sich vor allem um deutsche wie auch um ausländische Widerstandskämpfer, ab August 1944 vorwiegend um Akteure des Umsturzversuches vom ↑20. Juli 1944. Sie standen ihm auch von ihren Zielen her nahe. 1945/46 gehörte er als Beirat für kirchliche Angelegenheiten dem Magistrat von Groß-Berlin an. Sein Stellvertreter war der evangelische Propst Heinrich ↑Grüber. B. erinnerte in Wort und Schrift an die Opfer der NS-Gewaltherrschaft und trat für die Hinterbliebenen des 20. Juli 1944 ein. In seine Heimatdiözese

1946 zurückberufen, nahm er bis 1953 seine alte Stelle in Düsseldorf wieder ein und hatte maßgeblichen Einfluß auf die Gestaltung der Straffälligenhilfe in Westdeutschland.

Lit.: B. Oleschinski: Mut zur Menschlichkeit. Der Gefängnisgeistliche Peter Buchholz im Dritten Reich. Königswinter 1991. *D.*

Budeus, Walter (**29. 10. 1902–21. 8. 1944**). B. erlernte den Beruf des Maschinenschlossers und trat 1931 der KPD bei. Als Kommunist fand er erst 1936 Arbeit in einer Berliner Munitions- und Waffenfabrik. Nach 1933 beteiligte er sich am illegalen Kampf gegen das NS-Regime und baute seit 1936 eine illegale Betriebsgruppe auf, der weit über fünfzig Arbeiter angehörten. Auch zu nicht-kommunistischen Arbeitern bestanden enge Kontakte. Ende der dreißiger Jahre bekam B. Verbindung zu Robert ↑Uhrig; beide arbeiteten eng zusammen. Neben Uhrig wurde B. nach 1939 einer der führenden deutschen kommunistischen Widerstandskämpfer und gehörte der illegalen Berliner Leitung an. Ihre Aufgabe sahen Uhrig und B. darin, Informationen über die Stimmung der Bevölkerung und die Rüstungsproduktion zu sammeln, Flugblätter zu schreiben und die Verbindungen zu anderen kommunistischen Widerstandsgruppen herzustellen. Immer bedroht durch Gestapo-Spitzel, die in die kommunistischen Widerstandskreise eindringen konnten, wuchs seit dem Überfall auf die Sowjetunion die Gefahr, entdeckt zu werden. Anfang Februar 1942 wurde B. verhaftet, am 7. Juni 1944 vom VGH zum Tode verurteilt und am 21. August 1944 in Brandenburg-Görden hingerichtet.

Lit.: L. Kraushaar: Berliner Kommunisten im Kampf gegen den Faschismus 1936 bis 1942. Robert Uhrig und Genossen. Berlin (Ost) 1981.

Bündische Jugend. Mit gemeinsamen Fahrten und einem autonomen Gemeinschaftsleben in kritischer Distanz zu politischen Organisationen und Parteien versuchten bündische Gruppen schon vor 1933, eine eigene Jugendkultur zu entwickeln. Die Nationalsozialisten gaben vor, die zersplitterte deutsche Jugendbewegung zu einen, übernahmen aber in der Hitler-Jugend Formen und Inhalte der deutschen Jugendbewegung oder knüpften daran an. Führer der bündischen Jugend traten der NSDAP bei oder gingen in die HJ. Anfangs bemühten sich bündische Gruppen, innerhalb der HJ ihre Identität zu wahren und die ideologische Gleichschaltung zu unterlaufen. Diese Haltung wurde genauso bekämpft wie alle Bestrebungen von Angehörigen verbotener bündischer Gruppen, ihre Freundschaftskreise außerhalb der HJ aufrechtzuerhalten. Der Wunsch nach jugendgemäßer, selbstorganisierter und der NS-Ideologie zuwiderlaufender Freizeitgestaltung brachte einzelne Jugendliche und auch Gruppen in einen Gegensatz zum NS-Regime. Nur in wenigen Gruppen wuchs diese vorpolitische Opposition in den Entschluß zum politischen Widerstand. Jugendbewegte Emigranten (Eberhard ↑Koebel, Karl O. ↑Paetel u. a.) versuchten, bündische Gruppen zusammenzuführen, sie zu politisieren und ihren Widerstandswillen zu stärken. Immer wieder wurden Jugendliche wegen „bündischer Umtriebe“ verwarnt, vor Gericht gestellt oder als Mitglieder von Widerstandsgruppen verfolgt.

Lit.: M. Jovy: Jugendbewegung und Nationalsozialismus. Münster 1984. – A. Klönne: Jugend im Dritten Reich. Die Hitler-Jugend und ihre Gegner. Düsseldorf und Berlin 1982. – M. von Hellfeld: Bündische Jugend und Hitler-Jugend. Zur Geschichte von Anpassung und Widerstand 1930–1939. Köln 1987. *C.*

Bund deutscher Offiziere (BdO). Im Sommer 1943 versuchten hohe sowjetische Offiziere und führende kommunistische Emigranten, aber auch militärische Präsidiumsmitglieder des ↑Nationalkomitees „Freies Deutschland“ (NKFD), die in Stalingrad gefangengenommenen deutschen Offiziere, vor allem die Generale, zur öffentlichen Abkehr von Hitler zu bewegen. Nach langem Zögern erklärten einige der gefangenen Generale, von Hitler verraten worden zu sein. Angesichts des verlorenen Krieges und in Sorge um den Bestand des Deutschen Reiches entschlossen sie sich zur Mitarbeit. Die Gründungsversammlung des B. fand am 11./12. September 1943 in Lunjowo statt. Sein Präsident wurde General der Artillerie Walther von Seydlitz-Kurzbach, der vom Reichskriegsgericht 1944 in Abwesenheit zum Tode verurteilt wurde. Das Programm des B. zielte auf die Gefangenen, die dem NKFD eher ablehnend gegenüberstanden. Der B. wurde jedoch durch das NKFD wenig später vereinnahmt. Obwohl die nationalkonservativ geprägte Argumentation der Offiziersgruppe eine wachsende Zahl der Mitgefangenen erreichte, blieb die Haltung des B. heftig umstritten.

Lit.: B. Scheurig: Verräter oder Patrioten. Das Nationalkomitee „Freies Deutschland“ und der Bund deutscher Offiziere in der Sowjetunion 1943–1945. Berlin und Frankfurt am Main 1993.

Chug Chaluzi. Im August 1942 widersetzte sich der jüdische Lehrer und zionistische Jugendführer Jizchak ↑Schwersenz der Deportation durch die Flucht in den Untergrund. Unterstützt von der 1904 geborenen Edith Wolff, die als „Mischling 1. Grades“ galt, sammelte er nach der „Fabrik-Aktion“ vom 27. Februar 1943, als die letzten 11 000 noch in Berlin verbliebenen Juden deportiert werden sollten, jüdische Jugendliche aus seinem ehemaligen Schülerkreis und aus der zionistischen Jugendbewegung um sich. Er bereitete diese Gruppe, der bald vierzig Mitglieder angehörten und die sich Chug Chaluzi (Pionierkreis) nannte, auf ein Leben in der Illegalität vor. Sie lebten in getrennten Verstecken, trafen sich zu Schulungskreisen und unterstützten sich gegenseitig. Ziele der Gruppe waren, der Deportation zu entkommen, im Untergrund auszuhalten und sich auf ein Leben in Palästina vorzubereiten. Durch ihre Kontakte zum Helferkreis um Franz ↑Kaufmann beschaffte Edith Wolff Schlafquartiere, Lebensmittel, Geld sowie gefälschte Ausweise. Diese Verbindung riß mit ihrer Verhaftung am 19. Juni 1943 ab. Nachdem Schwersenz im Februar 1944 die Flucht in die Schweiz geglückt war, übernahm Gad Beck die Führung der Gruppe. Durch Schwersenz Kontakte mit Nathan Schwalb-Dror, dem Leiter der Hechaluz-Zentrale in Genf, wurde der Chug Chaluzi jetzt heimlich mit Geld, Medikamenten, Lebensmitteln und Kleidung für die illegale Arbeit, so auch die Betreuung von mittlerweile 80 bis 100 Menschen, unterstützt. Die meisten Gruppenmitglieder überlebten die Verfolgungszeit, so auch Edith Wolff und Gad Beck.

Lit.: W. Löhken, W. Vathke (Hrsg.): Juden im Widerstand. Drei Gruppen zwischen Überlebenskampf und politischer Aktion. Berlin 1993. S. 159–205. *R.*

Coppi, Hans (25. 1. 1916–22. 12. 1942). In einer Arbeiterfamilie im Berliner Bezirk Wedding aufgewachsen, besuchte C. von 1929 bis 1932 die Schulfarm auf der Insel Scharfenberg im Tegeler See. 1931/32 schloß er sich den „Roten Pfadfindern" und dem KJVD an. Wegen illegalen Verteilens von Flugblättern gesucht, wurde er Ende Januar 1934 verhaftet, kurze Zeit im KZ Oranienburg inhaftiert und zu einem Jahr Jugendgefängnis verurteilt. Nach seiner Entlassung stieß er wieder zu dem Scharfenberger Freundes- und Widerstandskreis. C. arbeitete als Dreher in einer kleinen Maschinenbaufabrik. Ab 1939 war er in der Widerstandsgruppe um den Dramaturgen Wilhelm ↑Schürmann-Horster aktiv. Harro ↑Schulze-Boysen gewann C. im Juni 1941 für die Aufgabe, eine Funkverbindung der Widerstandsorganisation in die Sowjetunion herzustellen. Dies kam wegen fehlender Vorkenntnisse und technischer Probleme jedoch nicht zustande. C. beteiligte sich an Flugblatt- und Zettelklebeaktionen und kümmerte sich im August 1942 um den aus Moskau eingetroffenen Fallschirmagenten Albert Hößler. Nach seiner Einberufung zur Wehrmacht am 10. September 1942 wurde C. am 12. September 1942 in Schrimm bei Posen verhaftet, am 22. Dezember 1942 vom RKG zum Tode verurteilt und in Berlin-Plötzensee hingerichtet.

Lit.: H. Scheel: Vor den Schranken des Reichskriegsgerichts. Mein Weg in den Widerstand. Berlin 1993. *C.*

Coppi, Hilde (31. 5. 1909–5. 8. 1943). H. Rake wuchs in Berlin-Mitte auf. Ihre Mutter hatte einen kleinen Laden für Lederwaren. Nach dem Besuch eines Lyzeums und einer höheren Handelsschule arbeitete sie in den dreißiger Jahren als Sprechstundenhilfe und seit 1939 als Sachbearbeiterin bei der Reichsversicherungsanstalt für Angestellte. Während des Besuchs der Volkshochschule freundete sie sich 1933 mit kommunistischen Jugendlichen an. Ihr jüdischer Freund Franz Karma mußte 1939 nach Skandinavien emigrieren. Im Juni 1941 heiratete sie Hans ↑Coppi, mit dem sie seit 1939 eng befreundet war. Sie unterstützte dessen Widerstandsaktivitäten und beteiligte sich an der Zettelklebeaktion gegen die antisowjetische Propagandaausstellung „Das Sowjetparadies" im Berliner Lustgarten. Mehrfach informierte sie Angehörige von deutschen Kriegsgefangenen über deren Lebenszeichen, die der Moskauer Rundfunk ausgestrahlt hatte. Am 12. September verhaftete die Gestapo Hans und Hilde C. sowie ihre Mutter, ihre Schwiegereltern und ihren Schwager. Ende November 1942 wurde ihr Sohn Hans im Berliner

Frauengefängnis Barnimstraße geboren. Das RKG verurteilte C. am 20. Januar 1943 zum Tode. Nachdem Hitler ein Gnadengesuch im Juli 1943 abgelehnt hatte, wurde sie in Berlin-Plötzensee hingerichtet.

Lit.: E. Brüning: Damit Du weiterlebst. Stuttgart 1992.

Cramer, Walter (1. 5. 1886–14. 11. 1944). C. verfügte als Textilkaufmann und Vorstandsmitglied der Kammgarnspinnerei Stöhr über weitreichende Verbindungen im In- und Ausland. Nach 1933 distanzierte er sich von den Nationalsozialisten. Seine Freundschaft mit dem früheren Oberbürgermeister von Leipzig Carl ↑Goerdeler brachte ihn früh mit dessen Widerstandsbestrebungen in Verbindung. C. war verheiratet mit Charlotte Weber und hatte mit ihr zwei Töchter und einen Sohn. Er kannte einige der am Staatsstreich beteiligten Generäle und Offiziere gut und verurteilte zunehmend die Kriegführung Hitlers. Vor allem unter dem Tod seines einzigen Sohnes, der 1941 in Polen fiel, litt er schwer. Auf Bitten Goerdelers stellte sich C. für die Umsturzpläne als politischer Beauftragter im Wehrkreis IV (Dresden) zur Verfügung. Er wurde nach dem gescheiterten Attentat auf Hitler in Leipzig am 22. Juli 1944 verhaftet, von Dresden aus nach Berlin gebracht und im Hausgefängnis der Gestapo in der Prinz-Albrecht-Straße 8 schlimmen Mißhandlungen ausgesetzt. Später wurde C. in das Berliner Gefängnis Tegel verlegt. Am 13. November 1944 verurteilte der VGH C. zum Tode, am Tag darauf wurde er in Berlin-Plötzensee hingerichtet.

Lit.: W. Cramer (1886–1944). Ein Leipziger Unternehmer im Widerstand. Dokumentation von B. Heintze. Köln 1993.

Dahrendorf, Gustav (8. 2. 1901–30. 10. 1954). Der Kaufmann D. wurde 1932 für die SPD als einer der jüngsten Abgeordneten in den Reichstag gewählt. Er wurde als Sozialdemokrat 1933 zweimal inhaftiert. Seine Tätigkeit im Brennstoffgroßhandel nutzte D. für illegale Verbindungen zu früheren Parteifreunden um Julius ↑Leber, Carlo ↑Mierendorff, Theodor ↑Haubach und Wilhelm ↑Leuschner. Er war verheiratet mit Lina Maria Sörnsen, mit der er zwei Söhne hatte, und beteiligte sich an der Umsturzplanung der Gruppen um Ludwig ↑Beck und Carl ↑Goerdeler. D. stellte sich als politischer Beauftragter für den Wehrkreis X (Hamburg) zur Verfügung. Nach dem gescheiterten Attentat auf Hitler verurteilte der VGH unter Freisler am 20. Oktober 1944 die Sozialdemokraten Julius Leber, Adolf ↑Reichwein und Hermann ↑Maass zum Tode. Im selben Prozeß wurde D. zu sieben Jahren Zuchthaus verurteilt und blieb bis zu seiner Befreiung durch die sowjetischen Truppen Gefangener im Zuchthaus Brandenburg-Görden. Nach dem Krieg widersetzte er sich in der sowjetischen Besatzungszone der Zwangsvereinigung von KPD und SPD zur SED und fand nach seiner Flucht in Hamburg eine neue Aufgabe in der Entwicklung der Konsumgenossenschaften.

Lit.: G. Dahrendorf: Der Mensch das Maß aller Dinge. Reden und Schriften zur deutschen Politik. Hrsg. von R. Dahrendorf. Hamburg 1955.

Dehms, Alexander (15. 2. 1904–20. 9. 1979). Aus einer Arbeiterfamilie stammend, wurde er nach dem Besuch der Volksschule 1918 Arbeiter und organisierte sich 1919 im Deutschen Metallarbeiterverband (DMV). Von 1923 bis 1925 war D. Mitglied der SPD und der SAJ. 1925 dem ↑Internationalen Sozialistischen Kampfbund (ISK) beigetreten, besuchte D. die ISK-Schule in Walkemühle bei Kassel und absolvierte anschließend ein landwirtschaftliches Praktikum in Dänemark. 1933 wurde er Vertriebsleiter der Zeitschrift „Zeit im Blick", die wegen ihrer politischen Kritik von den Nationalsozialisten 1935 verboten wurde. D. war gleichzeitig als ISK-Funktionär tätig, wurde Ende 1933 festgenommen und kam für 9 Monate in Untersuchungshaft. Nach seiner Entlassung schaltete er sich wieder in die illegale Arbeit ein und versuchte in Bremen eine ISK-Ortsgruppe aufzubauen. 1937 wurde D. als Bezirksleiter Nord der ISK eingesetzt und gab Informationsblätter heraus. Im Januar 1938 wurde er in Berlin zum zweiten Mal verhaftet. Der VGH verurteilte D. im Dezember 1938 zu 10 Jahren Haft. Im Frühjahr 1945 wurde D. aus dem Zuchthaus Brandenburg-Görden befreit. Er trat der SPD bei, war seit 1947 Büchereileiter in Berlin-Kreuzberg und von 1950 bis 1967 Mitglied des Abgeordnetenhauses von Berlin.

Lit.: W. Link: Die Geschichte des Internationalen Jugend-Bundes (IJB) und des Internationalen Sozialistischen Kampfbundes (ISK). Ein Beitrag zur Geschichte der Arbeiterbewegung in der Weimarer Republik und im Dritten Reich. Meisenheim 1964. *A.C.*

Delp, Alfred (15. 9. 1907–2. 2. 1945). In Mannheim als ältester Sohn von sechs Kindern in einer gemischt-konfessionellen Ehe geboren, entschied D. sich als Vierzehnjähriger für den Katholizismus. Die Jugendbewegung bestimmte seine innere Entwicklung. Der Entschluß, Jesuit zu werden, entsprang dem Wunsch, aus bürgerlichen Konventionen auszubrechen und sich bewußt in den Dienst am Nächsten zu stellen. Nach einem Philosophie- und Theologiestudium wirkte D. als Jugenderzieher und empfing 1937 die Priesterweihe. Er war bis zu ihrem Verbot 1941 Redakteur der angesehenen katholischen Zeitschrift „Stimmen der Zeit". Danach konzentrierte sich sein Engagement ganz auf die Aufgabe als Münchener Gemeindepfarrer. Durch Veranlassung von Augustin ↑Rösch arbeitete Delp 1942/43 intensiv im ↑Kreisauer Kreis mit und konnte hier Grundlinien der katholischen Soziallehre in die Neuordnungspläne einfließen lassen. Er nahm an der 2. und 3. Kreisauer Tagung teil, legte Denkschriften u.a. über die „Arbeiterfrage" und das „Bauerntum" vor. Er trat jedoch nicht nur als Denker und Philosoph hervor, sondern stellte auch Kontakte von einzelnen Münchener Widerstandskreisen zur Gruppe um ↑Moltke her. Am 28. Juli 1944 wurde D. in München verhaftet, am 11. Januar 1945 vom VGH zum Tode verurteilt und am 2. Februar 1945 in Berlin-Plötzensee hingerichtet.

Lit.: A. Delp: Gesammelte Werke. Hrsg. von R. Bleistein. 4 Bde. Frankfurt a.M. 1982ff.

Desertionen aus politischer Gegnerschaft. Obwohl die nationalsozialistische Führung die Bevölkerung und die Soldaten der Wehrmacht durch die Behauptung, einen Verteidigungskrieg führen zu müssen, auf sich einzuschwören versuchte, kamen bei vielen Soldaten im Verlauf des Krieges Zweifel an dessen Rechtmäßigkeit auf. Nur wenige zogen jedoch die Konsequenz, sich bei Kampfhandlungen frühzeitig zu ergeben, zu den Alliierten überzulaufen oder sich verborgen zu halten. Zu den Motiven, die zur Desertion führten, gehörten die bewußte politische Gegnerschaft, die unmittelbare Konfrontation mit Gewaltverbrechen, in der Mehrzahl jedoch eher allgemein die Begleitumstände des Krieges und persönliche Anlässe. Politisch motivierten Deserteuren gelang es vielfach, Kontakt zu anderen Verfolgtengruppen und zu Widerstandsorganisationen zu knüpfen oder sogar im besetzten Europa in den Reihen der nationalen Widerstandsbewegungen aktiv gegen den Nationalsozialismus zu kämpfen. Der Deserteur gehörte zu den zentralen Feindbildern der Nationalsozialisten. „Fahnenflucht" galt als schimpfliches Verbrechen an der „Wehr- und Volksgemeinschaft". Die Wehrmachtjustiz verhängte mehr als 22000 Todesurteile gegen Deserteure, von denen etwa 15000 vollstreckt wurden.

Lit.: F. Ausländer (Hrsg.): Verräter oder Vorbilder. Deserteure und ungehorsame Soldaten im Nationalsozialismus. Bremen 1990. *H.*

Deutsche in alliierten Armeen. Der Wunsch, das nationalsozialistische System aktiv von außen zu bekämpfen, führte emigrierte Regimegegner auch in die Beraterstäbe alliierter Regierungen und in ihre Armeen. Vor allem jüngere Emigranten, denen die Nationalsozialisten die Staatsangehörigkeit aberkannt hatten, wollten als Soldaten aktiv gegen die Wehrmacht kämpfen, durch ihre Arbeit in Propagandaeinheiten die Front Hitlers schwächen oder die Deutschen über die wirkliche Lage aufklären. Immer wieder kämpften einzelne Deutsche in den nationalen Befreiungsbewegungen der europäischen Widerstandsgruppen und legten auf diese Weise von der Risikobereitschaft des „anderen Deutschland" Zeugnis ab. Sie wollten zugleich beweisen, daß in der deutschen Bevölkerung Gruppen existierten, die sich aktiv – im Kampf gegen das verbrecherische NS-Regime von außen – für eine neue europäische Friedensordnung einsetzten. Vor allem in Frankreich und in Griechenland an der Seite der griechischen Partisanenbewegung ELAS kämpften Deutsche wie Ludwig ↑Gehm oder Falk ↑Harnack, aber auch etwa Klaus Mann oder Konrad Wolf in den Reihen der alliierten Streitkräfte.

Lit.: H. Fleischer: Deutscher Widerstand im besetzten Griechenland. Athen 1987.

Dieckmann, Wilhelm (17. 7. 1893–13. 9. 1944). D. arbeitete als Oberregierungsrat im Reichsarchiv bei der Kriegsgeschichtlichen Forschungsanstalt des Heeres in Potsdam. Während der Auseinandersetzungen mit der ↑Bekennenden Kirche und wegen seines Verständnisses der militärischen Traditionen Deutschlands entwickelte er sich zum Gegner der Nationalsozialisten. Er war verheiratet mit Erika

Freiin Mertz von Quirnheim und hatte mit ihr drei Töchter und einen Sohn. Sein Schwager Albrecht Ritter ↑Mertz von Quirnheim weihte ihn im Sommer 1944 in die Vorbereitungen des geplanten Anschlags auf Hitler ein. Wegen dieser Mitwisserschaft verhaftete die Gestapo D. nach dem Scheitern des Attentats am 25. Juli 1944. Wenige Tage später wurden auch seine Frau und die älteste Tochter in „Sippenhaft" genommen. D. kam am 13. September 1944 im Untersuchungsgefängnis in der Lehrter Straße in Berlin unter ungeklärten Umständen zu Tode. Erst mehrere Tage später erfuhr seine Frau vom angeblichen Selbstmord ihres Mannes. Sie und ihre Tochter kamen wenig später aus der Haft frei.

Lit.: S. Wegner-Korfes: Realpolitische Haltungen bei Offizieren der Familien Mertz von Quirnheim, Korfes und Dieckmann. In: Zeitschrift für Militärgeschichte, Jg. 25, 1986, S. 226ff.

Diplomaten im Widerstand. Als Hitler im November 1937 die militärische Unterwerfung der Tschechoslowakei ankündigte, wollten Beamte des Auswärtigen Amtes und deutsche Diplomaten in London mit Billigung des Staatssekretärs Ernst von Weizsäcker die englische Regierung veranlassen, Hitler die Folgen seiner Angriffspolitik und damit die Kriegsgefahr vor Augen zu führen. Das „Münchener Abkommen" vom 30. September 1938 besiegelte das Schicksal der Tschechoslowakei und bedeutete einen schweren Rückschlag für Hitlers Gegner. Einige oppositionelle Diplomaten arbeiteten jedoch weiterhin gegen die nationalsozialistische Regierung und prägten die außenpolitischen Vorstellungen des Widerstands. Der langjährige deutsche Botschafter in Rom, Ulrich von ↑Hassell, kritisierte die Wendung der deutschen Außenpolitik gegen die Westmächte und schloß sich nach seiner Versetzung in den Wartestand 1938 dem Kreis um Carl ↑Goerdeler und Ludwig ↑Beck an. Die im Auswärtigen Amt tätigen Brüder Erich und Theodor Kordt versuchten 1938 durch Kontakte nach Großbritannien gemeinsam, gegen Hitlers Kriegspläne zu wirken. Friedrich Werner Graf von der ↑Schulenburg war als deutscher Botschafter in Moskau (1934–1941) maßgeblich am deutsch-sowjetischen Abkommen vom August 1939 beteiligt und trat stets für eine Verständigung zwischen den beiden Ländern ein. Verzweifelt versuchte er, den deutschen Überfall auf die Sowjetunion zu verhindern und wollte später möglichst rasch einen Friedensschluß im Osten erreichen. Legationsrat Herbert Mumm von Schwarzenstein wurde 1935 aus politischen Gründen entlassen und plante gemeinsam mit Nikolaus von ↑Halem einen Anschlag auf Hitler, den der ehemalige Freikorpsmann Josef ↑Römer ausführen sollte. Die Gruppe um Mumm wurde 1942 zerschlagen, Mumm noch 1945 ermordet. Rudolf von ↑Scheliha war seit 1932 an der Deutschen Gesandtschaft in Warschau und gehörte seit 1936 dort zu einer Widerstandsgruppe von Diplomaten und im Ausland lebenden Deutschen. 1939 in die Informationsabteilung des Auswärtigen Amtes versetzt, hielt er Kontakt zu anderen Regimegegnern und half Verfolgten. Nach seiner Verhaftung Ende Oktober 1942 wurde er zum Tode verurteilt und hingerichtet. Albrecht Graf von Bernstorff, bis 1933 Botschaftsrat in London, schied 1937 aus dem Diplomatischen Dienst aus und war als Privatbankier tätig. Wegen seiner Kontakte zu vielfältigen Oppositionskreisen wurde er 1943 verhaftet und noch am 23. April 1945 in Berlin ermordet.

Lit.: M. Thielenhaus: Zwischen Anpassung und Widerstand. Deutsche Diplomaten 1938–1941. Die politischen Aktivitäten der Beamtengruppe um Ernst von Weizsäcker. Paderborn 1984. – U. von Hassell: Die Hassell-Tagebücher 1938–1944. Aufzeichnungen vom Anderen Deutschland. Hrsg. von F. Freiherr Hiller von Gaertringen. Berlin 1988.

Dohna, Heinrich Graf zu (15.10. 1882–14.9. 1944). D. verwaltete in der ersten Zeit des NS-Regimes die Familiengüter in Ostpreußen. Gleichzeitig setzte er sich als Mitglied des Ostpreußischen Bruderrates der ↑Bekennenden Kirche für verhaftete Pfarrer ein. Er war verheiratet mit Maria Agnes von Borcke, mit der er eine Tochter und drei Söhne hatte. Als Reserveoffizier wurde er 1939 zum Stellvertretenden Stabschef im Generalkommando in Königsberg ernannt. Nach dem deutschen Überfall auf Polen in den aktiven Heeresdienst übernommen, gelang es ihm 1943, auf eigenen Wunsch als Generalmajor wieder auszuscheiden, weil er die Kriegführung Hitlers nicht hinnehmen konnte. Zusammen mit seiner Frau beteiligte er sich an der Umsturzplanung der Widerstandsgruppen um Ludwig ↑Beck und Carl ↑Goerdeler und stellte sich für den Wehrkreis I (Königsberg) als Politischer Beauftragter zur Verfügung. Nach dem Attentat auf Hitler wurden er und seine Frau verhaftet. Während Agnes Gräfin zu D. die Haft im Frauen-KZ Ravensbrück überlebte, verurteilte der VGH D. am 14. September 1944 zum Tode; am selben Tag wurde er in Berlin-Plötzensee hingerichtet.

Lit.: L. Graf zu Dohna: Vom Kirchenkampf zum Widerstand. Eine Fallstudie. In: Deutschland und Europa in der Neuzeit. Festschrift für Karl Otmar Freiherr von Aretin. Hrsg. von R. Melville u.a. Wiesbaden 1988.

Dohnanyi, Hans von (1. 1. 1902–9. 4. 1945). D. studierte in Berlin Jura, promovierte 1926 in Hamburg und legte 1928 die Assessorprüfung ab. Zuerst von 1929 bis Frühjahr 1932, dann wieder ab Juni 1933 arbeitete er im Reichsjustizministerium. Zuerst als persönlicher Referent und später Leiter des Ministerbüros von Franz Gürtner sammelte D. systematisch Informationen über nationalsozialistische Rechtsbrüche und Verbrechen in den Konzentrationslagern. Seit Anfang 1938 hatte D. Kontakt zu oppositionellen Militärs und war zusammen mit Ludwig ↑Beck, Hans ↑Oster und Erwin von ↑Witzleben führend an der Vorbereitung eines Staatsstreichversuches im September 1938 beteiligt. Auf Druck der NSDAP-Parteikanzlei mußte D. 1938 aus dem Ministerium ausscheiden und wurde an das Reichsgericht in Leipzig versetzt. Im Herbst 1939 forderte Oster D. für das Amt Ausland/Abwehr im Oberkommando der Wehrmacht an. D. sollte hier weiter an der Vorbereitung eines Staatsstreiches gegen Hitler arbeiten. Er war durch seine Tätigkeit frühzeitig über die Massenvernichtung der europäischen Juden informiert. D. leitete Berichte seines Schwagers Dietrich ↑Bonhoeffer über die Judendeportationen an hohe Militärs weiter, um diese zum Einschreiten zu bewegen. Im Frühjahr 1942 beschloß D., wenigstens einige von der Deportation bedrohte Familien in Sicherheit zu bringen. Den Gefährdeten sollte als angebliche Agenten der Abwehr die Ausreise in das neutrale Ausland ermöglicht werden. Da zunächst nur sieben Personen als angebliche Agenten ins Ausland in Sicherheit gebracht werden sollten, erhielt die Aktion die Bezeichnung „Unternehmen Sieben". Am 5. April 1943 wurde D. in seinem Dienstzimmer wegen angeblicher Devisenvergehen verhaftet. Oster, der ihn zu decken versuchte, wurde seines Postens enthoben. Nach dem ↑20. Juli 1944 wurde ein Teil der von D. vor 1938 gesammelten Dokumente über NS-Verbrechen von der Gestapo entdeckt und D., nach langer Haft in der Berliner Prinz-Albrecht-Straße 8 wegen seiner Beteiligung an den Umsturzvorbereitungen schwer krank, nach einem SS-Standgerichtsverfahren im KZ Sachsenhausen ermordet.

Lit.: W. Meyer: Unternehmen Sieben. Eine Rettungsaktion für vom Holocaust Bedrohte aus dem Amt Ausland/Abwehr im Oberkommando der Wehrmacht. Frankfurt am Main 1993.

Drechsel, Max Ulrich Graf von (**3. 10. 1911–4. 9. 1944**). Nach dem Studium der Rechte und dem bayerischen Referendarexamen entschloß sich D. 1934 zu einer Laufbahn als Berufssoldat. 1941 wurde er in Afrika schwer verwundet und nach langem Lazarettaufenthalt zum Heimatdienst nach München entlassen. Im Stab der Annahmestelle für Offiziersbewerber traf er im Juni 1943 auf seinen Jugendfreund Ludwig Freiherr von Leonrod, der ein halbes Jahr später durch Claus Schenk Graf von ↑Stauffenberg in die Widerstandspläne der Gruppen um Ludwig ↑Beck und Carl ↑Goerdeler eingeweiht wurde. Leonrod war als Verbindungsoffizier für den Wehrkreis VII (München) vorgesehen. Als Stauffenberg ihn jedoch im Juni 1944 für eine Aufgabe in Berlin anforderte, wurde D., Hauptmann beim Generalkommando VII, von den Verschwörern zu dessen Ersatzmann bestimmt. Mitte August erfuhr die Gestapo seinen Namen und ließ ihn in München verhaften. D. wurde am 4. September 1944 vom VGH unter Freisler zum Tode verurteilt und am selben Tag in Berlin-Plötzensee hingerichtet. Erst im März 1945 bekamen D.s Eltern den Abschiedsbrief ihres Sohnes.

Lit.: H.-A. Jacobsen (Hrsg.): „Spiegelbild einer Verschwörung". Die Opposition gegen Hitler und der Staatsstreich vom 20. Juli 1944 in der SD-Berichterstattung. Geheime Dokumente aus dem ehemaligen Reichssicherheitshauptamt. 2 Bde. Stuttgart 1984.

Drexel, Joseph E. (**6. 6. 1896–13. 4. 1976**). Nach dem Ersten Weltkrieg schloß sich der Münchener Versicherungsprokurist D. dem Freikorps Epp an, das in Nürnberg gegen die revolutionäre Bewegung eingesetzt wurde, und trat 1923 dem „Bund Oberland" bei. Seit 1925 Mitglied der Bundesführung, war er für die militärische Ausbildung zuständig und verfaßte

Artikel für die Oberland-Zeitung „Das Dritte Reich". In dieser Zeit näherte sich D. den politischen Ideen Ernst ↑Niekischs an und arbeitete seit 1926 an dessen Zeitschrift „Widerstand" mit, einem wichtigen Sammelpunkt der nationalrevolutionären Bewegung. Als enger Vertrauter und Mäzen Niekischs organisierte D. bis in die dreißiger Jahre den Absatz von Niekisch-Schriften und führte den Verlag der 1934 von den Nationalsozialisten verbotenen Zeitschrift „Widerstand". Im Januar 1939 wurde er im selben Verfahren wie Niekisch vom VGH zu einer Zuchthausstrafe verurteilt. D. verbüßte dreieinhalb Jahre im bayerischen Zuchthaus Amberg und kam danach in die KZ Mauthausen und Flossenbürg. Nach dem Krieg war D. Begründer der „Nürnberger Nachrichten".

Lit.: Rückkehr unerwünscht. Joseph Drexels „Reise nach Mauthausen" und der Widerstandskreis Ernst Niekisch. Hrsg. von W. R. Beyer. München 1978.

H.

Eberhard, Fritz (2. 10. 1896–29. 3. 1982). Als Sohn eines Landwirtes studierte E. unter seinem ursprünglichen Namen Helmut von Rauschenplat Staatswissenschaften, wurde 1921 Mitglied des Internationalen Jugendbundes (IJB) und 1922 Mitglied der SPD. 1926 wurde E. Ortsgruppenvorsitzender des ↑Internationalen Sozialistischen Kampfbundes (ISK) und war 1932–1933 Redakteur des Parteiorgans „Der Funke". 1933 baute E. als Reichsleiter ein illegales Fünfergruppen-Netz der ISK-Organisation auf, reiste nach Paris und informierte die ISK-Auslandszentrale. Als Ende November 1937 die ISK-Organisation aufgedeckt wurde, flüchtete E. über Zürich und Paris nach London. Hier trennte er sich im Herbst 1939 wegen politischer Differenzen vom ISK. 1939/40 wirkte E. an deutschsprachigen BBC-Sendungen mit. Seit Ende 1940 betrieb er zusammen mit Waldemar von ↑Knoeringen und Richard ↑Löwenthal den „Sender der Europäischen Revolution", der die Politik einer künftigen „Partei der Revolutionären Sozialisten" vertrat. E. wurde Mitarbeiter der im Juni 1943 gegründeten „German Educational Reconstruction" (GER) und trat der „Landesgruppe deutscher Gewerkschafter" in Großbritannien bei. Seit 1944 Vorstandsmitglied, verfaßte er zusammen mit Walter Fliess die wirtschaftspolitischen Richtlinien im Nachkriegsprogramm der Landesgruppe. Nach seiner Rückkehr trat E. im Oktober 1945 in die SPD ein. Von 1949 bis 1958 war er Intendant des Süddeutschen Rundfunks und von 1961 bis 1968 Direktor des Instituts für Publizistik an der Freien Universität Berlin.

Lit.: W. Link: Die Geschichte des Internationalen Jugend-Bundes (IJB) und des Internationalen Sozialistischen Kampfbundes (ISK). Meisenheim 1964. – F. Eberhard: Arbeit gegen das Dritte Reich. Beiträge zum Widerstand 1933–1945. Nr. 10. Hrsg. von der Gedenkstätte Deutscher Widerstand. Berlin 1981.

A.C.

Edelweißpiraten. In vielen Orten des Ruhrgebiets, Sachsens und in anderen Industriezentren entstanden 1941/42 neue Jugendgruppen außerhalb der Hitler-Jugend (HJ), die vorwiegend aus dem Arbeitermilieu kamen. Jungen und auch Mädchen wollten dem eintönigen Dienst in der HJ entgehen und orientierten sich teilweise an bündischen Traditionen, die sie meist nicht mehr aus eigenem Erleben kannten. Einige der Gruppen entwickelten ihr Selbstbewußtsein aus dem Gegensatz zur HJ, andere wollten mit ihrer oppositionellen Haltung jugendliche Unabhängigkeit demonstrieren. Die Angehörigen dieser Gruppen, die sich „Cliquen", „Blasen" oder „Horden" nannten oder nach ihren Treffpunkten – wie die Kittelbachpiraten – und gemeinsamen Abzeichen – wie die Edelweißpiraten – bezeichneten, erkannten sich an unauffälligen Gemeinsamkeiten wie Liedern, Kleidungsstücken, Abzeichen oder Grußformen. Sabotageakte, Schlägereien mit der HJ, Abhören alliierter Sender, Verbreitung von Flugblättern, Kontakte zu ausländischen Zwangsarbeitern waren Ausdruck einzelner oppositioneller Aktivitäten. Eine Zusammenarbeit mit Widerstandskreisen der KPD und anderen Oppositionellen kam nur in Ausnahmefällen zustande. Verhaftete Edelweißpiraten wurden als „Verwahrloste" oder „Gemeinschaftsschädlinge" in Arbeitserziehungs- oder Konzentrationslager verschleppt, von Gerichten zum Tode verurteilt oder ohne jedes Verfahren ermordet.

Lit.: M. von Hellfeld: Edelweißpiraten in Köln. Jugendrebellion gegen das 3. Reich. Das Beispiel Köln-Ehrenfeld. Köln 1981. – D. Peukert: Die Edelweißpiraten. Protestbewegungen jugendlicher Arbeiter im Dritten Reich. Köln 1988.

Ehlers, Hermann (**1. 10. 1904–29. 10. 1954**). Geboren in Berlin als Beamtenkind, studierte er von 1922 bis 1927 hier und in Bonn Rechts- und Staatswissenschaft und promovierte 1929. Politisch stand er der DNVP nahe. 1931 trat er als Assessor und Justitiar in die Berliner Verwaltung ein und wurde – inzwischen Gerichtsassessor – 1939 aus dem Staatsdienst entlassen. Er gehörte von Anfang an zu den oppositionellen Protestanten und übernahm als juristischer Mitarbeiter des preußischen Bruderrates der ↑Bekennenden Kirche Beratung, Begutachtung und Artikel zu kirchenrechtlichen Problemen, beteiligte sich am Fassen von Beschlüssen, deren Weitergabe und Durchführung und dem Versand von Listen zur Fürbitte für verfolgte und verhaftete Mitglieder der Bekennenden Kirche. Deswegen wurde er Mitte 1937 für einige Zeit durch die Gestapo inhaftiert. Nach Kriegsdienst als Leutnant war er zunächst Oberkirchenrat in Oldenburg und trat 1946 in die CDU ein. Er gehörte ab 1949 dem Bundestag an, der ihn 1950 zu seinem Präsidenten wählte. Auch als CDU-Vorsitzender in Oldenburg und stellvertretender Bundesvorsitzender seit 1952 gehörte er zur Führungsspitze der CDU.

Lit.: W. Börner: Hermann Ehlers und der Aufbau einer parlamentarischen Demokratie in Deutschland. Bonn u.a. 1967, S. 7ff. *D.*

Eichler, Willi (**7. 1. 1896–17. 10. 1971**). Der Sohn eines Postbeamten aus Berlin wurde kaufmännischer Angestellter, nahm am Ersten Weltkrieg teil und trat 1919 in die SPD ein. Von 1919 bis 1923 war er Privatsekretär von Leonard Nelson, dem Gründer des Internationalen Jugend-Bundes (IJB), der sich seit 1925 als ↑Internationaler Sozialistischer Kampfbund (ISK) bezeichnete. Nach Nelsons Tod 1927 übernahm E. den Vorsitz des ISK und gab die theoretischen Parteiorgane „isk – Mitteilungsblatt des Internationalen Sozialistischen Kampfbundes“ und „Der Funke“ heraus. Als Führer des ISK baute er seit November 1933 in Paris eine Auslandszentrale auf, die der Unterstützung der illegalen ISK-Gruppen in Deutschland diente. Seit Mai 1934 erschien unter E.s Mitwirkung das ISK-Organ „Sozialistische Warte“, 1935/36 unterstützte er die Einheits- und ↑Volksfrontbestrebungen. Als er im April 1938 wegen politischer Betätigung aus Frankreich ausgewiesen wurde, ging er nach Luxemburg und im Januar 1939 nach Großbritannien. In London leitete er eine kleine ISK-Gruppe und gab ISK-Zeitschriften und Broschüren heraus. Nach Beitritt des ISK zur „Union deutscher sozialistischer Organisationen in Großbritannien“ wurde E. Mitglied der Exekutive und leitete im August 1945 die Vereinigung mit der SPD ein. E. kehrte 1945 nach Deutschland zurück, beteiligte sich am Aufbau der rheinischen SPD und gehörte als Mitglied des Parteivorstandes der SPD (1946–1968) zu den Autoren des Godesberger Programms.

Lit.: S. Lemke-Müller: Ethischer Sozialismus und soziale Demokratie. Der politische Weg Willi Eichlers vom ISK zur SPD. Bonn 1988. *A.C.*

Eid. Die Diensteide der Beamten und Soldaten nach der Weimarer Reichsverfassung verlangten seit 1919 „Treue gegenüber der Reichsverfassung“ und Gehorsam gegenüber dem Reichspräsidenten. Im August 1934 ordnete Reichswehrminister Werner von Blomberg unmittelbar nach dem Tod des Reichspräsidenten Paul von Hindenburg die Vereidigung der Angehörigen der Reichswehr auf die Person Hitlers an. Beamte verpflichteten sich seit dem 20. August 1934 „Adolf Hitler treu und gehorsam“ zu sein, Soldaten schworen, „Adolf Hitler, dem Oberbefehlshaber der Wehrmacht, unbedingten Gehorsam leisten“ zu wollen. Dieser persönliche Gefolgschaftseid stellte viele Soldaten vor Probleme, da sie die Treuepflicht gegenüber Hitler höher bewerteten als die Notwendigkeit zum entschiedenen Widerstand. Die aktiven Verschwörer des ↑20. Juli 1944, aber auch die Soldaten und Offiziere im ↑Nationalkomitee „Freies Deutschland“, verneinten die Bindungskraft des Eides, da ihrer Auffassung nach Hitler selbst Verrat geübt habe und Deutschland seinen verbrecherischen Zielen opfere. Der Zwang zum persönlichen Eid gegenüber Hitler war für andere Regimegegner Anlaß, sich von vornherein den Ansprüchen des NS-Staates an das Individuum zu verweigern. Dies zeigten einzelne Eidverweigerer unter den Beamten ebenso wie die Kriegsdienstverweigerer.

Lit.: H. Kraus: Die im Braunschweiger Remerprozeß erstatteten moraltheologischen und historischen Gutachten nebst Urteil. Hamburg 1953. *H.*

Einsiedel, Horst von (7. 6. 1905–1948). E., zweiter Sohn eines Dresdner Arztehepaares, studierte Rechts- und Staatswissenschaften in Breslau. Nach seinem Referendarexamen trat er 1930 der SPD bei. 1934 fand er eine Stelle beim Statistischen Reichsamt in Berlin, die er nach kurzer Zeit aus politischen Gründen aufgeben mußte. Nach der Entlassung aus dem Staatsdienst arbeitete E. bei der Reichsstelle Chemie. Einer seiner engsten Kollegen war Otto Heinrich von der Gablentz. Seit 1939 gehörte E. zum Kreis um Helmuth James Graf von ↑Moltke, den er bereits von der Löwenberger Arbeitsgemeinschaft her kannte. E. erörterte mit Moltke und Peter Graf ↑Yorck von Wartenburg zunächst wirtschaftspolitische Grundfragen, wandte sich 1942 aber verstärkt der Agrarpolitik zu. Er nahm an der 2. und 3. Kreisauer Tagung teil und prägte gemeinsam mit Carl Dietrich von ↑Trotha die wirtschaftspolitischen Diskussionen des Kreisauer Kreises. Durch glückliche Umstände konnte E. nach dem ↑20. Juli 1944 das Kriegsende in Berlin unentdeckt überleben. Im August 1945 übernahm er eine Abteilung in der Wirtschaftsverwaltung des Berliner Magistrats, wurde aber bereits im Oktober 1945 von der sowjetischen Geheimpolizei verhaftet und starb 1948 unter ungeklärten Umständen im sowjetischen Internierungslager Sachsenhausen.

Lit.: W. E. Winterhager: Horst von Einsiedel. In: Moltke-Almanach. Bd. I. Berlin 1984, S. 156ff.

Eiserne Front. Am 16. Dezember 1931 wurde die E. auf Initiative des bereits 1924 als republikanische Selbstschutzorganisation gegründeten ↑Reichsbanners Schwarz-Rot-Gold unter Beteiligung von SPD, Gewerkschaften und Arbeitersportverbänden in Berlin ins Leben gerufen. Die E., die sich gegen den Machtanspruch der extremen Rechten (Harzburger Front) richtete, sollte den republikanischen Widerstand koordinieren. Das Ziel der E. war die „Überwindung der faschistischen Gefahr". Den Kern der neuen Organisation bildete das Reichsbanner; Symbol der E. waren drei nach unten zielende Pfeile: Gegen Nationalsozialismus, Kommunismus und Monarchie. Unter Führung der Sozialdemokraten Karl Höltermann und Otto Wels wurde die E. zu einem Kampfverband demokratischer Linker, der dem Terror von SA und SS nicht gewachsen war. Auf eine machtpolitische Auseinandersetzung außerhalb juristischer und parlamentarischer Möglichkeiten und Wege verzichtend, blieb die E. auch während des Staatsstreichs von Franz von Papen gegen die preußische Regierung (20. Juli 1932) ohne Wirkung. Die E. zerfiel im Mai 1933 nach der Zerschlagung der Gewerkschaften. Ein Teil ihrer Mitglieder emigrierte, andere wurden von den Nationalsozialisten verhaftet oder versuchten in der NS-Zeit, den organisatorischen Zusammenhalt zu bewahren.

Lit.: K. Rohe: Das Reichsbanner Schwarz-Rot-Gold. Ein Beitrag zur Geschichte und Struktur der politischen Kampfverbände zur Zeit der Weimarer Republik. Düsseldorf 1966. *A.*

Elser, Johann Georg (4. 1. 1903–9. 4. 1945). E. wuchs in einer württemberger Arbeiterfamilie auf. Er begann

1917 eine Ausbildung zum Eisendreher, die er zwei Jahre später abbrechen mußte, und wurde Bau- und Möbelschreiner. Seit 1925 arbeitete er in einer Konstanzer Uhrenfabrik, seit 1930 in einem ähnlichen Betrieb in Meersburg. 1932 kehrte er nach Königsbronn zurück und richtete sich eine kleine Schreinerwerkstatt ein. Seit 1935 fand er als Gelegenheitsarbeiter sein Auskommen und arbeitete ab Dezember 1936 in einer Armaturenfabrik in Heidenheim/Württemberg. Er stand vorübergehend dem Roten Frontkämpferbund nahe, wurde aber bald zum Einzelgänger, weil er entschiedenen Widerstand gegen Hitlers Regierungsübernahme forderte. Nach dem Münchener Abkommen vom Herbst 1938 entschied sich E., gewaltsam Widerstand gegen das NS-Regime zu leisten und auf diese Weise den Ausbruch eines als sicher erwarteten Weltkriegs zu verhindern. Er versteckte eine Bombe im Münchener Bürgerbräukeller, wo Hitler regelmäßig zum Jahrestag seines Umsturzversuchs vom 9. November 1923 vor „alten Kämpfern" der NSDAP sprach. Nur durch einen Zufall verließ Hitler am Abend des 8. November 1939 vor der Explosion die Versammlungsstätte. Die Detonation zerstörte die Galerie des Saales fast völlig und hätte Hitler wahrscheinlich getötet. Bei dem Anschlag kamen eine Kellnerin und sechs Zuhörer ums Leben, ein weiterer starb wenige Tage später. E., der München bereits verlassen hatte, wurde eine Stunde vor der Explosion am Konstanzer Grenzübergang zur Schweiz festgehalten und wegen seines verdächtigen Tascheninhalts der Gestapo übergeben. Er wurde Mitte November 1939 nach Berlin gebracht und später in die KZ Sachsenhausen und Dachau verlegt. Ein geplanter Schauprozeß, in dem nicht vorhandene Verbindungen E.s mit dem britischen Geheimdienst konstruiert werden sollten, wurde nicht durchgeführt. Kurz vor Kriegsende befahl Reichsinnenminister Heinrich Himmler die Ermordung von E. , der am 9. April 1945 im KZ Dachau exekutiert wurde.

Lit.: A. Hoch, L. Gruchmann: Georg Elser. Der Attentäter aus dem Volke. Der Anschlag auf Hitler im Münchener Bürgerbräu 1939. Frankfurt a.M. 1980.

Emigration und Exil. Der Begriff „Emigration" (wörtlich: „Auswanderung") kennzeichnet das freiwillige oder erzwungene Verlassen des Heimatlandes von Personen oder Gruppen aus religiösen, politischen oder rassischen Gründen. Der Begriff „Exil" (wörtlich: „Verbannungsort") kennzeichnet allein die Gruppe politischer und weltanschaulicher Gegner eines Staates, die sich im Ausland für den Sturz des feindlichen Regimes und ihre Rückkehr einsetzen. Beide Begriffe wurden von den emigrierten Gegnern des NS-Regimes teilweise synonym verwendet. Über 350000 Menschen mußten wegen der nationalsozialistischen Judenverfolgung aus Deutschland emigrieren, mehr als 30000 verließen ihre Heimat aus anderen politischen Gründen: Mitglieder der SPD und KPD, der Freien Gewerkschaften, sozialistischer Splittergruppen, Vertreter bürgerlich-demokratischer, konservativer und nationalrevolutionärer Kreise. Viele Emigranten schlossen sich in Organisationen zusammen, deren Ziel es war, die Weltöffentlichkeit über die wahren Verhältnisse in Deutschland aufzuklären. Das politische Exil war Teil des Kampfes gegen den Nationalsozialismus und hatte Kontakte zu zahlreichen NS-Gegnern in Deutschland. Ein Netz von Kurieren sicherte bis 1939 einen ständigen Informationsaustausch. Schwerpunkte des Exils waren Frankreich, die Tschechoslowakei, Skandinavien, die Schweiz, die UdSSR und nach 1939 Großbritannien, Lateinamerika und die USA. Emigranten in der UdSSR gerieten häufig in die Stalinschen Repressionsmaßnahmen, verbrachten viele Jahre im Gulag, wurden von NKWD-Kommandos umgebracht oder nach dem deutsch-sowjetischen Nichtangriffspakt vom August 1939 an die Gestapo ausgeliefert. Die Besetzung des Sudetenlandes und der Tschechoslowakei 1938/39 bedrohte dort viele deutsche Flüchtlinge. Nach dem Einmarsch deutscher Truppen in Frankreich wurden Emigranten, denen die erneute Flucht nicht gelang, interniert. Einzelne wurden an deutsche Behörden ausgeliefert und ermordet. Deutsche Emigranten stellten sich den Alliierten zur Verfügung, kämpften als Soldaten in alliierten Truppen oder riefen über ausländische Rundfunkstationen zum Widerstand gegen den Nationalsozialismus auf. Viele der Emigranten kehrten nach 1945 nach Deutschland zurück und versuchten hier, Einfluß auf die politische Nachkriegsordnung zu nehmen.

Lit.: K. R. Großmann: Emigration. Geschichte der Hitler-Flüchtlinge 1933–1945. Frankfurt am Main 1969. – Widerstand und Exil 1933–1945. Bonn 1989. – Politische Aspekte des Exils. Hrsg. von Th. Koebener. München 1990.

Emmerlich, Arthur (**20. 9. 1907–21. 5. 1942**). Der in Chemnitz aufgewachsene Arbeitersohn trat 1922 in die SAJ ein. Er schloß sich später dem KJVD an und übte Ende der zwanziger Jahre verschiedene Funktionen in Chemnitz und Sachsen aus. 1930 wurde er Mitglied des ZK des KJVD und war in der Redaktion der „Jungen Garde“ tätig. Anfang der dreißiger Jahre studierte er an der Leninschule in Moskau. Im Frühjahr 1934 versuchte er als Instrukteur des ZK des KJVD in Magdeburg und Hannover den Widerstand unter kommunistischen Jugendlichen zu organisieren. Von 1935 bis 1937 arbeitete er in der Presseabteilung der Komintern in Moskau. 1938 als Instrukteur der KPD-Abschnittsleitung in Prag eingesetzt, unternahm E. Reisen nach Berlin, Mitteldeutschland und Sachsen. Im Sommer 1940 wurde er über Kopenhagen zum Neuaufbau der illegalen Parteiorganisation nach Berlin geschickt. Er hatte Verbindungen in verschiedene Betriebe. Mit dem Lehrer Kurt ↑Steffelbauer stellte er auf einer Schreibmaschine illegale Schriften her, darunter drei Nummern der „Roten Fahne“, zur internen Schulung fünf „Berliner Rundbriefe“ und das Flugblatt „Wahnsinnige regieren Deutschland“. E. wurde am 24. Mai 1941 verhaftet, am 10. Januar 1942 zum Tode verurteilt und in Berlin-Plötzensee hingerichtet.

Lit.: St. Hermlin: Die erste Reihe. Berlin 1985. – H. Joop: Kurt Steffelbauer. Ein Berliner Lehrer im Widerstand gegen den Nationalsozialismus. Berlin 1991. *C.*

Engelhorn, Karl Heinz (6. 9. 1905–24. 10. 1944). E., Oberstleutnant im Generalstab, erfuhr durch Oberst Georg Alexander Hansen von den Plänen, Hitler durch einen Umsturzversuch zu beseitigen. Nach dem Scheitern des Attentats am ↑20. Juli 1944 wurde E. verhaftet und vom Oberreichsanwalt beim VGH wegen Hoch- und Landesverrats angeklagt. Im Oktober 1944 erweiterte der Präsident des Volksgerichtshofs Roland Freisler das Verfahren gegen E., indem er gleichzeitig Adolf Friedrich Graf von Schack und Wilhelm Kuebart anklagte und in die Hauptverhandlung das Verfahren gegen Alexis Freiherr von Roenne mit einbezog. Bis auf Kuebart, der eine mehrjährige Zuchthausstrafe erhielt, wurden E., Schack und Roenne zum Tode verurteilt. E. wurde am 24. Oktober 1944 im Zuchthaus Brandenburg-Görden erschossen.

Lit.: H.-A. Jacobsen (Hrsg.): „Spiegelbild einer Verschwörung". Die Opposition gegen Hitler und der Staatsstreich vom 20. Juli 1944 in der SD-Berichterstattung. Geheime Dokumente aus dem ehemaligen Reichssicherheitshauptamt. 2 Bde. Stuttgart 1984.

Engert, Otto (24. 7. 1895–11. 1. 1945). Aufgewachsen in einer Bauernfamilie, lernte E. den Beruf des Zimmermanns. Als Geselle erlebte er die ersten großen Streiks der Bauarbeiter und trat 1912 der SPD bei. 1920 schloß er sich der KPD an, wurde in den Kreistag von Altenburg gewählt und vertrat von 1924 bis 1928 die KPD im Thüringer Landtag. In dieser Zeit war er auch Redakteur der Sächsischen Arbeiter-Zeitung. 1928 wurde er als „Abweichler" aus der KPD ausgeschlossen. Nach 1933 lebte E. in Leipzig, wurde im Frühsommer 1933 verhaftet und acht Monate im Konzentrationslager festgehalten. Danach schloß er sich wieder der KPD an und arbeitete seit 1940 mit Georg ↑Schumann und Kurt ↑Kresse, den er aus dem KZ Sonnenburg kannte, in der Illegalität eng zusammen. E. unterstützte die Neubildung von Widerstandsgruppen in Rüstungsbetrieben. Mit Georg Schumann erarbeitete er „Leitsätze über die Liquidierung des imperialistischen Krieges". Sie knüpften Kontakte zu der Widerstandsgruppe um Theodor ↑Neubauer und Magnus ↑Poser in Jena und vor allem zu der Berliner Widerstandsorganisation um Franz ↑Jacob und Anton ↑Saefkow. Mitte Juli 1944 wurde E. verhaftet, am 24. November 1944 zusammen mit Georg Schumann und Kurt Kresse zum Tode verurteilt und in Dresden hingerichtet.

Lit.: I. Krause: Die Schumann-Engert-Kresse-Gruppe. Dokumente und Materialien des illegalen antifaschistischen Kampfes (Leipzig – 1943 bis 1945). Berlin 1960. C.

Erdmann, Hans Otto (18. 12. 1896–4. 9. 1944). Oberstleutnant E. war als Erster Offizier im Wehrkreiskommando I (Königsberg) von Claus Schenk Graf von ↑Stauffenberg in die Umsturzpläne eingeweiht und sollte in Ostpreußen am Tag des Attentats die Ausführung der „Walküre"-Befehle gewährleisten. Er zog für weitere Sicherungsaufgaben den Kommandeur der Panzeraufklärungsschule in Insterburg Roland von ↑Hößlin heran. E.s Versuch, auch den Chef des

Generalkommandos in Königsberg General von Thadden für den Umsturz zu gewinnen, schlug jedoch fehl. Als am späten Nachmittag des ↑20. Juli 1944 in Königsberg die Befehle der Verschwörer eintrafen, war bereits bekannt, daß Hitler den Anschlag überlebt hatte. In einem Telefongespräch mußte E. deshalb Stauffenberg berichten, daß im Wehrkreis I die vorgesehenen Maßnahmen gegen die nationalsozialistische Führung nicht mehr eingeleitet werden konnten. E. wurde am 17. August 1944 von der Gestapo verhaftet und zu Verhören nach Berlin gebracht. Am 4. September 1944 verhandelte der Volksgerichtshof unter Roland Freisler gegen ihn und vier weitere Angeklagte; alle wurden zum Tode verurteilt. E. wurde noch am selben Tag in Berlin-Plötzensee hingerichtet.

Lit.: P. Hoffmann: Widerstand, Staatsstreich, Attentat. Der Kampf der Opposition gegen Hitler. München 1985.

Erler, Fritz (14.7. 1913–22.2. 1967). In einer sozialdemokratischen Familie im Berliner Arbeiterbezirk Prenzlauer Berg aufgewachsen und von seinem Vater antimilitaristisch erzogen, gründete E. 1926 eine sozialistische Schülergruppe, wurde 1929 Mitglied der SAJ und im Oktober 1931 SAJ-Vorsitzender des Werbevereins Prenzlauer Berg und zugleich Mitglied des Kreisvorstandes der SPD. Dem linken Flügel der SPD angehörend, kritisierte er wegen der unentschlossenen Haltung der SPD im Frühjahr 1933 die Politik des Parteivorstandes. Sein Eintreten für eine organisierte illegale Tätigkeit unter den neuen Bedingungen führte im März 1933 zum Parteiausschluß. E. nahm an Schulungskursen einer konspirativ arbeitenden Gruppe teil, die später den Namen ↑Neu Beginnen annahm. Im April 1933 fuhr E. in ihrem Auftrag unter dem Decknamen „Genosse Grau" zum Sekretariat der Sozialistischen Internationale (SAI) nach Zürich. E., der eine Resolution überbrachte und über die Lage in Deutschland und die Verfolgung der politischen Gegner informierte, konnte auf weiteren Reisen in die europäischen Nachbarländer internationale Kontakte knüpfen. Im September 1938 wurden E. und viele andere Mitglieder von Neu Beginnen verhaftet. Er wurde im September 1939 vom VGH zu zehn Jahren Zuchthaus verurteilt. E. war in den Emslandlagern und im Zuchthaus Kassel-Wehlheiden inhaftiert und konnte 1945 aus einem Transport zum KZ Dachau fliehen. Nachdem er die letzten Kriegswochen in einem Versteck gelebt hatte, wurde er von der französischen Militärregierung im Mai 1945 als Landrat in Biberach a.d.Riss eingesetzt, im Januar 1946 aber in das Internierungslager Balingen gebracht. Bis zu seiner Entlassung im Mai 1946 verfaßte Erler die Programmschrift „Sozialismus als Lebensaufgabe". 1964 wurde er zum Vorsitzenden der SPD-Bundestagsfraktion gewählt.

Lit.: H. Soell: Fritz Erler. Eine politische Biographie. Berlin 1976. – R. Löwenthal: Die Widerstandsgruppe „Neu Beginnen". Hrsg. von der Gedenkstätte Deutscher Widerstand. Berlin 1985. *A.*

Ernst, Friedrich (9. 6. 1889–28. 11. 1960). Nach dem Studium der Rechts- und Staatswissenschaften trat E. zu

Beginn der Weimarer Republik in das Preußische Ministerium für Handel und Gewerbe ein und wurde nach 1933 von den Nationalsozialisten in seinem Amt als Reichskommissar für das Kreditwesen beim Reichswirtschaftsministerium belassen. Er war verheiratet mit Alix Freiin von Gersdorff und hatte mit ihr zwei Töchter und vier Söhne. Im Januar 1940 übernahm er die Stelle des Reichskommissars für die Behandlung feindlichen Vermögens. Seine fachliche Eignung und die Verbindung zu dem früheren Reichsbankpräsidenten und zwischenzeitlichen Reichswirtschaftsminister Hjalmar Schacht ließen E. den Verschwörern um Carl ↑Goerdeler und Ludwig ↑Beck als künftigen Staatssekretär geeignet erscheinen. Nach dem ↑20. Juli 1944 wurde E. verhaftet und im April 1945 vom VGH zu zwei Jahren Zuchthaus verurteilt. Wenige Tage später wurde er mit anderen Gefangenen von den sowjetischen Truppen aus dem Berliner Zellengefängnis Lehrter Straße befreit. Nach dem Kriege wurde er zu einem bedeutenden Finanzfachmann der Bundesrepublik Deutschland.

Lit.: F. Ernst: Ansprachen beim Empfang des Hauses Delbrück, Schickler & Co. anläßlich des 70. Geburtstags von Herrn Dr. Friedrich Ernst am 13. Juni 1959. Hamburg 1959.

Europäische Union. Unter der Leitung des Berliner Mediziners Georg ↑Groscurth und des Physikers Robert ↑Havemann bildete sich seit 1939 die Widerstandsgruppe E., die sich vorrangig humanitären Aufgaben, der Hilfe für Juden und politisch Verfolgte, zuwandte. Seit 1941 unterhielt sie Kontakte zur ↑Uhrig-Gruppe, um Aufklärungsaktionen unter der Bevölkerung sowie Sabotageakte in der Rüstungsindustrie und der Wehrmacht zu planen. Vorrangiges Ziel der E. war der organisierte Kontakt zu den vielen kleinen illegalen Gruppen ausländischer Zwangsarbeiter in Deutschland, um sie mit Informationen, Nahrungsmitteln und anderer lebenswichtiger Hilfe zu versorgen. In Flugblättern plädierte die E. über weltanschauliche und konfessionelle Grenzen hinweg für die Wiederherstellung der politischen und menschlichen Grundrechte des Individuums in einem geeinten „freien sozialistischen Europa“. Nach ihrer Verhaftung im September 1943 wurden Groscurth, Herbert Richter-Luckian, Paul Rentsch und Havemann am 16. Dezember 1943 vom VGH zum Tode verurteilt und bis auf Havemann, der die NS-Zeit überleben konnte, am 8. Mai 1944 im Zuchthaus Brandenburg-Görden hingerichtet.

Lit.: Ch. Pross, R. Winau (Hrsg.): Nicht mißhandeln. Das Krankenhaus Moabit 1920–1933. Ein Zentrum jüdischer Ärzte in Berlin. 1933–1945 Verfolgung – Widerstand – Zerstörung. Berlin 1984.
H.

Fellgiebel, Erich (4. 10. 1886–4. 9. 1944). F. begann seine militärische Laufbahn im September 1905 als Offiziersanwärter in einem Nachrichtenbataillon. Nach dem Ersten Weltkrieg kam er als Generalstabsoffizier nach Berlin und wurde im August 1938 zum Chef des Heeresnachrichtenwesens und zum Chef der Wehrmachtnachrichtenverbindungen im Oberkommando der Wehrmacht ernannt.

Durch seinen früheren Vorgesetzten Generaloberst Ludwig ↑Beck und dessen Nachfolger Generaloberst Franz Halder fand F. Kontakt zu den militärischen Widerstandskreisen. Er beteiligte sich maßgeblich an der Vorbereitung der Operation „Walküre“ und bemühte sich am ↑20. Juli 1944 im Führerhauptquartier Wolfschanze bei Rastenburg in Ostpreußen um eine Abschirmung dieses Zentrums der Macht von allen Nachrichtenverbindungen. Als nach dem Scheitern des Attentats Hitlers Überleben feststand, mußte F. die befohlene Nachrichtensperre jedoch aufheben. Er wurde noch am selben Tag in Ostpreußen verhaftet, am 10. August 1944 vom VGH unter Roland Freisler zum Tode verurteilt und am 4. September hingerichtet.

Lit.: E. Fellgiebel: Meister operativer Nachrichtenverbindungen. Ein Beitrag zur Geschichte der Nachrichtentruppe. Hrsg. von K. H. Wildhagen. Wenningsen 1970.

Feurstein, Heinrich (**11. 4. 1877–2. 8. 1942**). Der in Freiburg geborene F. wurde 1899 zum Priester geweiht und war seit 1906 Pfarrer in Donaueschingen. Der Nichtangriffspakt zwischen Hitler und Stalin vom August 1939 machte F. zum scharfen Kritiker der Nationalsozialisten. Als sich Gottesdienstbesucher über seine Neujahrspredigt beschwerten, wurde F. am 7. Januar 1942 verhaftet. Im Verhör warf man ihm vor, den Krieg als „Wahnsinn“ bezeichnet, die Morde an Geisteskranken angeprangert und die NS-Kirchenpolitik als Vernichtungskrieg verurteilt zu haben. Am 15. Juni 1942 wurde F. ohne Gerichtsverfahren in das KZ Dachau eingewiesen, wo er bereits sechs Wochen später an den Bedingungen der Haft im Krankenrevier starb oder ermordet wurde.

Lit.: E. Weiler: Die Geistlichen in Dachau. Bd. 2. Lahr 1982, S. 87f.

Finckh, Eberhard (**7. 11. 1899–30. 8. 1944**). Als junger Berufsoffizier lernte F. an der Berliner Kriegsakademie Claus Schenk Graf von ↑Stauffenberg und Albrecht Ritter ↑Mertz von Quirnheim kennen. F. war verheiratet mit Annemarie von Weyrauch, mit der er zwei Töchter und einen Sohn hatte. Er lehnte den Nationalsozialismus strikt ab und wurde darin von seiner Familie unterstützt. Nach dem deutschen Überfall auf Polen wurde er zunächst im Osten eingesetzt und kam später als Oberst i. G. und Oberquartiermeister beim Oberbefehlshaber West in Paris in die Umgebung des Militärbefehlshabers Carl-Heinrich von ↑Stülpnagel. Mit Stülpnagel und dessen Adjutanten Cäsar von ↑Hofakker war er an der Planung des Umsturzversuches im Westen beteiligt. Am ↑20. Juli 1944 nahm F. in Paris die vereinbarte Nachricht über den Anschlag im Führerhauptquartier Wolfschanze entgegen und meldete seinem Vorgesetzten General Günter Blumentritt den Tod Hitlers. In Paris konnten daraufhin planmäßig die Gestapo- und SD-Kräfte ausgeschaltet werden. Erst als die Verschwörer erfuhren, daß Hitler noch lebte, brachen sie diese Aktion ab. F. wurde wenige Tage später verhaftet, am 30. August 1944 vom VGH unter Roland Freisler zum Tode verurteilt und noch am selben Tag in Berlin-Plötzensee hingerichtet.

Lit.: H. Bücheler: Carl-Heinrich von Stülpnagel. Soldat – Philosoph – Verschwörer. Berlin und Frankfurt a.M. 1989. – W. von Schramm: Der 20. Juli in Paris. Bad Wörishofen 1953.

Formis, Rudolf (1896–24. 1. 1935). Nach der Teilnahme am Ersten Weltkrieg war es F., der als Rundfunkpionier die erste Sendeanlage des Süddeutschen Rundfunks baute. Er entstammte aus einer großbürgerlichen Familie, sein Großvater, ein angesehener Stuttgarter Architekt, war mit einer Jüdin verheiratet gewesen. Nur kurzzeitig trat F. 1933 als Anhänger Hitlers in Erscheinung. Der Stuttgarter Rundfunktechniker folgte im Frühjahr 1934 Otto ↑Straßer, dem Führer der ↑Schwarzen Front, einer oppositionellen Gruppierung, die sich aus der NSDAP heraus entwickelt hatte, in die Prager Emigration. Die später von ihm in Dobříš bei Prag betriebene Sendeanlage für den Sender der „Schwarzen Front" wurde von der deutschen Funkabwehr geortet. SS-Gruppenführer Reinhard Heydrich erteilte persönlich dem SS-Scharführer Alfred Naujocks den Befehl, den Sender stillzulegen, da er offen zu Attentaten auf Hitler aufrief. Naujocks sollte zugleich F. entführen und nach Deutschland bringen. Naujocks gelang es, sich in das Hotel, in dem F. den Sender betrieb, einzuschleichen. Am 24. Januar 1935 kam es zwischen den beiden zu einem Handgemenge, bei dem Formis durch einen Schuß tödlich getroffen wurde.

Lit.: B. Burkhardt: Rudolf Formis. Rundfunktechniker aus Stuttgart. In: M. Bosch, W. Niess (Hrsg.): Der Widerstand im deutschen Südwesten 1933–1945. Stuttgart u.a. 1984, S. 311ff. *H.*

Frank, Reinhold (23. 7. 1896–23. 1. 1945). Der zunächst unpolitische katholische Rechtsanwalt F., verheiratet mit Annemarie Weber, mit der er zwei Töchter und zwei Söhne hatte, wurde nach dem 31. März 1933 als Mitglied der badischen Zentrumspartei für den Karlsruher Bürgerausschuß nominiert und verlor dieses Amt ein Jahr später durch die Aufhebung der örtlichen Bürgervertretungen. In den folgenden Jahren übernahm er vor Gericht wiederholt die Verteidigung von politischen Gegnern des Nationalsozialismus. Durch den ehemaligen württembergischen Staatspräsidenten Eugen ↑Bolz kam Frank im Februar 1943 mit Carl ↑Goerdeler in Kontakt. Er ließ sich zusammen mit dem Baurat Albrecht Fischer für den Fall des Staatsstreichs als Politischer Beauftragter im Wehrkreis V (Stuttgart) gewinnen. Über den Zeitpunkt des Attentats auf Hitler war er jedoch nicht unterrichtet. Auf der Rückreise von Berlin wurde F. in der Nacht zum 21. Juli 1944 in Karlsruhe von der Gestapo verhaftet und später nach Berlin gebracht. Dort wurde er am 13. Januar 1945 vom VGH unter Roland Freisler zum Tode verurteilt und zehn Tage später in Berlin-Plötzensee hingerichtet.

Lit.: H. Rehberger: R. Frank, Rechtsanwalt in Karlsruhe. In: M. Bosch, W. Niess (Hrsg.): Der Widerstand im deutschen Südwesten 1933–1945. Stuttgart u.a. 1984.

Franke, Joachim (8. 1. 1905–18. 8. 1942). Der zusammen mit seiner Frau Erika in Berlin-Köpenick lebende Ingenieur F. besaß seinen politischen Rückhalt in der Internationalen Arbeiterhilfe, dem KJVD und der KPD. F. arbeitete bei der AEG und initiierte dort kleine Betriebsgruppen. Zum Kreis um F. gehörten Hans-Georg ↑Vötter, Charlotte Vötter, Werner ↑Steinbrink, Hans Mannaberg und Hildegard ↑Jadamowitz. Zusammen mit Steinbrink organisierte F. Anfang 1942 in einer nächtlichen Aktion die Beschriftung von Fabrikgebäuden in Berlin-Oberschöneweide mit widerständischen Parolen. In der Wohnung von F. wurde der Zündmechanismus für den Brandanschlag der ↑Baum-Gruppe auf die Propagandaausstellung „Das Sowjet-Paradies“ im Berliner Lustgarten hergestellt. F. trug am 18. Mai 1942 den Brandsatz in einer Aktentasche bei sich, Steinbrink hatte die Zündplättchen bei sich, von denen er eines im Ausstellungsvorraum Herbert ↑Baum übergab. Gemeinsam legten alle drei im sogenannten „Arbeiterwohnhaus“ der Ausstellung den Brand. F. und alle Mitglieder seiner Gruppe wurden am 22. Mai 1942 verhaftet. Die schnelle Verhaftung ließ den Verdacht aufkommen, F. sei ein „Verräter“ gewesen. Wahrscheinlicher ist, daß er durch das Angebot einer zukünftigen Zusammenarbeit seine Frau vor Strafe schützen wollte. Am 16. Juli 1942 wurde F. zum Tode verurteilt und in Berlin-Plötzensee hingerichtet. Erika F. wurde freigesprochen.

Lit.: W. Löhken, W. Vathke (Hrsg.): Juden im Widerstand. Drei Gruppen zwischen Überlebenskampf und politischer Aktion. Berlin 1993. *R.*

Freiburger Kreis. Im Herbst 1938 bildete sich unter dem Eindruck des Novemberpogroms aus dem Teilnehmerkreis eines privaten Seminars von Karl Diehl das Freiburger Konzil. Kollegen der Universität, Pfarrer der ↑Bekennenden Kirche und einzelne ihrer Familienangehörigen trafen sich regelmäßig, um grundlegende Fragen menschlichen Zusammenlebens zu erörtern. Neben historischen und philosophischen Themen wurden bald auch volkswirtschaftliche Grundprobleme behandelt. Im engeren Konzilskreis, dem Constantin von Dietze, Adolf Lampe und Gerhard Ritter angehörten, entstand 1940/41 die Denkschrift „Kirche und Welt“, die in Kreisen Bekennender Christen Badens vielfach erörtert wurde. Im Spätsommer 1942 bat Dietrich ↑Bonhoeffer die Gruppe um Ritter, eine Denkschrift zur Vorbereitung auf eine Weltkirchenkonferenz zu verfassen. Diese Denkschrift über „Grundzüge einer politischen Gemeinschaftsordnung nach christlichem Verständnis“ war aber nicht allein für die Leitung der Bekennenden Kirche, sondern vermutlich auch für den Berliner Widerstandskreis um Carl ↑Goerdeler bestimmt, der neben Otto Dibelius, Erik Wolf und Helmut Thielecke an einer wichtigen Aussprache des F. teilnahm. Einige Mitglieder des Zirkels, der 1943 nach der Verhaftung von Bonhoeffer seine Arbeit einstellte, fanden wenig später in der „Arbeitsgemeinschaft Volkswirtschaftslehre“ der Akademie für Deutsches Recht unter Erwin von Beckerath eine neue

Möglichkeit, Überlegungen zu einer marktwirtschaftlich geprägten Wirtschaft in weitergehende Gedanken einer Nachkriegsordnung münden zu lassen. Der „Freiburger Unterausschuß", der eng mit einem anderen Unterausschuß in Köln und Bonn zusammenarbeitete – im Frühjahr 1943 ein freierer Kreis einiger Mitglieder –, entwickelte sich, als die Akademie für Deutsches Recht ihre Arbeitsgemeinschaft Volkswirtschaftslehre auflöste. Zur Arbeitsgemeinschaft Erwin von Beckeraths gehörten vor allem Nationalökonomen, die nach Alternativen zur Planwirtschaft suchten. Durch Vorträge, Gutachten und Arbeitstagungen wollten sie Grundlinien der Marktwirtschaft bestimmen. Einzelne Mitglieder der Arbeitsgemeinschaft, wie Dietze und Lampe, standen in Verbindung mit Goerdeler, der sich von ihnen wiederholt wirtschaftspolitisch beraten ließ. Nach dem Anschlag vom ↑20. Juli 1944 wurden Walter Bauer, Constantin von Dietze, Adolf Lampe und Gerhard Ritter, der Verfasser der Denkschrift über die „Politische Gemeinschaftsordnung", verhaftet. Bauer und Dietze wurden wegen der Zusammenarbeit mit Goerdeler des Hochverrats beschuldigt. Sie wurden ebenso wie Lampe und Ritter, deren Anklage noch in den letzen Kriegstagen vorbereitet wurde, erst Ende April 1945 aus dem Gefängnis befreit. Adolf Lampe starb am 9. Februar 1948 nach schwerer Krankheit an den Folgen der Haft. Andere Mitglieder des Kreises wie Walter Eucken, Erich Preiser und Günter Schmölders setzten sich nach 1945 für den Aufbau einer sozialen Marktwirtschaft ein.

Lit.: Ch. Blumenberg-Lampe: Das wirtschaftspolitische Programm der „Freiburger Kreise". Berlin 1973.

Freiheitsaktion Bayern. Um Hauptmann Rupprecht Gerngroß, den Führer einer Dolmetscherkompanie, sammelte sich in München in den letzten Kriegsjahren eine Gruppe von Regimegegnern, die Verbindung zu anderen Widerstandskreisen hatte, aber erst unmittelbar vor Kriegsende aktiv wurde. Sie besetzten in der Nacht zum 28. April 1945 den Münchener Rundfunksender Freimann und riefen dazu auf, die Nationalsozialisten aus den Orten zu vertreiben, die noch nicht von amerikanischen Truppen besetzt worden waren. In mehreren Ortschaften fühlten sich Einwohner dadurch ermutigt, gegen die Nationalsozialisten vorzugehen. Gerngroß forderte den Reichsstatthalter Franz Ritter von Epp auf, sich zu ergeben – ohne Erfolg. Daraufhin wandte Gerngroß sich bis in die Mittagsstunden über den Sender Erding an die bayerische Bevölkerung. Wiederholt wurden die programmatischen Forderungen der Freiheitsaktion ausgestrahlt. In den Mittagsstunden verhafteten die Nationalsozialisten Angehörige der Aufständischen. Einige von ihnen wurden ermordet, die anderen – unter ihnen Gerngroß – konnten die kurze Zeit bis zur Ankunft der amerikanischen Truppen im Untergrund überleben.

Lit.: Freiheitsaktion Bayern 1945. München 1970.

Freytag von Loringhoven, Wessel Freiherr (22. 11. 1899–26. 7. 1944). Im Januar 1922 verließ der aus einer livländischen Familie stammende F. die neugegründete Republik Lettland und erwarb die deutsche Staatsangehörigkeit, um Reichswehroffizier werden zu können. Er war verheiratet mit Elisabeth von Rauch, mit der er vier Söhne hatte. Nach dem deutschen Überfall auf Polen im September 1939 und der Besetzung Norwegens im Jahr darauf verschärfte sich seine Kritik an Hitlers Kriegführung vor allem wegen der deutschen Besatzungspolitik im Osten. Im Juni 1941 wurde F. als Erster Offizier zum Stab von Heinrich Graf zu ↑Dohna versetzt und 1943 auf Betreiben von Admiral Wilhelm Canaris als Oberst i.G. zum Amt Ausland/Abwehr im Oberkommando der Wehrmacht nach Berlin abgeordnet. Hier kam F. mit dem Widerstandskreis um Claus Schenk Graf von ↑Stauffenberg in Kontakt und beschaffte schließlich den hochexplosiven Sprengstoff, den Stauffenberg am ↑20. Juli 1944 in die Lagebaracke im Führerhauptquartier Wolfschanze bei Rastenburg in Ostpreußen einschleuste. Als F. am 26. Juli 1944 seine Verhaftung durch die Gestapo befürchtete, tötete er sich in einem Wald in der Nähe seines Einsatzortes in Ostpreußen.

Lit.: W. Baron: Freytag von Loringhoven. Zum 25. Jahrestag des 20. Juli 1944. In: Nachrichtenblatt der baltischen Ritterschaften. 11. Jg. (1969). Heft 2 (Juni). – P. Hoffmann: Widerstand, Staatsstreich, Attentat. Der Kampf der Opposition gegen Hitler. München 1985.

Frieb, Hermann (11. 12. 1909–12. 8. 1943). F., in der Familie eines Wirtschaftsprüfers in München aufgewachsen, studierte Volkswirtschaftslehre und schloß sich einer sozialistischen Studentengruppe an, die er bald leitete. Nach 1933 hatte er Verbindungen zur emigrierten SPD-Führung in Prag sowie zum Widerstandskreis um Waldemar von ↑Knoeringen und baute mit sozialdemokratischen Freunden kleine Widerstandsgruppen auf. 1936 mußte er erleben, wie die Gestapo einige dieser Kreise aushob; dabei starben drei seiner politischen Freunde an den Folgen von Mißhandlungen. Nach dem Beginn des Krieges setzte F. seine Bemühungen fort, sozialdemokratische Widerstandsgruppen zu bilden. 1942 gelang es der Gestapo, das Verbindungsnetz der ↑„Revolutionären Sozialisten", dem über zehn Gruppen angehörten, zu zerstören. Sechs der dabei Verhafteten nahmen sich selbst das Leben. Im Mai 1943 wurden fünfzig Mitglieder der Gruppen um F. und Bebo ↑Wager vor dem VGH angeklagt. Gegen zehn Angeklagte wurden Todesurteile ausgesprochen. Unter den Verurteilten war auch F.s Mutter, die jedoch zu einer zwölfjährigen Zuchthausstrafe begnadigt wurde. F. wurde in München-Stadelheim hingerichtet.

Lit.: H. Mehringer: Waldemar von Knoeringen. Eine politische Biographie. Der Weg vom revolutionären Sozialismus zur sozialen Demokratie. München u.a. 1989.

Froehlich, August (26. 1. 1891–22. 6. 1942). Der in Königshütte in Oberschlesien geborene F. wuchs in einer wohlhabenden Kaufmannsfamilie auf. 1921 wurde er zum Priester geweiht und übernahm nach mehreren Jahren der Arbeit als Kaplan in Berlin 1932 eine Pfarrei in Pommern. Nach

1933 griffen ihn örtliche Nationalsozialisten an, weil er sich nicht an Winterhilfswerk-Sammlungen beteiligte und den Hitlergruß verweigerte. Vernehmungen, Hausdurchsuchungen und Geldstrafen folgten. 1937 wurde F. nach Rathenow in der Mark Brandenburg versetzt und geriet mit dem NS-Regime in Konflikt. Als er sich am 20. Mai 1941 über die Mißhandlung von Zwangsarbeitern in einer deutschen Firma beschwerte, wurde F. verhaftet und in den KZ Buchenwald, Ravensbrück und Dachau gefangengehalten. Im KZ Dachau starb er nach Mißhandlungen an völliger Entkräftung.

Lit.: B. M. Kempner: Priester vor Hitlers Tribunalen. München 1966. S. 87 ff.

Frölich, August (31. 12. 1877–22. 6. 1966). F. erlernte den Beruf des Eisendrehers und übernahm vor dem Ersten Weltkrieg die Leitung des Deutschen Metallarbeiter-Verbandes in Altenburg/Thüringen. Nach 1918 wurde er für die Mehrheitssozialisten in den Landtag gewählt und war von 1920 bis 1924 Staatsminister und Ministerpräsident in Thüringen. Seit 1924 gehörte er für die SPD dem Reichstag an und wurde 1933 vorübergehend in „Schutzhaft" genommen. F. wurde von den Verschwörern für den Umsturzversuch am ↑20. Juli 1944 als politischer Unterbeauftragter im Wehrkreis IX (Kassel) vorgesehen. Nach dem gescheiterten Attentat auf Hitler wurde er von der Gestapo verhaftet, konnte aber das Kriegsende überleben. Nach 1945 amtierte er bis zur Auflösung der Länderverwaltungen in der DDR 1952 als Präsident des Landtags in Thüringen.

Lit.: H.-A. Jacobsen (Hrsg.): „Spiegelbild einer Verschwörung". Die Opposition gegen Hitler und der Staatsstreich vom 20. Juli 1944 in der SD-Berichterstattung. Geheime Dokumente aus dem ehemaligen Reichssicherheitshauptamt. 2 Bde. Stuttgart 1984. – G. Beier: Gewerkschaften zwischen Illusion und Aktion. In: J. Schmädeke und P. Steinbach (Hrsg.): Der Widerstand gegen den Nationalsozialismus. Die deutsche Gesellschaft und der Widerstand gegen Hitler. München 1985.

Funke, Ewald (30. 7. 1905–4. 3. 1938). F. wuchs in Remscheid in der Familie eines Möbeltischlers auf. Nach einer Lehre als kaufmännischer Angestellter arbeitete er bis zum März 1933 beim Arbeitsamt in Wuppertal. 1919 schloß er sich der Sozialistischen Proletarier-Jugend der USPD an und wechselte 1921 zum KJVD. 1924 verließ er die KPD wegen der Kampagne gegen die „Parteirechte" um Heinrich ↑Brandler. F. war zunächst in der Arbeiter-Turn- und Sportbewegung tätig und trat 1927 der SPD bei. Als er 1931 aus der SPD ausgeschlossen wurde, wandte er sich wieder der KPD zu. Im April und Mai 1933 war er inhaftiert; seit August 1933 arbeitete er illegal für die KPD im Bezirk Düsseldorf. Im Frühjahr 1934 floh er nach Amsterdam, wurde im Juni und Juli 1934 von der KPD-Abschnittsleitung West zur Inlandsleitung nach Berlin delegiert, ging anschließend nach Prag und war bis Ende 1934 Leiter von Schulungskursen für Emigranten. Ende 1935 gelangte er von Zürich aus als Instrukteur in Stuttgart zum Einsatz. Bei der dritten Inlandsreise wurde er im Mai 1936 verhaftet. Im August 1936 verurteilte ihn der VGH zum Tode. F.

wurde in Berlin-Plötzensee hingerichtet.

Lit.: H. Teubner: Exilland Schweiz. Dokumentarischer Bericht über den Kampf emigrierter deutscher Kommunisten 1933–1945. Berlin 1975. *C.*

Galen, Clemens August Graf von (16. 3. 1878–28. 3. 1946). Aus einer Oldenburger katholischen Familie stammend, studierte G. ab 1897 in Fribourg (Schweiz), Innsbruck und am Priesterseminar Münster. 1904 dort zum Priester geweiht, ging er als Seelsorger nach Berlin, 1929 nach Münster. 1933 erfolgte seine Ernennung zum Bischof. Wie der Berliner Bischof Konrad Graf von ↑Preysing wandte G. sich dagegen, daß der Vorsitzende der Fuldaer Bischofskonferenz, der Breslauer Erzbischof Adolf Kardinal Bertram, sich lediglich mit Eingaben gegen die NS-Kirchenpolitik äußerte. Nationalkonservativ eingestellt, hoffte G. nach 1939 auf einen deutschen Sieg und erklärte den Krieg gegen die UdSSR zum Kreuzzug (14. September 1941). Weithin erregte seine Predigt vom 3. August 1941 gegen den Massenmord an Patienten von Pflegeanstalten Aufsehen. Ihr Text wurde von vielen Deutschen bis hin zu den Kommunisten verbreitet, ebenso in alliierten Flugblättern. Vorausgegangen waren seit 1934 die Kritik G.s von der Kanzel und in Hirtenbriefen an NS-Angriffen gegen die katholische Kirche, ihre Zeitungen, Vereine und Schulen sowie gegen die NS-Rassenpolitik und am 13. und 20. Juli 1941 Predigten gegen die Beschlagnahme von Klöstern. NS-Führer schoben Repressalien gegen G. bis nach dem Kriegsende auf, ließen jedoch einige seiner Priester verhaften. 1945/46 kritisierte G. die britische Besatzungspolitik und die These von der Kollektivschuld des deutschen Volkes. Am 23. November 1945 zum Kardinal ernannt, starb er kurz nach seiner Rückkehr aus Rom in Münster.

Lit.: H. Portmann: Kardinal von Galen. Münster 1974. *D.*

Gall, Willi (3. 10. 1908–25. 7. 1941). Nach einer Lehre arbeitete G. zunächst als Dreher und bis 1932 als Beifahrer. Er trat 1929 der KPD bei, wirkte in der Ortsgruppe Pethau bei Zittau und wurde 1932 in den dortigen Gemeinderat gewählt. Im April 1933 emigrierte G. in die Tschechoslowakei, sicherte als Kurier die Verbindung nach Zittau und arbeitete von 1934 bis 1938 in Prag. 1938 wurde G. als Instrukteur der Abschnittsleitung „Zentrum" der KPD eingesetzt. 1938/39 fuhr er mehrmals von der Tschechoslowakei und Dänemark aus illegal nach Berlin. Vom deutschen Überfall auf Polen im September 1939 in Berlin überrascht, blieb er und organisierte im früheren KPD-Unterbezirk Süd die illegale Arbeit. Mit Gruppen aus den südöstlichen Stadtteilen Alt-Glienicke, Bohnsdorf und Adlershof brachte er eine Reihe von Flugblättern und im November 1939 eine Nummer der „Berliner Volkszeitung" heraus. Er hielt Kontakte zu verschiedenen Betrieben, dem Deutschen Theater und den „Neuköllner Sportfreunden". Stimmungsberichte flossen in G.s Druckschriften ein. Im Dezember 1939 wurden G. und über 100 NS-Gegner aus Adlershof verhaftet. G.

wurde am 23. Januar 1941 vom VGH zum Tode verurteilt und in Berlin-Plötzensee hingerichtet.

Lit.: B. Herlemann: Auf verlorenem Posten. Kommunistischer Widerstand im Zweiten Weltkrieg. Die Knöchel-Organisation. Bonn 1986. *C.*

Gauger, Martin (4. 8. 1905–14. 7. 1941). In Elberfeld als Sohn eines evangelischen Geistlichen geboren, studierte G. Jura und Wirtschaftswissenschaften und war Referendar und Assessor an Gerichten im rheinisch-westfälischen Industrierevier. Im August 1934 verweigerte der Jurist G. aus Gewissensgründen den Eid auf Hitler und mußte die Staatsanwaltschaft in Mönchengladbach verlassen. Im selben Jahr promovierte er und trat im Januar 1935 eine Stelle als juristischer Mitarbeiter bei der Leitung der ↑Bekennenden Kirche an. Rufe an ein indisches College 1938 und als Dezernent beim Internationalen Komitee vom Roten Kreuz in Genf 1939 lehnte er ab, weil er in Deutschland bleiben wollte. Als Gegner eines Angriffskrieges entzog er sich der Einberufung zur Wehrmacht im April 1940 und floh am 6. Mai 1940 in die Niederlande. Nach deren Besetzung versuchte er, am 19. Mai 1940 in die Schweiz zu entkommen, wobei ihn deutsche Soldaten anschossen. Am 13. Mai 1941 mußte er ins KZ Buchenwald. Mithäftlinge brachten ihn im Schonungsblock unter. Am 13. Juni 1941 zu einem sog. Invalidentransport ausgesondert, wurde er in der Tötungsanstalt Sonnenstein bei Pirna ermordet.

Lit.: K. Drobisch, G. Fischer (Hrsg.): Ihr Gewissen gebot es. Berlin (Ost) 1980. S. 163 ff. *D.*

Gedenkstätte Deutscher Widerstand. Am 20. Juli 1952 legte nach einer Anregung von Angehörigen der Widerstandskämpfer des ↑20. Juli 1944 Eva Olbricht, Witwe von General Friedrich ↑Olbricht, den Grundstein für ein Ehrenmal im Innenhof des Bendlerblocks. Am 20. Juli 1953 enthüllte Ernst Reuter, Regierender Bürgermeister von Berlin, das von dem Bildhauer Richard Scheibe geschaffene Ehrenmal, die Bronzefigur eines jungen Mannes mit gebundenen Händen. Vor dem Ehrenmal befindet sich ein Text von Edwin Redslob: „Ihr trugt die Schande nicht – Ihr wehrtet Euch – Ihr gabt das große ewig wache Zeichen der Umkehr – Opfernd Euer heißes Leben – für Freiheit, Recht und Ehre." Am 20. Juli 1955 erfolgte die feierliche Umbenennung der Bendlerstraße in Stauffenbergstraße. Bürgermeister Franz Amrehn enthüllte am 20. Juli 1962 im Ehrenhof eine Tafel mit den Namen der am 20. Juli 1944 im Bendlerblock erschossenen Offiziere. Auf Anregung aus dem Kreis der Widerstandskämpfer des 20. Juli 1944 beschloß der Senat von Berlin die Einrichtung einer Gedenk- und Bildungsstätte, die über den Widerstand gegen den Nationalsozialismus informieren sollte. Die von dem Historiker Friedrich Zipfel verantwortete ständige Ausstellung in den Räumen der zweiten Etage wurde daraufhin am 20. Juli 1968 eröffnet. 1979 verständigten sich die Parteien im Abgeordnetenhaus von Berlin über die Absicht, die Gedenk- und Bildungsstätte zu erweitern. 1980 erfolgte die Umgestaltung des Ehrenhofs nach einem Entwurf von Erich Reusch. Die Wand des Zugangs zum Ehrenhof erhielt die Inschrift „Hier im ehemaligen Oberkommando des Heeres organisierten Deutsche den Versuch, am 20. Juli 1944 die nationalsozialistische Unrechtsherrschaft zu stürzen. Dafür opferten sie ihr Leben." 1983 beauftragte der Regierende Bürgermeister Richard von Weizsäcker den Historiker Peter Steinbach und den Stuttgarter Gestalter Hans Peter Hoch mit der umfassenden Dokumentation und Darstellung der ganzen Breite und Vielfalt des deutschen Widerstandes in einer ständigen Ausstellung. Diese Ausstellung wurde am 20. Juli 1989 in den historischen Räumen des Staatsstreichversuches vom 20. Juli 1944 in der zweiten Etage des Bendlerblocks eröffnet. Über 5000 Bilder und Dokumente informieren seitdem exemplarisch über die Motive, Handlungen und Ziele von einzelnen, Kreisen, Gruppen und Organisationen im Widerstand gegen den Nationalsozialismus. Seit 1992 zeigte die Gedenkstätte Deutscher Widerstand eine Vielzahl erfolgreicher Sonderausstellungen; sie versteht sich heute als ein Zentrum der politischen Bildung und des aktiven Lernens. Seit 1993 ist der Gedenkstätte die gemeinsam mit der Freien Universität Berlin betriebene Forschungsstelle Widerstandsgeschichte angeschlossen.

Gehm, Ludwig (23. 2. 1905). Der Transportarbeiter G. kam aus einem sozialdemokratischen Elternhaus. 1927 schloß er sich dem ↑Internationalen Sozialistischen Kampfbund (ISK) an, dessen Mitglieder sich ganz intensiv auf den Kampf gegen das NS-Regime im Untergrund vorbereiteten. Nach 1933 betätigte sich G. mehrfach als Kurier von und nach Frankreich. Am 19. Dezember 1936 wurde er verhaftet und im März 1938 vom OLG Hamburg zu zwei Jahren Zuchthaus verurteilt. Nach der Haft in verschiedenen Gefängnissen kam er im Januar 1939 ins KZ Buchenwald. Von dort wurde G. am 25. Juni 1943 der ↑„Bewährungstruppe 999" überstellt. Er kam zunächst im Südabschnitt der Ostfront, seit dem Frühjahr 1944 in Griechenland zum Einsatz. In Volos schloß er sich der Griechischen Nationalen Befreiungsfront (ELAS) an und wurde im November 1944 Mitglied des von Falk ↑Harnack gegründeten Antifaschistischen Komitees Freies Deutschland in Griechenland. In Flugblättern riefen sie Kameraden zum Überlaufen oder zum aktiven Widerstand gegen Gewaltverbrechen der SS und der Wehrmacht auf. G. kam im Winter 1944 in britische Kriegsgefangenschaft und wurde in einem Lager in Ägypten interniert. Nach 1947 war er für die SPD in Frankfurt am Main in der Jugendarbeit und Kommunalpolitik aktiv.

Lit.: A. Dertinger: Der treue Partisan. Ein deutscher Lebenslauf: Ludwig Gehm. Bonn 1989. *H.*

Gehre, Ludwig (5. 10. 1895–9. 4. 1945). G. war zunächst als Geschäftsführer in der Bauwirtschaft tätig und wurde nach Beginn des Zweiten Weltkrieges zum Amt Ausland/Abwehr im Oberkommando der Wehrmacht unter Admiral Wilhelm Canaris eingezogen. Er gehörte zum Kreis um Hans

↑Oster und Hans von ↑Dohnanyi und war an den Vorbereitungen eines Attentatsversuchs auf Hitler beteiligt, den die militärischen Oppositionellen um Henning von ↑Tresckow im März 1943 unternahmen. Als im Januar 1944 Helmuth James Graf von ↑Moltke wegen seiner Kontakte zu dem Gesandten Otto ↑Kiep verhaftet wurde, traf dasselbe Schicksal auch Hauptmann G. Er konnte jedoch wenig später bei einem Transport seinen Bewachern entfliehen. Nach dem gescheiterten Attentat auf Hitler am ↑20. Juli 1944 wurde erneut nach G. gefahndet. Er konnte sich bis zum 2. November 1944 verborgen halten. Vor seiner Verhaftung erschoß G. seine zweite Ehefrau und fügte sich selbst bei einem anschließenden Selbstmordversuch eine schwere Augenverletzung zu. Nach seiner Genesung wurde er in das KZ Flossenbürg überstellt und dort am 9. April 1945 nach einer SS-Standgerichtsverhandlung ermordet.

Lit.: O. John: Falsch und zu spät. Der 20. Juli 1944. München und Berlin 1984. – R. G. Graf von Thun-Hohenstein: Der Verschwörer. General Oster und die Militäropposition. Berlin 1982.

Gehrts, Erwin (18. 4. 1890–10. 2. 1943). In Norddeutschland aufgewachsen, fand G. um 1910 zum „Wandervogel". 1914 meldete er sich freiwillig zur Front und diente seit 1916 bei den Fliegern. Geprägt von Oswald Spenglers „preußischem Sozialismus" und den „konservativen Revolutionären" war er in der Weimarer Republik als Journalist tätig, schloß sich als Chefredakteur einer Oberhausener Zeitung dem „Tat-Kreis" an und ging 1932 zur „Täglichen Rundschau" in Berlin. 1935 trat G., der aus politischen Gründen nicht mehr journalistisch arbeiten konnte, in das Reichsluftfahrtministerium ein. Er wurde als Hauptmann reaktiviert, arbeitete zunächst als Adjutant der Inspektion der Aufklärung und des Luftbildwesens, avancierte bis zum Oberst der Luftwaffe und Gruppenleiter im Reichsluftfahrtministerium. G. hatte Mitte der dreißiger Jahre Kontakt zu Ernst ↑Niekisch und stand der ↑Bekennenden Kirche nahe. Mit dem Angriff auf die Sowjetunion verstärkte sich seine kritische Distanz zum NS-Regime. In Sorge um die Konsequenz dieser für Deutschland falschen Entscheidung suchte er nach Auswegen. Im Meinungsaustausch mit Harro ↑Schulze-Boysen, den er bereits 1928 kennengelernt hatte und der ihm Material für Aufsätze und Rundfunkvorträge zur Verfügung stellte, entwickelte sich ein enges Vertrauensverhältnis. Am 10. Oktober 1942 verhaftet, wurde G. am 10. Januar 1943 in einem Sonderverfahren vor dem RKG zum Tode verurteilt und in Plötzensee hingerichtet.

Lit.: B. Gehrts: Nie wieder ein Wort davon. Stuttgart 1975. – H. Coppi: Erwin Gehrts. In: H. Coppi, J. Danyel, J. Tuchel (Hrsg.): Die Rote Kapelle im Widerstand gegen den Nationalsozialismus. Berlin 1994. *C.*

Gemeinschaft für Frieden und Aufbau. Nachdem der Justizangestellte Hans Winkler (1906–1987) im November 1933 gewalttätige Gestapo-Verhöre protokollieren mußte, entschloß er sich zum Widerstand gegen den NS-Staat. Durch das mit ihm eng befreundete jüdische Ehepaar Else und Günther Samuel wurden ihm die Entrechtungen und Verfolgungen von Juden bewußt. Nach dem Beginn der Deportationen im Oktober 1941 erfuhr Winkler erstmals von Juden, die sich dem Transport in die Vernichtungslager durch Flucht entzogen, und von Nichtjuden, die diese durch Unterkunft, Geld und Papiere unterstützten. Zusammen mit Samuel gründete er am 26. Dezember 1941 zur Unterstützung von illegal lebenden Juden die unter dem Tarnnamen „Sparverein Großer Einsatz" wirkende Gemeinschaft. Trotzdem konnte er die Familie Samuel nicht vor der Deportation schützen. Das Ehepaar Samuel traf auf dem Transport in das Ghetto Theresienstadt Werner ↑Scharff und Fancia Grün, denen sie von Winklers Initiative erzählten. Nach ihrer Flucht aus Theresienstadt begaben sich Scharff und Grün im September 1943 zu Winkler. Auf Scharffs Anregung hin wurde die G. gegründet, der rund 20 Menschen angehörten. Scharffs Ziel war es, nicht nur Juden das Überleben zu ermöglichen, sondern durch Flugblätter die Bevölkerung zum Widerstand gegen das NS-Regime zu ermutigen. „Das deutsche Volk rufen wir jetzt zum aktiven Widerstand auf!!" stand im dritten und letzten Flugblatt dieser Widerstandsgruppe vom August 1944. Am 15. Oktober 1944 wurde Scharff, wenige Tage später wurden Winkler und andere Mitglieder der G. von der Gestapo verhaftet. Während die meisten Regimegegner dieser Widerstandsgruppe überlebten, wurde Werner Scharff im März 1945 im KZ Sachsenhausen ermordet.

Lit.: W. Löhken, W. Vathke (Hrsg.): Juden im Widerstand. Drei Gruppen zwischen Überlebenskampf und politischer Aktion. Berlin 1993, S. 37–77. *R.*

Gerlich, Fritz (15. 2. 1883–1. 7. 1934). Der aus Stettin stammende Sohn eines Fischgroßhändlers studierte ab 1901 in München Naturwissenschaften und Geschichte, promovierte 1907 und arbeitete beim Bayerischen Staatsarchiv. Er war Mitglied der Nationalsozialen Partei, 1917 Mitbegründer der Vaterlandspartei und 1919 Gründer des bayerischen Zweigs der Liga zur Bekämpfung des Bolschewismus. Zwischen 1920 und 1928 leitete er die „Münchner Neuesten Nachrichten". Der 1931 zum Katholizismus übergetretene Antimarxist G. wandelte den im selben Jahr erworbenen „Der gerade Weg" in ein Kampfblatt gegen den Nationalsozialismus um. 1932 bezeichnete er Hitler als Bankrotteur und Schürer des Bürgerkrieges, seine Anhänger als Geistesverwirrte, Hetzer und Verbrecher, die NSDAP als Pest. Zudem besorgte er sich Papiere über vertrauliche Verhandlungen des SA-Führers Ernst Röhm mit Sir Henry Deterding über die Finanzierung der SA durch die Ölgesellschaft Royal Dutch/Shell sowie Pläne über die künftige Kirchenverfolgung und die Mordabsichten der Nationalsozialisten. Einiges davon wollte er Anfang März 1933 veröffentlichen. Am 9. März 1933 wurde er in der Redaktion von SA-Leuten mißhandelt, verhaftet und saß bis zum 30. Juni 1934 im Münchener Polizeigefängnis. Am folgenden Tag wurde er mit anderen Häftlingen im KZ Dachau ermordet.

Lit.: H.-G. Richardi, K. Schumann: Geheimakte Gerlich/Bell. München 1993.
D.

Gerstein, Kurt (11. 8. 1905–25. 7. 1945). Als sechstes von sieben Kinder wuchs G. in Münster in der Familie eines Richters auf und legte 1931 in Berlin die Prüfung zum Diplom-Ingenieur ab. Im Mai 1933 trat er der NSDAP bei, um den Staat Hitlers von innen bekämpfen zu können. Offen protestierte er gegen die Auflösung evangelischer Jugendbünde, schloß sich der ↑Bekennenden Kirche an und wurde 1936 aus der NSDAP ausgeschlossen. Im November 1935 legte G. das Bergassessorexamen ab, wurde am 27. September 1936 wegen der Verbreitung von NS-feindlichen Broschüren für kurze Zeit in Haft genommen und war vom 14. Juli bis 28. August 1938 erneut im Gestapo-Gefängnis Welzheim inhaftiert. 1941 trat er der Waffen-SS bei und wollte dort im Verborgenen seinen Kampf gegen das Regime fortsetzen. G. wurde dem Sanitätswesen der Waffen-SS zugeteilt und übernahm die Leitung des technischen Desinfektionsdienstes. Im Juni 1942 war er an der Beschaffung des Giftgases Zyklon B für die Massenmorde in den Vernichtungslagern beteiligt und besichtigte im August 1942 Belzec, Treblinka, Sobibor und das im Aufbau befindliche Maidanek. Über die dabei gesehenen Massenvergasungen konnte G. mehrfach Diplomaten und Geistliche informieren. G. konnte bis Kriegsende überleben, kam aber in französischer Gefangenschaft unter ungeklärten Umständen ums Leben. Der von ihm noch in der Haft verfaßte „G.-Bericht" ist eine der wichtigsten Augenzeugenquellen über die Durchführung des Völkermordes an den Juden Europas.

Lit.: S. Friedländer: Kurt Gerstein oder die Zweispältigkeit des Guten. Gütersloh 1968.

Gerstenmaier, Eugen (25. 8. 1906–13. 3. 1986). Nach einer ersten Ausbildung zum Textilkaufmann studierte G. Theologie und Philosophie in Tübingen und Rostock. 1933/34 engagierte er sich im kirchlichen Abwehrkampf gegen die Deutschen Christen und wurde durch die Gestapo in Rostock kurze Zeit inhaftiert. Nach der Promotion 1935 und einem Vikariat 1935/36 arbeitete er seit 1936 im kirchlichen Außenamt unter Bischof Theodor Heckel. Weil er als Leiter des Ökumenischen Referates seit 1939 noch Auslandsreisen machen konnte, galt er in oppositionellen Kreisen des Auswärtigen Amtes bald als wichtiger Helfer. Durch Hans-Bernd von ↑Haeften und Adam von ↑Trott zu Solz kam er zum ↑Kreisauer Kreis und nahm an der zweiten und dritten Kreisauer Tagung teil. Am ↑20. Juli 1944 hielt G. sich zusammen mit Peter Graf ↑Yorck von Wartenburg im ↑Bendlerblock auf, um den Umsturzversuch aktiv zu unterstützen. Am 11. Januar 1945 verurteilte ihn der VHG zu sieben Jahren Zuchthaus; G. wurde ins Zuchthaus Bayreuth-St. Georgen verlegt. Hier wurde er am 14. April 1945 von amerikanischen Truppen befreit und übernahm im selben Jahr in Stuttgart die Leitung des Hilfswerks der evangelischen Kirchen in Deutschland. Von 1954 bis 1969 war der CDU-Politiker Präsident des Deutschen Bundestages.

Lit.: E. Gerstenmaier: Streit und Friede hat seine Zeit. Ein Lebensbericht. Frankfurt am M. u.a. 1981.

Geßler, Otto (6. 2. 1875–24. 3. 1955). G. gehörte 1919 zu den Mitbegründern der Deutschen Demokratischen Partei und stand zunächst liberalen Ideen nahe. Im März 1920 wurde er als Reichswehrminister Nachfolger von Gustav Noske und behauptete dieses Amt in verschiedenen Kabinetten bis 1928. Dabei betonte er den politischen Führungsanspruch der Regierung gegenüber der Reichswehr, ohne sich allerdings in allen Entscheidungen durchsetzen zu können. Nach 1933 lebte G. zurückgezogen. Obwohl er den Widerstand gegen Hitler nicht aktiv unterstützte, galt er bei vielen Hitlergegnern als zuverlässiger Gewährsmann. Von den Verschwörern um Ludwig ↑Beck und Carl ↑Goerdeler wurde er für den Fall eines gelungenen Staatsstreichs als Politischer Beauftragter im Wehrkreis VII (München) vorgesehen. Nach dem gescheiterten Attentat auf Hitler am ↑20. Juli 1944 wurde G. von der Gestapo verhaftet und ohne Gerichtsverfahren bis zum 24. Februar 1945 in verschiedenen Konzentrationslagern und Haftanstalten festgehalten. Nach dem Zweiten Weltkrieg widmete er sich bis zu seinem Tode vor allem dem Aufbau des Bayerischen und Deutschen Roten Kreuzes.

Lit.: O. Geßler: Reichswehrpolitik in der Weimarer Zeit. Stuttgart 1958. – P. Hoffmann: Widerstand, Staatsstreich, Attentat. Der Kampf der Opposition gegen Hitler. München 1985.

Gestapo (Geheime Staatspolizei). Die G. entstand 1933 in Preußen aus der politischen Abteilung des Berliner Polizeipräsidiums und hatte ihren Sitz in der Berliner Prinz-Albrecht-Straße. Seit 1934 wurde die G. von Heinrich Himmler geleitet, unter dessen Führung sie 1936 zentralisiert wurde. Die G. war das wichtigste Instrument der NS-Führung zur Bekämpfung des politischen Widerstands. Ein Netz von G.-Stellen überzog Deutschland. Bis Mitte der dreißiger Jahre konnte die G. vor allem durch den Einsatz von Spitzeln weite Teile des Widerstandes aus der Arbeiterbewegung aufdecken. 1936 wurde die G. zusammen mit der Kriminalpolizei als Sicherheitspolizei unter der Führung von Reinhard Heydrich zusammengefaßt und 1939 als Amt IV des Reichssicherheitshauptamtes neu gegliedert. Die G. setzte in den Kriegsjahren große Sonderkommissionen zur Aufklärung des Münchener Bürgerbräu-Attentates vom November 1939, gegen die ↑Rote Kapelle und nach dem ↑20. Juli 1944 ein. Zugleich war die G. führend an den nationalsozialistischen Gewaltverbrechen in allen deutsch besetzten Gebieten beteiligt.

Lit.: J. Tuchel, Reinold Schattenfroh: Zentrale des Terrors. Prinz-Albrecht-Straße 8. Hauptquartier der Gestapo. Berlin 1987.

Gisevius, Hans Bernd (14. 7. 1904–23. 2. 1974). G. trat nach dem Jurastudium im August 1933 den Dienst bei der Politischen Polizei in Preußen an. Als Verwaltungsbeamter erlebte er den Aufbau der Geheimen Staatspolizei und die Ermordung von SA-Angehörigen und vielen Unschuldigen am

30. Juni 1934 unmittelbar mit. Später schied G. als Regierungsrat aus dem Staatsdienst aus. Er war in erste Attentatspläne militärischer Kreise 1938 eingeweiht und wurde nach dem deutschen Überfall auf Polen zum Amt Ausland/Abwehr im Oberkommando der Wehrmacht unter Admiral Wilhelm Canaris eingezogen, wo er alte und neue Kontakte für seine Tätigkeit nutzte. Er hatte Verbindungen zu den westlichen Alliierten und vertrat in außenpolitischen Verhandlungen die deutsche militärische Opposition. G. lebte im Auftrag der Abwehr in der Schweiz und reiste kurz vor dem Attentat auf Hitler nach Berlin. Am ↑20. Juli 1944 verbrachte er mehrere Stunden im ↑Bendlerblock, der Kommandozentrale der Verschwörer. Er konnte sich nach dem Scheitern des Umsturzes dem Zugriff der Gestapo entziehen und in die Schweiz zurückkehren. 1947 sagte er als Zeuge vor dem Internationalen Militärgerichtshof in Nürnberg aus.

Lit.: H. B. Gisevius: Bis zum bitteren Ende. Vom 30. Juni 1934 bis zum 20. Juli 1944. Berlin 1964.

Goerdeler, Carl (31. 7. 1884–2. 2. 1945). G. war seit 1930 Oberbürgermeister von Leipzig und übte in der Endphase der Weimarer Republik gleichzeitig das Amt des Reichskommissars für die Preisüberwachung aus. Er war verheiratet mit Anneliese Ulrich, mit der er zwei Töchter und drei Söhne hatte. Seit 1935 kam es zu heftigen Auseinandersetzungen mit der NSDAP. Nach seinem Rücktritt als Oberbürgermeister im April 1937 wurde G. als Berater der Robert Bosch GmbH tätig und unternahm in Deutschland und im Ausland ausgedehnte Reisen. Dabei warb er für die Ziele seiner Politik, die sich gegen die Nationalsozialisten richtete. G. wurde so zum Mittelpunkt der zivilen Widerstandskreise. In zahlreichen Denkschriften und Entwürfen plante er die Neuordnung des politischen Lebens in Deutschland nach einem gelungenen Staatsstreich und stellte sich als Reichskanzler zur Verfügung. Bereits vor dem ↑20. Juli 1944 wurde G. von der Gestapo gesucht. Nach dem Attentat auf Hitler konnte er zunächst entkommen, wurde kurz darauf denunziert und am 8. September 1944 vom VGH unter Roland Freisler zum Tode verurteilt. Auf Befehl Hitlers wurde er erst fünf Monate später nach ausführlichen Vernehmungen in Berlin-Plötzensee hingerichtet.

Lit.: M. Meyer-Krahmer: Carl Goerdeler und sein Weg in den Widerstand. Eine Reise in die Welt meines Vaters. Freiburg/Br. 1989. – G. Ritter: Carl Goerdeler und die deutsche Widerstandsbewegung. Stuttgart 1984.

Goerdeler, Fritz (6. 3. 1886–1. 3. 1945). G. wirkte nach dem Ersten Weltkrieg zunächst als Rechtsanwalt und Bürgermeister in Marienwerder und mußte dieses Amt 1933 unter dem Druck der Nationalsozialisten aufgeben. Danach wurde er Stadtkämmerer von Königsberg. Er war verheiratet mit Susanne Ulrich, mit der er drei Töchter und einen Sohn hatte. Wie sein älterer Bruder Carl Friedrich G. wollte er sich mit den Zuständen im NS-Deutschland nicht abfinden und folgte ihm schließlich in den Widerstand. Carl G. nutzte die enge familiäre Bindung der Brüder –

auch ihre Ehefrauen waren Schwestern –, um Fritz G. in seine Pläne einzuweihen und bei ihm Unterstützung zu finden. Zu Beginn des Jahres 1943 übernahm Fritz G. die Aufgabe, in Königsberg Verbündete für den geplanten Staatsstreich zu werben, und wirkte an Kontakten zu militärischen Widerstandskreisen mit. Nach dem gescheiterten Umsturzversuch vom ↑20. Juli 1944 verhaftete die Gestapo neben anderen Mitgliedern der Familie G. auch Fritz G. Am 23. Februar 1945 wurde G. zum Tode verurteilt und am 1. März 1945 in Berlin-Plötzensee hingerichtet.

Lit.: M. Meyer-Kramer: Carl Goerdeler und sein Weg in den Widerstand. Eine Reise in die Welt meines Vaters. Freiburg/Br. 1989. – G. Ritter: Carl Goerdeler und die deutsche Widerstandsbewegung. Stuttgart 1984.

Gottfurcht, Hans (7. 2. 1896–18. 9. 1982). Der Sohn jüdischer Eltern lernte und arbeitete in der Textilindustrie, als er 1913 in die SPD und den Zentralverband der Angestellten (ZdA) eintrat. Von 1919 bis 1933 war er Gewerkschaftsfunktionär, zuletzt Gauleiter des ZdA in Berlin. Nach 1933 Versicherungsagent, baute G. bis zu seiner Verhaftung 1937 illegale Gewerkschaftsorganisationen in Sachsen, Thüringen und Schlesien auf. Nach der Haft emigrierte er im Juli 1938 über Amsterdam nach London, wo er die Landesverbandsarbeit der „Auslandsvertretung Deutscher Gewerkschafter“ (ADG) in Großbritannien leitete. Hier wirkte er als Vorsitzender der 1938 neugegründeten „Londoner Vertretung der Freien Arbeiter-, Angestellten- und Beamtengewerkschaften“ und der im Februar 1941 ins Leben gerufenen „Landesgruppe deutscher Gewerkschafter in Großbritannien“ (LG). G. arbeitete in der von der ↑Sopade im Mai 1941 gebildeten Arbeitsgemeinschaft „Deutschland und Europa nach dem Kriege“ mit und war Vertreter der LG in der Exekutive der „Union deutscher sozialistischer Organisationen in Großbritannien“. 1945 gehörte er zu den Mitherausgebern des von der LG seit Spätsommer 1943 erarbeiteten Gewerkschaftsprogramms für das Nachkriegsdeutschland. Von 1952 bis 1959 wirkte er als Stellvertretender Vorsitzender des Internationalen Bundes Freier Gewerkschaften in Brüssel.

Lit.: G. Beier: Die illegale Reichsleitung der Gewerkschaften. Köln 1981. *A.C.*

Graf, Willi (2. 1. 1918–12. 10. 1943). G. kam 1929 zu einer Jungenschaftsgruppe des katholischen Schülerbundes „Neudeutschland“. 1934 schloß er sich dem engeren Kreis des von Fritz Leist gegründeten Jungenbundes „Grauer Orden“ an und nahm an illegalen Fahrten und Lagern teil. Nach Abitur und Arbeitsdienst begann G. 1937 in Bonn mit dem Medizinstudium. Im Januar 1938 wurde er für zwei Wochen inhaftiert und mit anderen Mitgliedern des Grauen Ordens vor dem Sondergericht Mannheim angeklagt. Durch eine Amnestie nach dem „Anschluß“ Österreichs wurde das Verfahren im Mai 1938 eingestellt. Anfang 1940 wurde G. in der Wehrmacht zum Sanitäter ausgebildet und in Frankreich, Belgien sowie ab Juni 1941 an der sowjetischen Front eingesetzt. Im April 1942 wurde er in die 2. Münchener Studentenkompanie zur Fortsetzung des Medizinstudiums beurlaubt und lernte hier Hans ↑Scholl und Alexander ↑Schmorell kennen, mit denen er von Juli bis Ende Oktober 1942 zur Feldfamulatur an der Ostfront eingesetzt war. In den Weihnachtsferien 1942/43 unternahm G. mehrere Reisen in andere Städte, bei denen er in seinem alten Freundeskreis um Mitstreiter warb. Mitte Januar 1943 war er an der Formulierung des fünften Flugblattes der ↑Weißen Rose beteiligt und versuchte erneut, bei einer Reise vom 20. bis 24. Januar 1943 nach Köln, Bonn, Saarbrücken, Freiburg und Ulm, Mitverschworene zu gewinnen. Im Februar 1943 war er an den Freiheitsparolen in der Münchener Innenstadt ebenso beteiligt wie an den Gesprächen mit Falk ↑Harnack und der Herstellung und Verbreitung des sechsten Flugblattes der Weißen Rose. Die Gestapo verhaftete ihn noch am 18. Februar 1943, dem Tag der Verteilung dieses Flugblatts durch Hans und Sophie ↑Scholl in der Münchener Universität. Der VGH unter Roland Freisler verurteilte G. zusammen mit Kurt ↑Huber und Alexander Schmorell am 19. April 1943 in München zum Tode. Fast ein halbes Jahr später wurde er im Strafgefängnis München-Stadelheim hingerichtet.

Lit.: W. Graf: Briefe und Aufzeichnungen. Hrsg. von A. Knoop-Graf und I. Jens. Frankfurt am Main 1988.

Grasse, Herbert (9. 10. 1910–24. 10. 1942). G. schloß sich nach der Buchdruckerlehre dem KJVD und später der KPD in Berlin an. Nach 1933 half er, die illegale Zeitung „Neuköllner Sturmfahne" herzustellen und zu verbreiten. 1936 verhaftet und zu zweieinhalb Jahren Zuchthaus verurteilt, konnte er nach seiner Entlassung im Januar 1939 wieder Kontakt zu seinen Freunden aufnehmen, so auch zum Widerstandskreis um Wilhelm ↑Schürmann-Horster. G. stellte in der kleinen Druckerei, in der er beschäftigt war, heimlich Flugblätter her. In enger Verbindung mit John ↑Sieg unterstützte er für die ↑Rote Kapelle die Herstellung der illegalen Zeitschrift „Die Innere Front". Flugschriften und Flugblätter verteilte G. in verschiedenen Widerstandskreisen. Er nutzte dazu seine Kontakte in Berliner Rüstungsbetriebe, darunter der AEG-Transformatorenfabrik, den Deutschen Waffen- und Munitionsfabriken, der Knorr-Bremse sowie zu Hasse & Wrede. Gemeinsam mit Eugen Neutert bemühte er sich, ausländische Zwangsarbeiter für gemeinsame Aktionen zur Störung der Kriegsproduktion zu gewinnen. G. wurde am 23. Oktober 1942 verhaftet. Einen Tag später beging er auf dem Weg zur Vernehmung im Berliner Polizeipräsidium Selbstmord.

Lit.: L. Kraushaar: Berliner Kommunisten im Kampf gegen den Faschismus 1936–1942, Berlin (Ost) 1981. – H.-R. Sandvoß: Widerstand in Neukölln. Hrsg. von der Gedenkstätte Deutscher Widerstand. Berlin 1992. *C.*

Graudenz, Johannes (12. 11. 1884–22. 12. 1942). Aus einer kinderreichen Familie in Danzig stammend, ging G. mit 17 Jahren nach England, arbeitete als Kellner, Fremdenführer und Hotelleiter in verschiedenen Ländern. 1916 begann G. seine journalistische Tätigkeit im Berliner Büro der amerikanischen Presseagentur United Press. 1920 leitete G. das Informationsbüro der Gegner des Kapp-Putsches und gehörte kurze Zeit der KPD an. 1923/24 war er ständiger UP-Korrespondent in Moskau. G. führte bis 1928 eine eigene Fotoagentur. Danach war er als Korrespondent für die New York Times tätig. Seit 1932 arbeitete er als Handelsvertreter. 1940 lernte G., der Verbindungen zu kommunistischen Widerstandskreisen hatte, Harro ↑Schulze-Boysen kennen. G. war an der Ausarbeitung und Herstellung der Flugschrift „Die Sorge um Deutschlands Zukunft geht durch das Volk" im Februar 1942 beteiligt und gehörte zu den Initiatoren der Zettelklebeaktion gegen die antisowjetische Propagandaausstellung „Das Sowjetparadies" Mitte Mai 1942. Er hatte zudem Kontakte zu Hitlergegnern in Heidelberg. G., seine Frau und die beiden Töchter wurden am 12. September 1942 verhaftet. Am 19. Dezember 1942 verurteilte ihn das RKG zum Tode. Er wurde in Plötzensee auf Befehl Hitlers durch den Strang hingerichtet.

Lit.: D. Kerbs: John Graudenz 1884–1942. In: D. Kerbs, W. Uka, B. Walz-Richter: Die Gleichschaltung der Bilder. Zur Geschichte der Pressefotografie 1930–1936. Berlin 1983, S. 74ff.

C.

Grollmuss, Maria (24. 4. 1896–6. 8. 1944). In der katholischen Familie eines sorbischen Schuldirektors in Leipzig geboren, sah sie ihre Heimat in der Lausitz und unter Sorben, wo sie Teile ihrer Kindheit verbrachte. Sie studierte ab 1920 in Leipzig und Berlin, erhielt 1925 die Berechtigung für das höhere Lehramt und promovierte 1928. Zunächst stand sie dem ehemaligen Reichskanzler Joseph Wirth politisch nahe und schrieb für liberaldemokratische Blätter. 1927 trat sie in die SPD ein und wechselte 1932 zur SAP. Noch vor 1933 aus dem Schuldienst in Berlin entfernt, war sie als Berufsberaterin tätig. Von 1933 an unterstützte sie kommunistische und sozialdemokratische Gefangene und deren Angehörige, fuhr zu Treffen mit SAP-Funktionären und mit dem Arbeitskreis Revolutionärer Sozialisten, darunter mit Max ↑Seydewitz in die Tschechoslowakei sowie nach Wien zu dem österreichischen Sozialisten Otto Bauer. Sie übermittelte politische Nachrichten und brachte von den Besprechungen Informationen, Periodika und Bücher mit. Diese verbreitete sie unter Gewerkschaftern, Mitgliedern der KPD, der SAP und SPD vor allem in Sachsen, darüber hinaus bis Berlin und Hamburg. Am 7. November 1934 verhaftet, verurteilte sie der VGH am 23. November 1935 zu sechs, den Mitangeklagten Hermann Reinmuth zu sieben Jahren Zuchthaus. G. war im Zuchthaus Waldheim inhaftiert und wurde im Dezember 1940 in das KZ Ravensbrück überführt. Dort erwarb sie sich Vertrauen und Zuneigung vieler inhaftierter Frauen, insbesondere aus der Tschechoslowakei und Polen, denen sie mit ihren Sprachkenntnissen helfen konnte. Sie starb, weil ihr ärztliche Hilfe verweigert wurde.

Lit.: M. Kubasch: Sterne über dem Abgrund. Berlin (Ost) 1976. *D.*

Groscurth, Georg (24. 12. 1904–8. 5. 1944). 1933 wurde der Berliner Mediziner G. als Mitarbeiter des Kaiser-Wilhelm-Instituts für Physikalische Chemie in Berlin ebenso wie sein Kollege und Freund Robert ↑Havemann entlassen, da man sie beide kommunistischer Neigungen verdächtigte. Seit 1934 arbeitete G. am Krankenhaus Moabit, wo er 1939 Oberarzt wurde und dessen Leitung er bei Kriegsbeginn übernahm. G. versteckte Juden in seiner Wohnung, seiner Privatpraxis und in der Moabiter Klinik. Als Mitbegründer der Widerstandsgruppe ↑„Europäische Union", zu der auch Havemann gehörte, weitete er seine humanitäre Widerstandsarbeit und Verfolgtenhilfe aus und knüpfte zahlreiche Kontakte zu Mittelsmännern von Widerstandsgruppen ausländischer Zwangsarbeiter. Hierbei konnte er seine beruflichen Kontakte zu führenden Persönlichkeiten des NS-Staates nutzen. Mit seiner Frau Anneliese wurde G. am 4. September 1943 an seinem Urlaubsort verhaftet und am 16. Dezember 1943 vom VGH wegen „Vorbereitung zum Hochverrat" und „Feindbegünstigung" zum Tode verurteilt. G. wurde im Zuchthaus Brandenburg-Görden hingerichtet.

Lit.: Ch. Pross, R. Winau (Hrsg.): Nicht mißhandeln. Das Krankenhaus Moabit 1920–1933. Ein Zentrum jüdischer Ärzte in Berlin. 1933–1945 Verfolgung – Widerstand – Zerstörung. Berlin 1984. *H.*

Groß, Nikolaus (30. 9. 1898–23. 1. 1945). G. wuchs im Ruhrgebiet in der Familie eines Schmieds auf und arbeitete nach der Entlassung aus der Volksschule zunächst in einem Walzwerk, seit 1915 im Bergbau. 1917 wurde er Mitglied des Gewerkvereins christlicher Bergarbeiter, übernahm Aufgaben als Gewerkschaftssekretär in Oberhausen, Schlesien und Sachsen, kehrte aber 1924 nach Bottrop zurück. Seit 1926 gehörte er zum engen Kreis der Mitarbeiter von Otto ↑Müller, dem Präses des Verbandes Katholischer Arbeiter- und Knappenvereine Westdeutschlands. 1927 übernahm G. die Schriftleitung der Westdeutschen Arbeiterzeitung und arbeitete eng mit Bernhard ↑Letterhaus zusammen. Beide setzten sich offen bereits vor 1933 mit den Nationalsozialisten auseinander. Als die „Westdeutsche Arbeiterzeitung" 1938 verboten wurde, ließ G. als Nachfolgeorgan die „Ketteler-Wacht" erscheinen. Seit 1941 arbeitete er in der Männerseelsorge und versuchte, die Verbandsarbeit fortzusetzen. G. wurde mehrfach verhaftet und verhört. Nach dem ↑20. Juli 1944 wurden seine Verbindungen zu Carl ↑Goerdeler und Jakob ↑Kaiser bekannt. Am 12. August 1944 wurde er verhaftet und am 15. Januar 1945 vom VGH zum Tode verurteilt. Im Gefängnis Berlin-Tegel konnte ihn seine Frau Elisabeth gegen alle Vorschriften ein letztes Mal sehen. G. wurde in Berlin-Plötzensee hingerichtet.

Lit.: J. Aretz: Nikolaus Groß (1898–1945). In: J. Aretz, R. Morsey, A. Rauscher: Zeitgeschichte in Lebensbildern. Aus dem deutschen Katholizismus des 19. und 20. Jahrhunderts. Bd. 4. Mainz 1980, S. 159 ff. – G. Buchstab, B. Kaff, H.-O. Kleinmann: Verfolgung und Widerstand 1933–1945. Christliche Demokraten gegen Hitler. Düsseldorf 1986.

Große, Fritz (5. 2. 1904–12. 12. 1957). Aus einer erzgebirgischen Zimmermannsfamilie stammend, reiste G. 1920 in die Sowjetunion. 1921, wieder in Deutschland, trat der Bau- und später graphische Arbeiter der KPD, im folgenden Jahr dem KJVD bei. Hier wie in der KPD hatte er verschiedene Funktionen inne, bis hin zum Mitglied des Zentralkomitees. 1931/32 Vertreter der Kommunistischen Jugendinternationale in Großbritannien, wurde er dort verhaftet. Nach der Haftentlassung übernahm er 1932 die Leitung des KJVD. Ab März 1933 zeitweilig im Exil in Moskau und Paris, kehrte er im Februar 1934 ins Rhein-Ruhr-Revier zurück, um die dortige Zusammenarbeit zwischen jungen Kommunisten und Katholiken auszubauen. G. wurde im August 1934 in Düsseldorf verhaftet und im März 1936 vom VGH zu lebenslanger Haft verurteilt. Im Zuchthaus Brandenburg-Görden blieb er ungebrochen, gleichfalls ab Januar 1944 im KZ Mauthausen. Seit 1945 übte er Funktionen in der KPD und SED in Sachsen aus und trat 1949 in den diplomatischen Dienst der DDR.

Lit.: L. Große: Eine Inventur. Berlin 1985. *D.*

Grüber, Heinrich (24. 6. 1891–29. 11. 1975). Der in Stolberg/Rheinland geborene G. wuchs in einer Lehrerfamilie auf. Nach dem Theologiestudium wurde er 1934 Pfarrer in Berlin-Kaulsdorf und war zugleich für die niederländische Gemeinde in Berlin verantwortlich. Die nationalsozialistische Rassenpolitik machte ihn von Anbeginn zum Gegner des Regimes. Er schloß sich der ↑Bekennenden Kirche an und übernahm 1938 Aufbau und Leitung der Kirchlichen Hilfsstelle für evangelische Nichtarier, die die Auswanderung verfolgter Christen ermöglichen sollte. Im Büro von Pfarrer G. arbeiteten bald mehr als 30 Menschen, darunter Werner ↑Sylten, in engem Kontakt mit ähnlichen Einrichtungen aller Konfessionen in verschiedenen Städten Deutschlands. Ende Dezember 1940 wurde G. verhaftet und für zweieinhalb Jahre in den KZ Sachsenhausen und Dachau inhaftiert. Das Büro G. mußte aufgelöst werden. Nach seiner Entlassung konnte G. seine Arbeit nicht fortsetzen. Nach 1945 war er Propst an St. Marien zu Berlin.

Lit.: H. Grüber: Erinnerungen aus sieben Jahrzehnten. Köln und Berlin 1968.

Guddorf, Wilhelm (20. 2. 1903–13. 5. 1943). G. wuchs in einer katholischen Gelehrtenfamilie auf. Entgegen dem Wunsch der Familie, Priester zu werden, studierte er Sprachen, Geschichte, Literatur in Münster, Leyden und Paris. 1922 trat er der KPD bei, leitete ab 1926 die außenpolitische Redaktion der Roten Fahne und veröffentlichte außenpolitische Artikel, Essays sowie historische Betrachtungen unter dem Pseudonym Paul Braun. Im März 1934 wegen illegaler Verbreitung der Roten Fahne verhaftet, wurde G. zu einer dreijährigen Zuchthausstrafe verurteilt, die er in Luckau verbüßte. Die Gestapo überstellte ihn anschließend in das KZ Sachsenhausen. Dort leitete G. politische Schulungen und Diskussionen. Nach seiner Entlassung nahm G. 1939 Kontakt zu Freunden aus der Haft in Berlin (Robert ↑Uhrig, Martin

↑Weise), in Hamburg (Bernhard ↑Bästlein, Robert ↑Abshagen) und anderen Hitler-Gegnern aus dem kommunistischen Widerstand (John ↑Sieg, Walter ↑Husemann) auf. Er arbeitete in einer wissenschaftlichen Buchhandlung. Eine enge Zusammenarbeit verband ihn mit Harro ↑Schulze-Boysen. Er war an der Ausarbeitung von Flugschriften beteiligt, verfaßte Artikel für die „Innere Front" und gehörte zu den führenden Köpfen der ↑Roten Kapelle. G. wurde am 10. Oktober 1942 verhaftet, am 3. März 1943 vom RKG zum Tode verurteilt und in Berlin-Plötzensee hingerichtet.

Lit.: L. Kraushaar: Berliner Kommunisten im Kampf gegen den Faschismus. Robert Uhrig und Genossen. Berlin (Ost) 1981. *C.*

Günther, Hanno (**12. 1. 1921–3. 12. 1943**). G. besuchte seit Ostern 1928 die bekannteste Reformvolksschule Berlins, die Rütlischule in Neukölln, seit 1934 lebte er auf der Schulfarm Scharfenberg im Tegeler See, die er im folgenden Jahr aus politischen Gründen verlassen mußte. Während seiner Bäckerlehre lernte er die Kommunistin Elisabeth Pungs kennen. Zusammen mit ihr sowie Wolfgang Pander, einem Jungkommunisten jüdischer Herkunft, stellte G. nach dem deutschen Sieg über Frankreich eine Flugblattserie „Das freie Wort" her, die mit „Deutsche Friedensfront" unterzeichnet war. Zum Teil in gereimter Form verbreiteten sie Nachrichten über die Kriegslage, verlangten Frieden und Meinungsfreiheit und forderten Rüstungsarbeiter zur Sabotage auf. Später bildete G. zusammen mit Bernhard Sikorski, Emmerich Schaper und anderen ehemaligen Schülern der Rütlischule einen kleinen Widerstandskreis. In regelmäßigen Zusammenkünften wurden marxistische Schriften gelesen und Kontakte zu dem ehemaligen KPD-Funktionär Herbert Bochow aufgenommen. Am 28. Juli 1941 wurde G. von der Gestapo festgenommen, am 9. Oktober 1942 vom VGH zusammen mit sechs seiner Freunde zum Tode verurteilt und in Berlin-Plötzensee hingerichtet.

Lit.: V. Hoffmann: Hanno Günther. Ein Hitlergegner 1921–1942. Geschichte eines unvollendeten Kampfes. Berlin 1992.

Gutmann, Walter (**1893–1942**) G., Sohn eines jüdischen Schneiders aus Hamburg, absolvierte eine kaufmännische Lehre. 1914 ging er zum Militärdienst, von 1916 bis 1920 war er in französischer Kriegsgefangenschaft. Anschließend im Samenhandel tätig, machte sich G. 1930 selbständig. Im November 1938 wurde er durch die „Verordnung zur Ausschaltung der Juden aus dem deutschen Wirtschaftsleben" zur Geschäftsaufgabe gezwungen. G., dessen Familie bereits emigriert war, stand vollkommen mittellos da. Er entschloß sich in seiner Verzweiflung zum Freitod, wollte jedoch vorher seinen Protest über die Judenverfolgung zum Ausdruck bringen. G. verfaßte eine vierzehnseitige Flugschrift, die die Judenpolitik des NS-Staates anprangerte und die nichtjüdische Bevölkerung zur Solidarität aufrief, und gab ihr nach Emile Zolas Aufruf aus der Dreyfus-Affäre die Überschrift: „J'accuse. Ich klage an!". 300 bis 400 Exemplare wurden in Hamburg, Bremen und Hannover verbreitet, zusätzlich 500 bis 800 Exemplare einer Kurzfassung. Am 12. Dezember 1938 wurde G. in Untersuchungshaft genommen und am 24. Mai 1939 vom Sondergericht beim Landgericht Hamburg zu 4 Jahren und 6 Monaten Gefängnis verurteilt. In der Haft wurden ihm ein Fuß und der Unterschenkel amputiert. Am 19. Dezember 1942 wurde G. nach Auschwitz deportiert, wo er als Prothesenträger wahrscheinlich sofort ermordet wurde.

Lit.: A. Herzig (Hrsg.): Die Juden in Hamburg 1590 bis 1990. Hamburg 1991. S. 537f. *R.*

Guttenberg, Karl-Ludwig Freiherr von und zu (**22. 3. 1902–23. 4. 1945**). Nach dem Abschluß seines Geschichtsstudiums gründete G. 1930 die Arbeitsstelle für konservatives Schrifttum, aus der 1934 das Organ „Weiße Blätter. Zeitschrift für Geschichte, Tradition und Staat" hervorging. Er war verheiratet mit Therese Prinzessin zu Schwarzenberg, mit der er zwei Töchter und einen Sohn hatte. Für die „Weißen Blätter" gewann G. im Laufe der Zeit Autoren wie Reinhold Schneider, Jochen Klepper und Ulrich von ↑Hassell. Die Zeitschrift trug so zu einer Diskussion von politischen Denktraditionen außerhalb des Nationalsozialismus bei. Im August 1939 konnte G. den ersten Kontakt zwischen Carl ↑Goerdeler und dem Diplomaten Ulrich von Hassell vermitteln. Wie andere Hitlergegner wurde G. mit Hilfe von Ludwig ↑Beck zum Wehrdienst beim Amt Ausland/Abwehr im Oberkommando der Wehrmacht unter Admiral Canaris eingezogen und gehörte dort zum Kreis um Hans ↑Oster und Hans von ↑Dohnanyi. Wenige Tage nach dem Attentat auf Hitler am 20. Juli 1944 wurde G. von der Gestapo verhaftet und bei den Verhören schwer mißhandelt. Ein Sonderkommando des Reichssicherheitshauptamtes ermordete ihn zusammen mit drei anderen Gefangenen in der Nacht vom 23. auf den 24. April 1945 unter ungeklärten Umständen in der Nähe des Berliner Gefängnisses in der Lehrter Straße.

Lit.: M. Th. Freifrau von dem Bottlenberg-Landsberg: Die „Weißen Blätter" des Karl-Ludwig Freiherrn von und zu Guttenberg. Zur Geschichte einer Zeitschrift monarchistisch-religiöser Opposition gegen den Nationalsozialismus 1934–1943. Berlin 1990. – A. Ritthaler: Karl-Ludwig von und zu Guttenberg. Ein politisches Lebensbild. Würzburg 1970.

Habermann, Max (**21. 3. 1885–30. 10. 1944**). H. gehörte bis 1933 zur Führungsspitze des Deutsch-Nationalen Handlungsgehilfenverbandes. Nach der Zerschlagung der Gewerkschaften durch die Nationalsozialisten, die ihn eine Zeitlang unter Hausarrest stellten, eröffnete er 1934 ein Geschäft für Büroartikel. Er war verheiratet mit Anni Stoffers, mit der er zwei Töchter und fünf Söhne hatte. Seit dem Winter 1934/35 hielt er Kontakt zu Jakob ↑Kaiser und knüpfte immer engere Verbindungen zu ihm und zu Wilhelm ↑Leuschner. Seit Kriegsbeginn beteiligte sich H. mit Kaiser und Leuschner an der Planung einer künftigen Einheitsgewerkschaft, die nach dem Sturz des NS-Regimes verwirklicht werden sollte. Nach dem Scheitern des Umsturzversuches vom

↑20. Juli 1944 konnte sich H. bei Freunden in Bielefeld verstecken. Als seine Zuflucht bei einem Bombenangriff zerstört wurde, wollte H. bei seiner Frau unterkommen und wurde von der Gestapo verhaftet. Er wählte einen Tag später im Gerichtsgefängnis Gifhorn den Freitod.

Lit.: H. Esters, H. Pelger: Gewerkschafter im Widerstand. Bonn 1983. – A. Krebs: Tendenzen und Gestalten der NSDAP. Erinnerungen an die Frühzeit der Partei. Stuttgart 1959.

Haeften, Hans-Bernd von (**18. 12. 1905–18. 5. 1944**). H. war das zweite Kind einer angesehenen Offiziersfamilie. Sein Vater wurde später Präsident des Reichsarchivs. Er, sein drei Jahre jüngerer Bruder Werner und die ältere Schwester wuchsen in einem liberal-konservativen Elternhaus auf, in dem bekannte Gelehrte verkehrten. Manche der späteren Gefährten im Widerstand begegneten den Brüdern H. bereits in ihrer Jugendzeit. H. studierte 1924 in Berlin und München Rechtswissenschaft. Nach dem Referendarexamen 1928 verbrachte er als Austauschstudent ein Jahr in England und war von 1930 bis 1933 Geschäftsführer der Stresemann-Stiftung. In diesen Jahren hatte er erste Verbindungen zur ökumenischen Bewegung der Kirchen Europas. 1933 ging er in den Auswärtigen Dienst und weigerte sich auch als Diplomat konsequent, der NSDAP beizutreten. H. war für die Verschwörer um Claus Schenk Graf von ↑Stauffenberg einer der wichtigsten Vertrauensleute im Auswärtigen Amt. Er gehörte als enger Freund von Adam von ↑Trott zugleich zum ↑Kreisauer Kreis und sollte nach einem gelungenen Umsturz Staatssekretär im Auswärtigen Amt werden. Nach dem Scheitern des Attentates konnte H. Berlin verlassen, kehrte jedoch am 22. Juli zurück und wurde einen Tag später von der Gestapo verhaftet, am 15. August 1944 vom VGH zum Tode verurteilt und wenige Stunden später in Berlin-Plötzensee hingerichtet.

Lit.: B. von Haeften: Aus unserem Leben 1944–1950. Heidelberg 1974.

Haeften, Werner von (**9. 10. 1908–20. 7. 1944**). Der Syndikus und Oberleutnant H. war vor allem an der Ostfront eingesetzt. Seit November 1943 nach der Genesung von einer schweren Verwundung wurde er als Adjutant von Claus Schenk Graf von ↑Stauffenberg beim Befehlshaber des Ersatzheeres eingesetzt. Dort war er an den Attentatsplänen maßgeblich beteiligt. Am ↑20. Juli 1944 flog H. zusammen mit Stauffenberg ins Führerhauptquartier Wolfschanze bei Rastenburg in Ostpreußen. Hier unterstützte er Stauffenberg bei den letzten Vorbereitungen für den Anschlag. Nach der Detonation des Sprengkörpers konnte H. sich mit Stauffenberg unter einem Vorwand aus dem Sperrkreis des Führerhauptquartiers entfernen. Beiden gelang es, mit dem Flugzeug nach Berlin zu entkommen. Nach dem Scheitern des Staatstreiches wurde H. in der Nacht zum 21. Juli 1944 im Hof des ↑Bendlerblocks, der Berliner Zentrale des Umsturzversuches zusammen mit Stauffenberg, Friedrich ↑Olbricht und Albrecht Ritter ↑Mertz von Quirnheim erschossen.

Lit.: P. Hoffmann: Widerstand, Staatsstreich, Attentat. Der Kampf der Opposition gegen Hitler. München 1985.

Hagen, Albrecht von (11. 3. 1904–8. 8. 1944). Nach der juristischen Ausbildung war H. zunächst als Amtsrichter, seit 1931 als Syndikus einer Bank tätig. Im September 1939 wurde er als Leutnant der Reserve eingezogen und nahm an den Feldzügen in Frankreich und der Sowjetunion teil. Er war verheiratet mit Erica Marianne von Berg, mit der er eine Tochter und zwei Söhne hatte. 1943 wurde er nach Angerburg/Ostpreußen versetzt. Seine Ablehnung des Nationalsozialismus war der militärischen Führung bekannt. Dennoch wurde H. in der Organisations-Abteilung des OKH unter Generalmajor Hellmuth ↑Stieff beauftragt, über Probleme der Kriegsspitzengliederung nachzudenken. Zusammen mit seinem Freund Major Joachim ↑Kuhn versteckte H. im November 1943 zwei Sprengstoffpakete, die für das geplante Attentat auf Hitler bestimmt waren. Dabei wurden die Offiziere von der Geheimen Feldpolizei beobachtet, jedoch nicht erkannt. Später übergab H. erneut Sprengstoff an Stieff, der die Pakete im Mai 1944 an ↑Stauffenberg weiterleitete. Nach dem gescheiterten Anschlag vom ↑20. Juli 1944 wurde H. verhaftet, bereits im ersten Prozeß gegen die Verschwörer vor dem VGH am 8. August 1944 zum Tode verurteilt und am selben Tag in Berlin-Plötzensee hingerichtet.

Lit.: P. Hoffmann: Widerstand, Staatsstreich, Attentat. Der Kampf der Opposition gegen Hitler. München 1985.

Halem, Nikolaus Graf von (15. 3. 1905–9. 10. 1944). Der aus einer ostfriesischen Familie stammende H. verweigerte bereits 1933 als Referendar den Beamteneid auf Hitler und verzichtete so auf eine berufliche Karriere als Jurist im Staatsdienst. Unter dem Einfluß Ernst ↑Niekischs, Carl von Jordans und Othmar Spanns gelangte er schon 1934 zu der Auffassung, daß nur der Tod Hitlers Deutschland vor dem Untergang bewahren könne. H. nutzte seine berufliche Stellung als Industriemanager für seine Widerstandstätigkeit und stellte auch im Ausland Kontakte zu antinationalsozialistischen Kreisen her. Enge Verbindungen unterhielt er zu konservativen Oppositionellen, zum ↑Kreisauer Kreis und zum Amt Ausland/Abwehr im Oberkommando der Wehrmacht. Zusammen mit Beppo ↑Römer schmiedete H. Attentatspläne, wurde jedoch im Zusammenhang mit der Aufdeckung der ↑Uhrig-Gruppe im Februar 1942 verhaftet. In verschiedenen Haftanstalten wurde er über zweieinhalb Jahre gefangengehalten und war dabei schweren Folterungen ausgesetzt. Am 16. Juni 1944 wurde H. vom VGH zum Tode verurteilt und im Zuchthaus Brandenburg-Görden hingerichtet.

Lit.: K. von der Groeben: Nikolaus Christoph Graf von Halem im Widerstand gegen das Dritte Reich. Wien und Köln 1990. *H.*

Hallmeyer, Rudolf (3. 2. 1908–8. 9. 1943). H. wuchs in der Familie eines Buchdruckers in Plauen/Vogtland auf. Während seiner Lehre als Rohrleger betätigte er sich aktiv für den KJVD. 1931 trat er der KPD bei und wurde

1932 zum Stadtverordneten in Plauen gewählt. Nach 1933 war er zunächst illegal als Instrukteur der KPD-Bezirksleitung Sachsen tätig. Von der Gestapo gesucht, emigrierte er im April 1934 in die Tschechoslowakei. Von dort aus kam H. als KJVD-Instrukteur in Magdeburg und Hannover zum Einsatz. Im September/Oktober 1935 nahm er am 6. Weltkongreß der Kommunistischen Jugendinternationale in Moskau teil und besuchte anschließend die Lenin-Schule. Ende 1937 ging er nach Prag und ab 1938 nach Göteborg. Dort arbeitete H. in der KPD-Auslandsabschnittsleitung. Im Frühjahr 1940 wurde H. nach Kopenhagen geschickt, um von dort aus nach Berlin zu reisen. Durch die Kriegsereignisse gelangte er erst Ende Juni 1940 über Stettin nach Berlin. Robert ↑Uhrig verschaffte ihm ein illegales Quartier. H.s Anlaufpartner Willi ↑Gall war bereits verhaftet. Nachdem H. seine früheren Kontaktpartner in Magdeburg, Halle und Dresden aufgesucht hatte, wurde er Ende August 1940 in Berlin verhaftet, am 5. August 1943 vom VGH zum Tode verurteilt und in Berlin-Plötzensee hingerichtet.

Lit.: L. Kraushaar: Berliner Kommunisten im Kampf gegen den Faschismus. Berlin 1981. – B. Herlemann: Auf verlorenem Posten. Kommunistischer Widerstand im Zweiten Weltkrieg. Die Knöchel-Organisation. Bonn 1986. C.

Hamm, Eduard (16. 10. 1879–23. 9. 1944). Der liberale Politiker H. gehörte unmittelbar nach dem Ersten Weltkrieg als Minister für Handel, Industrie und Verkehr der bayerischen Staatsregierung an und wurde 1922 von Reichskanzler Wilhelm Cuno zum Staatssekretär in der Reichskanzlei ernannt. Er war verheiratet mit Maria von Merz, mit der er zwei Töchter und einen Sohn hatte. Dem Kabinett des Reichskanzlers Wilhelm Marx gehörte H. als Wirtschaftsminister an. Von 1925 bis 1933 war er Geschäftsführer des Deutschen Industrie- und Handelstages und setzte sich wiederholt sehr kritisch mit dem Wirtschaftsprogramm der NSDAP auseinander. Nach 1933 lehnte H. es ab, der NSDAP beizutreten und zog sich aus dem politischen Leben zurück. Er ließ sich in Berlin und München als Rechtsanwalt nieder und pflegte alte politische Verbindungen vor allem mit den Widerstandskreisen um Otto ↑Geßler, Franz ↑Sperr und Carl ↑Goerdeler. Am 2. September 1944 verhaftet, stürzte sich H. bei einem Gestapo-Verhör am 23. September aus einem Fenster im Berliner Gefängnis Lehrter Straße.

Lit.: K. von Klemperer: Der einsame Zeuge. Einzelkämpfer im Widerstand. Passau 1990.

Hampel, Stefan (23. 11. 1918). Der aus einem deutsch–litauischen Elternhaus stammende H. war während seiner Semesterferien an der Deutschen Hochschule für Politik wegen abfälliger Bemerkungen zum deutschen Überfall auf Polen für ein Jahr in Haft genommen worden. Als der junge Soldat im Mai 1942 in der Heimat seiner Mutter nahe Grodno Zeuge von Massenerschießungen an Juden wurde, entschloß er sich zur Desertion aus der deutschen Wehrmacht. H. schloß sich einer polnisch-litauischen Partisanengruppe an und beteiligte sich an deren

Rettungsaktionen für Juden und geflohene sowjetische Kriegsgefangene. Im Frühjahr 1943 versuchte er mit dem Auftrag, das Internationale Komitee vom Roten Kreuz in Genf über die deutschen Verbrechen im Osten zu informieren, auf illegalem Wege in die Schweiz zu kommen. H. wurde in Freiburg verhaftet und vom Gericht der Wehrmachtkommandantur Berlin am 11. August 1943 wegen Fahnenflucht zum Tode verurteilt, später zu einer Zuchthausstrafe begnadigt. Aus der Haft in den Emslandlagern zur ↑Bewährungseinheit 500 rekrutiert, geriet er 1945 an der Oder in sowjetische Kriegsgefangenschaft, aus der er 1946 floh. Nur mittels entschiedenen persönlichen Einsatzes konnte er vor bundesdeutschen Behörden eine Haftentschädigung erlangen.

Lit.: N. Haase: Deutsche Deserteure. Berlin 1987. *H.*

Hardenberg, Carl-Hans Graf von (22. 10. 1891–24. 10. 1958). H. kehrte im Frühjahr 1918 aus dem Ersten Weltkrieg schwer verwundet in seine Heimat zurück und übernahm 1921 die Verwaltung des Familienbesitzes Neuhardenberg. Daneben widmete er sich der Kommunalverwaltung im damaligen Kreis Lebus und war verheiratet mit Mary Renate Gräfin von der Schulenburg, mit der er vier Töchter und einen Sohn hatte. Nach der Machtübernahme der Nationalsozialisten legte er alle Ämter nieder und weigerte sich, der NSDAP beizutreten. Bei Kriegsbeginn 1939 wurde er als Major der Reserve Kommandeur eines Ersatztruppenteils und war seit dem Herbst 1940 persönlicher Adjutant des Oberbefehlshabers der Heeresgruppe B, Fedor von Bock. An der Ostfront war H. Augenzeuge des Massakers von Borissow, bei dem Tausende von Juden durch eine Einsatzgruppe des Chefs der Sicherheitspolizei und des SD ermordet wurden. Zusammen mit Henning von ↑Tresckow faßte er schon früh den Entschluß zu einem Attentat auf Hitler. Am Tag des Umsturzversuches hielt sich H. im ↑Bendlerblock, der Berliner Zentrale des Umsturzversuches auf, wurde jedoch erst am 24. Juli 1944 verhaftet. Dabei mißlang ein Selbstmordversuch. H. wurde im Krankenrevier des KZ Sachsenhausen inhaftiert und von der Gestapo verhört. Bei der Befreiung des Lagers durch sowjetische Truppen am 22. April 1945 kam auch er frei.

Lit.: K. Gerbet: Carl-Hans Graf von Hardenberg 1891–1958. Ein preußischer Konservativer in Deutschland. Berlin 1993.

Harnack, Arvid (24. 5. 1901–22. 12. 1942). H. wuchs in einer Gelehrtenfamilie auf. Nach dem kriegsbedingten Notabitur schloß er sich 1919 einem Freikorps an. Ein Rockefeller-Stipendium ermöglichte dem Juristen von 1926 bis 1928 ein Studium in Madison/Wisconsin. Dort lernte er seine Frau Mildred kennen. 1931 promovierte H. in Gießen über die vormarxistische Arbeiterbewegung in den USA. Mit einer Delegation der von ihm mitbegründeten Gesellschaft zum Studium der sowjetrussischen Planwirtschaft (ARPLAN) reiste er im Sommer 1932 in die Sowjetunion. Nach 1933 begann H., einen Schulungszirkel aufzubauen, dem zunächst junge Arbeiter, später der Schriftsteller Adam

↑Kuckhoff, seine Frau Greta, zeitweilig der religiöse Sozialist und ehemalige preußische Kultusminister Adolf Grimme, der Unternehmer Leo Skrzypczynski und andere angehörten. H. wollte die Beteiligten befähigen, sich mit den politischen und wirtschaftlichen Zusammenhängen des Nationalsozialismus auseinanderzusetzen, und sie für die Zeit nach dem Sturz des NS-Regimes vorbereiten. Er aktivierte und verbreiterte seine Kontakte zu gegenüber dem NS-Regime kritisch eingestellten Mitarbeitern aus Regierungsstellen und zentralen Institutionen Berlins. Verwandtschaftliche und persönliche Beziehungen verbanden ihn mit Männern des späteren ↑Kreisauer Kreises, darunter mit Ernst von ↑Harnack. In Gesprächen mit Vertretern der amerikanischen und sowjetischen Botschaft vermittelte er Einschätzungen der politischen und wirtschaftlichen Situation in Deutschland. Seit 1935 im Amerikareferat des Wirtschaftsministeriums tätig, wurde er 1937 Mitglied der NSDAP und avancierte bis 1942 zum Oberregierungsrat. Seit 1940 kooperierte H. mit Harro ↑Schulze-Boysen, den er 1935 kennengelernt hatte. Sie informierten Anfang 1941 einen Angehörigen der sowjetischen Botschaft über die Vorbereitungen des militärischen Angriffs auf die Sowjetunion. Anfang 1942 erarbeitete H. die Studie „Das nationalsozialistische Stadium des Monopolkapitals“, die in Berliner und Hamburger Widerstandskreisen zirkulierte. H. wurde am 7. September 1942 verhaftet, am 19. Dezember vom RKG zum Tode verurteilt und auf Befehl Hitlers in Plötzensee durch den Strang hingerichtet.

Lit.: A. von Harnack: Arvid und Mildred Harnack. Erinnerungen an ihren Prozeß 1942/43. In: Die Gegenwart, 2, 1947, S. 15–17. – S. Brysac: The American Connection. In: H. Coppi, J. Danyel, J. Tuchel (Hrsg): Die Rote Kapelle im Widerstand gegen den Nationalsozialismus. Berlin 1994.

Harnack, Ernst von (15. 7. 1888–3. 3. 1945). Der Sohn des bekannten Gelehrten Adolf von H. wurde Jurist und überzeugter Sozialdemokrat. H. war verheiratet mit Anna Wiggert, mit der er drei Töchter und zwei Söhne hatte. Als Regierungspräsident wirkte er in Merseburg bis zum Staatsstreich Papens gegen Preußen und wurde dann in den einstweiligen Ruhestand versetzt. In dieser Zeit argumentierte er in Reden und Artikeln deutlich gegen den Nationalsozialismus. Als Angehöriger des Bundes der Religiösen Sozialisten wandte er sich öffentlich gegen die Deutschen Christen. Im Frühsommer 1933 wurde H. für kurze Zeit inhaftiert, weil er sich für verhaftete Sozialdemokraten und Gewerkschaftsführer einsetzte, darunter auch für Theodor ↑Leipart und Carlo ↑Mierendorff. Im Anschluß daran arbeitete er in verschiedenen Branchen und für den Berliner Magistrat. Er hatte familiäre Verbindungen zu Arvid ↑Harnack, Hans von ↑Dohnanyi und den Brüdern ↑Bonhoeffer, politische zu Julius ↑Leber, Wilhelm ↑Leuschner, Jakob ↑Kaiser und Carl ↑Goerdeler. In die Attentatspläne war H. offenbar nicht unmittelbar eingeweiht, aber mit den Zielen des Staatsstreichs vertraut. Am 28. September 1944 wurde er verhaftet, am 1. Februar 1945 vom VGH unter Freisler zum Tode verurteilt und in Berlin-Plötzensee hingerichtet.

Lit.: A. von Harnack: Ernst von Harnack 1888–1945. Ein Kämpfer für Deutschlands Zukunft. Schwenningen 1951. – E. von Harnack: Jahre des Widerstands 1932–1945. Hrsg. von G.-A. von Harnack. Pfullingen 1989. C.

Harnack, Falk (**2. 3. 1913–3. 9. 1991**). In Stuttgart als Sohn des Literaturhistorikers Otto H. und jüngerer Bruder von Arvid H. geboren, studierte er zwischen 1933 und 1937 in Berlin und München, wo er auch promovierte. Zuerst am Deutschen Nationaltheater in Weimar, später am staatlichen Landestheater in Altenburg tätig, wurde H. 1941 zur Wehrmacht eingezogen. Er wußte um die Gegnerschaft seines Bruders zum Nationalsozialismus, war aber in dessen Widerstandsaktivitäten in der ↑Roten Kapelle nicht einbezogen. H. bemühte sich nach dem Todesurteil gegen seinen Bruder Arvid vergeblich um dessen Begnadigung. Im Winter 1942/43 traf er sich mehrfach mit Hans ↑Scholl und Alexander ↑Schmorell, zuletzt am 8. Februar 1943. An dieser Zusammenkunft nahmen auch Willi ↑Graf und Kurt ↑Huber teil. H. diskutierte mit ihnen die Ausweitung der Widerstandsaktionen der ↑Weißen Rose. Am 6. März 1943 wurde er verhaftet und stand am 19. April 1943 zusammen mit Graf, Huber, Schmorell und anderen vor dem VGH in München. H. wurde wegen „einmalig besonderer Verhältnisse" (der Todesurteile gegen seinen Bruder und seine Schwägerin kurz davor) freigesprochen. Am 20. Dezember 1943 desertierte er in Griechenland, nachdem er einen Marschbefehl nach Berlin zur Meldung bei der Gestapo bekommen hatte. Zusammen mit dem von ihm gegründeten Antifaschistischen Komitee Freies Deutschland in Griechenland stellte er sich an die Seite der griechischen Partisanen. Diese Formation wurde im Frühjahr 1945 in Belgrad demobilisiert. Nach Kriegsende 1945 ging er als Regisseur und leitender Dramaturg an das Bayerische Staatsschauspiel nach München; zwischen 1949 und 1951 war er künstlerischer Leiter der DEFA. Nach Auseinandersetzungen mit der SED über den Film „Das Beil von Wandsbek" nach dem Roman von Arnold Zweig ging H., der mit der Schauspielerin Käthe Braun verheiratet war, nach West-Berlin, wo er in der Folgezeit zahlreiche Spiel- und Fernsehfilme als Regisseur und Autor betreute. Dazu gehörten auch der preigekrönte Film „Der 20. Juli" aus dem Jahre 1955 und Verfilmungen der Arbeiten von Günter ↑Weisenborn.

Lit.: G. Schoenberner: Hommage an Falk Harnack. In: Kinemathek, Jg. 20, 1983, Heft 61, S. 1 ff.

Harnack, Mildred (**16. 9. 1902–16. 2. 1943**). Mildred Fish entstammte einer Kaufmannsfamilie und wuchs in Milwaukee im US-Staat Wisconsin auf. Sie lehrte an der Universität Madison Literaturwissenschaft und lernte dort Arvid H. kennen, den sie im Sommer 1926 heiratete. 1931 erhielt H. eine Anstellung als Lektorin für amerikanische Literaturgeschichte an der Berliner Universität. 1933 wurde sie entlassen und begann als Lehrerin für englische Literatur und Literaturgeschichte am Berliner Abendgymnasium zu arbeiten. Mit ihren Schülern Karl ↑Behrens, Bodo Schlösinger und

Wilhelm Utech setzte eine regelmäßige Schulungstätigkeit zu ökonomischen und politischen Themen unter Leitung ihres Mannes ein. H. nutzte ihre guten Beziehungen zur amerikanischen Botschaft, beschaffte Reden von Roosevelt und anderen Politikern, Nachrichten über den spanischen Bürgerkrieg, Kommentare zu Hitlers Politik und andere Informationen, die sie zusammenstellte und an Gleichgesinnte weitergab. Sie knüpfte Kontakte zu oppositionell oder gegenüber dem NS-Regime kritisch eingestellten Frauen und Männern, gewann einige für eine aktive Widerstandstätigkeit und unterstützte die illegale Arbeit von Arvid H. Ende 1941 promovierte sie an der Universität in Gießen und war Lehrbeauftragte an der Berliner Universität. Sie wurde mit ihrem Mann am 7. September 1942 in Preil auf der Kurischen Nehrung verhaftet und am 19. Dezember vom RKG zu sechs Jahren Zuchthaus verurteilt. Am 21. Dezember 1942 hob Hitler das Urteil auf und beauftragte das RKG mit einer zweiten Hauptverhandlung, die am 16. Januar 1943 mit der Todesstrafe endete. H. wurde in Berlin-Plötzensee hingerichtet.

Lit.: M. Harnack-Fish: Variationen über das Thema Amerika. Studien zur Literatur der USA. Hrsg. von E. Brüning. Berlin (Ost) und Weimar 1988. C.

Harnier, Adolf Freiherr von (14. 4. 1903–12. 5. 1945). Der Münchener Jurist, der 1934 zum katholischen Glauben übergetreten war, verteidigte in der Zeit des NS-Regimes Geistliche vor Gericht und war bis 1939 als Rechtsbeistand von Juden tätig. Er war zutiefst davon überzeugt, daß der Nationalsozialismus an sich selbst zugrunde gehen müsse, und hielt für die Zeit danach im monarchistischen Sinne an rechtsstaatlichen Vorstellungen fest. Seit 1935 konnte H. eine Widerstandsorganisation aufbauen, die das Ziel hatte, Hitler zu stürzen und die Monarchie in Bayern wiederzuerrichten. Seine Verbindungen reichten zugleich zum bürgerlichen Widerstand und zu illegalen Gruppen der Arbeiterschaft in Bayern. Der Gestapo gelang es, einen Spitzel in den Münchener Kreis H.s einzuschleusen und Kontakte zur KPD in Zürich aufzudecken. H. wurde 1939 verhaftet und 1944 nach fünfjähriger Untersuchungshaft zu zehn Jahren Zuchthaus verurteilt. H. starb am 12. Mai 1945 unmittelbar nach seiner Befreiung aus dem Zuchthaus Straubing an den Folgen der Haft.

Lit.: K. O. von Aretin: Der bayerische Adel. Von der Monarchie zum Dritten Reich. In: Bayern in der NS-Zeit. Hrsg. von M. Broszat u.a. Bd. 3. München 1981. *H.*

Hartwimmer, Johann (31. 7. 1902–31. 10. 1944). H., Sohn eines Holzschuhmachers, trat als Zwanzigjähriger dem Freikorps Oberland bei und schloß sich später dem Stahlhelm-Bund der Frontsoldaten an. 1931 stand er dem Kreis um die Zeitschrift „Aufbruch" nahe, die Josef ↑Römer herausgab. In dieser Zeit näherte sich H. auch der KPD, wurde im März 1934 erstmals verhaftet, aber wegen mangelnder Beweise freigesprochen. Dennoch wurde er bis Ende 1937 im KZ Dachau gefangengehalten. Seit 1939 konnte H. in München einen Widerstandskreis bilden, dem auch einige Soldaten angehörten. H. wollte seine Gruppe auf den aktiven Widerstand vorbereiten und plante auch Sabotageakte. Er verteilte Flugschriften der Widerstandsgruppen um ↑Uhrig, schrieb einzelne Exemplare ab und ließ sie in seinem Kreis diskutieren. Unmittelbar vor seiner Verhaftung wurde H. zur Wehrmacht eingezogen. Gemeinsam mit ihm verurteilte der VGH am 19. April 1944 den Feldwebel Gustav Straub und den Gefreiten Johann Reisinger zum Tode, weil sie mit H. eine „militärische Schulung" im Rahmen des Widerstands organisieren wollten. H. wurde zusammen mit Straub und Reisinger im Strafgefängnis München-Stadelheim hingerichtet.

Lit.: H. Mehringer: Die KPD in Bayern 1919–1945. Vorgeschichte, Verfolgung und Widerstand. In: Bayern in der NS-Zeit. Hrsg. von M. Broszat und H. Mehringer. Bd. 5. München 1983.

Hase, Paul von (**24. 7. 1885–8. 8. 1944**). Der Berufsoffizier H., verheiratet mit Margarethe Freiin von Funck, mit der er zwei Töchter und zwei Söhne hatte, diente seit Frühjahr 1933 als Bataillonskommandeur in Neuruppin und wurde im Februar 1935 in die Garnison Landsberg an der Warthe versetzt. Als Generalmajor und Regimentskommandeur hatte er früh Kenntnis von dem für das Frühjahr 1938 geplanten Sturz Hitlers. An der Vorbereitung dieser Aktion wirkten Wilhelm Canaris, Hans ↑Oster, die Generale Erwin von ↑Witzleben, Franz Halder und Erich ↑Hoepner mit. Nach der Teilnahme am Polen- und am Frankreichfeldzug erkrankte H. im Herbst 1940 und war seitdem nicht mehr kriegsverwendungsfähig. Er wurde zum Stadtkommandanten von Berlin ernannt. Hier konnte er den Kontakt zu Ludwig ↑Beck und den Kreisen der Militäropposition um Friedrich ↑Olbricht festigen. In den Planungen der Operation „Walküre" nahm H. als Stadtkommandant eine wichtige Rolle ein. Am ↑20. Juli 1944 befahl er die Abriegelung des Regierungsviertels. Nach den Gegenmaßnahmen des Majors Remer wurde H. noch am Abend des 20. Juli verhaftet, im ersten Prozeß gegen die Verschwörer am 8. August 1944 zum Tode verurteilt und noch am selben Tag in Berlin-Plötzensee hingerichtet.

Lit.: H. Bücheler: Paul von Hase. Der Wehrmachtkommandant von Groß-Berlin 1940–1944. In: Damals, Heft 7, Juli 1984, S. 611 ff. *H.*

Hassell, Ulrich von (**11. 11. 1881–8. 9. 1944**). Der Jurist H. begann seine diplomatische Laufbahn 1909. Nach dem Ersten Weltkrieg wurde er an Botschaften in verschiedenen europäischen Staaten versetzt und leitete seit 1932 die deutsche Botschaft in Rom. Er war verheiratet mit Ilse von Tirpitz, mit der er zwei Töchter und zwei Söhne hatte. Von Anbeginn war er entschiedener Kritiker von Hitlers Außenpolitik, weil er sicher war, daß sie zum Krieg führen würde. Nach der Blomberg-Fritsch-Krise und der Ablösung des Außenministers Neurath durch von Ribbentrop wurde H. am 17. Februar 1938 in den Wartestand versetzt. Nach Kriegsbeginn nutzte er seine internationalen Verbindungen zu mehrfachen Gesprächen mit Vertretern Englands und der USA. Er hoffte nach einem gelungenen Staatsstreich auf einen baldigen Friedensschluß mit den westlichen Kriegsgegnern. Gleichzeitig beteiligte er sich an der Beratung der innenpolitischen Umsturzpläne von Carl ↑Goerdeler, Ludwig ↑Beck und Johannes ↑Popitz. Nach einem gelungenen Umsturz sollte er Außenminister werden. Am 28. Juli 1944 verhaftete ihn die Gestapo. Nach zweitägiger Verhandlung vor dem VGH wurde er am 8. September 1944 zum Tode verurteilt und am selben Tage in Berlin-Plötzensee hingerichtet.

Lit.: U. von Hassell: Die Hassell-Tagebücher 1938–1944. Aufzeichnungen vom Anderen Deutschland. Hrsg. von F. Freiherr Hiller von Gaertringen. Berlin 1988. – G. Schöllgen: Ulrich von Hassell 1881–1941. Ein Konservativer in der Opposition. München 1990.

Haubach, Theodor (19. 5. 1896–23. 1. 1945). H. wuchs als Halbwaise auf und war seit der Schulzeit in Darmstadt seinem Freund Carlo ↑Mierendorff auch politisch eng verbunden. Nach der Teilnahme am Ersten Weltkrieg engagierte er sich in Dichterkreisen und gab zusammen mit Mierendorff die Zeitschrift „Die Dachstube" heraus. Nach der Promotion 1923 in Heidelberg bei dem Philosophen Karl Jaspers ging H. als Redakteur einer sozialdemokratischen Zeitung nach Hamburg, wo er 1927 als Abgeordneter in die Bürgerschaft gewählt wurde. Danach war er seit dessen Gründung im republikanischen Schutzverband ↑Reichsbanner Schwarz-Rot-Gold engagiert. 1929 wurde er Pressereferent des Reichsinnenministers Carl Severing, 1930 des Berliner Polizeipräsidenten Albert Grzezinski. Zwischen 1930 und 1933 arbeitete H. intensiv im Kreis der Religiösen Sozialisten um Paul Tillich und den „Neuen Blätter für den Sozialismus" mit. Nach der Machtübernahme der Nationalsozialisten war H. kurze Zeit inhaftiert und versuchte anschließend, die Verbindungen zwischen Gewerkschaften, Reichsbanner und SPD aufrechtzuerhalten. Nach einer Besprechung über die Widerstandsstrategien wurde er am 24. November 1934 erneut verhaftet und zwei Jahre im KZ Esterwegen festgehalten. Nach der Haftentlassung war H. als Handelsvertreter und Versicherungsagent tätig. Im Herbst 1942 nahm H. an der zweiten Haupttagung des ↑Kreisauer Kreises teil. Von den Verschwörern war er als Regierungssprecher vorgesehen. Nach dem Attentat vom ↑20. Juli 1944 gelang es ihm zunächst, nach Süddeutschland auszuweichen. Er kehrte jedoch nach Berlin zurück und wurde am 9. August 1944 von der Gestapo festgenommen. H. wurde vom VGH zum Tode verurteilt und am 23. Januar 1945 in Berlin-Plötzensee hingerichtet.

Lit.: W. Hammer (Hrsg.): Theodor Haubach zum Gedächtnis. Frankfurt am Main 1955.

Haushofer, Albrecht (7. 1. 1903–23. 4. 1945). Als Sohn des einflußreichen Geopolitikers Karl Haushofer versuchte der Geograph H. nach der nationalsozialistischen Machtübernahme, die außenpolitischen Vorstellungen von Hitlers engem Vertrauten Rudolf Heß zu beeinflussen. Von 1928 bis 1940 war H. Generalsekretär der Gesellschaft für Erdkunde, seit 1940 Professor für politische Geographie und Geopolitik. Er lehrte in Berlin an der Hochschule für Politik und an der Auslandswissenschaftlichen Fakultät der Friedrich-Wilhelms-Universität. Nach dem Englandflug von Heß im April 1941 wurde H. zunächst verhaftet und auch nach seiner Freilassung überwacht. Dennoch konnte er Verbindung zu konservativen Widerstandskreisen aufnehmen und sich an den Planungen für eine Reichs- und Verwaltungsreform beteiligen. Nach dem Anschlag vom ↑20. Juli 1944 verbarg sich H. in Bayern. Mitte Dezember 1944 spürte ihn die Gestapo auf. H. wurde in der Nacht zum 23. April 1945 von einem Sonderkommando des Reichssicherheitshauptamtes in der Nähe des Berliner Gefängnisses in der Lehrter Straße erschossen. Während der Haft im Gefängnis Moabit hatte H. zahlreiche Sonette gedichtet, die man nach seiner Ermordung auf dem Gelände des Lehrter Bahnhofs fand und die zu den eindrucksvollsten Zeugnissen des Widerstands gegen den Nationalsozialismus gehören.

Lit.: U. Laack-Michel: Albrecht Haushofer und der Nationalsozialismus. Ein Beitrag zur Zeitgeschichte. Stuttgart 1974.

Havemann, Robert (**11. 3. 1910–9. 4. 1982**). Der Berliner Naturwissenschaftler H. wurde 1933 von den Nationalsozialisten aus dem Kaiser-Wilhelm-Institut für Physikalische Chemie entlassen. Er war 1932 der KPD beigetreten und hatte sich nach der Machtübernahme der Nationalsozialisten in der Widerstandsgruppe ↑Neu Beginnen betätigt. Am 16. Dezember 1943 wurde er als Mitglied der Widerstandsgruppe ↑„Europäische Union", die besonders in der Betreuung und Unterstützung von Zwangsarbeitern aktiv war, zusammen mit den Medizinern Georg ↑Groscurth und Paul Rentsch sowie dem Architekten Herbert Richter-Luckian vom VGH zum Tode verurteilt. H. erhielt Vollstrekkungsaufschub, da er im Zuchthaus Brandenburg-Görden in einem eigens eingerichteten Labor Forschungsarbeiten für das Heereswaffenamt durchführte. Im Zuchthaus gelang es ihm, heimlich einen Kurzwellenempfänger herzustellen und Nachrichten zu verbreiten. 1945 als Leiter eines Kaiser-Wilhelm-Instituts in Berlin-Dahlem eingesetzt, wurde er 1950 wegen seiner Kritik an der Kernwaffenproduktion der USA entlassen. H., der zwischen 1950 und 1963 Abgeordneter der Volkskammer der DDR war und seine wissenschaftliche Karriere in Ost-Berlin zunächst fortsetzte, wurde wegen seiner zunehmend kritischen Haltung gegenüber der SED Mitte der sechziger Jahre aus allen Funktionen entlassen und aus der SED ausgeschlossen. H. stand seit 1976 als Wortführer eines oppositionellen demokratischen Sozialismus in der DDR unter Hausarrest, der bis zu seinem Tode nicht aufgehoben wurde.

Lit.: R. Havemann: Fragen, Antworten, Fragen. Aus der Biographie eines deutschen Marxisten. München 1970. – R. Havemann: Ein deutscher Kommunist. Rückblicke und Perspektiven aus der Isolation. Hrsg. von M. Wilke, mit einem Nachwort von L. Radice. Reinbek 1978. *H.*

Heilmann, Ernst (**13. 4. 1881–3. 4. 1940**). In einer bürgerlichen jüdischen Familie in Berlin aufgewachsen, studierte H. Jura und legte 1903 das Referendarexamen ab. Da er als 17jähriger der SPD beigetreten war, durfte er nicht in den Justizdienst treten. Er arbeitete als Parlamentsstenograph und freier Berichterstatter für die SPD-Presse und wurde 1909 Chefredakteur der „Chemnitzer Volksstimme" und später Herausgeber von SPD-Schriften. Freiwillig Soldat im Ersten Weltkrieg, verlor er die Sehkraft eines Auges. Als Abgeordneter des Preußischen Landtages seit 1919, Vorsitzender dessen SPD-Fraktion ab 1921 und Mitglied des Reichstages seit 1928 wandte er sich gegen die Kommunisten wie gegen die Nationalsozialisten. 1933 lehnte er es ab, ins Ausland zu flüchten. Am 25. Juni 1933 verhaftet, begann für ihn ein grauenhafter Leidensweg durch die KZ Columbia-Haus und Plötzensee in Berlin, Oranienburg, Börgermoor (hier wurde ihm bei einem angeblichen Fluchtversuch am 29. September 1933 der linke Unterschenkel zerschossen), Esterwegen, Dachau und Buchenwald, wo ihn nach dem Zeugnis eines Mitgefangenen der SS-Lagerarzt im Häftlingsrevier mit einer Giftinjektion ermordete.

Lit.: P. Lösche: Ernst Heilmann. Berlin 1981. *A.*

Heiß, Alfred Andreas (18. 4. 1904–24. 9. 1940). Der Oberpfälzer Bauernsohn H. kam 1930 arbeitslos nach Berlin. Als vormaliges Mitglied der aufgelösten Zentrumspartei knüpfte der gläubige Katholik nach 1933 enge Beziehungen zur katholischen Opposition. Wegen seiner politischen und religiösen Haltung wurde er 1935 mehrere Wochen lang im Berliner KZ Columbia-Haus gefangengehalten. H., der nach seiner Freilassung beim Bischöflichen Ordinariat in Berlin arbeitete, setzte sich vehement für die religiöse Selbstbehauptung der Katholiken gegenüber dem NS-Regime ein und war für die Durchsetzung eigener Überzeugungen auch zu persönlichen Opfern bereit. Im christlichen Glauben sah H. die Basis einer umfassenden Versöhnung und wirtschaftlichen Besserung. Im Juni 1940 wurde er nach Glogau zur Wehrmacht einberufen. Hier verweigerte er den Fahneneid, da er es ablehnte, für den NS-Staat Dienst als Soldat zu tun. Das RKG verurteilte Heiß am 20. August 1940 wegen „Zersetzung der Wehrkraft" zum Tode. Er wurde am 24. September 1940 im Zuchthaus Brandenburg-Görden hingerichtet.

Lit.: N. Haase: Das Reichskriegsgericht und der Widerstand gegen die nationalsozialistische Herrschaft. Hrsg. von der Gedenkstätte Deutscher Widerstand. Berlin 1993. *H.*

Hermes, Andreas (16. 7. 1878–4. 1. 1964). In den frühen Jahren der Weimarer Republik trat der Landwirt H. als Landwirtschafts- und als Finanzminister in den Kabinetten der Reichskanzler Wirth und Cuno hervor. Für die Zentrumspartei wurde er 1924 in den Preußischen Landtag, 1928 in den Reichstag gewählt. Gleichzeitig war er Präsident der „Vereinigung der deutschen Bauernvereine" und hatte verschiedene Ehrenämter inne. Er war verheiratet mit Annemarie Schaller, mit der er zwei Töchter und drei Söhne hatte. H. widersetzte sich 1933 entschieden der Gleichschaltung seines Verbandes und legte aus Protest gegen die hierzu positive Haltung seiner Partei wenige Tage vor der Abstimmung über das Ermächtigungsgesetz sein Reichstagsmandat nieder. Später wurde er von den Nationalsozialisten der Veruntreuung von Genossenschaftsgeldern beschuldigt und nach langer Untersuchungshaft 1934 zu vier Monaten Gefängnis verurteilt. Nach seiner Freilassung ging er für einige Jahre als Regierungsberater nach Kolumbien, kehrte aber 1939 nach Deutschland zurück. Hier fand er bald Kontakt zum Kölner-Kettelerhaus-Kreis um Bernhard ↑Letterhaus und Nikolaus ↑Groß und knüpfte rasch Verbindungen zu Wilhelm ↑Leuschner, Josef ↑Wirmer und Carl ↑Goerdeler. Nach dem Umsturz sollte H. Landwirtschaftsminister werden. Nach dem Scheitern des Attentats vom ↑20. Juli 1944 wurde er verhaftet und am 11. Januar 1945 vom VGH zum Tode verurteilt. Von den sowjetischen Truppen am 24. April 1945 aus dem Berliner Gefängnis Lehrter Straße befreit, gehörte H. zu den Mitbegründern der CDU in Berlin.

Lit.: G. Buchstab: Andreas Hermes (1878–1964). In: J. Aretz, R. Morsey, A. Rauscher: Zeitgeschichte in Lebensbildern. Bd. 6. Mainz 1984. – A. Hermes: Und setzet ihr das Leben nicht ein. Andreas Hermes – Leben und Wirken. Stuttgart 1971.

Herrmann, Liselotte (**23. 6. 1909–20. 6. 1938**). In Berlin als Ingenieurstochter geboren, studierte sie von 1929 bis 1931 Chemie in Stuttgart, ab 1931 Biologie in Berlin. Dort wurde sie Mitte 1933 wegen ihrer politischen Tätigkeit – seit 1930 Mitglied des KJVD, 1931 der KPD – relegiert. Sie wandte sich der Kinderpflege zu, zog nach der Geburt ihres Sohnes Walter 1934 zu den Eltern nach Stuttgart, wo sie als Sekretärin im Ingenieurbüro ihres Vaters arbeitete. Sie vermittelte 1934/35 Verbindungen, darunter in die Schweiz, für Stuttgarter Kommunisten, wertete politische Informationen aus und erhielt Beweise für die Produktion von Kriegsflugzeugen und für andere Kriegsvorbereitungen. Von Spitzeln verraten, wurde sie am 7. Dezember 1935 wie weitere Stuttgarter Kommunisten verhaftet und am 12. Juni 1937 vom VGH zum Tode verurteilt, obgleich im Verfahren ein Offizier bestätigte, daß die bei ihr gefundenen Unterlagen nicht als geheim eingestuft gewesen waren. Ihre Hinrichtung und die ihrer drei Mitverurteilten erfolgte in Berlin-Plötzensee, obwohl sich viele Menschen aus verschiedenen Ländern für die junge Frau und Mutter eingesetzt hatten.

Lit.: L. Herrmann. Eine Stuttgarter Widerstandskämpferin. Hrsg. von der Vereinigung der Verfolgten des Naziregimes – Bund der Antifaschisten, Landesverband Baden-Württemberg. Stuttgart 1993. – W. Bohn: Stuttgart Geheim! Widerstand und Verfolgung 1933–1945. Frankfurt am Main 1978.

D.

Herrmann, Matthäus (**8. 6. 1879–29. 9. 1959**). Der Lokomotivführer H. trat 1904 der SPD bei und bekleidete später als Gewerkschafter wichtige Ämter im Eisenbahner-Verband. Nach der Machtübernahme der Nationalsozialisten wurde er einige Monate in einem KZ inhaftiert. Nach seiner Freilassung lebte er zurückgezogen. 1944 versuchte Wilhelm ↑Leuschner, ihn für die Umsturzpläne der Verschwörer um Ludwig ↑Beck und Carl ↑Goerdeler zu gewinnen. H. wurde für das Amt des Verkehrsministers in Betracht gezogen. Im Prozeß vor dem VGH konnte er am 13. Januar 1945 seinen Freispruch erreichen, weil er glaubhaft machen konnte, nichts von den Planungen gewußt zu haben.

Lit.: H.-A. Jacobsen (Hrsg.): „Spiegelbild einer Verschwörung". Die Opposition gegen Hitler und der Staatsstreich vom 20. Juli 1944 in der SD-Berichterstattung. Geheime Dokumente aus dem ehemaligen Reichssicherheitshauptamt. 2 Bde. Stuttgart 1984.

Hespers, Theodor (12. 12. 1903–9. 12. 1943). H. gehörte zunächst dem katholischen Jugendbund Quickborn in Mönchengladbach an. 1925 schloß er sich der Christlich Sozialen Partei unter Vitus Heller an. Seit 1927 Mitglied der Internationalen Arbeiterhilfe, besuchte er 1929 mit einer Jugenddelegation die Sowjetunion. In der Pfadfinderschaft Westmark unter Hans Ebeling arbeitete er 1932 eng mit der KPD im Kampf gegen den aufkommenden Nationalsozialismus zusammen. Im April 1933 emigrierte H. in die Niederlande und unterstützte den Transport kommunistischer Schriften nach Deutschland. Gemeinsam mit Ebeling, Karl O. ↑Paetel, Eberhard ↑Koebel und Walter Hammer gründete H. den „Arbeitskreis bündische Jugend" und war Mitherausgeber der „Rundbriefe". H. bemühte sich um den Zusammenschluß bündischer und katholischer Jugendverbände im Exil in der „Deutschen Jungfront" um die Zeitschrift „Kameradschaft" und gab die „Sonderinformationen für die deutsche Jugend" heraus. H. war an der Beschaffung militärischer Nachrichten für den britischen Geheimdienst beteiligt und plante 1939 Sabotageaktionen im holländischen Grenzgebiet. Er lebte bis zu seiner Verhaftung im Februar 1942 versteckt in den Niederlanden. Am 22. Juli 1943 wurde H. vom VGH zum Tode verurteilt und in Berlin-Plötzensee hingerichtet.

Lit.: H. Ebeling, D. Hespers (Hrsg.): Jugend contra Nationalsozialismus. Frechen 1966. – M. Jovy: Deutsche Jugendbewegung und Nationalsozialismus. Münster 1984. C.

Hilfen für Verfolgte. Nicht alle Deutschen billigten die antijüdische Entrechtungs- und Verfolgungspolitik des NS-Staates. Nach den ersten Deportationen von 1940/41 sickerte die geheimgehaltene Wahrheit über den gezielten Massenmord an Juden durch. Einzelne Menschen unterschiedlichster Herkunft bemühten sich, das Leben der Verfolgten zu retten. Sie verschafften ihnen Verstecke, die aus Angst vor Entdeckung häufig gewechselt werden mußten. Auch teilten sie mit den Versteckten die knappen Lebensmittelrationen. Oft konnten Nahrungsmittel oder sogar Ausweispapiere illegal organisiert werden. Nicht nur die „Untergetauchten" gingen ein hohes Risiko ein, sondern auch die Helfer, die durch ihr mitmenschliches Engagement täglich gegen die nationalsozialistischen Gesetze verstießen. Von einigen tausend versteckt lebenden Juden konnten in Berlin nur etwa 1400 das Kriegsende überleben; die meisten wurden bei Razzien, Kontrollen oder nach Denunziationen verhaftet und anschließend deportiert. Christliche Organisationen bemühten sich seit Mitte der dreißiger Jahre, Christen jüdischer Herkunft bei der Auswanderung zu helfen. Der katholische St.-Raphaels-Verein, das Hilfswerk beim Bischöflichen Ordinariat Berlin und die Kirchliche Hilfsstelle für evangelische Nichtarier (Büro Pfarrer ↑Grüber) engagierten sich für die sogenannten „Judenchristen“, die z.T. schon vor langer Zeit zum christlichen Glauben konvertiert waren. Konfessionslose betreute die Internationale Gesellschaft der Freunde (Quäker). Einige tausend Menschen jüdischer Herkunft konnten durch die Arbeit dieser Organisationen ins rettende Ausland gebracht werden. Bisher ehrte der Staat Israel mehrere tausend ehemalige Helfer als „Gerechte unter den Völkern“.

Lit.: G. B. Ginzel (Hrsg.): Mut zur Menschlichkeit. Hilfe für Verfolgte während der NS-Zeit. Köln 1993. *R.*

Hirsch, Helmut (27. 1. 1916–4. 6. 1937). H., aus einer jüdischen Familie kommend, schloß sich bereits als Schüler einer bündischen Jugendgruppe an und emigrierte 1936 mit seinen Eltern und seiner Schwester nach Prag. Durch den ebenfalls nach Prag emigrierten Führer seiner Jugendgruppe lernte H. Hitlers ehemaligen innerparteilichen Hauptwidersacher Otto ↑Strasser kennen, der die „Schwarze Front“ führte. Strasser bewegte H. dazu, einen Anschlag auf das Nürnberger Parteitagsgelände zu planen. Von dieser Tat sei die Behandlung der deutschen Juden durch die „Schwarze Front“ abhängig. H. verließ Prag unmittelbar vor Weihnachten 1936 und reiste nach Stuttgart, wo er bereits wenige Stunden nach seiner Ankunft verhaftet wurde. Der Verbindungsmann Strassers, der H. den Sprengstoff für den geplanten Anschlag aushändigen sollte, war ein Spitzel der Gestapo. H. wurde am 8. März 1937 vom VGH zum Tode verurteilt. Am 4. Juni 1937 wurde er in Berlin-Plötzensee hingerichtet.

Lit.: B. Burckhardt: H. Hirsch. Ein Aktivist der bündischen Jugend. In: M. Bosch, W. Niess (Hrsg.): Der Widerstand im deutschen Südwesten 1933–1945. Stuttgart 1984. *H.*

Hochverrat. Der juristische Begriff des H. umfaßt den gewaltsamen Angriff auf den inneren Bestand eines Staates, auf dessen Regierung und die Verfassung. Die §§ 80 bis 87 des Reichsstrafgesetzbuches reichten im Strafmaß bis zur Todesstrafe. Die Justiz der Weimarer Republik verfolgte gewaltsame Umsturzversuche von links als „Hochverrat“ mit größerer Härte als die Putschunternehmungen von rechts. Nach 1933 verurteilte die NS-Justiz den Aufbau und die Existenz von Widerstandsgruppen sowie deren Aktivitäten in Tausenden von Fällen als H. und Vorbereitung zum H. Mit dem Überfall auf die Sowjetunion und der Ausweitung des Zweiten Weltkrieges zum „Weltanschauungskrieg“ wurden Handlungen, die unter den H.s-Vorwurf fielen, ab dem Sommer 1941 auch als „Feindbegünstigung“ verfolgt, da die Nationalsozialisten in jeder von ihnen als kommunistisch bezeichneten Aktivität eine Begünstigung der Sowjetunion sahen. Die meisten der Widerstandskämpfer konnten in ihrer Gegenwehr gegen den Unrechtsstaat keinen H. erblicken, da sie das NS-System grundsätzlich nicht als rechtmäßig akzeptierten.

Lit.: P. Steinbach (Hrsg.): Widerstand. Ein Problem zwischen Theorie und Geschichte. Köln 1987. *H.*

Hoepner, Erich (14. 9. 1886–8. 8. 1944). H. begann seine militärische Ausbildung 1905 in Metz, wurde 1933 Chef des Generalstabes des Wehrkreiskommandos I in Königsberg und zwei Jahre später in den Generalstab nach Berlin versetzt. Hier traf er auf den Generalstabschef Ludwig ↑Beck und beteiligte sich 1938 an den Planungen der Militäropposition um Franz Halder, Hitler durch einen Staatsstreich zu stürzen. Als Führer eines Panzerverbandes vor Moskau ignorierte H. im Januar 1942 Hitlers Durchhaltebefehl und zog seine Truppen zurück. Er wurde sofort von seinem Posten als Oberbefehlshaber der 4. Panzerarmee abgelöst und einen Tag später aus der Wehrmacht ausgestoßen. H. nahm bald die Verbindungen zur Militäropposition wieder auf und traf sich in den folgenden Monaten mehrfach mit Friedrich ↑Olbricht und Ludwig Beck, später auch mit ↑Stauffenberg. In der Umsturzplanung der Verschwörer fiel ihm am ↑20. Juli 1944 die Rolle des „Oberbefehlshabers im Heimatkriegsgebiet" zu. H. wurde am 8. August 1944 vom VGH zum Tode verurteilt und am selben Tag in Berlin-Plötzensee hingerichtet.

Lit.: H. Bücheler: Erich Hoepner. Ein deutsches Soldatenleben. Herford 1980. *H.*

Hößlin, Roland-Heinrich von (21. 2. 1915–13. 10. 1944). H., der aus einer Augsburger Familie stammte, wandelte sich als junger Offizier unter dem Eindruck der NS-Kriegführung vom gläubigen Anhänger zum entschiedenen Gegner Hitlers. Als Kommandeur einer Panzer-Aufklärungs-Abteilung des Afrikakorps wurde er im Juli 1942 verwundet und mit dem Ritterkreuz ausgezeichnet. H., der als Major im 17. Kavallerie-Regiment Bamberg Regimentskamerad ↑Stauffenbergs war, wurde durch diesen im April 1944 in die Umsturzpläne der Verschwörer eingeweiht. Als Kommandeur der Panzer-Aufklärungs-Ersatz-Abteilung 24 in Insterburg/Ostpreußen (Wehrkreis I) sollte er im Falle eines erfolgreichen Umsturzes in Ostpreußen wichtige Gebäude besetzen und Maßnahmen gegen die Partei leiten. H. wurde am 23. August 1944 in Meiningen/Thüringen verhaftet und am 13. Oktober 1944 nach seiner Entlassung aus der Wehrmacht vom VGH zum Tode verurteilt. Das Todesurteil wurde am selben Tag in Berlin-Plötzensee vollstreckt.

Lit.: A. Graf von Kageneck: Zwischen Eid und Gewissen. Roland von Hößlin. Ein deutscher Offizier. Berlin und Frankfurt am Main 1991. *H.*

Hofacker, Cäsar von (11. 3. 1896–20. 12. 1944). Nach der Rückkehr aus französischer Kriegsgefangenschaft in Griechenland begann H. 1920 ein Studium der Rechtswissenschaften und arbeitete seit 1927 für die Vereinigten Stahlwerke in Berlin, deren Prokurist er 1938 wurde. 1931 trat er dem Stahlhelm-Bund der Frontsoldaten bei. Er war mit Ilse Pastor verheiratet, mit der er fünf Kinder hatte. Als Reserveoffizier wurde er im August 1939 zur Wehrmacht eingezogen. Nach der Besetzung Frankreichs 1940 war er in der deutschen Militärverwaltung in Paris tätig und wurde im Herbst 1943 in den Stab des Militärbefehlshabers Frankreich General Carl-Heinrich von ↑Stülpnagel übernommen. H. war ein Vetter ↑Stauffenbergs und stellte die Verbindung zwischen den Gruppen der militärischen Opposition in Paris und Berlin her. Zugleich verfügte er über Kontakte zur französischen Résistance und zur dortigen Bewegung „Freies Deutschland". Am ↑20. Juli 1944 war H. mit Stülpnagel für den kurze Zeit sehr erfolgreichen Umsturzversuch in Frankreich verantwortlich. Nach dem Scheitern der Verschwörung wurde H. am 26. Juli 1944 in Paris verhaftet, am 30. August 1944 vom VGH zum Tode verurteilt und am 20. Dezember 1944 in Berlin-Plötzensee hingerichtet.

Lit.: W. von Schramm: Der 20. Juli in Paris. Bad Wörishofen 1953.

Horn, Cäsar (18. 5. 1914–19. 3. 1945). Schon früh schloß sich H. dem KJVD an und und organisierte nach 1933 die Widerstandsaktivitäten unter früheren Mitgliedern des Arbeitersportvereins „Fichte". 1936 meldete er sich freiwillig zum Arbeitsdienst. Im Arbeitsdienstlager wurde er wegen illegaler Zugehörigkeit zur „Kampfgemeinschaft für rote Sporteinheit" verhaftet und zu 18 Monaten Gefängnis verurteilt. Nach seiner Entlassung arbeitete H. als kaufmännischer Angestellter und bekam über Werner Seelenbinder, einem bekannten Arbeitersportler, Kontakt zu Robert ↑Uhrig. Er entging der Verhaftungsaktion dieser Widerstandsgruppe im Februar 1942, da er schon 1939 zu einem ↑Bewährungsbataillon der Wehrmacht einberufen worden war. Mit dem 67. Infanterieregiment aus Berlin-Spandau nahm er am Krieg gegen die Sowjetunion teil. Nach einer Verwundung blieb er in Berlin stationiert und bekam nach Jahren 1943/44 wieder Kontakt zu Anton ↑Saefkow. Unter Wehrmachtangehörigen warb H. für die Ziele des ↑NKFD und versandte dessen Flugblätter und Aufrufe, aber auch „Soldatenbriefe" an Feldpostadressen. Darin wurden Wehrmachtangehörige aufgefordert, den Krieg beenden zu helfen und auf die Seite des NKFD zu wechseln. Am 19. Juli 1944 wurde H. verhaftet, vom VGH zum Tode verurteilt und in Brandenburg-Görden hingerichtet.

Lit.: G. Nitzsche: Die Saefkow-Jacob-Bästlein-Gruppe. Dokumente und Materialien des illegalen antifaschistischen Kampfes (1942–1945). Berlin 1957. *C.*

Hübener, Helmuth (8. 1. 1925–27. 10. 1942). Sohn einer Hamburger Arbeiterin und Angehöriger der Kirche Jesu Christi der Heiligen der Letzten Tage (Mormonen), begann er 1941 eine Lehre bei der Hamburger Sozialbehörde. Zugleich half er als ehrenamtlicher Sekretär dem Gemeindepräsidenten seiner Religionsgemeinschaft. Im März 1941 begann er den Londoner Rundfunk abzuhören, vervielfältigte dessen Nachrichten auf der Schreibmaschine und verschickte sie an Bekannte; insgesamt handelte es sich um etwa 60 verschiedene Texte. Freunde halfen ihm besonders seit August 1941, mehr als 35 Flugblätter zu hektographieren und zu verbreiten. Darin wurde die NS-Propaganda entlarvt, über die militärische Lage und die wirtschaftliche Situation Deutschlands sowie die NS-Kirchenpolitik informiert. H. war von der Unvermeidlichkeit des alliierten Sieges überzeugt. Von einem Betriebsobmann angezeigt, wurde H. am 5. Februar 1942 verhaftet und – siebzehnjährig – am 11. August 1942 vom VGH zum Tode verurteilt. Seine drei Freunde erhielten Gefängnisstrafen von vier, fünf und zehn Jahren. H. starb unter dem Fallbeil in Berlin-Plötzensee.

Lit.: U. Sander: Helmuth Hübener. Berlin 1983. *D.*

Huber, Kurt (24. 10. 1893–13. 7. 1943). H. studierte seit 1912 Musik, Philosophie und Psychologie, promovierte 1917 in Musikwissenschaft und habilitierte sich 1920 im Fach Psychologie. Seit 1926 lehrte er an der Universität München Philosophie und war ein anerkannter Volkslied- und führender Leibnizforscher. H. fesselte seine Studenten vor allem aber durch die Weite seiner Interessen und durch anschauliche Vorlesungen. 1937 übernahm H. die Abteilung Volksmusik am Berliner Institut für Musikforschung; 1938 wurde ein Lehrauftrag an der Berliner Universität wegen H.s „katholisch–weltanschaulicher Bindung" untersagt. H. kehrte nach München zurück, wo er nach dem NSDAP-Eintritt 1940 außerplanmäßiger Professor wurde. Im Juni 1942 lernte er Hans ↑Scholl und seine Freunde um die ↑Weiße Rose kennen. H. half Hans Scholl beim Text des 5. Flugblatts der Weißen Rose und entwarf Anfang Februar 1943 das 6. und letzte Flugblatt. H. wurde am 27. Februar 1943 verhaftet, am 19. April 1943 in München vom VGH zum Tode verurteilt und im Strafgefängnis München-Stadelheim hingerichtet.

Lit.: Kurt Huber zum Gedächtnis. „... der Tod... war nicht vergebens". Hrsg. von C. Huber. München 1986.

Husemann, Walter (2. 12. 1909–13. 5. 1943). H. wuchs in einer Arbeiterfamilie auf. Er hatte sich 1924 dem KJVD in Berlin-Pankow angeschlossen. Nach seiner Lehre als Werkzeugmacher organisierte er einen Streik und wurde entlassen. 1928 trat er der KPD bei und wurde 1929 Leiter der Antifaschistischen Jungen Garden im Bezirk Berlin-Brandenburg. Von 1930 bis 1933 arbeitete er als Volontär und Redakteur bei kommunistischen Zeitungen in Berlin, Köln und Mannheim. Nach 1933 tauchte H. unter und hatte vielfältige Kontakte zum Berliner Widerstand. Ende November 1936 wurde er mit seinem Vater verhaftet und ohne Prozeß in das KZ Sachsenhausen eingeliefert, 1937 in das KZ Buchenwald. Nach seiner Entlassung im September 1938 arbeitete er als Werkzeugmacher und fand über seine Frau Marta Anschluß an den Widerstandskreis um Harro ↑Schulze-Boysen. Weitere Verbindungen bestanden zu John ↑Sieg, Wilhelm ↑Guddorf und zur Gruppe um Herbert ↑Baum. H. vermittelte Hans ↑Coppi zur Funkausbildung an Kurt Schulze. Am 19. September 1942 an seinem Arbeitsplatz verhaftet, wurde er am 26. Januar 1943 vom RKG zum Tode verurteilt und in Berlin-Plötzensee hingerichtet.

Lit.: W. Gerhardt: Biographische Skizze. Parteijournalist und Widerstandskämpfer. Walter Husemann. In: BzG, Jg. 27 (1985), S. 249 ff. – M. Coburger: Marta und Walter Husemann. In: H. Coppi, J. Danyel, J. Tuchel (Hrsg.): Die Rote Kapelle im Widerstand gegen den Nationalsozialismus. Berlin 1984. *C.*

Husen, Paulus van (26. 2. 1891–1. 9. 1971). Als Sohn eines Arztes in Westfalen geboren, wuchs H. in einer streng katholischen Familie auf. Nach juristischem Staatsexamen, Militärdienst und kurzer Tätigkeit als Rechtsreferendar war er bis 1918 Soldat. 1920 kam er als Regierungsassessor, danach als stellvertretender Landrat nach Schlesien und lernte hier Hans ↑Lukaschek kennen. Bereits nach kurzer Zeit gehörte H. zu den führenden schlesischen Zentrumspolitikern. Zwischen 1934 und 1940 war er als Oberverwaltungsgerichtsrat beim Preußischen Oberverwaltungsgericht in Berlin tätig und wurde hier wegen seiner Ablehnung des Eintritts in die NSDAP nicht befördert. Seit 1940 war H. Rittmeister beim Oberkommando der Wehrmacht/Wehrmachtführungsstab in Berlin und engagierte sich zugleich im entstehenden ↑Kreisauer Kreis. H. sollte Kontakte zu katholischen Kirchenkreisen festigen. Für den Fall eines gelungenen Umsturzes war er als Staatssekretär im Innenministerium vorgesehen. Im August 1944 wurde H. verhaftet und nach langer Haft gemeinsam mit seinem Freund Lukaschek noch am 19. April 1945 vom VGH zu einer dreijährigen Zuchthausstrafe verurteilt. Am 25. April 1945 wurde H. aus dem Strafgefängnis Berlin-Plötzensee beim Einmarsch der sowjetischen Truppen befreit und gehörte im selben Jahr zu den Mitbegründern der CDU in Berlin. Zwischen 1949 und 1959 war er Präsident des Oberverwaltungsgerichtes und des Verfassungsgerichtshofes von Nordrhein-Westfalen in Münster.

Internationaler Sozialistischer Kampfbund (ISK). Der I. ging Ende 1925 aus dem von Leonard Nelson nach dem Ersten Weltkrieg gegründeten Internationalen Jugendbund (IJB) hervor und war eine nichtmarxistische, militant sozialistische Gruppe. Am Ende der Weimarer Republik gehörten dem I. nur wenig über 200 Mitglieder an, dazu kamen 600 bis 1000 Sympathisanten. Mehr als 50 I.-Mitglieder verließen Deutschland nach der nationalsozialistischen Machtübernahme. Bereits 1933 baute der I. in Paris eine Auslandsleitung auf, die, von Willi Eichler geführt, 1939 ihren Sitz nach London verlegte. Inlandsleiter war Fritz ↑Eberhard, der bis zur Zerschlagung der Organisation 1937 regelmäßig mit Eichler im Ausland zusammentraf. I.-Gruppen, die für die Widerstandsarbeit von Bedeutung waren, bestanden bis zum Kriegsbeginn in Frankreich, bildeten sich auch in Amsterdam, Dänemark und 1937 in der Schweiz. Die I.-Gruppe in London umfaßte 1940/41 etwa 20 Mitglieder, die durch ihre umfangreiche publizistische Arbeit zur Unterstützung des Kampfes im Exil und in Deutschland beitrugen. Für die politische Wirksamkeit des I. hatte während des Krieges neben dem Zentrum in London noch die von René Berthold geleitete I.-Gruppe in der Schweiz Bedeutung, die Kurierdienste nach Deutschland leistete und Kontakte zur französischen Résistance herstellte.

Lit.: W. Link: Die Geschichte des Internationalen Jugendbundes (IJB) und des Internationalen Sozialistischen Kampfbundes. Meisenheim 1964. *A.C.*

Jacob, Franz (9. 8. 1906–18. 9. 1944). J. wuchs in einer Hamburger Arbeiterfamilie auf und erlernte den Beruf eines Maschinenschlossers. 1920 schloß er sich der SAJ und der SPD an, trat aber 1925 dem KJVD und der KPD bei. Seit 1928 war er hauptberuflich für den KPD-Bezirk Wasserkante tätig und gehörte seit 1931 der Bezirksleitung an. 1932 wurde er für die KPD als jüngstes Mitglied in die Hamburger Bürgerschaft gewählt. Mitte August 1933 wurde J. in Berlin verhaftet. Nach der Verbüßung einer Zuchthausstrafe wurde er von 1936 bis 1940 im KZ Sachsenhausen festgehalten. Unmittelbar nach seiner Entlassung nahm er Verbindung zu seinen politischen Freunden auf. Er fand Arbeit als Betriebsschlosser auf einer Werft und wurde einer der wichtigsten Mitstreiter in der Widerstandsorganisation um Bernhard ↑Bästlein. Als im Oktober 1942 eine Verhaftungswelle in Hamburg begann, tauchte J. in Berlin unter und baute seit 1942/43 mit Anton ↑Saefkow eine neue Widerstandsorganisation auf. Er wurde Anfang Juli 1944 verhaftet und am 5. September 1944 gemeinsam mit Saefkow und Bästlein vom VGH zum Tode verurteilt. Alle drei wurden am 18. September 1944 in Brandenburg-Görden hingerichtet.

Lit.: G. Nitzsche: Die Saefkow-Jacob-Bästlein-Gruppe. Dokumente und Materialien des illegalen antifaschistischen Kampfes (1942–1945). Berlin 1957. – K. Bästlein: „Hitlers Niederlage ist nicht unsere Niederlage, sondern unser Sieg!" – Die Bästlein-Organisation. In: B. Meyer, J. Szodrzynski (Hrsg.): Vom Zweifel und Weitermachen. Fragmente der Hamburger KPD-Geschichte. Hamburg 1988.

Jacobs, Helene (25. 2. 1906–13. 8. 1993). Geboren als Tochter einer Lehrerin in Schneidemühl, war sie bis 1939 bei einem jüdischen Patentanwalt Gehilfin und half ihm bei den Fluchtvorbereitungen. Zur Bekenntnisgemeinde in Berlin-Dahlem gehörend, setzte sie sich mit der Sekretärin Hildegard ↑Jacoby, dem Juristen Franz ↑Kaufmann und der Sekretärin Hildegard Staewen für verfolgte Juden ein. Sie versorgten sie, gestützt auf Gleichgesinnte, ab 1940 mit Lebensmitteln, Lebensmittelkarten und Ausweisen und brachten sie in Verstecken unter. Eine Denunziation führte zur Entdeckung eines der Verfolgten mit gefälschtem Ausweis und im August 1942 zu Verhaftungen von etwa 50 Berlinern, darunter 38 Juden. Ein Berliner Sondergericht verurteilte daraufhin am 11. Januar 1943 elf der Helfer, darunter J., zu zweieinhalb Jahren Zuchthaus. Aus der Frauenhaftanstalt in der Berliner Kantstraße Anfang Mai 1945 befreit, setzte sie sich für Wiedergutmachung und Verständigung zwischen Christen und Juden ein. Israel ehrte J. als „Gerechte unter den Völkern".

Lit.: G. Szepansky: Frauen leisten Widerstand 1933–1945. Frankfurt am Main 1983, S. 57ff. *D.*

Jacoby, Hildegard (21. 12. 1893–2. 6. 1944). Die Arzttochter aus Kassel mußte – vom NS-Regime als Halbjüdin betrachtet – 1933 als Fürsorgerin aus dem öffentlichen Dienst ausscheiden und arbeitete danach bis 1939 bei einem jüdischen Patentanwalt, anschließend in einem Pfarrbüro und beim Bruderrat der ↑Bekennenden Kirche in Berlin-Brandenburg. Gemeinsam mit der Anwaltsgehilfin Helene ↑Jacobs, dem Juristen Franz ↑Kaufmann und der Fürsorgerin Gertrud Staewen unterstützte sie das Büro des Pfarrers Heinrich ↑Grüber. Als Mitglied der Bekennenden Kirche beschaffte sie nicht nur getauften Juden ab 1940 Lebensmittelkarten, Ausweise und Verstecke. Nach einer Denunziation und Entdeckung eines Untergetauchten wie Jacobs, Kaufmann und fast 50 andere im August 1942 verhaftet, stand sie zusammen mit zehn Angeklagten am 11. Januar 1944 vor einem Berliner Sondergericht. Es verurteilte sie zu eineinhalb Jahren Gefängnis. Schon während der Untersuchungshaft an Gelenkrheumatismus erkrankt, erhielt sie am 2. Juni 1944 Haftverschonung. Sie verstarb am selben Tag während eines Besuchs bei der Frau Kaufmanns.

Lit.: W. Oehme: Märtyrer der evangelischen Christenheit 1933–1945. Berlin 1980, S. 144 ff. *D.*

Jadamowitz, Hildegard (12. 2. 1916–18. 8. 1942). Die hochbegabte J. konnte während ihrer Schulzeit drei Klassen überspringen. Trotz ihrer sehr guten Zeugnisse war sie nach dem Schulabschluß 1929 lange arbeitslos. Nach dem Tod der Mutter zerschlug sich der Wunsch, Zahntechnikerin zu werden. Während J. als Ungelernte u.a. im Karstadt-Kaufhaus arbeitete, bildete sie sich im Selbststudium zur medizinisch-technischen Assistentin aus und arbeitete anschließend als Röntgenassistentin. 1931 wurde sie Mitglied im KJVD. Eine Verhaftung 1936 blieb folgenlos, da sie mangels Beweisen nicht verurteilt werden konnte. Ab 1935 arbeitete J. für die illegale Bezirksorganisation der Internationalen Arbeiterhilfe in den Berliner Bezirken Friedrichshain und Lichtenberg. Hier lernte sie ihren späteren Verlobten Werner ↑Steinbrink kennen, der sie in Kontakt mit der ↑Baum-Gruppe brachte. Gemeinsam mit Steinbrink stellte J. ein wichtiges Verbindungsglied zwischen der Baum-Gruppe und anderen Widerstandskreisen dar. Sie übernahm die Vervielfältigung von Flugblättern, die Steinbrink, Joachim ↑Franke und Hans-Georg ↑Vötter verfaßt hatten. Sie war am Brandanschlag gegen die antisowjetische Propagandaausstellung „Das Sowjetparadies" im Berliner Lustgarten am 18. Mai 1942 beteiligt, der gemeinsam von der Baum-Gruppe und dem Kreis um Joachim Franke ausgeführt wurde. Am 22. Mai wurde sie verhaftet und am 16. Juli 1942 vom Sondergericht V beim LG Berlin zum Tode verurteilt. J. wurde in Berlin-Plötzensee hingerichtet.

Lit.: M. Pikarski: Jugend im Berliner Widerstand. Berlin 1978, S. 137 ff. *R.*

Jägerstätter, Franz (20. 5. 1907–9. 8. 1943). Der Bauer J. aus St. Radegund in Oberösterreich, der mit seiner Frau Franziska drei Kinder hatte, stand seit dem Einmarsch deutscher Truppen in Österreich dem Nationalsozialismus ablehnend gegenüber. Seine Gegnerschaft verstärkte sich vor allem im Angesicht der Verfolgung katholischer Geistlicher und der Morde an Kranken und Behinderten. Nach seiner ersten Einberufung zur Wehrmacht 1940/41 entschloß sich J. aus christlicher Überzeugung, den Fahneneid und den Kriegsdienst zu verweigern. Als er im März 1943 erneut einberufen wurde, ließ er sich weder von der Familie noch von ihm nahestehenden Geistlichen von seinem Weg abbringen. J. wurde nach seiner Verhaftung in Linz vom RKG in Berlin am 14. Juli 1943 wegen „Zersetzung der Wehrkraft" zum Tode verurteilt und am 9. August 1943 im Zuchthaus Brandenburg-Görden hingerichtet. Sein Schicksal wurde in der Nachkriegszeit weit über die Grenzen Österreichs bekannt; J. wurde zur Symbolfigur der katholischen Friedensbewegung.

Lit.: E. Putz: Franz Jägerstätter. „... besser die Hände als der Wille gefesselt...". Linz 1985. – E. Putz: Franz Jägerstätter. Gefängnisbriefe und Aufzeichnungen. Linz 1987. *H.*

Jan, Julius von (17. 4. 1897–21. 9. 1964). In einem württembergischen Pfarrhaus aufgewachsen, studierte J. nach freiwilligem Kriegsdienst und -gefangenschaft ab 1919 Theologie in Tübingen und übernahm 1925 seine erste Pfarrstelle. Wie kaum ein anderer evangelischer Geistlicher wandte er sich am 16. November 1938 in seiner Bußtagspredigt in Oberlenningen gegen den Novemberpogrom und die NS-Herrschaft und sagte ihr gewaltsames Ende voraus. J. wurde am 25. November 1938 von SA-Männern verhaftet, im April 1939 aus Württemberg ausgewiesen und vom Konsistorium an eine Pfarrei bei Passau versetzt. Das Sondergericht Stuttgart verurteilte ihn am 25. November 1939 zu 16 Monaten Gefängnis, die es im Mai 1940 probeweise aussetzte. Im Juni 1943 zur Wehrmacht eingezogen, konnte J. erst im September 1945 zu seiner Familie und seiner Gemeinde zurückkehren. Von 1949 bis 1958 war er Gemeindepfarrer in Stuttgart.

Lit.: Th. Dipper: Die Evangelische Bekenntnisgemeinschaft in Württemberg 1933–1945. Göttingen 1966. *D.*

Jessen, Jens (11. 12. 1895–30. 11. 1944). J. nahm am Ersten Weltkrieg teil, habilitierte sich 1927/28 in Göttingen und war dort seit 1932 Professor der Staatswissenschaft. Später lehrte er in Kiel und Marburg. Ab 1935 in Berlin, lehrte er als Professor der Staats- und Wirtschaftswissenschaften seit 1936 an der Berliner Universität. Er war verheiratet mit Käthe Scheffer. Im Zweiten Weltkrieg wurde er als Hauptmann der Reserve im Stab des Generalquartiermeisters des Heeres Eduard ↑Wagner eingesetzt. J. konnte den Mitverschwörern des Umsturzversuchs vom ↑20. Juli 1944 Reisemöglichkeiten eröffnen. Als Mitglied der ↑Mittwochs-Gesellschaft entwarf er mit Johannes ↑Popitz und Erwin ↑Planck Verfassungspläne, die sich nicht mit den Vorstellungen von Carl ↑Goerdeler deckten. Ebenso stellte sich J. gegen die geplante Einheitsgewerkschaft. Nach dem 20. Juli 1944 verschaffte sich die Gestapo durch Vernehmungen J.s Klarheit über die Verbindungen zwischen einigen Mitgliedern der Mittwochs-Gesellschaft und den Verschwörern. Am

30. November 1944 verurteilte der VGH J. wegen „Nichtanzeige eines hochverräterischen Unternehmens" zum Tode. Noch am selben Tage wurde er in Berlin-Plötzensee hingerichtet.

Lit.: K. Scholder: Die Mittwochsgesellschaft. Protokolle aus dem geistigen Deutschland 1932–1944. Berlin 1982.

Joachim, Heinz (13. 2. 1919–18. 8. 1942). J., der an der Berliner jüdischen Musikschule Holländer bis 1941 Klarinette studiert hatte, war der Mittelpunkt eines Freundeskreises, dem auch seine spätere Frau Marianne Prager und Lothar Salinger angehörten. Im Sommer 1940 befreundete sich J. mit dem aus der zionistischen Jugendbewegung kommenden Siegbert ↑Rotholz. Während der Zwangsarbeit in der 133. Abteilung, der ca. 500 Arbeiter umfassenden „Judenabteilung", im Siemens-Elektromotorenwerk in Berlin-Spandau lernte J. Herbert ↑Baum kennen, dessen Gruppe er sich mit seinem Freundeskreis anschloß. J. organisierte einen Vervielfältigungsapparat zur Herstellung von Flugblättern und beteiligte sich mit seiner Frau Marianne am Brandanschlag gegen die antisowjetische Propagandaausstellung „Das Sowjetparadies" im Berliner Lustgarten am 18. Mai 1942. J. wurde zusammen mit Herbert Baum am 22. Mai 1942 an seiner Arbeitsstelle verhaftet und am 18. August 1942 in Berlin-Plötzensee hingerichtet.

Lit.: W. Löhken, W. Vathke (Hrsg.): Juden im Widerstand. Drei Gruppen zwischen Überlebenskampf und politischer Aktion. Berlin 1993, S. 110f. *R.*

Joachim, Marianne (5. 11. 1921–4. 3. 1943). M. Prager, die als Tochter eines Bauarbeiters in Berlin aufwuchs, lernte nach Beendigung der Realschule den Beruf der Kinderpflegerin im Jüdischen Kinderheim in der Berliner Gipsstraße. Sie mußte diese Stelle aufgeben, da sie im Sommer 1940 nach Rathenow zur Zwangsarbeit im Landeinsatz verpflichtet worden war. Am 22. August 1941 heiratete sie in Berlin Heinz J. Zu dieser Zeit war sie Zwangsarbeiterin in der Fabrik Alfred Teves in Berlin-Wittenau. Nachdem ihr Mann Herbert ↑Baum in der „Judenabteilung" der Elektromotorenfabrik der Siemens-Werke kennengelernt hatte, schloß sie sich gemeinsam mit dem Freundeskreis der ↑Baum-Gruppe an. Ihre Wohnung in der Rykestraße diente häufig als Treffpunkt für Zusammenkünfte der Gruppe. Am 4. März 1943 wurde sie in Berlin-Plötzensee hingerichtet.

Lit.: W. Löhken, W. Vathke (Hrsg.): Juden im Widerstand. Drei Gruppen zwischen Überlebenskampf und politischer Aktion. Berlin 1993, S. 110f. *R.*

John, Hans (1. 8. 1911–22. 4. 1945). Der Jurist J. begann 1939 eine Tätigkeit als Assistent am Institut für Luftfahrtrecht der Universität Berlin. Im Juni 1940 wurde er zur Wehrmacht eingezogen und im März 1942 an der Ostfront schwer verwundet. Deshalb entlassen, konnte er seine wissenschaftliche Arbeit fortsetzen. Zusammen mit seinem Bruder Otto, der in Madrid für die Lufthansa arbeitete, war J. in die Vorbereitung des Attentats vom ↑20. Juli 1944 einbezogen. Die Brüder hatten Kontakt zu den Widerstandskreisen im Amt Ausland/Abwehr des Oberkommandos der Wehrmacht. Nach der Verhaftung Hans ↑Osters und Hans von ↑Dohnanyis im Frühjahr 1943 unterstützte J. den entkommenen Hauptmann Ludwig ↑Gehre bei der Beschaffung von illegalen Quartieren. J. wurde im August 1944 verhaftet und nach schweren Mißhandlungen im Februar 1945 vom VGH zum Tode verurteilt. In der Nacht zum 23. April 1945 wurde er auf einem Gelände beim Berliner Zellengefängnis Lehrter Straße von einem Sonderkommando aus dem Reichssicherheitshauptamt erschossen. Sein Bruder Otto konnte nach dem 20. Juli 1944 fliehen und war später bis zu seinem Wechsel in die DDR, der 1954 unter bis heute ungeklärten Umständen stattfand, Präsident des Bundesamtes für Verfassungsschutz.

Lit.: O. John: Falsch und zu spät. Der 20. Juli 1944. München und Berlin 1984.

Joseph, Fred (18. 10. 1911–21. 1. 1943). Der junge Apotheker J. wurde 1936 nach einer Kranzniederlegung als Jugendführer der Würzburger katholischen St. Georgspfadfinder verhaftet und zu einer Haftstrafe verurteilt. Nach einer Amnestie wurde das Urteil aufgehoben; J. mußte aber Würzburg verlassen und organisierte in Pforzheim erneut eine katholische Jugendgruppe. Sein Vater wurde nach dem Novemberpogrom als Jude im KZ Buchenwald inhaftiert und konnte im Februar 1939 in die Niederlande auswandern. J. wurde von der Gestapo wegen seiner katholischen Jugendarbeit am 22. Oktober 1941 verhaftet und am 26. Januar 1942 vom Sondergericht Mannheim zu einer einjährigen Gefängnisstrafe verurteilt. Am 26. Oktober 1942 aus der Haft entlassen, wurde J. am 13. November 1942 von der Würzburger Gestapo auf Anweisung des Reichssicherheitshauptamtes erneut festgenommen, im Dezember 1942 in das KZ Auschwitz eingeliefert und hier vermutlich am 21. Januar 1943 ermordet.

Lit.: Würzburger Georgspfadfinder in schwerer Zeit 1933–1945. Fred Joseph – Weg eines Leiters. Hrsg. von der Deutschen Pfadfinderschaft St. Georg. Würzburg 1983.

Jovy, Michael (9. 3. 1920–19. 1. 1984). Als Gymnasiast fand J. Mitte der dreißiger Jahre Anschluß an eine illegale Gruppe der bündischen Jugend in Bonn, die Fahrten nach Luxemburg, Jugoslawien, Südfrankreich, Italien, Paris und in die Schweiz unternahm. J. sammelte einen lockeren Diskussionskreis um sich und hatte Freunde und Unterstützer in Berlin, Stuttgart, Hamburg, Leverkusen und Wien. 1937 traf er während der Weltausstellung in Paris mit dem ebenfalls der Jugendbewegung verbundenen Emigranten Karl Otto ↑Paetel zusammen. J. und seine Freunde diskutierten mit Paetel, erhielten Informationen, Zeitschriften und Flugblätter, die sie vor allem an HJ-Führer weitergeben sollten. Es wuchs der Entschluß zum politischen Widerstand. Ende 1939 wurde J., inzwischen Student, verhaftet und im September 1941 vom 2. Senat des VGH wegen Fortführung der Tätigkeit der verbotenen bündischen Jugend zu sechs Jahren Zuchthaus verurteilt. Aus dem Zuchthaus Siegburg heraus konnte er Kontakt zu illegalen ↑Edelweiß-Piraten in Köln aufnehmen. 1944 in die ↑Bewährungseinheit 999 eingewiesen, entging J. durch Flucht zu den amerikanischen Truppen einer erneuten Verhaftung. Er war nach 1945 maßgeblich an der Wiederbelebung der bündischen Jugend beteiligt und als Diplomat für die Bundesrepublik tätig.

Lit.: M. Jovy: Jugendbewegung und Nationalsozialismus. Münster 1984. – H. Krüger: Das zerbrochene Haus. Eine Jugend in Deutschland. Hamburg 1976. *C.*

Juchacz, Marie (15. 3. 1879–28. 1. 1956). Als Tochter eines Zimmermanns in Landsberg (Warthe) geboren, verdiente sich M. Gohlke nach dem Besuch der Volksschule ihren Lebensunterhalt als Fabrikarbeiterin, Krankenschwester und Näherin. Nach ihrer Scheidung übersiedelte sie 1905 nach Berlin, verrichtete Heimarbeit und trat einem sozialdemokratischen Frauen- und Mädchenbildungsverein bei, dessen Vorsitz sie bald übernahm. Die rhetorisch begabte J. wurde 1917 Mitglied des Parteivorstandes der SPD, Leiterin des Zentralen Sozialdemokratischen Frauenbüros in Berlin und Mitglied des Reichstages sowie im Dezember 1919 Vorsitzende des Hauptausschusses der Arbeiterwohlfahrt, an deren Gründung sie maßgeblich mitgewirkt hatte. Als die Nationalsozialisten 1933 die Arbeiterwohlfahrt auflösten, flüchtete J. mit ihrem zweiten Mann Emil Kirschmann ins Saargebiet und nach der Saarabstimmung im Januar 1935 weiter nach Frankreich, wo sie sich in einer in Mulhouse/Elsaß gebildeten sozialdemokratischen Arbeitsgruppe für die Organisierung des Widerstandes in Deutschland einsetzte. 1939 ging sie zunächst nach Südfrankreich und von dort in das USA-Exil. Seit 1941 in New York, wurde sie Mitglied des Exekutivkomitees „German-American Council für the Liberation of Germany from Nazism“ und arbeitete im „Workman Circle“, im „Jewish Labor Committee“ und nach Kriegsende in der „Arbeiterwohlfahrt USA-Hilfe für Opfer des Nationalsozialismus“ mit. 1949 nach Deutschland zurückgekehrt, wurde sie Ehrenvorsitzende der Arbeiterwohlfahrt.

Lit.: F. M. Roehl: Marie Juchacz und die Arbeiterwohlfahrt. Hannover 1961. – Sie lebten für eine bessere Welt. Lebensbilder des 19. und 20. Jahrhunderts. Hannover 1956. *A.*

Jüdischer Kulturbund. Um dem rigorosen Verdrängungsprozeß der deutschen Juden aus dem Kulturleben entgegenzuwirken, gründete der Neurologe und Musikwissenschaftler Kurt Singer (1885–1944) 1933 in Berlin den Kulturbund Deutscher Juden, der 1935 in J. Berlin umbenannt werden mußte. Dieser J., der am 16. Juni 1933 genehmigt wurde, wirkte einerseits als Arbeitslosenfürsorge, indem er stellungslos gewordenen Künstlern eine neue Beschäftigung im Theater, Orchester oder Chor des Bundes ermöglichte, und andererseits bot er dem jüdischen Publikum die Möglichkeit, ohne Angst vor antisemitischen Übergriffen im geschlossenen Kreis kulturelle Veranstaltungen genießen zu können. Bereits am Ende des ersten Spieljahres konnte der Berliner J. auf eine Mitarbeiterzahl von 200 jüdischen Künstlern und auf 20000 Mitglieder verweisen. Die J.-Idee wurde auch in anderen Städten wie Hamburg, München, Köln und Frankfurt aufgegriffen, so daß 1937 50000 Menschen im Reichsverband des J. organisiert waren. Am 1. Oktober 1933 eröffnete der J. in Berlin mit Lessings Theaterstück „Nathan der Weise". Die Aufführung 150 Jahre nach Entstehung des Stückes war nicht nur eine Jubiläumsveranstaltung, sondern wurde trotz der staatlichen Kontrolle als Auftakt der jüdischen kulturellen Selbstbehauptung verstanden. Bis zur Auflösung des seit dem 1. Januar 1939 bestehenden „J. in Deutschland e.V." am 11. September 1941, wenige Wochen vor der ersten Deportation, war er eine der wichtigsten Selbsthilfeorganisationen der deutschen Juden.

Lit.: W. Benz (Hrsg.): Die Juden in Deutschland 1933–1945. München 1988. *R.*

Jugendopposition. Bereits in den Endjahren der Weimarer Republik umwarben die Nationalsozialisten junge Menschen mit dem Versprechen, im nationalsozialistischen Staat eine wichtige Rolle spielen zu dürfen. Wie die meisten anderen Parteien und die Kirchen griffen sie dabei Ausdrucksformen auf, die ursprünglich in der Jugendbewegung entstanden waren. Nach Hitlers Machtübernahme am 30. Januar 1933 sollte die Hitler-Jugend auch die zersplitterten bündischen Bestrebungen zusammenfassen und eine gemeinsame staatliche Jugendorganisation bilden. Innerhalb weniger Monate wurden fast alle freien und bündischen Jugendverbände verboten, zur Selbstauflösung gezwungen oder gleichgeschaltet. Seit März 1939 war die Mitgliedschaft im Deutschen Jungvolk, dem Bund Deutscher Mädel oder der Hitler-Jugend für alle Schulkinder und Jugendlichen gesetzlich vorgeschrieben. Damit sollten Jugendliche vor allem zu unbedingtem Gehorsam und körperlicher Ertüchtigung angehalten werden. Wie einzelne Mitglieder aus früheren politischen oder kirchlichen Jugendverbänden, so versuchten auch ehemalige Angehörige verbotener bündischer Gruppen, sich der Gleichschaltung zu widersetzen und Einfluß auf Mitglieder der staatlichen Hitler-Jugend zu gewinnen. Tausende Jugendliche aus sozialistischen und kommunistischen Organisationen beteiligten sich an der Arbeit in Widerstandsgruppen. Jugendliche Regimegegner wurden ohne Rücksicht auf ihr Alter verfolgt, verhaftet, in die Jugendkonzentrationslager Moringen, Uckermark oder in andere KZ verbracht und ermordet.

Lit.: K.-H. Jahnke: Jugend im Widerstand 1933–1945. Frankfurt am Main 1985. – W. Breyvogel (Hrsg.): Piraten, Swings und Junge Garde. Jugendwiderstand im Nationalsozialismus. Bonn 1991. *C.*

Jung, Alfred (**13. 6. 1908–4. 12. 1944**). In Berlin aufgewachsen, trat J. 1927 der KPD bei. Er fand nach vierjähriger Arbeitslosigkeit eine Anstellung als Verwaltungsarbeiter. Nach 1933 wurde er wiederholt festgenommen, hielt aber trotzdem weiter Kontakt zu seinen politischen Freunden. Kurz nach Kriegsbeginn wurde er als Wachmann in das Kriegsgefangenenlager Fürstenberg/Oder abkomman-

diert. Anfang 1944 lernte er Harry Harder aus Berlin-Reinickendorf kennen, der Mitglied einer kommunistischen Betriebsgruppe war, die zur Organisation um Anton ↑Saefkow gehörte. Er gewann das Vertrauen der sowjetischen, französischen, jugoslawischen und amerikanischen Kriegsgefangenen. Im Frühjahr 1944 stellte J. eine Verbindung zwischen Gefangenen und der Widerstandsgruppe um Anton Saefkow her. J. übergab Kriegsgefangenen Flugblätter der Widerstandsgruppe in französischer und russischer Sprache und sicherte einen gegenseitigen Informationsaustausch. Im Juli 1944 wurden J. und der Arbeiter Harry Harder verhaftet. Der VGH verurteilte sie am 31. Oktober 1944 zum Tode. Sie wurden am selben Tag in Brandenburg-Görden hingerichtet.
C.

Kaiser, Hermann (31. 5. 1885–23. 1. 1945). Obwohl der Gymnasiallehrer K. früh der NSDAP beitrat, wandte er sich später vom Nationalsozialismus ab. Zu Beginn des Krieges wurde er als Reserveoffizier eingezogen und 1940 zum Oberkommando des Heeres versetzt, wo er als Hauptmann die Führung des Kriegstagebuchs beim Stab des Befehlshabers des Ersatzheeres, Friedrich Fromm, übernahm. Hier fand er Anschluß an die militärische Opposition um Ludwig ↑Beck und Carl ↑Goerdeler. In seinen privaten Aufzeichnungen überlieferte K. viele Begegnungen und Gespräche zwischen den Verschworenen. Er erklärte sich bereit, nach dem Umsturz das Amt eines Staatssekretärs im Kultusministerium zu übernehmen. Außerdem war er als Verbindungsoffizier im Wehrkreis XII (Wiesbaden) vorgesehen. Nach dem Scheitern des Attentats vom ↑20. Juli 1944 wurde K. mit seinen beiden Brüdern verhaftet, seine Tagebücher beschlagnahmt und von der Gestapo als wichtige Quelle über die Verschwörung ausgewertet. K. wurde am 17. Januar 1945 vom VGH zum Tode verurteilt und bald darauf in Berlin-Plötzensee hingerichtet.

Lit.: G. van Roon: Hermann Kaiser und der deutsche Widerstand. In: VfZ, Jg.24 (1976), S. 259ff. – F. von Schlabrendorff: Begegnungen in fünf Jahrzehnten. Tübingen 1979.

Kaiser, Jakob (8. 2. 1888–7. 5. 1961). K. erlernte zunächst das Handwerk des Buchbinders und war bereits vor dem Ersten Weltkrieg im Nürnberger Kolping-Verein tätig. In der Weimarer Republik galt er bald als führender Repräsentant der christlichen Gewerkschaftsbewegung und erwies sich dabei als ein entschiedener Gegner der Nationalsozialisten, die 1933 alle Einzelgewerkschaften auflösten und die Deutsche Arbeitsfront bildeten. Seit dieser Zeit verfügte K. über enge Verbindungen zu Wilhelm ↑Leuschner und Max ↑Habermann und setzte sich mit ihnen für eine zu schaffende Einheitsgewerkschaft nach dem Ende des Nationalsozialismus ein. K. sammelte in den folgenden Jahren einen Kreis von Regimegegnern um sich und hatte seit Ende 1941 auch enge Kontakte zu Carl ↑Goerdeler. Nach dem gescheiterten Attentat vom ↑20. Juli 1944 konnte K. der Gestapo entkommen und mit Hilfe seiner späteren Frau und politischen Weggefährtin Elfriede Nebgen untertauchen. Er überlebte das Kriegsende, gehörte zu den Mitbegründern der CDU in Berlin und war später Bundesminister für gesamtdeutsche Fragen.

Lit.: E. Nebgen: Jakob Kaiser. Der Widerstandskämpfer. Stuttgart u.a. 1967. – T. Mayer (Hrsg.): Jakob Kaiser. Gewerkschafter und Patriot. Köln 1988.

Kaps, Alfons (3. 4. 1901–März 1944). Nach dem Besuch der Mittelschule in Wuppertal erlernte K. den Beruf eines Kellners. 1923 schloß er sich der KPD an und wurde nach 1933 Zellenleiter der KPD in Wuppertal-Süd. Als die Wuppertaler KPD von der Gestapo zerschlagen wurde, emigrierte K. 1934 in die Niederlande. Hier wurde er als politischer Flüchtling anerkannt und von der Roten Hilfe unterstützt. Ab 1937 arbeitete er in der KPD-Abschnittsleitung West unter Wilhelm ↑Knöchel. 1938 reiste K. erstmals als Instrukteur nach Düsseldorf. Seine Verbindungen wurden 1940 nach dem Überfall der deutschen Wehrmacht auf die Niederlande unterbrochen. Erst im Herbst 1941 gelangte K. nach Düsseldorf. Er hatte Kontakte in verschiedene Betriebe und arbeitete eng mit Knöchel zusammen, der von Berlin aus eine Widerstandsgruppe im Ruhrgebiet aufzubauen versuchte. K. hatte Verbindungen zu den ↑Edelweiß- und Kittelbachpiraten, die auch Flugblätter verteilten. Er stellte Flugschriften her, darunter die Untergrundzeitschrift „Freiheit", in der zur Gründung von Arbeiter-, Soldaten- und Friedenskomitees aufgerufen wurde. K. wurde am 12. Januar 1943 verhaftet und nahm sich in der Haft nach der Anklageerhebung das Leben.

Lit.: B. Herlemann: Auf verlorenem Posten. Kommunistischer Widerstand im Zweiten Weltkrieg. Die Knöchel-Organisation. Bonn 1986. – K. Bludau: Gestapo – geheim! Widerstand und Verfolgung in Duisburg 1933–1945. Bonn-Bad Godesberg 1980. C.

Kaufmann, Franz (5. 1. 1886–17. 2. 1943). Der in Berlin geborene promovierte Jurist war im Ersten Weltkrieg Offizier und bis 1933 Oberregierungsrat beim Reichsrechnungshof. Wegen seiner Herkunft entlassen, gehörte er einem Bibelkreis der Bekennenden Gemeinde in Berlin-Dahlem an. Der Protestant jüdischer Herkunft K., durch seine Ehe vor einer Deportation geschützt, unterstützte das Büro des Pfarrers Heinrich ↑Grüber, das sich für verfolgte Protestanten einsetzte, die von der NS-Rassenverfolgung betroffen waren. Vor allem vermittelte er auch christlichen und nichtchristlichen Juden gemeinsam mit der Anwaltsgehilfin Helene ↑Jacobs, der Sekretärin Hildegard ↑Jacoby und der Fürsorgerin Gertrud Staewen Lebensmittelkarten, Ausweise und Verstecke. Zudem gewann er weitere Helfer, darunter Ärzte, Krankenschwestern und Rechtsanwälte. Als auf Grund einer Denunziation einer der Verfolgten mit einem von K. erhaltenen Ausweis gefaßt worden war, wurden er selbst, H. Jacobs, H. Jacoby und fast 50 andere, darunter 38 Juden, im August 1942 verhaftet. Über ein halbes Jahr in Haft und immer wieder verhört, verschleppte die Gestapo K. in das KZ Sachsenhausen und ließ ihn dort erschießen. Einige der von K.s Kreis Betreuten konnten überleben.

Lit.: W. Oehme: Märtyrer der evangelischen Christenheit 1933–1945. Berlin 1980, S. 120 ff. *D.*

Kiep, Otto Carl (7. 7. 1886–26. 8. 1944). Nach dem Ersten Weltkrieg trat K. in das Auswärtige Amt ein und war als Sachverständiger für britisches Recht an den Versailler Friedensverhandlungen beteiligt. In den folgenden Jahren nahm er verschiedene diplomatische Aufgaben wahr, ehe er 1930 als Generalkonsul nach New York versetzt wurde. Er war verheiratet mit Hanna Alves, mit der er zwei Töchter und einen Sohn hatte. Als K. im März 1933 an einem Bankett zu Ehren von Albert Einstein teilnahm, verlangten die Nationalsozialisten seine Ablösung. K. ließ sich im August 1933 in den einstweiligen Ruhestand versetzen, nahm aber in den folgenden Jahren im Auftrag des Auswärtigen Amts an Wirtschaftsverhandlungen in Südamerika und Ostasien teil. Bei Kriegsbeginn wurde er in das Amt Ausland/Abwehr im Oberkommando der Wehrmacht eingezogen und hatte dort bald engen Kontakt zum Kreis um Hans ↑Oster und Hans von ↑Dohnanyi. Als Teilnehmer der Teegesellschaften von Johanna ↑Solf wurde er nach einer Denunziation Anfang 1944 verhaftet und zusammen mit Elisabeth von ↑Thadden und anderen am 1. Juli 1944 zum Tode verurteilt. Seine Verbindungen zu anderen Widerstandskreisen wurden erst nach dem gescheiterten Attentat vom ↑20. Juli 1944 entdeckt. Nach erneuten Vernehmungen und schweren Mißhandlungen wurde K. in Berlin-Plötzensee hingerichtet.

Lit.: O. C. Kiep: Mein Lebensweg 1886–1944. Aufzeichnungen während der Haft. Hrsg. von H. Rauch und H. Clements. München 1982.

Kirchenkampf. Der zeitgenössische Begriff K. für die Behauptung kirchlicher Wirkungsmöglichkeiten gegen die NS-Kirchenpolitik lehnte sich an den sog. Kulturkampf an, den Reichskanzler Otto von Bismarck in den siebziger Jahren des 19. Jahrhunderts führte, um den politischen Einfluß der katholischen Kirche zurückzudrängen. Die beiden großen Kirchen wandten sich gegen die Einschränkungen kirchlichen Lebens, Angriffe gegen christliche Lehre und Glaubenssätze, Repressalien gegen Geistliche und Laien durch die Nationalsozialisten. Die evangelische ↑Bekennende Kirche wehrte sich zudem gegen den Mißbrauch des Evangeliums durch die nationalsozialistischen Deutschen Christen. Obwohl manche Seelsorger und Gläubige in politische Dimensionen vorstießen, galt die kirchliche Opposition nur Teilen der NS-Systems und wollte das Regime nicht gänzlich in Frage stellen oder gar beseitigen. Objektiv tangierten und beschnitten die christlichen Kirchen seinen Totalitätsanspruch. Die katholische Fuldaer Bischofskonferenz nahm am 28. März 1933 die Warnung vor der NSDAP zurück. Das Konkordat zwischen dem Vatikan und dem Deutschen Reich vom 20. Juli 1933 beinhaltete vor allem die Entpolitisierung katholischer Organisationen. Doch wehrten sich Bischöfe und Geistliche weiter gegen die religionsfeindlichen Äußerungen von NS-Führern und gegen die NS-Kirchenpolitik. Das päpstliche Sendschreiben „Mit brennender Sorge" vom 14. März 1937 verurteilte zusammenfassend die NS-Angriffe und ging auch auf verletzte Menschenrechte ein. In der evangelischen Kirche fanden sich im September 1933 auf Anregung des Pfarrers Martin ↑Niemöller Geistliche im ↑Pfarrernotbund gegen die Deutschen Christen und den Versuch zusammen, Protestanten jüdischer Herkunft auszugrenzen. Daraus ging die Bekennende Kirche hervor. Ihre Leitung suchte kirchenpolitische Angriffe abzuwehren, u. a. durch eine Denkschrift an Hitler vom 28. Mai 1936, die auch Gestapo und Konzentrationslager anklagte. Ständig wies die Bekennende Kirche auf Repressalien gegen ihre Anhänger hin. Etliche Protestanten und Katholiken unterstützten Christen jüdischer Herkunft sowie ungetaufte Juden und wandten sich gegen die Morde an Patienten von Heilanstalten. Spätere Erklärungen aus beiden Kirchen hoben das Recht auf menschliches Leben hervor, ohne direkt die Vernichtung von Millionen Menschen zu benennen. Das Regime reagierte ab Mitte der dreißiger Jahre mit Redeverboten, Geldstrafen, Ausweisungen, Verhaftungen und Prozessen, bei katholischen Ordensangehörigen vorwiegend wegen angeblicher Devisenvergehen und Unsittlichkeit, und seit 1939 mit Klosterbeschlagnahmungen und der Verschleppung einer großen Zahl von Geistlichen in das KZ Dachau.

Lit.: K. Meier: Der evangelische Kirchenkampf. 3 Bde. Halle/Saale und Göttingen 1976–1984. – H. Hürten: Deutsche Katholiken 1918–1945. Paderborn 1992. *D.*

Kirchner, Johanna (24. 4. 1889–9. 6. 1944). Aus einer alten sozialdemokratischen Familie in Frankfurt am Main stammend, gehörte K. seit dem 14. Lebensjahr der SAJ, dann der SPD an, arbeitete für die Arbeiterwohlfahrt und als Zeitungskorrespondentin auf Partei- und Gewerkschaftskongressen. Als 1933 gegen sie ein Haftbefehl erlassen wurde, befand sich K. auf einer Reise in die Schweiz, um für andere Verfolgte des NS-Regimes Fluchthilfe zu organisieren. Sie emigrierte zunächst ins Saargebiet, beteiligte sich an den Vorbereitungen zur Saarabstimmung und mußte im Januar 1935 weiter flüchten. Im französischen Forbach, nahe der deutschen Grenze, blieb sie eng mit dem Kampf der deutschen Hitlergegner verbunden und stand mit kommunistischen Gruppen in Kontakt. Als Mitarbeiterin der Beratungsstelle für Saarflüchtlinge gab sie ab 1936 mit Emil Kirschmann ein Informationsblatt heraus und wurde 1937 Mitglied des in Straßburg gegründeten Hilfskomitees für die Saar-Pfalz. Nach Beginn des Zweiten Weltkrieges wurde sie auf Erlaß der französischen Regierung interniert. Obwohl es zunächst gelang, sie mit Hilfe französischer Freunde aus dem Lager Gurs zu befreien, wurde K. später von der Vichy-Regierung an Deutschland ausgeliefert. Seit dem 9. Juni 1942 in Deutschland Gestapo-Vernehmungen ausgesetzt, verurteilte sie der VGH im Mai 1942 zu 10 Jahren Zuchthaus. In einem Wiederaufnahmeverfahren wurde sie vom VGH am 21. April 1944 zum Tode verurteilt und in Berlin-Plötzensee hingerichtet.

Lit: M. Oppenheimer: Das kämpferische Leben der Johanna Kirchner. Frankfurt am Main 1974. *A.*

Kitzelmann, Michael (**29. 1. 1916–11. 6. 1942**). Der Allgäuer Bauernsohn K. studierte in Augsburg katholische Theologie. 1937 meldete er sich freiwillig zur Wehrmacht beim 20. Infanterie-Regiment in Lindau. Die Maßnahmen des NS-Staates brachten den gläubigen Christen zunehmend in Gewissensnot. Bereits 1938 kamen in ihm Zweifel an der Art der Militärausbildung auf; die Beteiligung am Überfall auf Polen erschütterte ihn tief. Nach der Teilnahme am Frankreichfeldzug war er im Winter 1940/41 auf dem Truppenübungsplatz Heuberg/Schwäbische Alb stationiert. Durch die Kriegserlebnisse in der Sowjetunion in seiner gegnerischen Einstellung bestärkt, äußerte sich der zum Leutnant beförderte K. gegenüber Untergebenen und in Briefen 1941/42 an Angehörige offen kritisch über die politische und militärische Führung. K. wurde denunziert und am 3. April 1942 von einem Kriegsgericht wegen „Zersetzung der Wehrkraft" zum Tode verurteilt. Am 11. Juni 1942 wurde er bei Orel in der UdSSR erschossen.

Lit.: H. Hümmeler: Michael Kitzelmann. Mensch – Soldat – Christ. Lederdorn 1962. *H.*

Klamroth, Bernhard (**20. 11. 1910–15. 8. 1944**). K. trat 1930 in die Reichswehr ein. Er war verheiratet mit Ursula K., mit der er einen Sohn hatte. Als Kompaniechef nahm er 1939 am Krieg gegen Polen teil und wurde seit dem März 1942 als Generalstabsoffizier der 4. Armee an der Ostfront eingesetzt, wo er mit dem Ersten Offizier des Stabes Hellmuth ↑Stieff zusammenarbeitete. Dieser wurde im Oktober 1942 in die Organisationsabteilung des Heeres nach Berlin versetzt und forderte bald darauf K. für eine Dienststelle in seinem Verantwortungsbereich an. Von Stieff erfuhr K., daß aus dem Kreis um den ehemaligen Generalfeldmarschall Erwin von ↑Witzleben die Generale Friedrich ↑Olbricht, Fritz ↑Lindemann, Erich ↑Fellgiebel und andere den Sturz Hitlers planten. K. beschaffte im Mai 1944 zusammen mit Albrecht von ↑Hagen den Sprengstoff für das geplante Attentat. Am 10. Juli 1944 unterrichtete er seinen Vetter und Schwiegervater Johannes-Georg K. von den Absichten der Verschwörer. Nach dem gescheiterten Anschlag auf Hitler wurde K. am 21. Juli 1944 von der Gestapo verhaftet, am 15. August vom VGH zum Tode verurteilt und noch am selben Tag in Berlin-Plötzensee hingerichtet. Sein Schwiegervater wurde am selben Tag zum Tode verurteilt und am 26. August 1944 in Berlin-Plötzensee hingerichtet.

Lit.: P. Hoffmann: Widerstand, Staatsstreich, Attentat. Der Kampf der Opposition gegen Hitler. München 1985.

Klatt, Senta Maria (**3. 9. 1909–6. 2. 1993**). Die in Berlin geborene Tochter eines Theologen und Philosophen im Schuldienst und einer Jüdin war bis 1934 Leiterin eines evangelischen Kindergartens. Wegen ihrer Herkunft entlassen, übernahm sie eine Stelle als Sekretärin in der Geschäftsstelle der ↑Bekennenden Kirche Berlin-Brandenburg und fertigte vertrauliche Schreiben, fälschte Abrechnungen, die der Gestapo vorgelegt werden mußten, und machte geheime Gänge mit Briefen, die über kirchenpolitische NS-Repressalien informierten. Deswegen wurde sie etwa vierzigmal zur Gestapo vorgeladen und von ihr einige Tage festgehalten. 1944 drohte ihr eine Einweisung ins KZ Ravensbrück. Sie blieb davon durch Dienstverpflichtung in einen Rüstungsbetrieb verschont. Von 1945 bis 1976 arbeitete sie wieder als Sekretärin und Referentin im evangelischen Konsistorium Berlin-Brandenburg.

Lit.: W. See, R. Weckerling: Frauen im Kirchenkampf. Berlin 1984, S. 10ff. *D.*

Klausener, Erich (25. 1. 1885–30. 6. 1934). Wie sein Vater schlug K., geboren in Düsseldorf, die Verwaltungslaufbahn ein. Zunächst Assessor im preußischen Handelsministerium, übernahm er nach der Teilnahme am Ersten Weltkrieg 1917 ein Landratsamt in der Eifel, dann in Recklinghausen. Ab 1924 befand er sich als Ministerialdirektor im preußischen Sozialministerium, seit 1926 als Leiter der Polizeiabteilung im preußischen Ministerium des Innern. Der neuernannte preußische Innenminister Hermann Göring entfernte am 2. Februar 1933 K., der ins Reichsverkehrsministerium versetzt wurde. Seit 1928 auch Leiter der Katholischen Aktion im Bistum Berlin, sprach K. am 25. Juni 1933 vor 45000 Besuchern des katholischen Kirchentages und verlangte von dem neuen Regime eine geistige Erneuerung. Der NS-Ideologe Alfred Rosenberg griff ihn deswegen am nächsten Tag im „Völkischen Beobachter" an, da K. der NSDAP ihre „innere Geistigkeit" abgesprochen habe. Den Kirchentag am 24. Juni 1934 mit 60000 Teilnehmern schloß K. mit klaren Worten gegen die Ausgrenzung von weltanschaulichen Gegnern der Nationalsozialisten. Am 30. Juni 1934 erschoß im Verkehrsministerium der SS-Hauptsturmführer Kurt Gildisch K., da ihn die NS-Führung als Repräsentanten der katholischen Laienbewegung auf die Liquidierungslisten im Zusammenhang mit der Ausschaltung der SA und von politischen Gegnern gesetzt hatte.

Lit.: W. Adolph: Erich Klausener. Berlin 1955. *D.*

Klausing, Friedrich Karl (24. 5. 1920–8. 8. 1944). K. wollte Berufsoffizier werden und trat im Herbst 1938 als Fahnenjunker in das angesehene Potsdamer Infanterieregiment 9 ein. Nach Beginn des Zweiten Weltkriegs wurde er zunächst in Polen und Frankreich eingesetzt und nahm im Winter 1942/43 an den Kämpfen bei Stalingrad teil. Dort wurde er schwer verwundet und nach einer weiteren Verwundung 1943 zum Innendienst beim Oberkommando der Wehrmacht nach Berlin versetzt. Fritz-Dietlof Graf von der ↑Schulenburg konnte ihn dort für die Verschwörungspläne gewinnen. Am 15. Juli 1944 begleitete K. ↑Stauffenberg als Adjutant in das ostpreußische Führerhauptquartier. Am ↑20. Juli 1944 hielt K. sich im ↑Bendlerblock, der Zentrale der Verschwörer in Berlin, auf und war dort für die Übermittlung der „Walküre"-Befehle mitverantwortlich. In der Nacht vom 20. auf den 21. Juli konnte K. zunächst entkommen und sich bei Freunden verstecken. Am nächsten Morgen stellte er sich jedoch der Gestapo und wurde im ersten Schauprozeß gegen die Verschwörer vom VGH am 8. August 1944 zum Tode verurteilt und am selben Tag in Berlin-Plötzensee hingerichtet.

Lit.: P. Hoffmann: Widerstand, Staatsstreich, Attentat. Der Kampf der Opposition gegen Hitler. München 1985.

Kleist-Schmenzin, Ewald von (22. 3. 1890–9. 4. 1945). Der Jurist und Gutsbesitzer K. stand der Deutschnationalen Volkspartei nahe und bekannte sich zu einem monarchistisch und christlich geprägten Konservativismus. In der Endphase der Weimarer Republik bekämpfte er entschieden den Nationalsozialismus. Im Mai und Juni 1933 wurde er zweimal verhaftet, nach kurzer Zeit aber wieder freigelassen. Zur Zeit des Münchener Abkommens reiste K. im Auftrag der Verschwörergruppe um den damaligen Generalstabschef des Heeres Ludwig ↑Beck nach London. In den Jahren 1942 und 1943 traf er sich mit Carl ↑Goerdeler und sagte seine Unterstützung für den Staatsstreich zu. Später war K. in die Pläne von ↑Stauffenberg eingeweiht und billigte auch das Attentat, an dem sich sein Sohn Ewald-Heinrich aktiv beteiligte. Er selbst war für den Umsturz als Politischer Beauftragter für den Wehrkreis II (Stettin) vorgesehen. K. wurde am Tag nach dem gescheiterten Attentat vom ↑20. Juli verhaftet und am 23. Februar 1945 vom VGH verurteilt. Er wurde in Berlin-Plötzensee hingerichtet. Das Ermittlungsverfahren gegen seinen Sohn Ewald-Heinrich, der sich auf Veranlassung Fritz-Dietlof Graf von der ↑Schulenburgs am 20. Juli als Ordonnanzoffizier im ↑Bendlerblock bei den Verschwörern aufhielt, wurde am 12. Dezember 1944 eingestellt. Er konnte, an die Front versetzt, überleben.

Lit.: B. Scheurig: Ewald von Kleist-Schmenzin. Ein Konservativer gegen Hitler. Oldenburg 1968.

Klingenbeck, Walter (30. 3. 1924–5. 8. 1943). K. engagierte sich bis 1936 in der katholischen Jungschar und hörte regelmäßig ausländische Nachrichten im Rundfunk ab. 1941 sammelte er eine Gruppe katholischer oppositioneller Jugendlicher um sich. Sie verfaßten gemeinsam Flugblätter und riefen darin zum Sturz des Regimes auf. Im Sommer 1941 stellten sie kleine Rundfunksender her und verbreiteten damit oppositionelle Nachrichten. K. wurde am 26. Januar 1942 verhaftet, am 24. September 1942 vom VGH zum Tode verurteilt und in München-Stadelheim hingerichtet. K.s Freunde Daniel von Recklinghausen und Hans Haberl wurden einige Tage nach ihrem Todesurteil zu achtjähriger Zuchthaushaft begnadigt.

Lit.: K.-H. Jahnke: Jugend im Widerstand 1933–1945. Frankfurt am Main 1985, S. 127ff.

Knöchel, Wilhelm (8. 11. 1899–24. 7. 1944). K. wuchs in einer sozialdemokratischen Arbeiterfamilie auf und erlernte den Dreherberuf. 1917 wurde er als Soldat eingezogen und schwer verwundet. 1919 trat K. zunächst der SPD bei, arbeitete ab 1920 in der Metallindustrie des Ruhrgebiets und schloß sich der KPD an. 1922 heiratete er und hatte mit seiner Frau, die 1930 starb, zwei Kinder. K. kehrte nach Offenbach zurück, wo seine

Töchter bei Verwandten erzogen wurden, und war nach kurzer Zeit KPD-Vorsitzender in Offenbach. Er wurde 1932 zu einem Kurs an die Moskauer Lenin-Schule abgeordnet und wirkte nach seiner Rückkehr zunächst illegal in Deutschland. 1935 in das ZK der KPD gewählt, sollte K. von Amsterdam aus eine Widerstandsorganisation aufbauen. Nach dem Beginn des Zweiten Weltkrieges erhielt K. die Weisung, sich mit einigen Mitarbeitern nach Deutschland zu begeben und den Widerstand im Ruhrgebiet neu zu organisieren. Die neue Gruppe sollte Nachrichten über die Stimmung der deutschen Bevölkerung sammeln und über die wirkliche Kriegslage aufklären. K. versuchte 1941/42, Gegner des NS-Regimes aus allen Schichten anzusprechen und die Deutschen über das Ausmaß der NS-Verbrechen aufzuklären. Anfang 1943 wurde K. von der Gestapo verhaftet, seine gesamte Organisation aufgedeckt. Der Prozeß gegen K. vor dem VGH dauerte nur zehn Minuten und endete mit dem Todesurteil. Er wurde in Brandenburg-Görden hingerichtet.

Lit.: B. Herlemann: Auf verlorenem Posten. Kommunistischer Widerstand im Zweiten Weltkrieg. Die Knöchel-Organisation. Bonn 1986.

Knöchel-Organisation. Mit dem deutschen Überfall auf Polen 1939 trat der kommunistische Widerstand gegen das NS-Regime in eine neue Phase. Die bisherigen Abschnittsleitungen der KPD im Ausland wurden größtenteils zerschlagen. Lediglich Wilhelm Knöchel gelang in Amsterdam die Umstellung der Abschnittsleitung West auf die Illegalität. Aus Moskau erhielt er die Weisung, den Widerstand im Ruhrgebiet neu zu organisieren. Im Januar 1942 reiste er von Amsterdam aus illegal nach Deutschland. Da kein sicheres Quartier für ihn im Ruhrgebiet beschafft werden konnte, lebte er in Berlin, wo er von Alfred ↑Kowalke unterstützt wurde. Mehrfach reiste Knöchel 1942 nach Düsseldorf, Essen und Wuppertal. Daneben waren drei seiner Amsterdamer Mitarbeiter im Ruhrgebiet aktiv. Durch Kuriere hielt er den Kontakt zu seiner Lebensgefährtin Cilly Hansmann in Amsterdam aufrecht. Sie arbeitete mit niederländischen Widerstandskämpfern zusammen, die Funkkontakte nach Moskau aufbauten. Bis zur Verhaftung Knöchels im Januar 1943 erschienen zwölf Ausgaben der Widerstandszeitschrift „Der Friedenskämpfer". Sie wurden weitgehend von ihm selbst verfaßt, vor allem im Ruhrgebiet verbreitet und berichteten aus deutschen Betrieben und von der Front. Zugleich wurde die Aktion „F" proklamiert: das Eintreten für „Frieden, Freiheit, Fortschritt". Ausführlich berichtete „Der Friedenskämpfer" über nationalsozialistische Gewaltverbrechen und veröffentlichte dokumentarische Zeichnungen von Fotos der Mordaktionen der Einsatzgruppen. Im Ruhrgebiet erschienen seit März 1942 monatlich das „Ruhr-Echo" und die „Freiheit". Im Herbst 1942 wandte sich die Flugschrift „Der patriotische SA-Mann" sogar an die Anhänger des NS-Systems. Die Gestapo kam der Gruppe nicht über die Flugblätter auf die Spur, sondern Anfang 1943 durch eine Denunziation. Nur wenige konnten der Gestapo entkommen. Weit über einhundert Mitglieder der K. wurden verhaftet. Neun von ihnen überlebten bereits die Verhöre nicht. Vier starben im Zuchthaus, sechs weitere im Konzentrationslager. Über 50 Mitglieder wurden in einem Massenprozeß vom OLG Hamm verurteilt. Der VGH verurteilte nach heutiger Kenntnis mindestens 23 Mitglieder der K. zum Tode.

Lit.: B. Herlemann: Auf verlorenem Posten. Kommunistischer Widerstand im Zweiten Weltkrieg. Die Knöchel-Organisation. Bonn 1986.

Knoeringen, Waldemar von (6. 10. 1906–2. 7. 1971). Der Sohn eines Gutsbesitzers aus Rechetsberg/Oberbayern, als Verwaltungsangestellter seit 1926 Mitglied der SPD und vor der NS-Machtübernahme leitender Funktionär der SAJ München und Mitglied des ↑Reichsbanners „Schwarz-Rot-Gold“, emigrierte im März 1933 zunächst nach Tirol und Wien. Nach den Februarunruhen 1934 in die Tschechoslowakei gegangen, leitete K. von Neuern aus das Grenzsekretariat Südbayern des Exil-SPD-Parteivorstandes (↑Sopade) und arbeitete hier mit seiner späteren Frau Juliane Astner zusammen. Durch Kontakte zu Karl Frank erhielt er Anschluß an die Arbeit der Gruppe ↑Neu Beginnen und ging 1936 nach Prag, im September 1938 nach Frankreich und im Sommer 1939 nach London. Zur Führung des Auslandsbüros der Londoner Gruppe von Neu Beginnen gehörend, wurde K. 1940 vorübergehend interniert und arbeitete seit Ende 1940 für den Sender „Europäische Revolution“, später als ständiger Mitarbeiter der Deutschlandabteilung der BBC. Schon 1941 setzte er sich für den Zusammenschluß der sozialistischen Exilgruppen in London und 1945 für deren Integration in die SPD ein. 1946 kehrte er nach München zurück, engagierte sich hier für die SPD und war Ende der fünfziger Jahre maßgeblich am Godesberger Programm der SPD beteiligt.

Lit.: H. Mehringer: Waldemar von Knoeringen. Eine politische Biographie. Der Weg vom Revolutionären Sozialismus zur sozialen Demokratie. München u.a. 1989.

Koch, Hans (16. 8. 1893–24. 4. 1945). K. studierte an der Universität Königsberg Rechtswissenschaft und war seit 1923 zunächst im Preußischen Handelsministerium und dann an der Berliner Börse als Zweiter Staatskommissar tätig. 1927 ließ er sich als Rechtsanwalt und Notar in Berlin nieder. Er war verheiratet mit Annemarie Kahle, mit der er drei Töchter und einen Sohn hatte. K. gehörte nach 1933 der ↑Bekennenden Kirche an und verteidigte ihre Mitglieder vor Gericht. Mit zwei weiteren Anwälten erwirkte er 1937 für den Pfarrer der Bekenntnis-Gemeinde in Berlin-Dahlem Martin ↑Niemöller einen Freispruch. Während des Krieges entwickelte K. Kontakte zu Kreisen der Wirtschaft, die mit Carl ↑Goerdeler und den Verschwörern um ↑Stauffenberg in Verbindung standen. K. war in deren Plänen als Präsident des Reichsgerichts vorgesehen. Nach dem gescheiterten Attentat vom ↑20. Juli 1944 versteckte er einen der Verschwörer, wurde im Januar 1945 denunziert und mit seiner Familie verhaftet. K. wurde ohne Urteil noch am

24. April 1945 von einem Sonderkommando des RSHA in Berlin erschossen.

Lit.: W. Oehme: Märtyrer der evangelischen Christenheit 1933–1945. Berlin (Ost) 1985.

Koebel, Eberhard (22. 6. 1907–31. 8. 1955). Seit 1920 gehörte der in Stuttgart geborene K. zur Wandervogel-Bewegung. 1926 schloß er sich der Deutschen Freischar an und setzte sich bereits ein Jahr später unter dem Pseudonym „tusk" für die Bildung einer einheitlichen Deutschen Jungenschaft ein. Am 1. November 1929 gründete K. die „dj 1. 11." als „geheime Verschwörung" zur Erneuerung und Aktivierung der Jugendbewegung. Als neuen Hauptgegner sah er die Hitler-Jugend. Im Frühjahr 1932 legte er die Leitung der „dj 1. 11." nieder und trat dem KJVD und der KPD bei. Am 18. Januar 1934 wurde K. verhaftet, da er Einfluß auf die Hitler-Jugend zu gewinnen suchte. Ende Februar 1934 wurde der während seiner Haftzeit mehrfach schwer mißhandelte K. aus dem Berliner KZ Columbia-Haus mit der Auflage, sich künftig von der Jugendarbeit fernzuhalten, entlassen. Seiner Ermordung nach der Ausschaltung der SA um den 30. Juni 1934 kam er durch die Emigration über Schweden nach London zuvor. In England hielt K. Kontakt zur Freien Deutschen Bewegung, die zu den Vorläufern der Freien Deutschen Jugend gehörte. K. kehrte 1948 nach Berlin zurück. 1951 wurde er aus der SED ausgeschlossen. Er starb 1955 in Ost-Berlin.

Lit.: M. von Hellfeld: Bündische Jugend und Hitlerjugend. Zur Geschichte von Anpassung und Widerstand 1930–1939. Köln 1987. – K. Schilde: Jugendorganisationen und Jugendopposition in Berlin-Kreuzberg 1933–1945. Eine Dokumentation. Berlin 1983. *H.*

Köhler, Max (26. 7. 1897–15. 12. 1975). In einer Berliner Arbeiterfamilie aufgewachsen, erlernte K. den Beruf eines Tischlers. 1911 in die SAJ und 1915 in die SPD eingetreten, leitete er den Jugend- und Bildungsverein Groß-Berlin, eine Organisation des Spartakusbundes, und wurde 1917 zu Festungshaft verurteilt. 1919 Mitbegründer der KPD in Berlin, engagierte er sich vor allem in Jugend- und Gewerkschaftsfragen. 1928 wurde K. als Vertreter der Rechten um Heinrich ↑Brandler und Jacob Walcher aus der KPD ausgeschlossen, gründete daraufhin die KPDO mit und wurde Mitglied ihrer erweiterten Reichsleitung. Als K., in der KPDO einer Minderheitengruppe zugehörend, von seinen Funktionen zurücktrat, folgte im Januar 1932 der Parteiausschluß. Seit März 1932 Mitglied der ↑SAP, leitete K. den SAP-Bezirk Berlin-Brandenburg und wurde nach 1933 als organisatorischer Leiter der Inlandsleitung der SAP in Berlin aktiv. Nach seiner Rückkehr von einer Auslandskonferenz der SAP im November 1933 wurde er festgenommen und Ende 1934 zu einer dreijährigen Strafe verurteilt. 1937 emigrierte K. über Prag und Basel nach Paris, wo er Mitglied der SAP-Auslandsleitung wurde. Seit Oktober 1937 als Stützpunktleiter in Kopenhagen eingesetzt, arbeitete K. während der deutschen Besetzung zwischen 1940 und 1945 als Kunsttischler. Erst 1955 kehrte er nach Berlin zurück.

Lit.: J. Foitzik: Zwischen den Fronten. Zur Politik, Organisation und Funktion linker politischer Kleinorganisationen im Widerstand 1933 bis 1939/40. Bonn 1986. *A.*

König, Lothar (3. 1. 1906–5. 5. 1946). Der Sohn eines Stuttgarter Kaufmannes schloß sich bereit 1919 der katholischen bündischen Jugendgruppe Neudeutschland an. Als Novize im Jesuitenorden studierte K. zwischen 1926 und 1929 scholastische Philosophie, anschließend in München Naturwissenschaften. 1936 zum Priester geweiht, wurde K. 1939 Sekretär und Bevollmächtigter von Jesuitenprovinzial Augustin ↑Rösch für das Berchmanskolleg in Pullach, einer wichtigen Ausbildungsstätte der deutschen Jesuiten. Später war er hier Professor für Kosmologie. K. war ein wichtiger Kurier und Verbindungsmann bei der Abwehr von nationalsozialistischen Übergriffen gegen Einrichtungen der Kirche und ihrer Orden. Seit 1942 beteiligte sich K. an den Beratungen des ↑Kreisauer Kreises und versuchte, die Bischöfe von Freiburg und Berlin über die Ziele des Kreises zu informieren. Nach dem ↑20. Juli 1944 erfuhr K., daß sein ständiger Gesprächspartner aus dem Kreisauer Kreis, Peter Graf ↑Yorck von Wartenburg im Zusammenhang mit dem Anschlag auf Hitler verhaftet worden war. Seit September 1944 verbarg K. sich vor der gegen ihn eingeleiteten Fahndung. Nach der Verhaftung von Rösch fand K. Zuflucht im Kohlenkeller des Berchmanskollegs, wo er versteckt bis zu seiner Befreiung am 1. Mai 1945 leben mußte. K. starb an den Folgen einer Krankheit, die er sich in seinem Versteck zugezogen hatte.

Lit.: R. Bleistein (Hrsg.): Dossier: Kreisauer Kreis. Frankfurt am Main 1987.

Körner, Heinrich (30. 4. 1892–26. 4. 1945). Schon vor 1914 schloß sich K. der christlichen Gewerkschaftsbewegung an. Nach der Rückkehr aus japanischer Kriegsgefangenschaft 1921 setzte er seine Tätigkeit für die katholischen Arbeitervereine fort und wurde 1926 zum westdeutschen Geschäftsführer des Gesamtverbandes gewählt. Er war verheiratet mit Maria Theresia Dierichswerler, mit der er drei Töchter hatte. 1933 wurde K. für kurze Zeit inhaftiert. Auch nach der Zerschlagung der Gewerkschaftsverbände im Mai 1933 blieben seine Kontakte zu den ehemaligen Weggefährten bestehen. K. gehörte zum rheinischen Widerstandskreis um Jakob ↑Kaiser und Bernhard ↑Letterhaus und stellte ihnen sein Haus immer wieder zur Verfügung. Nach dem Attentat vom ↑20. Juli 1944 wurde er am 1. September verhaftet und nach seinen Kontakten zu Kaiser befragt, jedoch bald wieder freigelassen. Am 25. November wurde K. erneut festgenommen und zwei Wochen später nach Berlin in das Gefängnis Lehrter Straße gebracht. Am 6. April 1945 verurteilte ihn der VGH zu vier Jahren Zuchthaus. Von den sowjetischen Truppen zunächst aus dem Berliner Gefängnis Plötzensee befreit, wurde K. am 26. April 1945 unter ungeklärten Umständen erschossen.

Lit.: E. Nebgen: Jakob Kaiser. Der Widerstandskämpfer. Stuttgart u. a. 1967.

Kollaboration. Als K. wird jede Form der Zusammenarbeit mit einem Regime bezeichnet, das nach der gewaltsamen Besetzung eines Staates errichtet wird. Kollaborateure sind Bewohner besetzter Gebiete, die für die Besatzungsmacht tätig sind. Das Verhaltensspektrum der K. ist breit und reicht von der Versorgung der gegnerischen Besatzungstruppen über die politisch-moralische Unterstützung des Besatzungsregimes bis zur Beteiligung an der Bildung einer neuen Regierung, die nach der Besetzung mit Unterstützung der Okkupanten gebildet wird. Prototyp des Kollaborateurs ist der norwegische Politiker Vidkun Quisling. Er rief nach der Besetzung seines Landes durch deutsche Truppen dazu auf, keinen Widerstand zu leisten, und bekleidete von 1942 bis 1945 das Amt des norwegischen Ministerpräsidenten. Quisling wurde nach dem Krieg zum Tode verurteilt und hingerichtet. Prototyp des intellektuellen Kollaborateurs ist der norwegische Schriftsteller Knut Hamsun. K. ist häufig Ausdruck des Überlebenswilllens der Bevölkerung in besetzten Gebieten, kann aber auch einer weitgehenden oder teilweisen Übereinstimmung mit den politischen Zielen des Besatzungsregimes entspringen. Insofern gilt K. als Ausdruck der tiefgreifenden Gegensätze im Zeitalter der Ideologien und der Weltanschauungskämpfe.

Lit.: W. Rings: Leben mit dem Feind. Anpassung und Widerstand in Hitlers Europa. München 1979.

Kossmann, Bartholomäus (**2. 10. 1883–9. 8. 1952**). K. wurde 1912 für das Zentrum in den Reichstag gewählt. Als 1920 das Saargebiet vom Reich abgetrennt und dem Völkerbund unterstellt wurde, setzte sich K. für die Interessen der deutschen Bevölkerung gegenüber französischen Ansprüchen ein. Seit 1924 gehörte er der Saarregierung an. Auch nach der Machtübernahme Hitlers war er für die Rückgliederung des Saarlandes an das Deutsche Reich, geriet jedoch in den folgenden Jahren zunehmend in Widerspruch zur Politik der Nationalsozialisten. Im Oktober 1943 ließ Jakob ↑Kaiser durch Nikolaus ↑Groß bei K. anfragen, ob er nach einem Staatsstreich die Aufgaben eines politischen Beauftragten im Wehrkreis XII (Wiesbaden) übernehmen wolle. Sein Name erschien deshalb auf den Listen der Verschwörer, die nach dem ↑20. Juli 1944 von der Gestapo gefunden wurden. K. wurde am 22. Juli 1944 in Forbach festgenommen und nach Berlin gebracht. Er wurde am 19. Januar 1945 zwar vom VGH überraschend freigesprochen, aber die Gestapo verhaftete ihn bereits im Gerichtssaal erneut. Erst am 12. Februar 1945 kam K. endgültig frei, blieb aber bis Kriegsende unter Gestapo-Aufsicht.

Lit.: K.-M. Mallmann, G. Paul: Das zersplitterte Nein. Saarländer gegen Hitler. Bonn 1989.

Kowalke, Alfred (**11. 4. 1907–6. 3. 1944**). K. wuchs in einer Berliner Arbeiterfamilie auf und erlernte das Schreinerhandwerk. Er schloß sich früh der KPD an und besuchte 1932/33 zur Vorbereitung auf seine Parteiarbeit einen Schulungskurs in Moskau. Nach Hitlers Machtübernahme kam K. zur Prager Abschnittsleitung, von wo aus der kommunistische Widerstand in Mitteldeutschland organisiert wurde. 1937 wechselte K. zur Abschnittsleitung West nach Amsterdam. Dort begann seine enge Zusammenarbeit mit Wilhelm ↑Knöchel. K. kehrte mehrmals nach Deutschland zurück, um hier als Instrukteur zu wirken. Dadurch konnte er unmittelbare Informationen über die Lebenswirklichkeit des nationalsozialistischen Deutschland sammeln. Im Unterschied zu manchen anderen kommunistischen Emigranten, denen die Kampfbedingungen im Staate Hitlers fremd waren, wußte K., daß jeder Einsatz unwägbare Risiken mit sich brachte und Lebensgefahr bedeutete. Nach 1937 war er in Bremen, Dortmund und im Aachener Raum tätig. Seit 1941 gehörte er zum Kern der Widerstandsorganisation um Wilhelm ↑Knöchel. Mehrfach versuchte er, Kontakte zur Gruppe um Robert ↑Uhrig in Berlin zu knüpfen, wo er am 2. Februar 1943 verhaftet wurde. Im November 1943 verurteilte ihn der VGH zum Tode; am 6. März 1944 wurde K. in Brandenburg-Görden hingerichtet.

Lit.: B. Herlemann: Auf verlorenem Posten. Kommunistischer Widerstand im Zweiten Weltkrieg. Die Knöchel-Organisation. Bonn 1986.

Kranzfelder, Alfred (**10. 2. 1908–10. 8. 1944**). K. trat 1927 in die Reichsmarine ein und diente in den folgenden Jahren zunächst in Seeverbänden. Im Februar 1940 wurde er aus Gesundheitsgründen nach Berlin versetzt und arbeitete in der Operationsabteilung der 1. Seekriegsleitung beim Oberkommando der Marine. Hier begegnete er dem Marineoberstabsrichter Berthold Schenk Graf von ↑Stauffenberg, einem Bruder des späteren Attentäters Claus Schenk Graf von ↑Stauffenberg. K. verschaffte sich als Verbindungsoffizier zum Auswärtigen Amt einen Einblick in die Kriegslage und gewann in Gesprächen mit den Brüdern Stauffenberg bald die Überzeugung, daß der nationalsozialistische Staat beseitigt werden müsse. Obwohl seine Möglichkeiten zur Unterstützung des Umsturzes nur begrenzt waren, stellte K. sich für die Planungen zum Staatsstreich zur Verfügung. Unmittelbar nach dem gescheiterten Attentat vom ↑20. Juli 1944 verhaftete die Gestapo Berthold von Stauffenberg. Den Verfolgern wurde die Beteiligung K.s kurz darauf bekannt. Er wurde am 24. Juli 1944 verhaftet, zwei Wochen später vom VGH zum Tode verurteilt und in Berlin-Plötzensee hingerichtet.

Lit.: K. Achmann: Korvettenkapitän Kranzfelder. In: Sicherung des Friedens e.V. Überparteilicher Arbeitskreis von Christen zur Förderung von Frieden und Freiheit (Hrsg.): Briefdienst Nr. 7/8, 10. Jg. (Juli/August 1990).

Kreisauer Kreis. Seit 1940 fanden sich in Berlin, auf dem schlesischen Gut Kreisau und in München Gesprächsgruppen oppositionell gesinnter Männer und Frauen aus unterschiedlichen sozialen Schichten und geistigen Traditionen zusammen. Geistiger Mittelpunkt waren die Freunde Helmuth James Graf von ↑Moltke und Peter Graf ↑Yorck von Wartenburg. Ziel des

K. war es, Grundzüge einer geistigen, politischen und sozialen Neuordnung nach dem Ende des Dritten Reiches zu erarbeiten. Durch Tagungen, Gespräche und Denkschriften wollten sie sich auf „die Zeit danach" vorbereiten. Im Sommer 1940 formulierte Moltke eine längere Denkschrift über die Grundlagen des Staatsdenkens als Ausgangsbasis weiterer Diskussion zwischen ihm, Yorck, Otto Heinrich von der Gablentz und Carl Dietrich von ↑Trotha. In den folgenden Jahren vervollkommneten sich diese Überlegungen an einzelnen Fragen von Politik und Verwaltung. Der Entwurf eines Aufrufs zur „Sozialistischen Aktion" entwickelte 1943 unter führender Beteiligung von Carlo ↑Mierendorff und Julius ↑Leber den Plan einer über den Parteien stehenden Volksbewegung zur Überwindung des Nationalsozialismus. Die Formulierungen knüpften an die Idee einer einheitlichen „Front" an, die aus Anhängern christlich geprägter Parteien, des demokratischen Sozialismus, des Kommunismus und des Liberalismus bestehen sollte. Als Ergebnis der drei großen Zusammenkünfte des K., die Pfingsten 1942 und 1943 sowie im Oktober 1942 stattfanden, verfaßte Moltke „Grundsätze für die Neuordnung". Sie standen im Mittelpunkt vieler Gespräche im K., dessen Mitgliedern auch schon frühzeitig das gesamte Ausmaß der nationalsozialistischen Gewaltverbrechen bekannt war. Auf der dritten Kreisauer Tagung wurden Grundsätze einer „Bestrafung der Rechtsschänder" erörtert. Danach sollte der Versuch gemacht werden, an Völkern und einzelnen das begangene Unrecht durch eine sinnvolle Wiedergutmachung zu sühnen. Seit 1943 waren verschiedene Mitglieder des K. entschlossen, sich an der aktiven Verschwörung zu beteiligen. Sie suchten engen Kontakt zu entschiedenen Gegnern des NS-Staates wie Ludwig ↑Beck, Carl ↑Goerdeler, Ulrich von ↑Hassell und Claus Schenk Graf von ↑Stauffenberg. Wegen dieser Verbindungen wurden die meisten Mitglieder des K. nach dem ↑20. Juli 1944 als Mitverschwörer angeklagt und zum Tode verurteilt. Nur wenige konnten ihr Leben retten und später die Nachkriegsordnung mitprägen.

Lit.: G. van Roon: Neuordnung im Widerstand. Der Kreisauer Kreis innerhalb der deutschen Widerstandsbewegung. München 1967.

Kresse, Kurt (15. 5. 1904–11. 1. 1945). K. wuchs in einer Arbeiterfamilie in Leipzig auf. Den erlernten Beruf eines Buchdruckers konnte er zunächst nicht ausüben. Deshalb arbeitete er einige Jahre als Bergarbeiter im Ruhrgebiet und in Ostthüringen. 1924 erhielt er in Leipzig eine Stelle als Buchdrucker. Im selben Jahr trat er in die KPD ein und wurde später Mitglied der Bezirksleitung Westsachsen. In der Endphase der Weimarer Republik war K. Vorsitzender des Arbeitersportvereins „Fichte" in Leipzig. Nach 1933 wurde er zweimal für mehrere Monate verhaftet. Er organisierte Solidaritätsaktionen für politische Gefangene und deren Familien. Anfang der vierziger Jahre wurde K. einer der engsten Mitarbeiter von Georg ↑Schumann. Er knüpfte Verbindungen zu Arbeitern in Leipziger Betrieben, verbreitete mit deren Unterstützung Flugblätter und versuchte, sie für die Ziele des ↑NKFD zu gewinnen. Er organisierte für ausländische Zwangsarbeiter Hilfsaktionen. Am 19. Juli 1944 wurde K. verhaftet, am 24. November 1944 zusammen mit Schumann und Otto ↑Engert zum Tode verurteilt und in Dresden hingerichtet.

Lit.: I. Krause: Die Schumann-Engert-Kresse-Gruppe. Dokumente und Materialien des illegalen antifaschistischen Kampfes (Leipzig 1943–1945). Berlin 1960.

Kreyssig, Lothar (30. 10. 1898–5. 7. 1986). Der Jurist K. wurde zunächst Rechtsanwalt in Chemnitz, später Richter beim Amtsgericht Augustusburg und 1928 am Landgericht Chemnitz. Seinen Beitritt zur NSDAP konnte er vermeiden, indem er sich NS-Nebenorganisationen anschloß. Früh wurde seine Unterstützung der ↑Bekennenden Kirche bekannt. 1937 in die Stadt Brandenburg versetzt, verteilte K. auch dort Flugschriften der Bekennenden Kirche. Schließlich leistete er Widerstand gegen die Morde an Geisteskranken, die sich in seinem Amtsbezirk ereigneten. Er weigerte sich standhaft, die Rechtmäßigkeit dieser Mordaktionen anzuerkennen – selbst bei einer Unterredung mit dem Reichsjustizminister Gürtner. K. wurde auf Geheiß Hitlers im Sommer 1942 in den Ruhestand versetzt. Er war nach dem Kriege Präses in der Evangelischen Landeskirche in der Provinz Sachsen und Mitbegründer von „Aktion Sühnezeichen“.

Lit.: L. Gruchmann: Ein unbequemer Amtsrichter im Dritten Reich. Aus den Personalakten des Dr. Lothar Kreyßig. In: VfZ 32 (1984), S. 463 ff.

Kriegsdienstverweigerer. Nach dem Überfall auf Polen verweigerten einzelne deutsche und österreichische Katholiken und Protestanten zumeist ohne eine Unterstützung ihrer Kirchen aus religiösen Motiven den Kriegsdienst und die Eidesleitung auf Hitler. K. wie Hermann ↑Stöhr, Pater Franz ↑Reinisch, Franz ↑Jägerstätter oder Alfred Andreas ↑Heiß gaben sich dabei ganz offen als politische Gegner des NS-Regimes zu erkennen. Die meisten K. kamen aus dem Kreis der ↑Zeugen Jehovas. Schon vor dem Krieg hatten sie sich durch konsequente Verweigerung aller Militär- und Zwangsdienste dem Totalitätsanspruch des NS-Staates entgegengestellt. Mehr als 250 religiös motivierte K. wurden zwischen 1939 und 1945 vom RKG wegen „Wehrkraftzersetzung“ zum Tode verurteilt und hingerichtet. Zog ein K. seine Weigerung zurück, wurde er dem besonders harten Einsatz einer Strafkompanie unterworfen.

Lit.: A. und H. Hartmann: Kriegsdienstverweigerung im Dritten Reich. Frankfurt am Main 1986. – D. Garbe: Zwischen Widerstand und Martyrium. Die Zeugen Jehovas im Dritten Reich. München 1993. *H.*

Kuckhoff, Adam (30. 8. 1887–5. 8. 1943). K. wuchs in einer Fabrikantenfamilie in Aachen auf. Während der Studienzeit in Halle begann seine Freundschaft mit Adolf Grimme. In den zwanziger Jahren war K. Intendant der Wanderbühne des Frankfurter Künstlertheaters, gab die Werke von Georg Büchner heraus, übernahm die Redaktion der „Tat“ und veröffentlichte dort erste Reportagen von

John Sieg. 1930 wurde er Dramaturg des Berliner Schauspielhauses. K. verfaßte – ab 1932 freischaffend – Theaterstücke, veröffentlichte 1930 die Romane „Scherry“ und 1937 „Der Deutsche von Bayencourt“. Seit 1933 bestanden über Greta Lorke, mit der er seit 1937 verheiratet war, freundschaftliche Kontakte zu Arvid und Mildred ↑Harnack. Daraus entstand ein Diskussionskreis, dem später auch Grimme und John ↑Sieg angehörten. 1940 lernte K. Harro ↑Schulze-Boysen kennen. Er arbeitete an illegalen Schriften mit, u. a. für die „Die innere Front“ und die „Offenen Briefe an die Ostfront“, und hatte Kontakte zu dem Vertreter der sowjetischen Botschaft, Alexander Korotkow. Am 12. September 1942 verhaftete die Gestapo K. während Filmarbeiten in Prag. Er wurde am 3. Februar 1943 vom RKG zum Tode verurteilt und in Plötzensee hingerichtet.

Lit.: A. Kuckhoff: Eine Auswahl von Erzählungen, Gedichten, Briefen und Aufsätzen. Hrsg. von G. Wiemers. Berlin 1970. – A. Kuckhoff: Scherry. Leipzig 1972. S. Bock: Kämpfer vor dem Sieg. In: S. Bock, M. Hahn (Hrsg.): Erfahrung Nazideutschland. Romane in Deutschland 1933–1945. Berlin 1987. *C.*

Kühn, Heinz (18. 2. 1912–12. 3. 1992). Der Sohn eines Schreiners aus Köln trat mit 10 Jahren dem katholischen Bund Neudeutschland bei. 1928 schloß sich K. den Roten Falken an, wurde später Vorsitzender des SAJ-Bezirks Oberrhein, 1930 Mitglied der SPD und des ↑Reichsbanners. Während seines Studiums der Volkswirtschaft und Staatswissenschaft von 1931 bis 1933 in Köln stand er der ↑Sozialistischen Arbeiterpartei Deutschland nahe. Als Vorsitzender der „Sozialistischen Studentenschaft“, Vorstandsmitglied des Reichsbanners „Schwarz-Rot- Gold“ und Mitarbeiter der Rheinischen Zeitung wurde K. 1933 verhaftet. Nach seiner Entlassung emigrierte er im Mai 1933 ins Saargebiet. K. versuchte im Herbst 1933, im Rheinland verschiedene Widerstandsgruppen zu einer „sozialistischen Front“ zusammenzufassen. Anschließend in Prag, ab 1936 in Antwerpen und Brüssel unterhielt K. als Redakteur und Mitarbeiter von Exilzeitungen auch Verbindungen zum ↑ISK. Im Mai 1940 verhaftete ihn kurzzeitig die belgische Polizei. Während der deutschen Besetzung befand sich K. in Gent im Untergrund und gab die „Freiheitsbriefe an die deutsche Wehrmacht“ heraus. Ende Dezember 1945 kehrte K. nach Deutschland zurück, arbeitete bei der Rheinischen Zeitung, war SPD-Landtags- und Bundestagsabgeordneter, von 1966 bis 1978 Ministerpräsident von Nordrhein-Westfalen und von 1973 bis 1975 stellvertretender SPD-Vorsitzender.

Lit.: H. Kühn: Widerstand und Emigration. Die Jahre 1928–1945. Hamburg 1980. *A.C.*

Künstler, Franz (13. 5. 1888–10. 9. 1942). Der gelernte Maschinenschlosser aus Berlin gehörte vor dem Ersten Weltkrieg dem Deutschen Metallarbeiterverband (DMV) und der SAJ an. Im Dezember 1918 nahm er als Soldatenrat am 1. Reichsrätekongreß in Berlin teil. K. war von 1920 bis 1924 Mitglied des Parteivorstandes der USPD und danach der SPD, wurde

1920 in den Reichstag und 1924 zum Vorsitzenden des SPD-Bezirks Groß-Berlin gewählt. Er gehörte zu einer Minderheit in der SPD, die 1929 auf dem Magdeburger Parteitag gegen die Richtlinien zur Wehrpolitik stimmte und 1931 Bedenken gegen die Tolerierung der Regierung Brüning durch die SPD-Führung äußerte. Nach dem SPD-Verbot im Juni 1933 wurde K., seit April 1933 Mitglied des SPD-Vorstandes, im KZ Oranienburg inhaftiert. Nachdem er Ende September 1934 aus dem KZ entlassen wurde, versuchte er, eine illegale sozialdemokratische Parteiorganisation in Berlin aufzubauen. Seit 1936/37 stand K. mit einer von Otto ↑Brass geführten sozialdemokratischen Volksfrontgruppe in Verbindung und stimmte ihrem „Zehn-Punkte-Programm" vom Dezember 1936 zu. Im Sommer 1938 nahm ihn die Gestapo mehrmals in Haft. Obwohl K. schwer herzleidend war und unter den Folgen der KZ-Haft gesundheitlich litt, wurde er im September 1939 als Lastenträger bei einem Heeresamt dienstverpflichtet. Die dort abverlangte Schwerstarbeit führte zu seinem Tode. Seine Trauerfeier am 16. September 1942, zu der sich mehr als tausend Menschen einfanden, wurde zu einer stummen Demonstration gegen den Nationalsozialismus.

Lit: R. Albrecht: Berlin, am 16. September 1942. Rekonstruktion einer „stummen" Demonstration im Krematorium Baumschulenweg. In: IWK 22 (1986), S. 71 ff. *A.*

Küstermeier, Rudolf (9. 2. 1903–1977). Der in Bielefeld geborene K. studierte nach Abschluß eines Lehrerseminars in Münster und Freiburg sowie an der Hochschule für Politik in Berlin. Als Werkstudent arbeitete er journalistisch und wirkte in sozialistischen Studentenorganisationen mit. Enttäuscht von der Politik der SPD gegenüber dem Nationalsozialismus, bildete K. Ende 1932 in Berlin einen Freundes- und Diskussionskreis aus Studenten, jungen Arbeitern und Arbeitslosen. Im April 1933 begannen K. und seine Freunde mit der Herstellung und dem Vertrieb einer der ersten illegalen Zeitschriften unter dem Titel „Der ↑Rote Stoßtrupp". Sie traten für einen revolutionären Neubeginn außerhalb der sozialistischen und kommunistischen Parteien ein und verstanden sich als Sammlungsbewegung für Hitler-Gegner aus unterschiedlichen politischen Lagern. K. gehörte zu den Gründern und Redakteuren der Wochenzeitung „Blick in die Zeit", die mit der Zusammenstellung ihrer Artikel gezielt über die NS-Politik in Deutschland informierte. Ende November 1933 wurde K. verhaftet, Ende August 1934 zu 10 Jahren Zuchthaus verurteilt und in den Zuchthäusern Brandenburg und Sonnenburg, im Zwangsarbeitslager Großbeeren und den KZ Sachsenhausen und Bergen-Belsen inhaftiert. Von 1945 bis 1950 war K. Chefredakteur der Zeitung „Die Welt", danach arbeitete er als Journalist in Israel.

Lit.: R. Küstermeier: Der Rote Stoßtrupp. Hrsg. von der Gedenkstätte Deutscher Widerstand. Berlin 1981.

Kuhn, Joachim (2. 8. 1913). K., Sohn eines Berliner Patentanwalts, der 1931 nach dem Reifezeugnis kurzzeitig an der Technischen Hochschule Karlsruhe studiert hatte, schlug im Oktober 1932 die Offizierslaufbahn ein. Vom Mai 1942 an war er der Organisationsabteilung des Generalstabs des Heeres unter Generalmajor Hellmuth ↑Stieff zugeteilt. Im Januar 1943 zum Major befördert, gehörte er im Sommer 1944 zum Stab von Generalmajor Henning von ↑Tresckow. K., der mit ↑Stauffenberg befreundet und mit einer Cousine Stauffenbergs verlobt war, hatte zusammen mit Stieff und Oberleutnant Albrecht von ↑Hagen den Sprengstoff für das Attentat vom ↑20. Juli 1944 beschafft. Ende Juli 1944 lief er, um sich der Strafverfolgung zu entziehen, zur sowjetischen Armee über. Das RKG verurteilte ihn in Abwesenheit wegen „Fahnenflucht zum Feind" zum Tode, sein Vorgesetzter, Generalleutnant Gustav Heisterman von Ziehlberg, wurde zum Tode verurteilt und am 2. Februar 1945 in Berlin-Ruhleben erschossen. 1956 kehrte K. aus sowjetischer Kriegsgefangenschaft nach Berlin zurück.

Lit.: N. Haase: Das Reichskriegsgericht und der Widerstand gegen die nationalsozialistische Herrschaft. Berlin 1993.

H.

Lampert, Carl (9. 1. 1894–13. 11. 1944). L. wurde am Priesterseminar Brixen/Südtirol ausgebildet und 1918 zum Priester geweiht. Nach Seelsorge in Dornbirn/Vorarlberg studierte er ab 1930 in Rom Kirchenrecht, wurde 1935 zum Leiter des kirchlichen Gerichts in Innsbruck und 1939 dort zum Provikar berufen. Wegen Protesten gegen die nationalsozialistische Kirchenpolitik für einige Zeit eingesperrt, wurde er erneut am 5. Juli 1940 verhaftet, ab August in den KZ Dachau, Sachsenhausen und wieder Dachau inhaftiert. Nach der Entlassung im August 1941 aus seiner österreichischen Heimat ausgewiesen, nahm ihn der Bischof Konrad Graf von ↑Preysing in seiner Diözese auf. Seit dieser Zeit half er bei der Seelsorge im Umkreis von Stettin, insbesondere mit dem Kaplan Herbert ↑Simoleit. Dabei unterstützte er ausländische Zwangsarbeiter. Er verhehlte nicht seine Meinung zur NS-Politik und äußerte sich u.a. über die Verschleppung von Juden und die Ermordung von Patienten aus Heilanstalten. Von einem Gestapo-Spitzel gemeldet, wurde der Provikar zusammen mit anderen Geistlichen und Ordensschwestern in Greifswald, Stettin und auf Usedom im Februar 1943 verhaftet. L., dem die Gestapo außer Meinungsäußerungen, Abhören ausländischer Sender und Begünstigung von Zwangsarbeitern auch das Sammeln von Informationen über das V-Waffenversuchsgelände in Peenemünde vorwarf, verurteilte das RKG am 20. Dezember 1943 und nochmals am 4. September 1944 zum Tode. Er wurde zusammen mit Friedrich ↑Lorenz und Herbert ↑Simoleit in Halle/Saale hingerichtet.

Lit.: B. M. Kempner: Priester vor Hitlers Tribunalen. München 1966, S. 207 ff. *D.*

Lancken, Fritz von der (21. 6. 1890–29. 9. 1944). L. kam als Oberstleutnant in Friedrich ↑Olbrichts Dienststelle, das Allgemeine Heeresamt im Oberkommando des Heeres, in der 1943 und 1944 ↑Stauffenberg Chef des Stabes war. L. war mit Maria Antonia Verhoop verheiratet, mit der er drei Töchter hatte. Er stellte Stauffenberg seine Wohnung in Potsdam für Besprechungen zur Verfügung. Vor dem Attentat am ↑20. Juli 1944 bewahrte L. den Sprengstoff beim Wehrbezirkskommando Potsdam auf. Am Tag des Umsturzversuchs bewachte er in der Zentrale der Verschwörer in der Bendlerstraße vorübergehend General Kortzfleisch, den Wehrkreiskommandanten des Wehrkreises III (Berlin). L. wurde im ↑Bendlerblock verhaftet, am 29. September 1944 vom VGH zum Tode verurteilt und noch am selben Tag in Berlin-Plötzensee hingerichtet.

Lit.: H.-A. Jacobsen (Hrsg.): „Spiegelbild einer Verschwörung". Die Opposition gegen Hitler und der Staatsstreich vom 20. Juli 1944 in der SD-Berichterstattung. Geheime Dokumente aus dem ehemaligen Reichssicherheitshauptamt. 2 Bde. Stuttgart 1984. *H.*

Landesverrat. Der Begriff bezeichnet im juristischen Sinn den Verrat von Staatsgeheimnissen, deren Mitteilung an eine andere Macht und Handlungen, die die äußere Sicherheit des Staates gefährden. Die §§ 88 bis 93 des Strafgesetzbuches reichten dafür bis zur Todesstrafe. Das NS-Regime diskriminierte und verurteilte unter diesem Vorwurf wie dem des ↑Hochverrats die meisten seiner Gegner. Im Bewußtsein der formalen Rechtswidrigkeit, als „Landesverräter" zu handeln, sahen sich Widerstandskämpfer wie etwa Dietrich ↑Bonhoeffer, Hans ↑Oster, Adam von ↑Trott zu Solz oder Angehörige der ↑Roten Kapelle durch die völkerrechtswidrigen Kriegspläne, Kriegsführungen und Verbrechen des NS-Regimes zum Widerstand und zu – auch geheimdienstlichen – Kontakten mit dem Ausland legitimiert. Sie wollten den Krieg so schnell wie möglich beenden helfen und das NS-Regime beseitigen. Vielen Widerstandskämpfern, die Kontakte ins Ausland besessen hatten, wurde nach 1945 der Vorwurf gemacht, mit an der militärischen Niederlage Deutschlands schuldig zu sein.

Lit.: H. Weinkauff: Die Militäropposition und das Widerstandsrecht. In: 20. Juli 1944. Bonn 1961, S. 258 ff. – P. Steinbach: Einführung. In: P. Steinbach (Hrsg.); Widerstand. Ein Problem zwischen Theorie und Geschichte. Köln 1987, S. 9 ff. *H.*

Leber, Julius (16. 11. 1891–5. 1. 1945). L., in der Familie eines elsässischen Kleinbauern aufgewachsen, war nach dem Abschluß der Mittelschule Lehrling in einer Tapetenfabrik. Von 1910 bis 1912 konnte er mit einem Stipendium die Oberrealschule besuchen und anschließend Geschichte und Volkswirtschaftslehre studieren. 1912 trat er der SPD bei und meldete sich 1914 freiwillig als Soldat, wurde Offizier und nahm 1920 noch als Leutnant an der Niederschlagung des Kapp-Putsches teil. Er war verheiratet mit Annedore Rosenthal, mit der er eine Tochter und einen Sohn hatte. 1921 Chefredakteur des sozialdemokratischen „Lübecker Volksboten", wurde er 1924 für die SPD in den Reichstag gewählt, dem er als wehrpolitischer Fraktionssprecher bis 1933 angehörte. 1933 verhaftet, kam L. erst im Sommer 1937 aus dem KZ Sachsenhausen frei. Er fristete sein Leben in Berlin als selbständiger Kohlenhändler, suchte jedoch bald wieder

Verbindung zu seinen sozialdemokratischen Freunden und fand später zum ↑Kreisauer Kreis. Im Sommer 1944 nahm er Kontakt zu dem Kommunisten Franz ↑Jacob auf, den er im KZ Sachsenhausen kennengelernt hatte und der zu den führenden Mitstreitern der Widerstandsorganisation um Anton ↑Saefkow zählte. L., der nach einem gelungenen Umsturz Reichskanzler oder Innenminister werden sollte, wurde am 5. Juli 1944 aufgrund einer Denunziation eines Gestapo-Spitzels verhaftet, am 20. Oktober 1944 durch den VGH zum Tode verurteilt und in Berlin-Plötzensee hingerichtet.

Lit.: D. Beck: Julius Leber. Berlin 1983.

Lechleiter, Georg (**14. 4. 1885–15. 9. 1942**). Der in Baden geborene L. arbeitete vor dem Ersten Weltkrieg als Schriftsetzer in der Schweiz. Er kehrte 1918 zurück und gehörte zu den Gründern der KPD in Mannheim. L. wurde 1920 Politischer Sekretär der KPD-Bezirksleitung Baden und 1922 Herausgeber der „Arbeiter-Zeitung“, die in Baden, Hessen und der Pfalz erschien. Seit 1922 Abgeordneter und Stadtrat in Mannheim, vertrat er ab 1924 die KPD im Badischen Landtag. 1933 wurde L. verhaftet und war bis 1935 in Konzentrationslagern interniert. 1937 knüpfte er Verbindungen zu seinen früheren Mitarbeitern und baute Zellen des Widerstands in Mannheimer Großbetrieben auf. Dabei arbeitete er auch mit Sozialdemokraten zusammen. 1940/41 verstärkte die Gruppe ihre Tätigkeit und nahm Verbindung zu Gleichgesinnten in Heidelberg und Ludwigshafen, aber auch zu ausländischen Zwangsarbeitern auf. Im Herbst 1941 begann der Kreis, eine illegale Schrift, „Der Vorbote“, als „Informations- und Kampf-Organ gegen den Hitlerfaschismus“ herauszugeben. Die Gestapo verhaftete Ende Februar 1942 L. und weitere 30 Frauen und Männer. Am 15. Mai 1942 wurde L. vom VGH in Mannheim zum Tode verurteilt und in Stuttgart mit 13 seiner Mitstreiter hingerichtet.

Lit.: G. Braun: Georg Lechleiter. Ein Mannheimer Kommunist. In: M. Bosch, W. Niess (Hrsg.): Der Widerstand im deutschen Südwesten 1933–1945. Stuttgart 1984. *C.*

Lehndorff, Heinrich Graf von (**22. 6. 1909–4. 9. 1944**). L. bereitete sich in Frankfurt am Main durch das Studium von Volks- und Betriebswirtschaft auf die Verwaltung der Familiengüter vor, die er 1936 übernahm. Er war verheiratet mit Gottliebe Gräfin Kalnein, mit der er vier Töchter hatte. Nach Kriegsbeginn wurde er zunächst in Polen eingesetzt und später als Leutnant der Reserve in den Stab des späteren Oberbefehlshabers der Heeresgruppe Mitte, General Fedor von Bock, versetzt. Während des Überfalls auf die Sowjetunion war L. bei Borissow Augenzeuge eines Massakers der Einsatzgruppen des Chefs der Sicherheitspolizei und des SD an der jüdischen Bevölkerung. Daraufhin konnte Henning von ↑Tresckow ihn für die Unterstützung der Verschwörergruppe um ↑Stauffenberg gewinnen. Der Oberleutnant der Reserve L. war in den ↑„Walküre“-Planungen als Verbindungsoffizier für den Wehrkreis I (Königsberg) eingesetzt. Einen Tag nach dem mißglückten Attentat vom ↑20. Juli 1944 wurde er verhaftet, am 3. September vom VGH zum Tode verurteilt und einen Tag später in Berlin-Plötzensee hingerichtet.

Lit.: P. Hoffmann: Widerstand, Staatsstreich, Attentat. Der Kampf der Opposition gegen Hitler. München 1985.

Leipart, Theodor (**17. 5. 1867–23. 3. 1947**). Als Sohn eines Damenschneiders in Neubrandenburg geboren, erlernte L. den Beruf eines Drechslers. Ab 1887 arbeitete L. in verschiedenen Funktionen für die sozialdemokratische Gewerkschaftsbewegung, seit 1908 als Vorsitzender des Holzarbeiterverbandes in Stuttgart. Von Juli 1919 bis Juni 1920 war er württembergischer Arbeitsminister und wurde 1921 zum Vorsitzenden des ADGB gewählt, 1922 auch zum Vizevorsitzenden des Internationalen Gewerkschaftsbundes. Nach Hitlers Machtübernahme erhoffte L. zunächst eine Verständigung mit der neuen Führung und war durch seine Haltung für das Ausbleiben eines entschlossenen Widerstands der Gewerkschaften mitverantwortlich. Während der Zerschlagung der Gewerkschaftsbewegung am 2. Mai 1933 wurde L. festgenommen und mißhandelt, wenig später jedoch aus der „Schutzhaft" entlassen. In einem Prozeß wurde er 1936 beschuldigt, Gewerkschaftsgelder als Wahlkampfhilfe für die SPD veruntreut zu haben. Danach lebte L. zurückgezogen in Berlin, hielt jedoch Kontakt zu seinen ehemaligen Weggefährten. Für die Einheitsgewerkschaft, wie sie Wilhelm ↑Leuschner und andere anstrebten, war er trotz seines hohen Alters als Mitglied der Reichsleitung vorgesehen. L. konnte das Kriegsende überleben und gehörte seit 1946 der SED an.

Lit.: W. Keil: Erlebnisse eines Sozialdemokraten. Stuttgart 1947. G. Beier: Schulter an Schulter, Schritt für Schritt. Lebensläufe deutscher Gewerkschafter. Köln 1983. *A.*

Lejeune-Jung, Paul (**16. 3. 1882–8. 9. 1944**). Nach dem Ersten Weltkrieg war L. als Geschäftsführer des Vereins Deutscher Zellstoffabrikanten tätig und zählte zu den gemäßigten Kräften in der DNVP. Sein politisches Ziel war die Sammlung nationalgesinnter Katholiken in einem Reichskatholikenausschuß. Mit anderen Abgeordneten verließ L. 1930 die DNVP und gründete die Konservative Volkspartei, die sich gegen zunehmende rechtsradikale Tendenzen abgrenzte. Er war verheiratet mit Hedwig Foltmann, mit der er drei Töchter und fünf Söhne hatte. 1932 schloß er sich dem Zentrum an. Ab 1933 konnte sich L. politisch nicht mehr betätigen. Um die Jahreswende 1941/42 vermittelte Max ↑Habermann den Kontakt zu Carl ↑Goerdeler. Auf dessen Bitte verfaßte L. eine Denkschrift über die Gestaltung der deutschen Wirtschaft nach Kriegsende. In L.s Wohnung fanden Besprechungen mit Habermann, Jakob ↑Kaiser, Wilhelm ↑Leuschner und Josef ↑Wirmer, auch mit Fritz-Dietlof von der ↑Schulenburg und Ulrich ↑Schwerin von Schwanenfeld statt. Dabei schlug Goerdeler L. als Wirtschaftsminister vor. L. wurde am 11. August 1944 von der Gestapo verhaftet, am 8. September 1944 vom VGH zum Tode verurteilt und am selben Tag in Berlin-Plötzensee hingerichtet.

Lit.: F. G. Hohmann (Hrsg.): Deutsche Patrioten in Widerstand und Verfolgung 1933–1945. Paderborn 1986.

Letterhaus, Bernhard (**10. 7. 1894–14. 11. 1944**). L. wuchs in Barmen auf und besuchte nach der Lehre in einem Textilbetrieb die Höhere Fachschule für Textilgestaltung. Früh schloß er sich der Katholischen Arbeiterbewegung an. Nach der Teilnahme am Ersten Weltkrieg fand er 1921 einen Aufgabenbereich im Zentralverband christlicher Textilarbeiter. 1927 folgte er einer Bitte des Verbandspräses der Katholischen Arbeiter- und Knappenvereine Westdeutschlands Otto Müller und wurde Verbandssekretär in der KAB-Zentrale Mönchengladbach. 1928 wurde die Geschäftsführung in das Kölner Ketteler-Haus verlegt. L. besaß so ständigen Kontakt zu Nikolaus ↑Groß und gehörte Ende der Weimarer Republik zum Kölner Kreis, der sich um Otto ↑Müller, Groß und Joseph Joos gebildet hatte. Er war verheiratet mit Grete Thiel, mit der er eine Tochter hatte. L. vertrat seit 1928 die Zentrumspartei im Preußischen Landtag und wurde nach 1933 mehrfach verhört. Mitte der dreißiger Jahre wurde das Kölner Ketteler-Haus zum Mittelpunkt einer Widerstandsgruppe, die sich bewußt in die Tradition der Katholischen Arbeiterbewegung stellte. 1939 wurde L. zum Wehrdienst eingezogen und konnte seit 1942 als Hauptmann im Amt Ausland/Abwehr des Oberkommandos der Wehrmacht Bedeutung als Verbindungsmann der Verschwörer des ↑20. Juli zur ehemaligen Katholischen Arbeiterbewegung erlangen. Beim Umsturzversuch vom 20. Juli 1944 war L. bereit, das Amt eines politischen Beauftragten im Wehrkreis VI (Münster) zu übernehmen. Am 25. Juli 1944 verhaftet, wurde L. am 13. November 1944 zum Tode verurteilt und einen Tag später in Berlin-Plötzensee hingerichtet.

Lit.: J. Aretz: Bernhard Letterhaus (1894–1944). In: R. Morsey (Hrsg.): Zeitgeschichte in Lebensbildern. Aus dem deutschen Katholizismus des 20. Jahrhunderts. Bd. 2. Mainz 1975.

Leuninger, Franz (**28. 12. 1898–1. 3. 1945**). L. erlernte zunächst das Maurerhandwerk und leitete in der Weimarer Republik verschiedene Bezirksorganisationen der christlichen Gewerkschaften. 1930 zog er für die Zentrumspartei ins Breslauer Stadtparlament ein und kandidierte im März 1933 auch für den Reichstag. L. war ein entschiedener Gegner des Nationalsozialismus. Nach der Zerschlagung der Gewerkschaften im Frühsommer 1933 übernahm er die Geschäftsführung der gemeinnützigen Siedlungsgesellschaft „Deutsches Heim“. Auf diese Weise konnte er die Verbindungen zu Verfolgten und Gegnern des NS-Regimes aufrechterhalten und kam später in Kontakt mit den Widerstandsgruppen um Carl ↑Goerdeler und Ludwig ↑Beck. Er war verheiratet mit Anna Paulina Meuser, mit der er drei Söhne hatte. Die Verschwörer gewannen L. für das Amt des Oberpräsidenten der Provinz Schlesien. Nach dem Attentat vom ↑20. Juli 1944 wurde er am 26. September verhaftet und mehrere Monate im Berliner Zellengefängnis Lehrter Straße gefangengehalten, am 26. Februar 1945 vom VGH zum Tode verurteilt und in Berlin-Plötzensee hingerichtet.

Lit.: A. Leuninger: Franz Leuninger zum Gedenken. Mengerskirchen 1970 (Selbstverlag).

Leuschner, Wilhelm (**15. 6. 1890–29. 9. 1944**). In der Weimarer Republik gehörte L. zu den einflußreichsten sozialdemokratischen Gewerkschaftsführern und Politikern. Neben seinen Aufgaben im ADGB übernahm er 1928 in Hessen das Amt des Innenministers. Zu seinen engen Mitarbeitern zählten damals die späteren Mitverschworenen Carlo ↑Mierendorff und Ludwig ↑Schwamb. L. Er war verheiratet mit Elisabeth Batz, mit der er eine Tochter und einen Sohn hatte. Nach der Machtübernahme Hitlers trat L. als Minister zurück. Wenig später wurde er von der SA eingesperrt und mißhandelt. Auf Wunsch des DAF-Führers Robert Ley konnte er jedoch Anfang Juni an einer Sitzung im Internationalen Arbeitsamt in Genf teilnehmen. Unmittelbar nach seiner Rückkehr aus der Schweiz wurde L. verhaftet und bis 1934 in den Emsland-Lagern gefangengehalten. Nach seiner Entlassung nahm er die Verbindungen zu Julius ↑Leber und Jakob ↑Kaiser wieder auf und beteiligte sich an den Vorbereitungen zum Staatsstreich. Er wollte vor allem die Einheitsgewerkschaft als Interessenvertretung aller Arbeitenden schaffen. L. war für das Amt eines Vizekanzlers nach dem Umsturz 1944 vorgesehen. Er wurde am 16. August 1944 von der Gestapo verhaftet, am 8. September vom VGH zum Tode verurteilt und in Berlin-Plötzensee hingerichtet.

Lit.: J. G. Leithäuser: Wilhelm Leuschner. Ein Leben für die Republik. Köln 1962.

Lichtenberg, Bernhard (**3. 12. 1875–5. 11. 1943**). L. wurde 1899 zum Priester geweiht, war seit 1900 in Berlin und wurde 1932 zum Dompfarrer der Berliner St. Hedwigs-Kathedrale ernannt. In den Weimarer Jahren war er Stadtverordneter für die Zentrumspartei in Berlin, gehörte dem Friedensbund Deutscher Katholiken und der Arbeitgemeinschaft der Konfessionen für den Frieden an. 1933 durchsuchten die Nationalsozialisten erstmals seine Wohnung. Als mutiger, konsequenter Gegner des NS-Regimes wurde L. seit 1935 zu einem Vertrauten des neuen Berliner Bischofs Konrad Graf von ↑Preysing. Er setzte sich für Häftlinge in den Konzentrationslagern ein, betete 1938 öffentlich auch für verfolgte Juden, wurde Leiter des „Bischöflichen Hilfswerks für nichtarische Christen“ und nahm schließlich 1941 offen gegen die Ermordung Geisteskranker Stellung. Auch in einem Brief an den Reichsärzteführer Conti protestierte L. entschlossen gegen die Krankenmorde. Auf Grund einer Denunziation wurde er am 23. Oktober 1941 verhaftet, am 22. Mai 1942 vom Sondergericht I beim Landgericht Berlin verurteilt und nach der Verbüßung der zweijährigen Haftstrafe in Berlin-Tegel und im Durchgangslager Wuhlheide in das KZ Dachau eingewiesen. Auf dem Transport dorthin starb der Schwerkranke in Hof/Saale.

Lit.: O. Ogiermann: Bis zum letzten Atemzug. Das Leben und Aufbegehren des Priester Bernhard Lichtenberg. Leipzig 1983.

Lindemann, Fritz (11. 4. 1894–22. 9. 1944). L. nahm am Ersten Weltkrieg teil und gehörte 1919 zeitweise der deutschen Friedensdelegation in Versailles an. Nach 1922 absolvierte er illegal eine Generalstabsausbildung der Reichswehr und übernahm Ende der zwanziger Jahre selbst die Ausbildung von Offizieren. Er war verheiratet mit Lina von Friedeburg, mit der er eine Tochter und zwei Söhne hatte. Im Zweiten Weltkrieg war er an den Kämpfen in Polen, Frankreich und der Sowjetunion beteiligt und nutzte seine Reisemöglichkeiten zunehmend, um Kontakte zu den militärischen Verschwörern zu knüpfen, von denen Hellmuth ↑Stieff und andere zu seinen engen Freunden zählen. L. gelang es nach dem gescheiterten Attentat vom ↑20. Juli 1944 zunächst, sich bei Verwandten in Dresden zu verbergen. Als man seine Beteiligung an der Verschwörung entdeckte, wurde L. in Berlin von Erich und Elisabeth Gloeden aufgenommen, die sich auch um jüdische Verfolgte bemühten. Zusammen mit anderen Helfern wurde das Ehepaar Gloeden im November 1944 zum Tode verurteilt. Die Gestapo verhaftete L. nach einer Denunziation am 3. September 1944 und verletzte ihn dabei schwer. Er starb wenig später im Krankenhaus.

Lit.: W. Welkerling: Ein Wehrmachtsgeneral auf dem Weg zum Antifaschisten. Zur Biographie des Generals der Artillerie Fritz Lindemann (1894-1944). In: ZfG 37 (1989), Heft 9, S. 796ff.

Linstow, Hans Otfried von (16. 3. 1899–30. 8. 1944). L. wurde nach dem Ersten Weltkrieg Reichswehroffizier und übte bis zu Beginn des Zweiten Weltkriegs verschiedene Stabstätigkeiten aus. Er war verheiratet mit Ingeborg Cornelius, mit der er eine Tochter und zwei Söhne hatte. Im April 1944 wurde er als Oberst im Generalstab und als Chef des Stabes zum Militärbefehlshaber in Frankreich General Carl-Heinrich von ↑Stülpnagel nach Paris versetzt. Stülpnagel und sein Vertrauter Cäsar von ↑Hofacker gehörten zu den Verschwörern um ↑Stauffenberg, die die Ermordung Hitlers planten. L. war in diese Pläne eingeweiht und leitete am 20.Juli 1944 gemäß den „Walküre"-Plänen in Paris die Verhaftung von Gestapo- und SD-Kräften ein. Gegen 22 Uhr erfuhr L. telefonisch von Stauffenberg, daß das Attentat gescheitert sei. Die bis dahin sehr erfolgreich verlaufene Aktion in Paris wurde abgebrochen. Nach dem Selbstmord von Stülpnagel wurde L. am 23. Juli 1944 in Paris verhaftet, am 30. August 1944 in Berlin vom VGH zum Tode verurteilt und am selben Tag in Berlin-Plötzensee hingerichtet.

Lit.: W. von Schramm: Der 20. Juli in Paris. Bad Wörishofen 1953.

Löbe, Paul (14. 12. 1875–3. 8. 1957). L. gehörte schon lange vor dem Ersten Weltkrieg der SPD an und arbeitete für seine Partei als Redakteur und Stadtverordneter. 1919 wurde er zum Vizepräsidenten der verfassunggebenden Nationalversammlung und 1920 zum Präsidenten des Reichstags gewählt. Dieses Amt übte er bis 1932 aus. Er war verheiratet mit Clara

Schaller, mit der er einen Sohn hatte. Nach der Machtübernahme Hitlers wurde L. verhaftet und im schlesischen KZ Breslau-Dürrgoy schwer mißhandelt. Nach seiner Freilassung lebte er zurückgezogen in Berlin. Über Wilhelm ↑Leuschner und Julius ↑Leber kam er in Kontakt mit der Widerstandsgruppe um Carl ↑Goerdeler. Die Verschwörer sahen ihn nach dem Sturz Hitlers als künftigen Reichstagspräsidenten vor. Diese Verbindung wurde der Gestapo nicht bekannt. L. wurde nach dem ↑20. Juli 1944 jedoch im Zuge der sogenannten „Gewitter-Aktion" mehrere Wochen im schlesischen KZ Groß-Rosen gefangengehalten. Nach 1945 war er Alterspräsident des Deutschen Bundestages.

Lit.: P. Löbe: Der Weg war lang. Lebenserinnerungen. Berlin 1954. – Lebendige Tradition. Paul Löbe zum achtzigsten Geburtstag. Hrsg. von A. Scholz und W. G. Oschilewski. Berlin 1955.

Loewenheim, Walter (**18. 4. 1896–31. 3. 1977**). Der Sohn eines jüdischen Kaufmanns aus Berlin erlernte nach dem Gymnasium den Beruf des Vaters. Nach der Teilnahme am Ersten Weltkrieg schloß sich L. 1918 dem Spartakusbund an und wurde 1919 Mitglied der Freien Sozialistischen Jugend und der KPD. Als Jugenddelegierter nahm er 1920 am 2. Kongreß der Komintern teil. 1927 brach er mit der KPD und wurde 1929 Mitglied der SPD. L. gründete 1929 die Leninistische Organisation (LO), die bereits vor 1933 konspirativ arbeitete, und wurde nach 1933 Mitglied ihrer Reichs- bzw. Inlandsleitung. Im September 1933 veröffentlichte L. unter dem Pseudonym „Miles" die programmatische Schrift ↑„Neu Beginnen", die jetzt der Gruppe ihren Namen gab. Die Schlußfolgerung von L., daß unter den Bedingungen des Nationalsozialismus alle Widerstandsaktivitäten zwecklos seien und deshalb die Besten ins Ausland geschickt werden müßten, um den Faschismus dort zu verhindern, führte im Juni 1935 zu seiner Absetzung. L. emigrierte im September 1935 in die Tschechoslowakei, von dort im Oktober 1936 nach Großbritannien, wo er aber der dort errichteten Zentrale von Neu Beginnen fernblieb. Er übernahm eine Ingenieurfirma und wurde von 1940 bis Oktober 1941 interniert. L. führte seine gesellschaftstheoretischen Studien fort, ohne politisch aktiv zu werden. Er kehrte nicht nach Deutschland zurück und starb in London.

Lit.: R. Löwenthal: Die Widerstandsgruppe „Neu Beginnen". Hrsg. von der Gedenkstätte Deutscher Widerstand. Berlin 1985. – W. Loewenheim: Geschichte der Org. (Neu Beginnen) 1929–1935. Eine zeitgenössische Analyse. Hrsg. von J. Foitzik. Berlin 1994. *A.*

Löwenthal, Richard (**15. 4. 1908–9. 8. 1991**). Der Sohn eines Handelsvertreters studierte 1926 bis 1931 in Berlin und Heidelberg Nationalökonomie und Soziologie, trat 1926 in die KPD ein und wurde 1927/28 Reichsleiter des KPD-Studentenverbandes „Kostrufa". Nach seiner Kritik an der Sozialfaschismus-Theorie der Kommunisten wurde L. 1928 aus der KPD ausgeschlossen. Von 1929 bis 1931 Mitglied der KPDO, stieß er nach seiner Promotion in Heidelberg zu einem Kreis um Walter ↑Loewenheim, aus dem nach 1933 die Gruppe ↑Neu Beginnen wurde. Er unterstützte die Schulungstätigkeit mit Ausarbeitungen über die ökonomischen und politischen Hintergründe und über den Herrschaftsmechanismus des deutschen Faschismus. Einer Verhaftungswelle gegen die Mitglieder von Neu Beginnen entkommen, emigrierte L. im August 1935 nach Prag, wo er mit Karl Frank das Auslandsbüro von Neu Beginnen führte. Unter dem Pseudonym Paul Sering schrieb L. in der „Zeitschrift für den Sozialismus" in Karlsbad. Nach einem Forschungsstipendium in Großbritannien zwischen April 1936 und Oktober 1937 kehrte L. nach Prag zurück und mußte bald nach Paris fliehen. Von dort aus ging er im Sommer 1939 mit der Exilzentrale von Neu Beginnen nach London. Nach 1939 arbeitete L. in der Redaktion „Reports from Inside Germany", hatte enge Verbindung zur „Fabian Society" und zum „Internationalen Socialist Forum". 1940 bis 1942 wurde L. am „Sender der Europäischen Revolution" und ab 1942 bei der Nachrichtenagentur Reuter tätig. Nach 1945 arbeitete er in Großbritannien als Journalist. 1961 wurde er als Professor an das Otto-Suhr-Institut der Freien Universität in Berlin berufen.

Lit.: R. Löwenthal: Die Widerstandsgruppe „Neu Beginnen". Hrsg. Gedenkstätte Deutscher Widerstand. Berlin 1985. *C.*

Lorenz, Friedrich (**10. 6. 1897–13. 11. 1944**). L. wurde nach der Priesterweihe 1934 an die Niederlassung seines Ordens, der Oblaten der Unbefleckten Jungfrau Maria, nach Stettin versetzt. Nach dem deutschen Überfall auf Polen am 1. September 1939 meldete er sich freiwillig als Feldgeistlicher und erfuhr so von den Verbrechen, die an polnischen Priestern begangen wurden. Mutig stand er immer wieder verfolgten polnischen Geistlichen bei. Nach der Entlassung aller Ordensgeistlichen aus der Wehrmacht wurde L. an die Stettiner Hauptkirche St. Johann versetzt. Während der Stettiner Gestapo-Aktion gegen katholische Geistliche wurde er am 5. Februar 1943 verhaftet, am 9. September 1944 vom RKG wegen „Wehrkraftzersetzung" zum Tode verurteilt und in Halle/Saale hingerichtet.

Lit.: H. Kühn: Blutzeugen des Bistums Berlin. Berlin 1952.

Luckner, Gertrud (**26. 9. 1900**). In Liverpool geboren, kam L. als Kind nach Deutschland, studierte Sozialwissenschaften und Volkswirtschaft in Königsberg, Birmingham und Frankfurt am Main und promovierte 1938 in Freiburg. Seit längerem mit dem dortigen Institut für Caritaswissenschaft verbunden, begann sie 1936 an der Arbeitsstelle für Seelsorgewissenschaft, 1938 als Mitarbeiterin der Zentrale des Deutschen Caritasverbandes. Seit 1933 sorgte sie sich um und für politisch Verfolgte und verhalf, insbesondere seit Beginn der Deportationen, Juden zur Flucht in die Schweiz. Beim Beistand für Juden stützte sie sich auf von ihr geschaffene Hilfskreise in vielen deutschen Gebieten. Ähnlich kümmerte sich L. um ausländische Kriegsgefangene und Zwangsarbeiter, nicht zuletzt motiviert durch ihre Kriegsgegnerschaft. Seit dem 24. März 1943 war sie mehrere Monate von der Gestapo inhaftiert, danach bis zum 3. Mai 1945 im KZ Ravensbrück. Nach 1945 baute sie in Freiburg die Verfolgtenfürsorge auf und setzte sich für christlich-jüdische Zusammenarbeit in Deutschland und Israel ein.

Lit.: T. Schnabel: G. Luckner. In: M. Bosch, W. Niess (Hrsg.): Der Widerstand im deutschen Südwesten 1933–1945. Stuttgart u.a. 1984, S. 117ff. – B. Oleschinski: „... daß das Menschen waren, nicht Steine“. Hilfsnetze katholischer Frauen für verfolgte Juden im Dritten Reich. In: Zeitgeschichte (Wien) 17 (1990), S. 395 ff. *D.*

Lüdemann, Hermann (5. 8. 1880–27. 5. 1959). Der Ingenieur L. war von 1920 bis 1929 für die SPD Abgeordneter des Preußischen Landtags und gehörte 1920/21 der preußischen Regierung als Finanzminister an. 1928 wurde L. Oberpräsident von Niederschlesien, verlor dieses Amt aber im Sommer 1932 durch Papens „Preußenschlag“. Im Juni 1933 wurde L. verhaftet und in verschiedenen Konzentrationslagern gefangengehalten und mißhandelt. 1935 aus der Haft entlassen, betrieb er in den folgenden Jahren ein Kino. Er blieb mit Julius ↑Leber, Carlo ↑Mierendorff und Wilhelm ↑Leuschner in Verbindung. Im Frühjahr 1944 führte L. Gespräche mit Carl ↑Goerdeler und war mit Arthur Menge als politischer Beauftragter für den Wehrkreis IX (Hannover) vorgesehen. Nach dem gescheiterten Attentat vom ↑20. Juli 1944 verhaftete ihn die Gestapo im Rahmen der „Gewitter-Aktion“ und mißhandelte ihn schwer, als seine Beteiligung an der Staatsstreichplanung bekannt wurde. Am 19. Januar 1945 sprach der VGH ihn vom Vorwurf des Hochverrats frei, die Gestapo verhaftete ihn jedoch erneut. Im KZ Sachsenhausen wurde er bei Kriegsende von sowjetischen Truppen befreit und war nach 1945 schleswig-holsteinischer Ministerpräsident.

Lit.: H.-A. Jacobsen (Hrsg.): „Spiegelbild einer Verschwörung“. Die Opposition gegen Hitler und der Staatsstreich vom 20. Juli 1944 in der SD-Berichterstattung. Geheime Dokumente aus dem ehemaligen Reichssicherheitshauptamt. 2 Bde. Stuttgart 1984. – P. Löbe: Erinnerungen eines Reichstagspräsidenten. Berlin 1954.

Lüninck, Ferdinand Freiherr von (3. 8. 1888–14. 11. 1944). Nach dem Ersten Weltkrieg wurde der Jurist L. Landrat in Neuß, kehrte jedoch nach dem Tod des Vaters in seinen Heimatort zurück und übernahm die Verwaltung des Familienbesitzes. Er war verheiratet mit Auguste Freiin von Gaugreben-Schönau, mit der er zwei Töchter und drei Söhne hatte. Ab Februar 1933 war er, zunächst kommissarisch, Oberpräsident von Westfalen. L. blieb bis zum Herbst 1938 im Amt. Seit 1940 in Potsdam als Bataillons-Kommandeur eingesetzt, quittierte er 1943 den Militärdienst nach einer Operation. Im Dezember 1943 traf sich L. in Berlin mit Carl ↑Goerdeler und Fritz-Dietlof von der ↑Schulenburg und sagte seine Teilnahme an einem Umsturzversuch zu. Er wurde als politischer Beauftragter für den Wehrkreis XX (Danzig) vorgesehen. Nach dem Scheitern des Attentats vom ↑20. Juli 1944 wurde L. am 25. Juli 1944 verhaftet, am 13. November vom

VGH zum Tode verurteilt und einen Tag später in Berlin-Plötzensee hingerichtet.

Lit.: E. Klausa: Vom Bündnispartner zum „Hochverräter". Der Weg des konservativen Widerstandskämpfers Ferdinand von Lüninck. In: Westfälische Forschungen, Bd. 43 (1993), S. 530ff.

Lüninck, Hermann Freiherr von (3. 5. 1893–16. 5. 1975). Nach Konflikten mit dem rheinischen Gauleiter Terboven nahm der Verwaltungsjurist L. 1935 seinen Abschied als Oberpräsident der Rheinprovinz. Er war verheiratet mit Berta Gräfin von Westerholt und Gysenburg, mit der er fünf Töchter hatte. L. wurde in den Besprechungen der Verschwörer um Carl ↑Goerdeler als künftiger Ernährungsminister vorgeschlagen, stieß jedoch wegen seiner rechtskonservativen Vergangenheit auf Bedenken der Gewerkschaftsvertreter. Im August 1944 nahm die Gestapo L. fest, als er seinen Bruder Ferdinand in der Untersuchungshaft besuchte. Der Prozeß gegen L. wurde jedoch mehrfach verschoben. Am 22. April 1945 kam er aus dem Berliner Zellengefängnis in der Lehrter Straße frei.

Lit.: H.-A. Jacobsen (Hrsg.): „Spiegelbild einer Verschwörung". Die Opposition gegen Hitler und der Staatsstreich vom 20. Juli 1944 in der SD-Berichterstattung. Geheime Dokumente aus dem ehemaligen Reichssicherheitshauptamt. 2 Bde. Stuttgart 1984.

Lukaschek, Hans (22. 5. 1885–26. 1. 1960). L. wurde 1919 Landrat in Oberschlesien und setzte sich bei der Volksabstimmung 1921 besonders für die deutsche Volksgruppe ein. Er war Mitglied der Zentrumspartei und wurde 1929 zum Oberpräsidenten der preußischen Provinz Oberschlesien ernannt. Im Mai 1933 zwangen ihn die Nationalsozialisten aus dem Amt. L. ließ sich in Breslau als Rechtsanwalt nieder, verteidigte Gegner des Nationalsozialismus und half jüdischen Freunden. Seit 1942 arbeitete L. intensiv im ↑Kreisauer Kreis mit und diskutierte vor allem die neue Verfassungsordnung. Er führte Paulus van ↑Husen in diesen Kreis ein und hielt Kontakt zu den katholischen Bischöfen Bertram und ↑Preysing. Die Verschwörer um ↑Stauffenberg sahen L. als politischen Beauftragten für den Wehrkreis VIII (Breslau) vor. Nach dem gescheiterten Attentat vom ↑20. Juli 1944 wurde er in Breslau verhaftet und bei den Verhören durch die Gestapo schwer mißhandelt. Am 19. April 1945 sprach der VGH ihn wegen der erlittenen Folterungen frei. L. wurde am 22. April 1945 aus der Gestapohaft entlassen. Zwischen 1949 und 1953 war er Bundesminister für Vertriebene im ersten Kabinett Adenauer, danach bis zu seinem Tod Vizepräsident des Deutschen Caritasverbandes.

Lit.: H.-L. Abmeier: Hans Lukaschek. In: Schlesier des 15. bis 20. Jahrhunderts. Hrsg. im Auftrag der Historischen Kommission für Schlesien. Würzburg 1968, S. 228ff.

Maass, Hermann (23. 10. 1897–20. 10. 1944). M., in der Familie eines Bahnbeamten aufgewachsen, meldete sich nach dem Abitur freiwillig zum Kriegsdienst. 1918 bei einem Gasangriff schwer verletzt, studierte er in Berlin Philosophie, Psychologie und Soziologie. Nach dem Staatsexamen schrieb er sich an der neugegründeten Hochschule für Politik ein, die dazu beitragen wollte, das Fundament der Weimarer Republik zu stärken. M. wollte ursprünglich Wohlfahrtspfleger werden, übernahm aber 1924 die Geschäftsführung des Reichsausschusses der deutschen Jugendverbände. 1933 verlor er dieses Amt im Zuge der Gleichschaltung der Jugendorganisationen. Nach dem Beginn des NS-Regimes wurde M. einer der engsten Mitarbeiter des ehemaligen hessischen Innenministers Wilhelm ↑Leuschner. Ein Angebot, an der Harvard-Universität zu lehren, lehnte er ab, um in Deutschland den Nationalsozialismus bekämpfen zu können. Er war weiterhin publizistisch tätig, wurde schließlich Geschäftspartner Leuschners und nutzte seine Geschäftsreisen, um freigewerkschaftliche Widerstandszellen aufzubauen. M. wurde am 8. August 1944 verhaftet, am 20. Oktober 1944 zum Tode verurteilt und am selben Tag in Berlin-Plötzensee hingerichtet.

Lit.: J. G. Leithäuser: Wilhelm Leuschner. Ein Leben für die Republik. Frankfurt am Main u. a. 1962.

Mandrella, Rudolf (**3. 3. 1902–3. 9. 1943**). M. wuchs nach dem frühen Tod seines Vaters in ärmlichen Verhältnissen auf. 1923 begann er als mittelloser Student in Berlin das Studium der Rechtswissenschaft und legt 1933 die zweite juristische Staatsprüfung ab. Tief religiös, stand er Hitler sehr ablehnend gegenüber. 1941 meldete er sich freiwillig zur Kriegsmarine und bekam in Stettin Kontakt mit den katholischen Geistlichen um Carl ↑Lampert. M. wurde Anfang 1943 wegen regimekritischer Äußerungen in diesem Kreis denunziert und im Februar verhaftet. Das RKG verurteilte ihn am 12. Mai 1943 zum Tode; L. wurde in Brandenburg-Görden hingerichtet.

Lit.: H. Kühn: Blutzeugen des Bistums Berlin. Berlin 1962.

Marogna-Redwitz, Rudolf Graf von (**15. 8. 1886–12. 10. 1944**) M. durchlief die Ausbildung zum Berufsoffizier und war nach dem Ersten Weltkrieg zunächst in einer Nachfolgeorganisation der militärischen Abwehr tätig. Er war verheiratet mit Anna Gräfin von Arco-Zinneberg, mit der er eine Tochter und zwei Söhne hatte. 1935 wurde er unter Wilhelm Canaris in die Wehrmacht übernommen und kam 1938 als Leiter der Abwehrstelle nach Wien. Auf diesem Posten setzte er sich für verfolgte Gegner des Nationalsozialismus ein. Nach der Entfernung von Admiral Canaris aus dem Dienst wurde M. im Frühjahr 1944 von Friedrich ↑Olbricht für Aufgaben im Oberkommando des Heeres in Berlin angefordert. Den Verschwörern stellte sich M. als Verbindungsoffizier für den Wehrkreis XVII (Wien) zur Verfügung. Am ↑20. Juli 1944 gelang es ihm in Wien zwar, Verbindung mit den politischen Beauftragten Karl Seitz und Josef Reither aufzunehmen. Wenig später wurde M. jedoch von der Gestapo verhaftet. Der VGH verurteilte ihn am 12. Oktober 1944 zum Tode; am selben Tag wurde er in Berlin-Plötzensee hingerichtet.

Lit.: E. von Loeben: Graf Marogna-Redwitz. Opfergang einer bayrischen Familie. München o. J. – L. Jedlicka: Der 20. Juli in Österreich. Wien 1966.

Matuschka, Michael Graf von (29. 9. 1888–14. 9. 1944). M. arbeitete nach seinem Studienabschluß in Oberschlesien in der Kommunalverwaltung und setzte sich intensiv mit dem deutsch-polnischen Verhältnis auseinander. Im Mai 1923 wurde er zum Landrat von Oppeln ernannt. Er verfolgte ähnliche politische Ziele wie sein schlesischer Amtskollege Hans ↑Lukaschek und sein Studienfreund Paulus van ↑Husen, die später beide dem ↑Kreisauer Kreis angehörten. Er war verheiratet mit Pia Gräfin von Stillfried und Rattonitz, mit der er drei Söhne hatte. M. kandidierte bei den Reichstagswahlen 1932 erfolgreich für die Zentrumspartei. Er wurde im Mai 1933 aus politischen Gründen seines Amtes enthoben. In den folgenden Jahren war er in der Berliner und Breslauer Kommunalverwaltung tätig und kam 1942 als Regierungsdirektor in das annektierte Kattowitz. In Breslau hatte M. engen Kontakt zu dem schlesischen Oberpräsidenten Fritz-Dietlof von der ↑Schulenburg, der ihn bei einem gelungenen Umsturz für das Amt eines Regierungspräsidenten in Schlesien vorsah. Nach dem ↑20. Juli 1944 wurde M. verhaftet, am 14. September vom VGH zum Tode verurteilt und am selben Tag in Berlin-Plötzensee hingerichtet.

Lit.: H. L. Abmeier: Michael Graf von Matuschka. In: Archiv für schlesische Kirchengeschichte, Band XXX, 1972.

Mayer, Rupert (23. 1. 1876–1. 11. 1945). In Stuttgart geboren, studierte M. bis 1899 in Fribourg (Schweiz), München, Tübingen und am Priesterseminar Rottenburg, wo er auch zum Priester geweiht wurde. 1900 nahm ihn der Jesuiten-Orden auf und entsandte ihn von 1901 bis 1904 zu weiteren Studien nach Vokenberg (Niederlande), danach als Missionar in die Niederlande, nach Deutschland, Österreich und in die Schweiz. 1912 kam er als Seelsorger nach München. Im Ersten Weltkrieg Feld- und Divisionsgeistlicher, erlitt er 1916 eine schwere Verwundung, die zur Amputation eines Beines führte. Seit 1933 wehrte er in München bei Predigten NS-Angriffe ab und setzte sich mit der NS-Kirchenpolitik auseinander. Deswegen erlegte ihm die Gestapo am 7. April 1937 ein reichsweites Redeverbot auf. Da er es mißachtete, nahm sie M. am 5. Juni 1937 in Haft; das Sondergericht München verurteilte ihn am 23. Juli 1937 zu sechs Monaten Gefängnis. Nach weiteren Predigten und trotz Protests des Münchner Erzbischofs Michael Kardinal von Faulhaber mußte M. von Januar bis Mai 1938 erneut eine Haftstrafe im Gefängnis Landsberg am Lech antreten. Nach erneuten Predigten nahm ihn die Gestapo am 3. November 1939 fest und wies ihn am 23. Dezember 1939 ins KZ Sachsenhausen ein. Dort im April 1940 wegen seines schlechten Gesundheitszustandes entlassen, sollte er weiter durch Zwangsaufenthalt in der Abtei Ettal mundtot gemacht werden. Im Mai 1945 nach München zurückgekehrt, rief er zu Friedens- und Neuaufbauwerken auf und starb nach wenigen Monaten an den Folgen der Haft.

Lit.: W. Sandfuß: Pater Rupert Mayer. Würzburg 1984. *D.*

Mertz von Quirnheim, Albrecht Ritter (**25. 3. 1905–20. 7. 1944**). M. absolvierte ab 1923 eine Ausbildung zum Berufsoffizier und war seit einem gemeinsamen Lehrgang an der Kriegsakademie in Berlin mit Claus Schenk Graf von ↑Stauffenberg befreundet. Nach Einsätzen in Polen und Frankreich kam M. im Winter 1941 in das Führerhauptquartier Winniza an der Ostfront, wo er mit Stauffenberg bis zu dessen Versetzung nach Afrika zusammenarbeitete. M. erlebte im Winter 1942/43 an der Ostfront die Niederlage von Stalingrad. Er war seit 1943 mit Hilde Baier verheiratet. Im Juni 1944 trat M. die Nachfolge Stauffenbergs als Chef des Stabes bei General Friedrich ↑Olbricht an. Er gehörte inzwischen dem engsten Kreis um Stauffenberg an und war intensiv an der Vorbereitung der Operation „Walküre", der getarnten Pläne für den Umsturzversuch, beteiligt. Am späten Abend des ↑20. Juli 1944 wurde M., der bis zuletzt versuchte, den militärischen Umsturz zum Erfolg zu führen, mit Stauffenberg, Olbricht und Werner von ↑Haeften im Hof des ↑Bendlerblocks, der Zentrale der Verschwörer, erschossen.

Lit.: S. Wegner-Korfes: Realpolitische Haltungen bei Offizieren der Familien Mertz von Quirnheim, Korfes und Dieckmann. In: Zeitschrift für Militärgeschichte (25), 1986, S. 226ff.

Metzger, Max Josef (**3. 2. 1887–17. 4. 1944**). Der Lehrersohn M. studierte in Freiburg im Breisgau und Fribourg in der Schweiz, promovierte 1910 und wurde 1911 zum Priester geweiht. Nach Kriegsdienst als Divisionspfarrer und Verwundung trat er ab 1916 in Wort und Schrift für einen baldigen Friedensschluß und soziale Verbesserungen ein. 1919 Mitbegründer des Friedensbundes deutscher Katholiken, fand M. Verbindung zur internationalen pazifistischen Bewegung, propagierte auf Tagungen und in seinen Publikationen die ökumenische Friedensidee und die Una-Sancta-Bewegung, die er ins Leben rief. 1927 schuf und leitete er seitdem eine ordensähnliche Gemeinde in Meitingen (Bayern). Obwohl 1934 wegen einer Denkschrift über Verhaltensweisen der katholischen Kirche gegenüber dem NS-Regime erstmals in Haft, 1939 erneut, diskutierte er in oppositionellen Kreisen. Im Oktober 1941 wollte er schriftlich Hitler zum Rücktritt bewegen. Im Frühjahr 1943 entwarf M. ein Programm, das vorsah, nach Bestrafung der Schuldigen und Enteignung des Großgrundbesitzes ein demokratisches und soziales Gemeinwesen, entmilitarisiert und friedliebend, zu schaffen. Als er das Programm nach Schweden bringen lassen wollte, wurde er von der Kurierin, einer Gestapo-Agentin, verraten und am 29. Juni 1943 verhaftet, am 14. Oktober 1943 vom VGH zum Tode verurteilt und in Brandenburg-Görden hingerichtet.

Lit.: K. Drobisch: Wider den Krieg. Dokumentarbericht über Leben und Sterben des katholischen Geistlichen Dr. Max Josef Metzger. Berlin 1970. *D.*

Michaelis, Herbert (**3. 9. 1898–14. 6. 1939**). M., Sohn eines jüdischen Kaufmanns, nahm von 1916 bis 1918 am Ersten Weltkrieg teil. Seit 1928 praktizierte er als Anwalt in Hamburg. Im selben Jahr heiratete er Marie-Luise

Rom, mit der er drei Kinder hatte. M. war seit 1924 Mitglied der KPD und wurde bereits 1933 anonym bei der Staatspolizei deswegen denunziert. Die Ermittlungen blieben jedoch ergebnislos. M. erhielt wegen seiner Herkunft Berufsverbot und wurde kurz darauf wegen eines nicht-politischen Delikts zu einer zweijährigen Haftstrafe verurteilt. Im Lübecker Gefängnis lernte er den Eisendreher Bruno Rieboldt und den Schlosser Dagobert Biermann kennen, die beide nach der Haft auf der Hamburger Werft Blohm & Voß arbeiteten. Durch Rieboldt wurde M. über Rüstungsarbeiten, insbesondere über den Bau von Flugzeugmotoren und Kriegsschiffen bei Blohm & Voß informiert. Es war das Ziel der Widerstandsgruppe um M., das Ausland 1937 über die militärische Einmischung des NS-Staates in den Spanischen Bürgerkrieg zu informieren. Biermann und sein Schwager, der Ewerführer Karl Dietrich, lieferten M. genaue Berichte über die Waffenlieferungen von Januar bis März 1937 nach Spanien. Diese Informationen übergab M. im Januar und Februar 1937 über einen Mittelsmann an einen KPD-Kontaktmann in Basel. Am 26. März 1937 wurde Rieboldt verhaftet, zwei Tage später M. und Biermann. Am 2. März verurteilte der 2. Senat des VGH in Hamburg M. zum Tode. Rieboldt erhielt eine zwölfjährige Zuchthausstrafe, Biermann wurde zu sechs Jahren Zuchthaus verurteilt und Dietrich freigesprochen. Am 14. Juni 1939 wurde M. in Berlin-Plötzensee hingerichtet. Biermann, der zuletzt im Zuchthaus Bremen-Oslebshausen inhaftiert war, wurde nach Auschwitz deportiert, wo er am 22. Februar 1943 ums Leben kam.

Lit.: U. Wamser, W. Weinke (Hrsg.): Ehemals in Hamburg zu Hause. Jüdisches Leben am Grindel. Hamburg 1991, S. 195ff. *R.*

Mierendorff, Carlo (24. 3. 1897–4. 12. 1943). M. nahm am Ersten Weltkrieg als Freiwilliger teil und studierte von 1918 bis 1922 Philosophie und Volkswirtschaft. 1923 promovierte er in Heidelberg über die Wirtschaftspolitik der KPD. M. galt vor 1933 als einer der erbittertsten Gegner der NSDAP und ihres Propagandisten Joseph Goebbels. 1920 trat er der SPD bei, wurde als zuverlässiger und aktiver Sozialdemokrat 1929 Pressechef und einer der engsten Mitarbeiter des hessischen Innenministers Wilhelm ↑Leuschner. 1930 wurde M. in den Reichstag gewählt. Schon 1931 konnte er den Blick der Öffentlichkeit auf die „Boxheimer Dokumente“ lenken, die detaillierte Pläne für einen nationalsozialistischen Staatsstreich enthielten. M. kehrte 1933 trotz vieler Warnungen seiner Freunde von einer Reise aus der Schweiz zurück, wurde verhaftet, mißhandelt und bis 1938 in Konzentrationslagern gequält. Nach seiner Entlassung fand er erneut Verbindungen zu politischen Gesinnungsfreunden, so auch – wie sein Freund Theodor ↑Haubach – zum ↑Kreisauer Kreis, wo M. die sozialpolitische Diskussion entscheidend beeinflußte. Es gelang ihm, die Gegensätze katholischer und sozialistischer Anschauungen zu überbrücken. Im Juni 1943 verfaßte er den Aufruf für eine „Sozialistische Aktion“ als Sammlungsbewegung des Widerstands. Seine Pläne fanden ein plötzliches Ende, als M. am 4. Dezember 1943 in Leipzig während eines alliierten Bombenangriffs ums Leben kam.

Lit.: R. Albrecht: Der militante Sozialdemokrat. Carlo Mierendorff 1897–1943. Eine Biografie. Bonn 1987.

Militäropposition. Nach seiner Regierungsübernahme gelang es Hitler zunächst, die Reichswehrführung für sich zu gewinnen. Die von ihm proklamierte Aufrüstung, die allgemeine Wehrpflicht, die Bekämpfung pazifistischer Strömungen und die grundlegende Revision der Versailler Friedensordnung entsprachen weitgehend den Vorstellungen und Wünschen der meisten deutschen Offiziere. Auch die Ausschaltung der SA in der Mordaktion vom 30. Juni 1934 wurde trotz offensichtlicher Verbrechen von einem großen Teil der hohen militärischen Führung begrüßt, weil sie in dem verachteten nationalsozialistischen Kampfverband eine Konkurrenz für die Reichswehr sah. Die Ermordung der Generale Kurt von Schleicher und Ferdinand von Bredow öffnete nur wenigen Offizieren die Augen. Ende 1937 erkannten einige kritische Offiziere endgültig, daß Hitler zielstrebig einen Krieg in Europa vorbereitete. Sie befürchteten, daß die unausweichliche militärische Niederlage in die nationale Katastrophe führen werde. Die zentrale Gestalt der Militäropposition war der Generalstabschef des Heeres General Ludwig ↑Beck. Er versuchte zunächst, auf die militärischen Entscheidungsprozesse einzuwirken und die Rüstungspolitik in andere Bahnen zu lenken. Es gelang Beck, einzelne Offiziere für einen Staatsstreich gegen Hitler zu gewinnen. Auch nach seiner Demission am 18. August 1938 sammelte Beck weiter militärische und zivile Gegner des Nationalsozialismus um sich. In ständiger Abstimmung mit Carl ↑Goerdeler, dem führenden Kopf der zivilen Widerstandskreise, versuchte Beck, die vielfältigen Motive und Ziele des Widerstands auf die gemeinsame Tat zu lenken. Im Oberkommando des Heeres, in einzelnen Wehrkreiskommandos und im Amt Ausland/Abwehr des Oberkommandos der Wehrmacht fanden sich kleinere Gruppen jüngerer Offiziere zusammen, die ihre Vorgesetzten zur Aktion gegen Hitler bewegen wollten. Ein Kreis in der Abwehr um Hans ↑Oster beschäftigte sich besonders aktiv mit Plänen zur Ausschaltung Hitlers. Zu ihnen stießen auch einzelne Angehörige des Auswärtigen Amtes. Vertraute des Staatssekretärs Ernst von Weizsäcker wollten über die deutsche Botschaft in London eine entschiedene Stellungnahme des britischen Außenministeriums gegen Hitlers Eroberungspläne Europas erwirken. Diese Bemühungen unterstützte Beck, indem er die Wehrmachtsspitze zum gemeinsamen Rücktritt aufforderte, um so einen Angriff deutscher Truppen unmöglich zu machen. Zur gleichen Zeit plante die Widerstandsgruppe um Oster bereits einen Anschlag auf Hitler. Alle Umsturzbemühungen erfuhren jedoch einen schweren Rückschlag, als es Hitler im September 1938 mit dem Münchener Abkommen gelang, die führenden Politiker Europas zur Anerkennung seiner territoralen Forderungen gegenüber der Tschechoslowakei zu bewegen. Als Hitler den Angriff auf Polen vorbereiten ließ, war kritischen Militärs bewußt, daß die Verletzung der polnischen Grenzen einen europäischen Krieg nach sich ziehen mußte. General Franz Halder, der als Nachfolger von Ludwig Beck weiterhin in Verbindung mit den oppositionellen Gruppen um Hans Oster und Hans von ↑Dohnanyi stand, suchte seinen Vorgesetzten, Generaloberst Walther von Brauchitsch, für die Ausschaltung Hitlers zu gewinnen. Als der Oberbefehlshaber des Heeres die geforderte Zusammenarbeit ablehnte, resignierte auch Halder und fügte sich in Hitlers Pläne. Von der deutschen Generalität war kein Umsturz zu erwarten. Unter dem Eindruck deutscher Verbrechen an Polen und Juden wurde vor allem für einige jüngere Offiziere die Frage immer drängender, wie die NS-Diktatur zerstört werden könne. Auch die deutschen Siege über Polen, Frankreich, Norwegen, Jugoslawien und Griechenland brachten sie nicht von ihrem Entschluß zur Tat ab. Eine führende Stellung unter den oppositionellen Offizieren kam Oberst Henning von ↑Tresckow zu, der die Verbindungen des militärischen Widerstands zu Beck und Goerdeler festigte und auch zwischen dem Allgemeinen Heeresamt im Berliner ↑Bendlerblock und der Ostfront vermittelte. Es gelang Tresckow, einige Offizierskameraden zu gewinnen, die bereit waren, ein Attentat auf Hitler unter Einsatz ihres Lebens auszuführen. Verschiedene Attentatsversuche scheiterten infolge unglücklicher und unerwarteter Umstände. Seit Herbst 1943 wurde Claus Schenk Graf von ↑Stauffenberg zentrale Gestalt der Militäropposition. Ihm gelang es gemeinsam mit Friedrich ↑Olbricht und Albrecht Ritter ↑Mertz von Quirnheim, jüngere Offiziere um sich zu scharen, mit denen Attentat und Umsturzversuch vom ↑20. Juli 1944 ausgeführt werden konnten.

Lit.: P. Hoffmann: Widerstand, Staatsstreich, Attentat. Der Kampf der Opposition gegen Hitler. München 1985.

Mittwochs-Gesellschaft. In der Berliner M. trafen sich regelmäßig Gelehrte, Politiker und hohe Verwaltungsbeamte, die in offenem Gespräch wissenschaftliche Fragen erörterten. Unter dem geistigen Druck des totalen Staates wurden einige Mitglieder dieses Kreises bald zu Gegnern des nationalsozialistischen Systems. Ludwig ↑Beck, Ulrich von ↑Hassell, Johannes ↑Popitz und Jens ↑Jessen nutzten die Gesprächsabende häufig, um sich über konspirative Fragen zu verständigen. Neben aktiven Gegnern verkehrten in der M. auch Nationalsozialisten und am politischen Geschehen Unbeteiligte. Prägend war jedoch das geistige Klima des freien Meinungsaustausches, das die Gegner Hitlers immer wieder in ihrem Willen bestärkte, dem nationalsozialistischen Zeitgeist zu widerstehen.

Lit.: K. Scholder (Hrsg.): Die Mittwochs-Gesellschaft. Protokolle aus dem geistigen Deutschland 1932 bis 1944. Berlin 1982.

Moltke, Helmuth James Graf von (11. 3. 1907–23. 1. 1945). Geboren in Schlesien im Haus seines Urgroßonkels, des preußischen Generalfeldmarschalls Helmuth Graf von

Moltke, genoß M. eine Erziehung, die zu einem guten Teil in britischer Tradition stand. Nach mehreren Auslandsaufenthalten während seiner Schulzeit studierte M. seit 1925 in Berlin Rechts- und Staatswissenschaften. Engagiert leitete er in Schlesien ein freiwilliges Arbeitslager für Studenten, Bauern und Industriearbeiter. M., der den demokratischen Kräften seiner Zeit nahestand, verfolgte Hitlers Aufstieg mit offener Kritik. Daher verzichtete er 1933 auf ein Richteramt und ließ sich 1935 als Anwalt in Berlin nieder. Zwischen 1935 und 1938 absolvierte er zudem eine Ausbildung als britischer Rechtsanwalt (Barrister) und plante die Übernahme eines Anwaltsbüros in London, die durch den Kriegsbeginn im September 1939 verhindert wurde. Im selben Monat wurde M. als Kriegsverwaltungsrat in das Amt Ausland/Abwehr des Oberkommandos der Wehrmacht in Berlin verpflichtet. Als Sachverständiger für Kriegs- und Völkerrecht versuchte er, sich gegen Unrecht und Willkür einzusetzen. Besonders engagierte er sich für die humane Behandlung von Kriegsgefangenen und die Einhaltung des Völkerrechts. Bereits 1939 verfaßte M. erste Denkschriften zur politischen Neuorientierung Deutschlands. Anfang 1940 stieß Peter Graf ↑Yorck von Wartenburg zu einer Gruppe von Regimegegnern um M. Er und Yorck wurden zu den führenden Köpfen des daraus entstandenen ↑Kreisauer Kreises und nahmen an den meisten der Beratungen in Berlin und in Kreisau teil. M. versuchte, seine Kontakte zu protestantischen und katholischen Kirchenführern und zu den Führern der politischen sozialdemokratischen Opposition systematisch auszuweiten. Nachdem M. Mitglieder des ↑Solf-Kreises vor einer Gestapo-Überwachung gewarnt hatte und dies entdeckt worden war, wurde er am 19. Januar 1944 verhaftet. Seine Beteiligung an den Staatsstreichplänen wurde erst nach dem ↑20. Juli 1944 bekannt. Am 11. Januar 1945 verurteilte der VGH M. zum Tode. M. wurde in Berlin-Plötzensee hingerichtet.

Lit.: F. v. Moltke, M. Balfour, J. Frisby: Helmuth James von Moltke 1907–1945. Anwalt der Zukunft. Stuttgart 1975.

Monte, Hilda (31. 7. 1914–17. 4. 1945). Die Tochter eines jüdischen Wiener Kaufmanns besuchte in Berlin das Lyceum und publizierte bereits mit 15 Jahren im Berliner Blatt des ↑Internationalen Sozialistischen Kampfbundes (ISK) „Der Funke". 1933 befand sich M. – ihr eigentlicher Name war Hilde Meisel – zu einem Studienaufenthalt in Großbritannien. Über den ISK nahm sie nun von hier aus Verbindungen zu politischen Freunden in Deutschland auf. Sie leistete Kurierdienste, schmuggelte nach Deutschland Literatur und Informationen und verhalf Verfolgten zur Flucht. Der Versuch, mit Hilfe britischer Stellen unter dem Decknamen Helen Harriman 1941 über Lissabon nach Deutschland einzureisten, scheiterte. Bereits im Herbst 1939 hatte sie sich vom ISK entfernt, um mit Waldemar von ↑Knoeringen, Richard ↑Löwenthal u.a. am „Sender der europäischen Revolution" und an den Vorbereitungen für eine „Partei der Revolutionären Sozialisten" mitzuwirken.

Während des Krieges veröffentlichte sie die Novelle „Where Freedom Perished“ und das Buch „The Unity of Europe“, beteiligte sich an deutschsprachigen Sendungen der BBC und hielt Vorträge über Probleme einer Nachkriegsordnung. Gegen Kriegsende kam es zu einer Wiederannäherung an die ISK-Gruppe in Großbritannien. M. begab sich 1944 in die Schweiz, um von hier Kontakte zu Widerstandskreisen in Österreich und Deutschland herzustellen. Bei dem Versuch, die Grenze nach Deutschland zu überschreiten, wurde sie erschossen.

Lit.: W. Röder: Die deutschen sozialistischen Exilgruppen in Großbritannien. Bonn 1973. *A.*

Müller, Eduard (20. 8. 1911–10. 11. 1943). M., aus einer Schuhmacherfamilie in Neumünster stammend und in einfachen Verhältnissen aufgewachsen, erlernte zunächst den Tischlerberuf. Stipendien ermöglichten ihm dann den Besuch eines Gymnasiums und das Studium der Theologie in Münster und am Priesterseminar in Osnabrück. Dort 1939 zum Priester geweiht, wurde er 1940 als Jugendseelsorger nach Lübeck berufen. Mit jungen Katholiken, darunter Soldaten und Wehrpflichtigen, erörterte er die politische und militärische Situation. Dabei verwendete er Informationen britischer Sender und Flugblätter, darunter die Predigten des Bischofs Clemens August Graf von ↑Galen, die er mit dem Vikar Hermann Lange und dem Kaplan Johannes ↑Prassek abhörte und vervielfältigte. Die drei katholischen Seelsorger standen dabei in Verbindung mit dem evangelischen Pfarrer Karl-Friedrich ↑Stellbrink. Am 22. Juni 1942 nach einer Denunziation verhaftet, verurteilte der VGH M. am 23. Juni 1943 zusammen mit Lange, Prassek und Stellbrink zum Tode. Die Hinrichtung erfolgte in Hamburg.

Lit.: E. Pelke: Der Lübecker Christenprozeß. Mainz 1974. *D.*

Müller, Josef (27. 3. 1898–12. 9. 1979). Der Münchener Rechtsanwalt M. war seit 1939 als Offizier in der Münchener Zweigstelle des von Wilhelm Canaris geleiteten Amtes Ausland/Abwehr im Oberkommando der Wehrmacht eingesetzt. Wegen seiner ausgezeichneten Beziehungen innerhalb des katholischen Klerus suchte M. seit 1940 im Auftrag der deutschen Opposition Kontakte zum Vatikan und zu anderen Staaten herzustellen. Über den Privatsekretär des Papstes bemühte er sich, die Alliierten über die Pläne der militärischen Verschwörer zu informieren und deren Unterstützung für den deutschen Widerstand zu bekommen. Anfang April 1943 wurde er mit Hans ↑Oster, Dietrich ↑Bonhoeffer und Hans von ↑Dohnanyi verhaftet. Zusammen mit Randolf von Breidbach-Bürresheim wurde er vor dem RKG beschuldigt, „gröblich entstellte, das Reich schädigende Behauptungen“ aufgestellt und Geheimakten nicht unter Verschluß gehalten zu haben. M. konnte im März 1944 zwar einen Freispruch erlangen, blieb jedoch bis zum Kriegsende in den KZ Flossenbürg und Dachau in Haft. 1946 war M. erster Vorsitzender der neugegründeten CSU, 1947 Justizminister und stellvertretender Ministerpräsident in Bayern. Er starb 1979.

Lit.: J. Müller: Bis zur letzten Konsequenz. München 1975. *H.*

Müller, Otto (9. 12. 1870–12. 10. 1944). M. wurde 1894 zum Priester geweiht und setzte sich für eine christliche Arbeiterbewegung ein. 1918 wurde er Präsident des Westdeutschen Verbandes der Katholischen Arbeiterbewegung und gehört zwischen 1919 und 1933 als Abgeordneter des Zentrums den Stadträten von Mönchengladbach und Köln an. M. war zunächst davon überzeugt, das Reichskonkordat biete eine sichere Grundlage für die Tätigkeit seiner Kirche, wendete sich jedoch bald gegen die Eingabenpolitik der Bischöfe und verlangte eine deutliche Stellungnahme der katholischen Kirche gegen die Rechtsverletzungen des nationalsozialistischen Staates. Schon vor Beginn des Zweiten Weltkriegs hatte M. Kontakt zu den Kreisen der militärischen Opposition und stellte später das Ketteler-Haus in Köln für Gespräche einzelnen Regimegegnern zur Verfügung. Zusammen mit Jakob ↑Kaiser, Nikolaus ↑Groß und Bernhard ↑Letterhaus beteiligte er sich an den Plänen für eine Neuordnung Deutschlands. Nach dem gescheiterten Attentat vom ↑20. Juli 1944 verhaftete die Gestapo die Kölner Verschwörer. M. wurde im Polizeikrankenhaus in Berlin-Tegel schwer erkrankt festgehalten und starb dort.

Lit.: J. Aretz: Otto Müller (1870–1944). In: J. Aretz, R. Morsey, A. Rauscher: Zeitgeschichte in Lebensbildern. Aus dem deutschen Katholizismus des 19. und 20. Jahrhunderts. Bd. 3. Mainz 1979, S. 191 ff.

Münzenberg, Willi (14. 8. 1889–Juni 1940). Der in Erfurt geborene M. kehrte 1918 aus der Schweiz zurück und trat 1919 der KPD bei, war von 1919–1921 Sekretär der Kommunistischen Jugendinternationale, organisierte 1921 Hilfsmaßnahmen für das hungernde Rußland und stand bis 1933 der Internationalen Arbeiterhilfe vor. M. baute mit Hilfe der Komintern ein breitgefächertes kommunistisches Medienunternehmen auf. Im ZK der KPD gehörte er bis 1932 zu den Vertretern einer ultralinken Politik. Nach dem Reichstagsbrand floh M. nach Frankreich und erhielt durch Vermittlung von Henri Barbusse politisches Asyl. Er gründete einen Verlag und veröffentlichte aufsehenerregende „Braunbücher" über den Reichstagsbrand und den Hitlerterror. 1935 ergriff M. die entscheidende Initiative zur Gründung einer deutschen ↑Volksfront gegen den Nationalsozialismus, der Vertreter unterschiedlicher Parteien angehörten. Meinungsverschiedenheiten mit der KPD-Führung in Moskau und Auseinandersetzungen mit Walter Ulbricht führten 1938 zu einem Bruch mit der KPD. M. trat für einen freiheitlichen Sozialismus und soziale Demokratie ein und lehnte die Diktatur des Proletariats ab. Er war Gegner des deutsch-sowjetischen Nichtangriffspaktes. In einem französischen Internierungslager festgehalten, floh er im Juni 1940 beim Vorrücken der deutschen Truppen. Er kam auf bisher ungeklärte Weise ums Leben.

Lit.: B. Groß: Willi Münzenberg. Leipzig 1991. – D. Kerbs, W. Uka: Willi Münzenberg. Berlin 1988. C.

Nationalkomitee „Freies Deutschland“ (NKFD). Am 13. Juli 1943 wurde auf Initiative der sowjetischen Führung im Kriegsgefangenenlager Krasnogorsk nahe Moskau das N. gegründet. Es sollte zum Sturz des NS-Regimes aufrufen und wurde zum Mittel sowjetischer Politik, aber auch der Beeinflussung von Kriegsgefangenen. Zu seinen Mitgliedern gehörten neben führenden Vertretern der deutschen kommunistischen Emigranten in Moskau deutsche Kriegsgefangene aus mehreren Mannschafts- und Offizierslagern. Das Gründungsmanifest des N. knüpfte an die ↑Volksfrontbestrebungen der dreißiger Jahre an mit dem Ziel, Regimegegner ganz unterschiedlicher Herkunft und politischer Orientierung anzusprechen. Der Aufruf fand bei den deutschen Truppen jedoch nicht die erwünschte Resonanz. Auch unter den Gefangenen waren die Versuche, aus den Lagern das Regime Hitlers zu bekämpfen, sehr umstritten. Für manche bedeutete die Unterstützung der Rückzugs- und Umsturzforderungen „Verrat“; andere empfanden sich trotz aller inneren Vorbehalte gegenüber dem NS-Regime als „eidtreu“. Durch Flugblätter und andere Propagandamittel versuchte das N., die Front zu „zersetzen“; „Frontbeauftragte“ riefen über Lautsprecher ihre Kameraden aus der Wehrmacht zum Überlaufen auf, einzelne kämpften in der Roten Armee. Das Nationalkomitee sollte nach außen ein breites Bündnis von Regimegegnern verkörpern. Dennoch war der Einfluß führender kommunistischer Emigranten wie Wilhelm Pieck, Walter Ulbricht, Edwin Hoernle und Wilhelm Florin außergewöhnlich groß. Ihnen gelang es seit Sommer 1944 zunehmend, das Nationalkomitee zu einem Sprachrohr sowjetischer Politik zu machen. Mit dem militärischen Vormarsch verlor das NKFD für die Sowjetunion ab 1944 seine Bedeutung und wurde im Herbst 1945 aufgelöst. Nach 1945 erfuhr das N. in der DDR und der Bundesrepublik eine unterschiedliche Rezeption; vielfach wurde erst in den letzten Jahren das N. als Bestandteil des Kampfes gegen den Nationalsozialismus von außen akzeptiert.

Lit.: B. Scheurig: Verräter oder Patrioten. Das Nationalkomitee „Freies Deutschland“ und der Bund deutscher Offiziere in der Sowjetunion 1943–1945. Berlin und Frankfurt am Main 1993. – E. Bliembach (Hrsg.): Flugblätter des Nationalkomitees „Freies Deutschland“. Berlin 1989.

Neubauer, Theodor (12. 12. 1890–5. 2. 1945). N., als Sohn eines Gutsinspektors in einem konservativen Elternhaus aufgewachsen, studierte Geschichte und neuere Fremdsprachen in Brüssel, Jena und Berlin. Nach der Promotion in Jena 1913 wurde er Lehrer, meldete sich freiwillig bei Beginn des Ersten Weltkriegs als Soldat und kehrte ohne Illusionen über den Kriegsausgang 1917 zurück. 1919 ging er zunächst zur Deutschen Demokratischen Partei, wechselte zur USPD und schloß sich mit ihrem linken Flügel 1920 der KPD an. Von 1921 bis 1924 war er thüringischer Landtagsabgeordneter, 1923 auch Staatsrat in der Thüringer Regierung. Von 1924 bis 1933 vertrat er die KPD im Reichstag und galt als ihr erziehungspolitischer Sprecher. Seit 1930 lebte N. in Berlin, wurde im August 1933 erstmals verhaftet und im Herbst 1934 zu einer längeren Gefängnisstrafe verurteilt. Anschließend war er in den KZ Columbia-Haus, Lichtenburg und Buchenwald inhaftiert. Erst im Sommer 1939 wurde N. entlassen und lebte seitdem bei seiner Familie in Tabarz/Thüringen. Er suchte Verbindung zu politischen Freunden und arbeitete seit Anfang 1942 mit Magnus ↑Poser zusammen. Sie verbreiteten Flugblätter wie „Hitlers Krieg ist verloren" und „Analyse der gegenwärtigen Lage". Um N. und Poser bildete sich die größte kommunistische Widerstandsgruppe in Mitteldeutschland. Im Juli 1944 wurde N. verhaftet, am 5. Januar 1945 vom VGH zum Tode verurteilt und in Brandenburg-Görden hingerichtet.

Lit.: F. Hammer: Theodor Neubauer. Aus seinem Leben. Berlin (Ost) 1970 (3. Aufl.).

Neubauer-Organisation. In Thüringen und Sachsen bildeten sich 1942 kleine Widerstandsgruppen um die ehemaligen kommunistischen Reichstagsabgeordneten Theodor ↑Neubauer und Magnus ↑Poser. Bis 1939 inhaftiert, suchten diese zunächst Verbindung zu Parteifreunden in ihrer unmittelbaren örtlichen Umgebung, weiteten anschließend aber ihren regionalen Wirkungskreis aus. Schließlich konnten sie in Kontakt mit kommunistischen Widerstandsorganisationen in Berlin und in anderen Teilen des Reiches treten. Sie wandten sich durch Flugblätter an die Bevölkerung ihrer Umgebung und daneben auch an Kriegsgefangene und bildeten kleine Betriebsgruppen. In ihren politischen Zielen orientierten sie sich dabei vielfach an den Forderungen des ↑Nationalkomitees „Freies Deutschland", die sie durch Sendungen des Moskauer Rundfunks kennenlernten. Seit Herbst 1943 wurden von der N. fünf verschiedene Flugblätter mit einer Auflage bis etwa 1500 Exemplare hergestellt und verteilt. Der Flugblattentwurf „Ihr wißt ..." spiegelte die Furcht vieler Deutscher vor der militärischen Niederlage. Die N. erinnerte an die nationalsozialistischen Gewaltverbrechen in den besetzten Gebieten Europas und an den Völkermord an den Juden Europas. Als es Neubauer und ↑Poser gelang, eine illegale Drukkerei in einer Jenaer Reparaturwerkstatt einzurichten, gewannen sie den Chemigraphen Johann Reitmeier für die Herstellung von Druckvorlagen. Der Text wurde verkleinert auf eine Druckplatte übertragen. Das Flugblatt „Hitlers Krieg ist verloren" wurde in 1500 Exemplaren, die „Analyse der gegenwärtigen Lage" in 700 Exemplaren hergestellt und verteilt. Neubauer arbeitete im Frühjahr 1944 immer enger mit der Berliner Widerstandsorganisation um Anton ↑Saefkow, Franz ↑Jacob und Bernhard ↑Bästlein zusammen, in die schließlich Gestapo-Spitzel eingeschleust wurden. Wenige Tage nach der Festnahme von Saefkow und Franz Jacob, fiel Neubauer in die Hände der Gestapo. Viele Angehörige der N. wurden verhaftet und zum Tode verurteilt.

Lit.: F. Hammer: Theodor Neubauer. Aus seinem Leben. Berlin (Ost) 1970 (3. Aufl.).

Neu Beginnen. Auf Initiative von Walter ↑Loewenheim entstand 1929 die „Leninistische Organisation“ (LO), auch als „Organisation“ (ORG) bezeichnet, deren Mitglieder sich aus kritischen oder aus der Partei ausgeschlossenen Sozialdemokraten und Kommunisten zusammensetzten. Sie griffen auf Lenins Vorstellungen einer Kaderpartei zurück und organisierten sich für den Fall einer nationalsozialistischen Machtübernahme bereits 1932 konspirativ. Im September 1933 erschien in Karlsbad unter dem Pseudonym „Miles“ eine Schrift von Walter ↑Loewenheim mit dem Titel „Neu Beginnen“, die inner- und außerhalb Deutschlands große Beachtung fand und der ORG ihren Namen gab. Schwerpunkt der illegalen Arbeit der Gruppe, nur bis Ende 1934 finanziell von der ↑Sopade unterstützt, waren Schulungen und das Sammeln und Verbreiten von Berichten und Informationen aus Deutschland, die illegal mit Kurieren ins Ausland gebracht wurden. Die Leitung des Auslandssekretariats übernahm Karl Frank. Walter Loewenheim war führendes Mitglied der Reichsleitung. Seine Auffassung, die illegale Arbeit in Deutschland einzustellen und die besten Kader ins Ausland zu schicken, um dort den Faschismus zu verhindern, wurde kritisiert und führte zu seiner Absetzung im Juni 1935. Richard ↑Löwenthal wurde sein Nachfolger. Viele Mitglieder wurden Ende 1935 verhaftet. Die 1937 begonnene Zusammenarbeit von N. mit der Berliner Volksfrontgruppe wurde im Herbst 1938 durch eine weitere Verhaftungswelle beendet. Im Sommer 1939 wurde die Exilzentrale von N. von Prag nach London verlegt. Hier setzten sich Karl Frank, Richard Löwenthal und Waldemar von ↑Knoeringen in einer aus etwa 20 Mitgliedern bestehenden Gruppe während des Krieges für die Weiterführung von selbständigen N.-Gruppen im Ausland und für den Kontakt zu Widerstandsgruppen in Deutschland ein und vollzogen allmählich eine ideologische Annäherung an die Sozialdemokratie.

Lit.: R. Löwenthal: Die Widerstandsgruppe „Neu Beginnen“. Hrsg. von der Gedenkstätte Deutscher Widerstand. Berlin 1985. – W. Loewenheim: Geschichte der Org. (Neu Beginnen) 1929–1935. Eine zeitgenössische Analyse. Hrsg. von J. Foitzik. Berlin 1994. *A.*

Neuordnungspläne. Widerstand läßt sich nicht nur als Auflehnung gegen eine als Willkür empfundene Ordnung rechtfertigen, sondern hat die Wiederherstellung einer neuen politischen Ordnung zum Ziel. Nach 1933 ließen sich vielfältige Neuordnungspläne feststellen. Regimegegner, die aus der Tradition der Arbeiterbewegung handelten, wollten ihren Widerstand nicht nur als Reaktion auf den NS-Staat rechtfertigen, sondern beanspruchten auch, als Folge ihrer Auflehnung die in der Weimarer Republik nicht ganz verwirklichten sozialen Zielvorstellungen durchzusetzen. Die Ziele waren entsprechend vielfältig und reichten vom Versuch, eine Einheitsgewerkschaft zu schaffen, über die Absicht, Sozialismus und Demokratie besser als nach 1918 zu verbinden, bis zum Ziel, die Voraussetzungen für eine Ordnung zu schaffen, die sich an der sowjetischen Verfassung und den Zielen Stalins orientierte. Die

Neuordnungspläne des militärischen und bürgerlichen Widerstands wurden einerseits durch Ludwig ↑Beck und Carl ↑Goerdeler im nationalkonservativen Sinn beeinflußt, andererseits durch die Mitglieder des ↑Kreisauer Kreises und die jüngeren Regimegegner entscheidend durch den Versuch einer Verbindung von konservativen, sozialreformatorischen, liberalen und sozialdemokratischen Gedanken geprägt. Prinzipien der Selbstverwaltung und des Rechtsstaats wurden mit den Grundsätzen der katholischen Soziallehre verbunden. Innerhalb der Gesellschaft sollten Kultur, Kirche, Wissenschaft als autonome Bereiche gestärkt werden; im Hinblick auf Wahlrecht, Parlament und Regierung fanden sich unterschiedliche Vorstellungen, die sich nur schwer in Deckung bringen ließen. Unbestritten war aber, daß diktatorische Verhältnisse beseitigt, föderative Grundprinzipien realisiert, eine einheitliche Vertretung der Arbeitnehmer geschaffen und die „Rechtsschänder" bestraft werden sollten. Auf diese Weise sollten auch die Strukturen nationalsozialistischer Gewaltherrschaft überwunden werden. Außenpolitisch sollte Deutschland nicht mehr als Hegemonialmacht die Herrschaft über Europa anstreben, sondern innerhalb Europas in Abstimmung mit anderen Staaten Frieden und Zusammenarbeit sichern. Wirtschaftspolitisch konkurrierten lange Markt- und Planwirtschaftler miteinander. Die alliierte Forderung nach der bedingungslosen deutschen Kapitulation empfanden die Angehörigen des deutschen Widerstands als schwere Belastung ihrer Planungen für die Zeit nach dem Umsturz.

Lit.: J. Schmädeke, P. Steinbach (Hrsg.): Der Widerstand gegen den Nationalsozialismus und die deutsche Gesellschaft. München 1985.

Neutert, Eugen (**19. 3. 1905–9. 9. 1943**). Nach Beendigung seiner Elektrikerlehre wanderte N. im Herbst 1923 nach Brasilien aus und kehrte 1926 nach Deutschland zurück. Er trat der KPD bei. 1928 wurde N. wegen seiner politischen Tätigkeit von der Berliner Elektrizitätsgesellschaft gemaßregelt und entlassen. Daraufhin absolvierte er eine Ausbildung zum Masseur und machte sich 1930 in Berlin-Hermsdorf selbständig, wo er bis zu seiner Verhaftung im September 1936 zusammen mit rund 30 Kommunisten und Sozialdemokraten Widerstandsaktionen durchführte. Er wurde vom VGH zu zweieinhalb Jahren Zuchthaus verurteilt, die er in den Strafanstalten Brandenburg und Amberg in Bayern verbringen mußte. Nach seiner Haftentlassung fand er im Berliner Eternit-Werk Anschluß an einen Kreis von Kommunisten, die Kontakt zu der Widerstandsorganisation um Robert ↑Uhrig hatten. Weitere Verbindungen bestanden zu Beppo ↑Römer. Hans ↑Coppi brachte N. im Herbst 1941 in den Kreis um den Schauspieler Wilhelm ↑Schürmann-Horster. N. beschaffte eine Schreibmaschine und Wachsmatrizen. Er beteiligte sich an den Diskussionen der Gruppe sowie an der Herstellung und Verbreitung von illegalen Schriften. Am 23. Oktober 1942 wurde N. erneut verhaftet, im August 1942 vom VGH zum Tode verurteilt und in Plötzensee hingerichtet.

Lit.: H.-R. Sandvoß: Widerstand in Pankow und Reinickendorf. Hrsg. von der Gedenkstätte Deutscher Widerstand. Berlin 1992. *C.*

Niekisch, Ernst (25. 5. 1889–23. 5. 1967). N., vormaliger Sozialist und Mitglied der Räteregierung in München 1918/1919, entwickelte in den zwanziger Jahren eine nationalrevolutionäre Weltanschauung, die nationalistische und sozialistische Zielsetzungen miteinander zu verbinden suchte. N. war seit 1926/27 Herausgeber der Zeitschrift „Widerstand". Als der Kreis um N. um 1930 Zulauf aus dem Bund Oberland um Beppo ↑Römer erhielt, nahm die „Widerstandsbewegung" organisatorische Gestalt an. Kontakte reichten zu Sozialdemokraten, Kommunisten und Gewerkschaftern, aber auch zu oppositionellen Militärs, Polizeikräften und Geistlichen. Nach der Machtübernahme wurde der „Widerstand" zum Sammelpunkt der nationalrevolutionären Opposition gegen Hitler, deren geistiges Haupt N. war. Der Versuch, durch Kontakte zu Römer und dem zur KPD übergetretenen Reichswehroffizier Scheringer eine nationalrevolutionäre Anti-Hitler-Front zu bilden, führte allerdings nicht zum Erfolg. Am 22. März 1937 wurde N. wegen seiner unermüdlich verfaßten Betrachtungen über das „Dritte Reich" verhaftet und im Januar 1939 vom VGH zusammen mit Joseph ↑Drexel und Karl Tröger zu lebenslänglichem Zuchthaus verurteilt. 1945 wurde er in schlechter gesundheitlicher Verfassung aus dem Zuchthaus Brandenburg-Görden befreit. Nach dem Krieg blieb ihm eine Anerkennung als Widerstandskämpfer und Opfer des Nationalsozialismus versagt. N. starb 1967.

Lit.: E. Niekisch: Gewagtes Leben. Begegnungen und Begebnisse. Köln 1958. – Rückkehr unerwünscht. Joseph Drexels „Reise nach Mauthausen" und der Widerstandskreis Ernst Niekisch. Hrsg. von W. R. Beyer. München 1978. *H.*

Niemöller, Martin (14. 1. 1892–6. 3. 1984). In Westfalen in einem Pfarrhaus kaisertreu und deutsch-national erzogen, wurde N. 1910 Marineoffizier und kommandierte im Ersten Weltkrieg ein U-Boot. Ab 1919 studierte er Theologie in Münster. Seit seiner Ordination 1924 fungierte er als Geschäftsführer der Inneren Mission in Westfalen und war seit 1931 Gemeindepfarrer in Berlin-Dahlem. Zunächst die NSDAP unterstützend, dann tolerierend, geriet er bald mit ihr in Konflikt, als sie die Gewaltherrschaft etablierte. Im Herbst 1933 rief er dazu auf, einen ↑Pfarrernotbund zu schaffen, der sich gegen die Ausgrenzung von Christen jüdischer Herkunft aus dem kirchlichen Leben und gegen die Verfälschung biblischer Lehre durch die nationalsozialistischen Deutschen Christen wehren sollte. Daraus ging die ↑Bekennende Kirche hervor, zu deren aktivsten Köpfen er zählte. Im März 1934 verhängte das Regime über ihn ein zeitweiliges Redeverbot und ließ ihn ein Jahr später zusammen mit mehreren hundert Pfarrern verhaften, weil sie sich gegen Angriffe des NS-Ideologen Alfred Rosenberg gewandt hatten. Am 1. Juli 1937 wurde N. erneut von der Gestapo festgenommen. Am 7. Februar 1938 verurteilte ein Berliner Gericht

N. zu neun Monaten Festungshaft, die durch die Untersuchungshaft verbüßt war. Am nächsten Tage brachte die Gestapo N. jedoch ins KZ Sachsenhausen, wo er sofort in Isolierhaft kam. Am 11. Juli 1941 wurde N. in das KZ Dachau verlegt. Gegen seine Verhaftung sowie die Einweisung ins Lager protestierten zahlreiche Geistliche und Gläubige. Vielerorts im Ausland sah man in N. ein Zeugnis des ungebrochenen Willens, der Gewaltherrschaft zu widerstehen. Nachdem N. am 30. April 1945 befreit worden war, hatte er nach Kriegsende maßgeblichen Einfluß auf das Stuttgarter Schuldbekenntnis der evangelischen Kirche vom 19. Oktober 1945 und war von 1947 bis 1965 Kirchenpräsident von Hessen und Nassau.

Lit.: J. Bentley: Martin Niemöller. Eine Biographie. München 1985. – H. Mochalski (Hrsg.): Der Mann in der Brandung. Frankfurt am Main 1962. *D.*

Oertzen, Hans Ulrich von (6. 3. 1915–21. 7. 1944). O. absolvierte Mitte der dreißiger Jahre eine Generalstabsausbildung in der Wehrmacht und wurde während des Zweiten Weltkriegs rasch befördert. 1943 kam er als Major im Generalstab und Ausbildungsoffizier (I d) zum Stab der Heeresgruppe Mitte unter Henning von ↑Tresckow, der nach einer Möglichkeit suchte, Hitler durch ein Attentat zu töten. Zusammen mit ↑Stauffenberg, dem Chef des Stabes im Allgemeinen Heeresamt in Berlin, arbeitete O. an der „Walküre"-Planung mit. Am Tag des Umsturzes stand er als Verbindungsoffizier für den Wehrkreis III (Berlin) zur Verfügung. O. gab am 20. Juli 1944 die ersten „Walküre"-Befehle weiter. Einen Tag nach dem Scheitern des Attentats wurde er im Gebäude des Wehrkreiskommandos Berlin von den dort tätigen Offizieren verhört, konnte jedoch vor dem Eintreffen der Gestapo sich mit einer Sprenggranate selbst töten.

Lit.: P. Hoffmann: Widerstand, Staatsstreich, Attentat. Der Kampf der Opposition gegen Hitler. München 1985.

Olbricht, Friedrich (4. 10. 1888–20. 7. 1944). Nach dem Abschluß seiner Ausbildung zum Generalstabsoffizier, die durch den Ersten Weltkrieg unterbrochen worden war, wurde O. 1926 in das Reichswehrministerium in die Abteilung „Fremde Heere" berufen und kam 1933 als Stabschef nach Dresden. Er war verheiratet mit Eva Koeppel, mit der er eine Tochter und einen Sohn hatte. Im März 1940 wurde O. zum Chef des Allgemeinen Heeresamtes beim Oberkommando des Heeres in Berlin ernannt und war in Personalunion seit 1943 auch Chef des Wehrersatzamtes beim Oberkommando der Wehrmacht. Er betrieb in Abstimmung mit zivilen Oppositionsgruppen um Ludwig ↑Beck und Carl ↑Goerdeler seit 1942 die Ausarbeitung der ↑„Walküre"-Pläne, um den Verschwörern die Übernahme der vollziehenden Gewalt zu ermöglichen. Im Herbst 1943 forderte er ↑Stauffenberg als Stabschef für sein Amt an, bis dieser im Juni 1944 zum Befehlshaber des Ersatzheeres General Fromm wechselte. Als am 20. Juli 1944 das mehrfach verschobene Attentat auf Hitler stattfand, löste O. am Nachmittag in Berlin den „Walküre"-Alarm aus. Nach dem Scheitern des

Umsturzversuches wurde er noch in der Nacht im Hof des ↑Bendlerblocks zusammen mit Stauffenberg, ↑Mertz von Quirnheim und Werner von ↑Haeften erschossen.

Lit.: F. Georgi: Soldat im Widerstand. General der Infanterie Friedrich Olbricht. Berlin und Hamburg 1989. – H. P. Page: General Friedrich Olbricht. Ein Mann des 20. Juli. Bonn 1992.

Operation „Walküre“. Nachdem die Verschwörer um Claus Schenk Graf von ↑Stauffenberg Ende 1943 erkannt hatten, daß die militärische Führung nicht zum gemeinsamen Handeln veranlaßt werden konnte, richteten sich ihre Bemühungen auf drei Ziele: die Ausschaltung Hitlers, die Erlangung der militärischen Befehlsgewalt und die Übernahme der Regierungsverantwortung in Deutschland. Sie stützten sich auf Pläne, die unter der Bezeichnung O. zur Niederschlagung von inneren Unruhen und Aufständen von Zwangsarbeitern entwickelt worden waren. Dabei sollten die vollziehende Gewalt und die militärische Führung auf den Befehlshaber des Ersatzheeres übergehen. Die O. wurde im Allgemeinen Heeresamt von Friedrich ↑Olbricht zusammen mit Albrecht Ritter ↑Mertz von Quirnheim und Stauffenberg erarbeitet. Margarete von Oven, die bereits 1933 als Sekretärin für General Kurt Freiherr von Hammerstein-Equord und später auch für Generaloberst Werner Freiherr von Fritsch arbeitete, schrieb gemeinsam mit Erika von Tresckow und Ehrengard Gräfin von der Schulenburg die Entwürfe nieder und fertigte die Reinschriften an. Die O. bot den Verschwörern eine fast perfekte Tarnung. Den in Marsch zu setzenden Einheiten sollte der Eindruck vermittelt werden, nach Hitlers Tod hätten sich hohe Nationalsozialisten staatsstreichartig des Staates bemächtigen wollen. Deshalb müßten wichtige Schaltstellen der Macht, vor allem in der Reichshauptstadt Berlin, von Wehrmachtverbänden abgesperrt und notfalls auch gegen SS-Einheiten verteidigt werden. In den einzelnen Wehrkreisen sollten Truppenverbände des Ersatzheeres ebenfalls wichtige Verwaltungs- und Parteistellen besetzen. Olbricht löste die O. bereits am 15. Juli 1944 in der Erwartung eines Anschlags auf Hitler aus und setzte Truppen aus nahe gelegenen Garnisonen nach Berlin in Marsch. Als der Anschlag ausblieb gelang es ihm, diese Operation nach wenigen Stunden zu stoppen und als Übungsalarm darzustellen. Am Nachmittag des ↑20. Juli 1944 entschied sich Olbricht erneut, die O. einzuleiten. In Berlin und der näheren Umgebung setzten sich erste Verbände auf Befehl des Berliner Stadtkommandanten General Paul von ↑Hase in Marsch. Schon bald schöpften nationalsozialistische Offiziere Verdacht. Die O. konnte in Berlin nicht planmäßig ablaufen. Nur wenige Einheiten erreichten die vorgesehenen Standorte. Reichspropagandaminister Joseph Goebbels gelang es mit der Hilfe nationalsozialistischer Offiziere überraschend schnell, das Gesetz des Handelns an sich zu reißen. Im Allgemeinen Heeresamt gingen einige Generalstabsoffiziere, die nicht eingeweiht worden waren, gegen die Verschwörer vor. Die wenigen Truppen, die dem Befehl der Verschwörer gefolgt waren, kehrten am Abend in ihre Kasernen zurück. Damit war die O. gescheitert.

Lit.: P. Hoffmann: Widerstand, Staatsstreich, Attentat. Der Kampf der Opposition gegen Hitler. München 1985.

Oster, Hans (9. 8. 1887–9. 4. 1945). O. nahm als Generalstabsoffizier am Ersten Weltkrieg teil und wurde anschließend in die Reichswehr übernommen, die er 1932 aus persönlichen Gründen verließ. Er arbeitete in den folgenden Jahren zunächst als Zivilangestellter im Amt Abwehr des Reichswehrministeriums und war verheiratet mit Gertrud Knoop, mit der er eine Tochter und zwei Söhne hatte. Im Januar 1935 wurde Wilhelm Canaris neuer Abwehrchef und ließ O. als Offizier reaktivieren. O. war bereits im Herbst 1938 an der Planung eines Umsturzversuchs durch die militärische Opposition beteiligt. 1940 informierte er heimlich den niederländischen Militärattaché in Berlin über den bevorstehenden Überfall deutscher Truppen auf die Niederlande. Obwohl 1941 zum Generalmajor und zum Chef des Stabes im Amt Ausland/Abwehr befördert, mußte O. 1943 wegen einer angeblichen Devisenaffäre seinen Abschied nehmen. Die Verschwörer planten, ihn nach einem gelungenen Umsturz zum Präsidenten des Reichskriegsgerichts zu machen. O. wurde am 21. Juli 1944 verhaftet, am 8. April 1945 von einem SS-Standgericht im KZ Flossenbürg auf Befehl Hitlers zum Tode verurteilt und einen Tag später ermordet.

Lit.: R. G. von Thun-Hohenstein: Der Verschwörer. General Oster und die Militäropposition. München 1984.

Paetel, Karl O. (23. 11. 1906–4. 5. 1975). In den zwanziger Jahren gehörte P. zur Führung des „Bundes der Köngener“ und der „Freischar“ in Berlin. In Frontstellung zur NSDAP und in kritischer Distanz zur KPD versuchte er nach 1930, eine national- und sozialrevolutionäre Bewegung unter Einschluß „linker“ NSDAP-Kreise und oppositioneller Kommunisten zu schaffen. P. war ein nationalrevolutionärer Protagonist der deutschen Jugendbewegung. Nach 1933 mehrmals verhaftet, gab er noch bis Mitte 1934 einen Zeitschriftendienst heraus. Er vereinte einen Kreis politisch unterschiedlicher Gegner des NS-Regimes um sich und beteiligte sich an der Herausgabe einer getarnt bündischen Zeitschrift „Wille zum Reich“. Anfang 1935 mußte P. emigrieren. Er arbeitete an verschiedenen Zeitschriften mit, hatte Verbindungen zur Gruppe ↑Neu Beginnen, zum ↑ISK, zu Willi ↑Münzenberg und Kontakte zu illegalen bündischen Gruppen in Deutschland. 1937 und 1938 wandte er sich mit den „Schriften der jungen Generation“ an die Hitler-Jugend. Er setzte sich für eine „Front deutscher Sozialisten“ als Bündnis der marxistischen und nichtmarxistischen Linken ein. 1940 floh P. in den unbesetzten Teil Frankreichs und von dort aus in die USA. Trotz späterer reger publizistischer Tätigkeit in der Bundesrepublik und enger Verbindung zu ehemaligen bündischen Kreisen blieb er nach 1945 in den USA.

Lit.: K. O. Paetel: Reise ohne Uhrzeit. Autobiographie. London und Worms 1982. – F.-J. Wehage: Karl Otto Paetel. Leben und Wirken eines Literaturkritikers. Mit einer umfassenden Bibliographie seiner Publikationen. Bern 1984. *C.*

Partisanen. In den von Deutschland besetzten Ländern entwickelten sich im Verlauf des Zweiten Weltkrieges militärische Widerstandsgruppen gegen die deutschen Besatzungstruppen. Nach dem raschen Vormarsch der deutschen Wehrmacht traten P.-Einheiten als irreguläre Kampfformationen gegen einen zunächst übermächtigen Gegner in Erscheinung, der durch Kriegsverbrechen, Geiselerschießungen und die Behandlung der Kriegsgefangenen alle Regeln des Kriegsvölkerrechts gröblich verletzte. P. stellten oftmals soziale und politisch-ideologische Differenzen hinter das Ziel der Überwindung der Besatzungsmacht zurück. Ihr Widerstand reichte von politischer Aufklärungsarbeit über Sabotageakte bis hin zum aktiven militärischen Kampf, dem sich vereinzelt auch deutsche Überläufer anschlossen. Den P. gelang so – von den Alliierten materiell und logistisch unterstützt – vielfach die Behinderung deutscher Gegen- und Rückzugsmanöver oder die Bindung großer deutscher Truppenkontigente. Das NS-Regime reagierte mit harten Vergeltungsmaßnahmen, die sich auch gegen die unbeteiligte Zivilbevölkerung richteten.

Lit.: G. Schulz (Hrsg.): Partisanen und Volkskrieg. Zur Revolutionierung des Krieges im 20. Jahrhundert. Göttingen 1985. – H. Münkler (Hrsg.): Der Partisan. Theorie, Strategie, Gestalt. Köln 1990. *H.*

Paul, Elfriede (14. 1. 1900–30. 8. 1981). Nach dem Ersten Weltkrieg schloß sich P. der Freideutschen Jugend an. 1921 trat sie der KPD bei. Sie arbeitete als Lehrerin in Hamburg und leitete bis 1928 ein Kinderheim. 1933 beendete sie ein Medizinstudium in Berlin und ließ sich 1936 als Ärztin in Berlin-Wilmersdorf nieder. Durch den Bildhauer Kurt ↑Schumacher, mit dem sie seit den zwanziger Jahren befreundet war, lernte sie ihren späteren Lebensgefährten Walter Küchenmeister kennen. Er bezog sie in den Widerstandskreis um Harro ↑Schulze-Boysen ein. Ihre Praxis war ein Treffpunkt für dessen Mitglieder. Sie beteiligte sich an politischen Diskussionen, unterstützte die Widerstandsaktivitäten ihrer Freunde, so die Flucht von Rudi Bergtel in die Schweiz, und gewann neue Mitstreiter. Am 16. September 1942 wurden P., Walter Küchenmeister und dessen 16jähriger Sohn Rainer verhaftet. P. wurde am 6. Februar 1943 vom RKG zu 6 Jahren Zuchthaus, Walter Küchenmeister zum Tode verurteilt. Nach der Befreiung im Mai 1945 aus dem Zuchthaus Leipzig-Kleinmeusdorf übernahm sie 1946 für die KPD das Ministerium für Aufbau, Arbeit und Wohlfahrt des Landes Hannover. 1947 übersiedelte sie nach Ost-Berlin und leitete ab 1956 das Institut für Sozialhygiene an der Medizinischen Akademie Magdeburg.

Lit.: E. Paul: Ein Sprechzimmer der Roten Kapelle. Berlin 1981. *C.*

Pechel, Rudolf (30. 10. 1882–28. 12. 1961). Nach dem Abitur trat P. 1901 als Seekadett in die kaiserliche Marine ein, die er bald verließ, um Germanistik zu studieren. Nach seiner Promotion arbeitete P. für verschiedene Literaturzeitschriften. Im Ersten Weltkrieg diente er als Marineoffizier und meldete sich 1917 zu den Marinefliegern. Seit 1919 gab P. die „Deutsche Rundschau“ heraus. In den zwanziger Jahren gehörte er dem „Juniklub“ um Arthur Moeller van den Bruck, dem Herren-Klub und anderen Organisationen an, die konservativ-revolutionäre Ideen verbreiteten. P. setzte sich für eine konservative Sammlungsbewegung, eine „Neue Front“, ein, die einen autoritären Staat favorisierte. Nach 1933 konnte P. mit finanzieller Unterstützung von Robert Bosch die Deutsche Rundschau bis 1942 weiterführen. P. stand mit Carl ↑Goerdeler und anderen konservativen Gegnern des NS-Regimes in Verbindung. Er überbrachte deren Friedensvorstellungen Ende 1938 nach London und arbeitete mit Goerdeler, ↑Popitz, ↑Jessen, von ↑Hassell und anderen 1941 an Grundzügen einer neuen Staatsform. P. vermittelte ein Zusammentreffen von Goerdeler mit Wilhelm ↑Leuschner. Im April 1942 wurde P. verhaftet, nachdem einer seiner Artikel vom Britischen Rundfunk gesendet worden war. Er war in den KZ Sachsenhausen und Ravensbrück sowie den Berliner Gefängnissen in Tegel und der Lehrter Straße inhaftiert. 1945/46 war P. Chefredakteur der „Neuen Zeit“, ab 1946 gab er wieder bis zu seinem Tod die „Deutsche Rundschau“ heraus.

Lit.: R. Pechel: Deutscher Widerstand. Zürich 1947. – V. Mauersberger: Rudolf Pechel und die Deutsche Rundschau 1919–1933. Eine Studie zur konservativ-revolutionären Publizistik in der Weimarer Republik. Bremen 1971. C.

Perels, Friedrich Justus (13. 11. 1910–22. 4. 1945). P. studierte Rechtswissenschaften, wurde jedoch nach den Examina von 1933 und 1936 aus „rassischen Gründen“ nicht mehr in den Justizdienst übernommen. Er war verheiratet mit Helga Kellermann, mit der er einen Sohn hatte. P., der seit seiner Jugend eng mit der Evangelischen Kirche verbunden war, übernahm die Rechtsberatung jener Mitglieder der ↑Bekennenden Kirche, die mit dem Nationalsozialismus in Konflikt geraten waren. Dabei arbeitete er eng mit Martin ↑Niemöller und Dietrich ↑Bonhoeffer zusammen und setzte sich zunehmend für verfolgte Juden ein. 1940 bekam er durch Bonhoeffer Kontakt mit dem Widerstandskreis im Amt Ausland/Abwehr und war hier an den Vorbereitungen für das ↑„Unternehmen Sieben“ beteiligt. Nach dem gescheiterten Attentat vom ↑20. Juli 1944 verhaftete ihn die Gestapo. P. wurde am 2. Februar 1945 vom VGH zum Tode verurteilt und noch in der Nacht zum 23. April von einem Sonderkommando des Reichssicherheitshauptamtes auf einem Ruinengelände in der Nähe des Berliner Gefängnisses in der Lehrter Straße erschossen.

Lit.: M. Schreiber: Friedrich Justus Perels. Ein Weg vom Rechtskampf der Bekennenden Kirche in den Politischen Widerstand. München 1989.

Pfarrernotbund. Angesichts des Vordringens der nationalsozialistischen Deutschen Christen und der Einführung des sog. „Arierparagraphen“ in ihrer Kirche riefen am 11. September 1933 Martin ↑Niemöller und weitere evangelische Berliner Pfarrer auf, den P. zu gründen, der auf die biblische Lehre verpflichtet war. Bald darauf lehnte der P. auch andere innerkirchliche Versuche ab, Protestanten jüdischer Herkunft auszugrenzen. Anfang 1934 umfaßte der P. mit über 7000 Mitgliedern fast die Hälfte der evangelischen Seelsorger. Im Anschluß daran gehörten viele von ihnen zum aktiven Teil der ↑Bekennenden Kirche. Das Hilfswerk des P. für verfolgte Geistliche bestand bis weit in den Zweiten Weltkrieg.

Lit.: W. Niemöller: Der Pfarrernotbund. Hamburg 1973. *D.*

Planck, Erwin (12. 3. 1893–23. 1. 1945). Der Jurist P., ein Sohn des Physikers und Nobelpreisträgers Max P., arbeitete in den zwanziger Jahren als hoher Ministerialbeamter in der Reichskanzlei und wurde 1932 zum Staatssekretär ernannt. Als Reichspräsident Hindenburg am 30. Januar 1933 Hitler zum Reichskanzler ernannte, wurde P. entlassen. Nach einem Aufenthalt in China arbeitete er in der Privatwirtschaft. Die Verbindung zu den Verschwörern der ↑Militäropposition kam 1942/43 durch Johannes ↑Popitz zustande, in dessen Haus P. mit Ludwig ↑Beck, Carl ↑Goerdeler, Ulrich von ↑Hassell, Friedrich ↑Olbricht und anderen zusammentraf. P. wurde über die Staatsstreichpläne unterrichtet, nach dem Scheitern des Attentats vom ↑20. Juli 1944 von der Gestapo verhaftet, am 23. Oktober 1944 vom VGH zum Tode verurteilt und am 23. Januar 1945 in Berlin-Plötzensee hingerichtet.

Lit.: H.-A. Jacobsen (Hrsg.): „Spiegelbild einer Verschwörung". Die Opposition gegen Hitler und der Staatsstreich vom 20. Juli 1944 in der SD-Berichterstattung. Geheime Dokumente aus dem ehemaligen Reichssicherheitshauptamt. Stuttgart 1984.

Poelchau, Harald (5. 10. 1903–29. 4. 1972). Als Sohn eines Potsdamer Pfarrers geboren, wuchs P. in Schlesien auf, studierte seit 1922 in Bethel Theologie und anschließend Wohlfahrtspflege an der Berliner Hochschule für Politik. Nach einer zweijährigen Tätigkeit als Geschäftsführer der Deutschen Vereinigung für Jugendgerichtshilfe promovierte er 1931 bei Paul Tillich, dem führenden Vertreter des Religiösen Sozialismus, in Frankfurt am Main. Ende 1932 bewarb sich P. in Berlin um eine Stelle als Gefängnispfarrer und wurde im April 1933 der erste vom NS-Regime eingesetzte Geistliche in einer Strafanstalt. Als Justizbeamter wurde er bald zum wichtigen Beistand für die Opfer der nationalsozialistischen Gewalt und begleitete Hunderte zum Tode Verurteilte zu Hinrichtungen. Seit 1941 gehörte P. zum Kreis um Helmuth James Graf von ↑Moltke und nahm an der ersten ↑Kreisauer Tagung teil, ohne später von der Gestapo ermittelt zu werden. Nach dem ↑20. Juli 1944 konnte er den Angehörigen vieler am Umsturzversuch Beteiligter letzte Nachrichten und Briefe übermitteln. 1946 engagierte sich P. in der Zentralen Justizverwaltung der Sowjetischen Besatzungszone in Berlin. Von 1949 bis 1951 war er Strafanstaltspfarrer im Gefängnis Berlin-Tegel, später landeskirchlicher Sozial- und Industriepfarrer in Berlin.

Lit.: H. Poelchau: Die Ordnung der Bedrängten. Autobiographisches und Zeitgeschichtliches seit den 20er Jahren. Berlin 1963.

Popitz, Johannes (2. 12. 1884–2. 2. 1945). Der Verwaltungsjurist P. war seit 1919 im Reichsfinanzministerium tätig, wo er 1925 zum Staatssekretär ernannt wurde. Er war verheiratet mit Cornelia Slot, mit der er eine Tochter und zwei Söhne hatte. Reichskanzler Franz von Papen setzte ihn nach seinem Staatsstreich gegen Preußen am 20. Juli 1932 als Reichskommissar für das preußische Finanzministerium ein. Ein Jahr später, am 21. April 1933, wurde P. von der NS-Führung zum neuen preußischen Finanzminister ernannt. Seit 1938 arbeitete P. mit Hans ↑Oster vom Amt Ausland/Abwehr zusammen. Er konnte vielfältige Kontakte zu Kreisen der ↑Militäropposition herstellen, die er auch im Rahmen der ↑„Mittwochs-Gesellschaft", einem sehr angesehenen Kreis von wissenschaftlich interessierten Persönlichkeiten, ausbaute. P. war unter den Verschwörern der einzige amtierende Minister. Es war vorgesehen, ihn nach einem gelungenen Umsturz zum Kultusminister zu ernennen. Nach dem mißglückten Attentat vom ↑20. Juli 1944 verhaftete die Gestapo P. trotz seiner Kontakte zu Heinrich Himmler, den er ebenfalls für ein Vorgehen gegen Hitler gewinnen wollte. Er wurde am 3. Oktober 1944 vom VGH zum Tode verurteilt und fünf Monate später in Berlin-Plötzensee hingerichtet.

Lit.: G. Schulz: Johannes Popitz. In: R. Lill, H. Oberreuter (Hrsg.): 20. Juli. Portraits des Widerstands. Düsseldorf und Wien 1984.

Poser, Magnus (26. 1. 1907–21. 7. 1944). P., in Jena in einer Arbeiterfamilie aufgewachsen, wurde Tischler. 1919 schloß er sich dem KJVD an und trat 1928 der KPD bei. Nach längerer Arbeitslosigkeit fand er eine Anstellung bei den Zeiss-Werken, bis er nach einer Verurteilung aus politischen Gründen erneut arbeitslos wurde. Im November 1933 verhaftet, wurde er im April 1934 zu einer mehrjährigen Zuchthausstrafe verurteilt. Nach seiner Freilassung arbeitete er als Tischler in Jena und konnte kurze Zeit später in Verbindung mit ehemaligen politischen Freunden treten. Von 1938 bis 1941 organisierte er einen kleinen kommunistischen Widerstandskreis in Jena. Nach dem Angriff der deutschen Wehrmacht auf die Sowjetunion wurde dies intensiviert. Anfang 1942 lernten sich P. und Theodor ↑Neubauer kennen und führten verschiedene kommunistische thüringische Widerstandsgruppen zusammen. P. wurde am 14. Juli 1944 verhaftet und am 21. Juli bei einem Fluchtversuch aus dem Gefängnis von Weimar schwer verletzt. Wenige Stunden später starb er im KZ Buchenwald.

Lit.: G. Glondajewski, H. Schumann: Die Neubauer-Poser-Gruppe. Dokumente und Materialien des illegalen antifaschistischen Kampfes (Thüringen 1939–1945). Berlin 1957.

Prassek, Johannes (13. 8. 1911–10. 11. 1943). P. kam aus einer Hamburger Maurerfamilie und studierte unter persönlichen Opfern am Theologenkonvikt in Frankfurt am Main, der Universität Münster und am Priesterseminar Osnabrück. 1937 dort zum Priester geweiht, wurde er nach Wittenberg, 1939 nach Lübeck berufen. In den ersten Jahren des Zweiten

Weltkrieges diskutierte der Kaplan mit jungen Katholiken, darunter Wehrpflichtigen und Soldaten, an Hand von Meldungen britischer Sender und NS-feindlicher Schriften – darunter Predigten des Bischofs Clemens August Graf von ↑Galen – aktuelle Probleme, mit ihm der Kaplan Hermann Lange, der Adjunkt Eduard ↑Müller und der evangelische Pfarrer Karl-Friedrich ↑Stellbrink. Sie betonten die Gegensätze zwischen christlichem Glauben und der nationalsozialistischen Weltanschauung und durchbrachen die offiziell verordnete Kontaktsperre zu ausländischen Arbeitern. Nach einer Denunziation am 28. Mai 1942 verhaftet, verurteilte der VGH P. am 23. Juni 1943 zusammen mit Lange, Müller und Stellbrink zum Tode. Er wurde mit ihnen im Hamburger Untersuchungsgefängnis hingerichtet.

Lit.: E. Pelke: Der Lübecker Christenprozeß. Mainz 1974. *D.*

Preysing, Konrad Graf von (30. 8. 1880–21. 12. 1950). P. studierte in München und Würzburg Jura und trat 1906 in den bayerischen Staatsdienst. Ab 1908 studierte er Theologie in Innsbruck und wurde 1912 in München zum Priester geweiht. Nach der Promotion 1913 stand er als Geheimsekretär dem Münchner Erzbischof zur Seite. Seit 1917 Prediger in München, wurde er 1932 zum Bischof von Eichstätt, am 6. Juli 1935 zum Bischof von Berlin berufen. Schon 1933 wandte P. sich gegen den Vertrauensvorschuß etlicher katholischer Bischöfe, Geistlicher und Gläubigen gegenüber dem NS-Regime sowie später gegen die Eingabentaktik des Vorsitzenden der Fuldaer Bischofskonferenz Adolf Kardinal Bertram. P. gehörte zu der fünfköpfigen Kommission, die das päpstliche Sendschreiben „Mit brennender Sorge“ vom 14. März 1937 vorbereitete, das die nationalsozialistische Kirchenpolitik anprangerte. Am 24. August 1938 wurde von ihm das Hilfswerk beim Bischöflichen Ordinariat Berlin mitbegründet, das unter seiner Verantwortung zahlreiche Katholiken jüdischer Herkunft, aber auch ungetaufte Juden, betreute. P. wandte sich 1940/41 an seine Geistlichen mit Schreiben gegen die Krankenmordaktionen, griff öffentlich das NS-Regime an und informierte den Vatikan über NS-Verbrechen. Ludwig ↑Beck, Carl ↑Goerdeler, Helmuth James Graf von ↑Moltke und Claus Schenk Graf von ↑Stauffenberg besprachen sich mit ihm. Der ↑Kreisauer Kreis ließ ihm seine Denkschriften zukommen. Die NS-Führung wagte es trotz P.s offener Gegnerschaft nicht, ihn zu verhaften. Im Dezember 1945 wurde P. zum Kardinal ernannt.

Lit.: W. Knauft: Konrad Kardinal von Preysing (1880–1950). In: W. Knauft (Hrsg.): Miterbauer des Bistums Berlin. Berlin 1979, S. 111 ff. *D.*

Probst, Christoph (6. 11. 1919–22. 2. 1943). P. begann 1939 nach Arbeits- und Wehrdienst in München mit dem Studium der Medizin und heiratete 1940 Herta Dohrn, mit der er drei Kinder hatte. P. kannte Alexander ↑Schmorell aus seiner Schulzeit und fand bald den Weg in die Gruppe um Hans ↑Scholl, den er in Verbindung mit Carl Muth und Theodor Haecker brachte. Wegen seiner Kinder wollten ihn die Freunde nicht in Gefahr bringen. P. ließ sich aber nicht abhalten. Trotz seiner Versetzung nach Innsbruck im Dezember 1942 wurde er bei Besuchen in München in die Vorbereitung von Flugblattaktionen einbezogen. Nach der Verhaftungen von Hans und Sophie ↑Scholl wurden bei einer Haussuchung Briefe von P. gefunden, der am 19. Februar 1943 in Innsbruck festgenommen wurde. Gemeinsam mit den Geschwistern Scholl wurde er vom VGH zum Tode verurteilt und in München-Stadelheim hingerichtet. Kurz vor der Hinrichtung empfing er die katholische Taufe. Sein Schwiegervater Harald Dohrn wurde noch am 29. April 1945 im Perlacher Forst bei München ermordet.

Lit.: K. Drobisch: „Wir schweigen nicht!“ Die Geschwister Scholl und ihre Freunde. Eine Dokumentation über den antifaschistischen Kampf Münchner Studenten 1942/43. Berlin (Ost) 1983.

Raabe, Cuno (5. 5. 1888–3. 5. 1971). Nach einem rechts- und staatswissenschaftlichen Studium entschied sich R. für die Kommunalverwaltung und wurde 1929 zum Oberbürgermeister von Hagen (Westfalen) gewählt. Er war verheiratet mit Elli Hahn, mit der er eine Tochter hatte. Als Mitglied der Zentrumspartei bekämpft er die Nationalsozialisten schon vor 1933 und zog dadurch die Feindschaft örtlicher Parteikräfte auf sich. Im April 1933 wurde er aus dem Amt entlassen und fand erst 1938 eine Anstellung in der Privatwirtschaft. Mehrfach erörterte er in Berlin mit Carl ↑Goerdeler verkehrspolitische Probleme der Neuordnung. R. war für die Zeit nach dem Umsturz als Verkehrsminister vorgesehen. Nach dem Anschlag vom ↑20. Juli 1944 wurde R. verhaftet. Als bei einem Bombenangriff auf Berlin die Anklageschrift gegen ihn verbrannte, wurde der geplante Prozeß verschoben. R. überlebte im Berliner Zellengefängnis Lehrter Straße das Kriegsende.

Lit.: B. Wiest-Raabe: Dr. Cuno Raabe im Widerstand. In: Fuldaer Geschichtsblätter, Jg. 60 (1984), S.174 ff.

Rahtgens, Karl Ernst (27. 8. 1908–30. 8. 1944). R. entschied sich nach dem Abitur für eine Offizierslaufbahn und trat 1928 als Fahnenjunker in ein Potsdamer Infanterie-Regiment ein. Er war verheiratet mit Johanna von Cramon, mit der er eine Tochter und zwei Söhne hatte. 1937 bestand R. die Aufnahmeprüfung für die Kriegsakademie und wurde 1938 zur Generalstabsausbildung nach Berlin versetzt. In den ersten Jahren des Krieges nahm er an verschiedenen Fronten an Kämpfen teil, bis er 1942 als Oberstleutnant im Generalstab in das Führerhauptquartier Wolfschanze bei Rastenburg in Ostpreußen abkommandiert wurde. Dort freundete er sich mit Günther ↑Smend an, mit dem er die Kriegslage besprach – dies ganz im Sinne seines Onkels, des zuweilen mit dem Widerstand sympathisierenden, aber letztlich schwankenden Generalfeldmarschalls Günther von Kluge. R. war zudem an der Vorbereitung der Umsturzbestrebungen des ↑20. Juli 1944 beteiligt. Die Gestapo verhaftete R. im August 1944 in Belgrad. Er wurde am 30. August 1944 vom VGH zum Tode verurteilt und noch am selben Tag in Berlin-Plötzensee hingerichtet.

Reichsbanner Schwarz-Rot-Gold. Das R. war der größte republikanische Schutzverband der Weimarer Zeit. 1924 in Magdeburg gegründet, vereinigte das R. Ende der zwanziger Jahre etwa drei Millionen Mitglieder vor allem aus der Sozialdemokratie und aus den Gewerkschaften. Aber auch Mitglieder der Deutschen Demokratischen Partei und anderer Organisationen stießen zum R. In den Wahlauseinandersetzungen wurde es für die Anhänger der Republik zunehmend wichtiger, ein Gefühl der eigenen Stärke zu vermitteln. Deshalb rief die R.-Führung alle Mitglieder auf, offen für die Weimarer Verfassungsordnung einzutreten. Jedes Mitglied sollte an seinem Abzeichen und den Grußformeln erkennbar sein. Entschlossene Mitglieder des republikanischen Kampfverbandes formierten sich zu „Schutzformationen" (Schufo), um Veranstaltungen und Einrichtungen der Parteien zu schützen, die sich zur Republik bekannten. Im Dezember 1931 schlossen sich Sozialdemokratie, Freie Gewerkschaften, R. und auch Arbeitersportvereine zur ↑Eisernen Front zusammen. Während des Staatsstreichs Franz von Papens gegen Preußen am 20. Juli 1932 stand das R. in Alarmbereitschaft zur Verteidigung der Republik. Die SPD-Führung wollte jedoch bürgerkriegsähnliche Auseinandersetzungen vermeiden und gab keinen Befehl zur Aktion. Am 19. Februar 1933 kam es im Berliner Lustgarten zur letzten großen R.-Demonstration. R.-Führer Karl Höltermann sprach vor mehreren zehntausend Menschen. Der ehemalige Polizeimajor Karl Heinrich baute 1933/34 in Berlin zusammen mit dem ehemaligen SPD-Reichstagsabgeordneten Theodor ↑Haubach eine große illegale R.-Organisation mit mehr als tausend Mitgliedern, die wohl größte in ganz Deutschland, auf, die sich auch mit Flugblättern gegen das NS-Regime wandte. Als Haubach im November 1934 verhaftet wurde, übernahm Heinrich die Verantwortung für die gesamte Organisation. Im September und Oktober 1935 verhaftete die Gestapo Heinrich und viele andere Mitglieder der von ihm geführten Gruppe. Viele von ihnen wurden zu langjährigen Haftstrafen verurteilt. Heinrich, dem die Todesstrafe drohte, erhielt eine sechsjährige Zuchthausstrafe. Im September 1942 wurde er mit schweren gesundheitlichen Schäden aus der Haft entlassen.

Lit.: K. Rohe: Das Reichsbanner Schwarz-Rot-Gold. Ein Beitrag zur Geschichte und Struktur der politischen Kampfverbände zur Zeit der Weimarer Republik. Düsseldorf 1966.

Reichwein, Adolf (**3. 10. 1898–20. 10. 1944**). Nach dem Ersten Weltkrieg setzte sich der Pädagoge R. für den Aufbau von Volkshochschulen, die Erwachsenenbildung und die Lehrerfortbildung ein. Er war ein Vertrauter des preußischen Kultusministers Carl Heinrich Becker. 1930 wurde R. Professor für Geschichte und Staatsbürgerkunde an der neueröffneten Pädagogischen Akademie in Halle/Saale und wurde dort aus politischen Gründen am 24. April 1933 entlassen. Er war verheiratet mit Rosemarie Pallat, mit der er drei Töchter und einen Sohn hatte. Die folgenden Jahre verbrachte er als Landschullehrer in Tiefensee bei

Berlin, später als Museumspädagoge am Staatlichen Museum für Deutsche Volkskunde in Berlin. Seit 1940 hatte R. Kontakte zu den Widerstandskreisen um Wilhelm ↑Leuschner und Julius ↑Leber und gehörte selbst dem ↑Kreisauer Kreis an. Allerdings beschränkte er sich im Sommer 1944 nicht nur auf Kontakte zur militärischen Opposition, sondern traf sich auch mit Vertretern der kommunistischen Widerstandsgruppe um Anton ↑Saefkow, Franz ↑Jacob und Bernhard ↑Bästlein. Diese Kontakte führten Anfang Juli 1944 zu R.s Verhaftung. Er wurde am 20. Oktober 1944 vom VGH zum Tode verurteilt und noch am selben Tag in Berlin-Plötzensee hingerichtet.

Lit.: J. L. Henderson: Adolf Reichwein. Stuttgart 1958. – S. Schulz (Hrsg.): Adolf Reichwein. Ein Lebensbild aus Briefen und Dokumenten. München 1974.

Reincke, Oskar (10. 1. 1907–10. 7. 1944). R. wuchs in Hamburg als Sohn eines Schiffskontrolleurs auf und begann eine Zimmermannslehre. Weil er diesem Beruf körperlich nicht gewachsen war, arbeitete er als Quartiermacher. 1924 schloß R. sich dem KJVD an und übernahm hier wenig später eine Unterbezirksleitung. 1927 wurde er als Hilfserzieher eines Hamburger Jugendamts angestellt und besuchte 1929 ein sozialpädagogisches Seminar. Wenig später trat R. der KPD bei und übernahm 1932 die Leitung des Unterbezirks Flensburg. Im selben Jahr heiratete er Ella Seidel, die seit 1924 der KPD angehörte. Im März 1933 verhaftet, wurde R. bis 1935 im Konzentrationslager gefangengehalten. Seine Frau versuchte unterzutauchen, wurde jedoch verhaftet und zu mehrjähriger Gefängnisstrafe verurteilt. Nach ihrer Freilassung ließen sich beide endgültig in Hamburg nieder. R. fand nach einer erneuten kurzen Haft Arbeit in einer Papiersackfabrik und gehörte seit 1939 erneut Widerstandskreisen in Hamburg an. Neben Gustav ↑Bruhn und Walter ↑Bohne war er einer der führenden Köpfe der Widerstandsorganisation um Bernhard ↑Bästlein. Er wurde am 17. Oktober 1942 verhaftet, 1944 zum Tode verurteilt und im Untersuchungsgefängnis am Holstenglacis in Hamburg hingerichtet.

Lit.: K. Bästlein: „Hitlers Niederlage ist nicht unsere Niederlage, sondern unser Sieg!" – Die Bästlein-Organisation. In: B. Meyer, J. Szodrzynski (Hrsg.): Vom Zweifel und Weitermachen. Fragmente der Hamburger KPD-Geschichte. Hamburg 1988.

Reinisch, Franz (1. 2. 1903–21. 8. 1942). Der Innsbrucker Pallottiner-Pater R., der 1928 zum Priester geweiht wurde, erfuhr seine geistliche Prägung durch seinen Einsatz für das „Schönstattwerk", einem besonderer Marienverehrung zugewandten Missionswerk in Vallendar bei Koblenz. Im September 1940 verhängte die Gestapo gegen R. ein Predigt- und Redeverbot für das gesamte Reichsgebiet, da er immer wieder an verschiedenen Orten seiner Tätigkeit den Nationalsozialismus und die Kirchenpolitik des NS-Staates öffentlich kritisierte. R. stellte daher auch die Treuepflicht gegenüber dem Unrechtsregime in Frage und verweigerte aus Gewissensgründen im Frühjahr 1942 in Bad Kissingen den Gestellungsbefehl und den Fahneneid. Als „Staatsfeind“ wollte er, auch gegen den Rat seiner kirchlichen Oberen, unter keinen Umständen für das Regime Wehrdienst leisten. R. wurde am 7. Juli 1942 vom RKG in Berlin wegen „Zersetzung der Wehrkraft“ zum Tode verurteilt und am 21. August 1942 im Zuchthaus Brandenburg-Görden hingerichtet. In jüngster Zeit hat sich die Gemeinschaft der Pallottiner um die Einleitung des Seeligsprechungsverfahrens für R. bemüht.

Lit.: H. Kreutzberg: Franz Reinisch. Ein Märtyrer unserer Zeit. Limburg 1953. – K. Brantzen (Hrsg.): Pater Franz Reinisch, Märtyrer der Gewissenstreue. 2 Bde. Vallendar-Schönstatt 1987. *H.*

Revolutionäre Sozialisten. Aus dem Kreis von ↑Neu-Beginnen-Mitgliedern in Südbayern, die von Waldemar von ↑Knoeringen betreut wurden, entstand um Hermann ↑Frieb (München) und Bebo ↑Wager (Augsburg) eine sozialistische Widerstandsgruppe, die sogar Waffen sammelte und mehrere „Stützpunkte“ im süddeutschen und österreichischen Raum bilden konnte. Die R. orientierten sich dabei bewußt an den Grundsätzen illegaler Arbeit und aktiver Konspiration. In einzelnen Teilgruppen, die sich in Wien um Johann Otto Haas und in Tirol gebildet hatten, wurden vor allem Flugblätter verfaßt und verteilt. In ihren Diskussionen erörterten die R. immer wieder die Frage, wie sie sich „im Augenblick der Revolution“, das heißt des Untergangs der nationalsozialistischen Herrschaft, verhalten sollten. Sie planten auch „Rollkommandos“, die vor allem nationalsozialistische Gegner ausschalten und einen möglichen hauptstädtischen Umsturzversuch in der Provinz unterstützen sollten. Die Gestapo beschlagnahmte nach der Verhaftung von Frieb in dessen Wohnung und in seinem kleinen Landhaus mehr als 10000 Schuß Munition, fünf Gewehre, fünfundzwanzig Pistolen und ein Seitengewehr. Frieb und Wager wurden 1943 mit vielen anderen Angehörigen der R. zum Tode verurteilt und hingerichtet.

Lit.: H. Mehringer: Waldemar von Knoeringen. Eine politische Biographie. Der Weg vom revolutionären Sozialismus zur sozialen Demokratie. München u.a. 1989.

Rittmeister, John (21. 8. 1898–13. 5. 1943). R. wuchs in einer großbürgerlichen Hamburger Kaufmannsfamilie auf. 1917 meldete er sich als Kriegsfreiwilliger, studierte nach 1918 Medizin und beschäftigte sich mit den Schriften von C.G. Jung, Bakunin und Marx. Seit 1929 arbeitete R. als Psychoanalytiker in der Schweiz, hatte Verbindungen zu sozialistischen Kreisen und Emigranten. 1932 besuchte er die UdSSR und kehrte in die Schweiz zurück. Seit Januar 1938 arbeitete er als Oberarzt in der Nervenklinik Waldhaus in Berlin-Nikolassee und leitete ab September 1939 die Poliklinik des Deutschen Institutes für psychologische Forschung und Psychotherapie in Berlin. Er half jüdischen Patienten bei der Emigration und setzte sich gegen die Diskriminierung von Homosexuellen ein. Durch seine Frau Eva erhielt er Kontakt zu Schülern der Heilschen Abendschule, die bis 1942 unter seiner Leitung politische und philosophische Fragen diskutierten. Über Ursula Goetze bestanden Verbindungen zu Kommunisten in Berlin-Neukölln. R. lernte Ende 1941 Harro ↑Schulze-Boysen kennen. Er beteiligte sich an der Entstehung der Flugschrift „Die Sorge um Deutschlands Zukunft geht durch das Volk“ und an anderen Aktionen der Widerstandsorganisation ↑Rote Kapelle. Kontakte verbanden ihn auch mit französischen Fremdarbeitern. Am 26. September 1942 wurde R. verhaftet, am 12. Februar 1943 vom RKG zum Tode verurteilt und in Berlin-Plötzensee hingerichtet.

Lit.: W. Bräutigam: John Rittmeister. Leben und Sterben. Ebenhausen 1987. – J. Rittmeister: „Hier brannte doch die Welt“. Aufzeichnungen aus dem Gefängnis 1942–1943 und andere Schriften. Hrsg. von Christine Teller. Gütersloh 1992. *C.*

Robinsohn, Hans (2. 3. 1897–28. 4. 1981). Der Sohn einer Hamburger jüdischen Kaufmannsfamilie trat 1918 der liberalen Deutschen Demokratischen Partei bei und gehörte zu den Gründern ihres Jugendverbandes, wo er Ernst ↑Strassmann kennenlernte. In den zwanziger Jahren traten beide vehement für den Schutz der Republik ein. Da R. von den prinzipiellen Vorzügen der Demokratie überzeugt war, gründete er Pfingsten 1934 mit Strassmann und dem Berliner Journalisten Oskar Stark eine Widerstandsgruppe, die von Hamburg aus Verbindungsnetze nach Berlin, Nord-, Mittel- und Süddeutschland knüpfen konnte. Auch nach seiner Emigration ins dänische Exil 1938 unterhielt er enge Verbindungen zu der Widerstandsgruppe und knüpfte für sie Kontakte nach England. Im Kopenhagener Exil verfaßte R. 1939 eine Denkschrift, die das Ausland über Motivation, Tätigkeit und Ziele der deutschen Opposition aufklären sollte. 1943, als die Deportation der Juden in Dänemark unmittelbar bevorstand, konnte R. wie die meisten Juden mit Hilfe der dänischen Widerstandsbewegung nach Schweden fliehen. R. ging nach Kriegsende zunächst wieder nach Dänemark. 1958 kehrte er nach Deutschland zurück, wo er im Politischen Arbeitskreis von Willy ↑Brandt mitwirkte. In der Leitung der Hamburger Forschungsstelle für die Geschichte des Nationalsozialismus beteiligte R. sich an der Aufarbeitung der NS-Vergangenheit.

Lit.: H. R. Sassin: Liberale im Widerstand. Die Robinsohn-Strassmann-Gruppe 1934–1942. Hamburg 1993. *H.*

Römer, Josef (Beppo) (17. 11. 1892–25. 9. 1944). R. wuchs in einer Münchener Lehrerfamilie auf, entschloß sich 1911 für den Beruf des Offiziers und nahm am Ersten Weltkrieg teil. 1918 wurde er als Hauptmann entlassen, gründete das Freikorps Oberland und setzte es mehrfach gegen aufständische Arbeiter und Kommunisten ein. Nach dem Abschluß des Jurastudiums arbeitete R. in der Privatwirtschaft, näherte sich seit den späten zwanziger Jahren der KPD und gab die Zeitschrift „Aufbruch“ heraus, um die sich ein Kreis von Linksintellektuellen sammelte. Im März 1933 wurde R. erstmals verhaftet. Insgesamt verbrachte er bis 1939 mehrere Jahre im Berliner KZ Columbia-Haus, in Untersuchungshaft und schließlich im KZ Dachau. Nach seiner Freilassung versuchte R. immer wieder, einen Anschlag auf Hitler zu organisieren. Um 1940 bildete sich um ihn ein Widerstandskreis, der im Herbst 1941 Verbindung zu Robert ↑Uhrig erhielt und den „Informationsdienst" herausgab. Über R. konnte Uhrig seine Verbindungen nach München und schließlich bis Tirol ausdehnen. R. wurde Anfang 1942 verhaftet, am 19. Juli 1944 vom VGH zum Tode verurteilt und in Brandenburg-Görden hingerichtet.

Lit.: O. Bindrich, S. Römer: Beppo Römer. Ein Leben – zwischen Revolution und Nation. Berlin 1991. *H.*

Rösch, Augustin (11. 5. 1893–7. 11. 1961). R. trat schon als Achtzehnjähriger dem Jesuitenorden bei und wurde 1925 zum Priester geweiht. Seit 1928 war er Generalpräfekt, später Rektor der Jesuitenschule Stella Matutina in Feldkirch. Seit 1935 bekleidete R. das Amt des Provinzials der Oberdeutschen Provinz der Jesuiten. Wiederholt mußte er sich mit dem NS-Staat auseinandersetzen, der die Jesuiten unnachgiebig verfolgte. Immer wieder trat R. für seine Ordensbrüder ein und versuchte, die Erhaltung kirchlicher Rechte durchzusetzen. 1941 lernte er Helmuth James Graf von ↑Moltke kennen und führte wenig später Alfred ↑Delp in den ↑Kreisauer Kreis ein. Moltke erhoffte sich von beiden Anregungen zur Überwindung konfessioneller Gegensätze, um die Neuordnungspläne für Deutschland auf eine breite christliche Grundlage zu stellen. Im Kreisauer Kreis beeinflußte R. viele konfessions- und kulturpolitische Überlegungen, sowie wichtige Verbindungen zum katholischen Widerstand. Nach dem Umsturzversuch vom ↑20. Juli 1944 konnte R. sich zunächst dem Zugriff der Polizei entziehen, wurde am 11. Januar 1945 von der Gestapo verhaftet, bei Verhören schwer mißhandelt und in das Berliner Gefängnis in der Lehrter Straße eingeliefert. Hier wurde er kurz vor dem Einmarsch der sowjetischen Armee am 25. April 1945 freigelassen. Zwischen 1947 und 1961 war er Landesdirektor der Bayerischen Caritas.

Lit.: A. Rösch: Kampf gegen den Nationalsozialismus. Frankfurt am Main 1985.

Rossaint, Joseph (5. 8. 1902–16. 4. 1991). Als Kaplan in Oberhausen (1927–1932) trat R. 1928 dem Friedensbund deutscher Katholiken und 1929 der Zentrumspartei bei. Er widmete sich vor allem dem Katholischen Jungmännerverband, aus dem sich die „Sturmscharen" in Oberhausen entwickelten. In deren Namen argumentierte R. schon im April 1932 gegen den Nationalsozialismus. Seit 1929/30 kümmerte R. sich um erwerbslose Jugendliche. Dabei kam es 1931 zu Kontakten mit jungen Kommunisten. Sie verdichteten sich 1933 und führten zu Gesprächen mit Funktionären des KJVD, zu denen R. Mitarbeiter der katholischen Jugendbewegung hinzuzog. Beide Seiten trafen sich in der Ablehnung kriegsvorbereitender Politik. 1935 entstand ein gemeinsames Flugblatt gegen die erneut in Deutschland eingeführte Wehrpflicht. Am 29. Januar 1936 wurde R. verhaftet. Der VGH verurteilte am 28. April 1937 sieben führende Mitarbeiter der katholischen Jugendbewegung, darunter R., zu elf Jahren Zuchthaus. Das Verfahren rief Proteste im Ausland hervor. Bis April 1945 in Remscheid-Lüttringhausen inhaftiert, entging R. den Massenmorden an Gefangenen aus diesem Zuchthaus kurz vor der Befreiung. Im März 1947 war er Mitbegründer der Vereinigung der Verfolgten des Naziregimes, wurde 1961 zu einem ihrer Vorsitzenden in der Bundesrepublik und 1971 zu ihrem Präsidenten gewählt.

Lit.: K. Hiekisch: Joseph Rossaint. Berlin 1989. *D.*

Rote Kämpfer. 1931 entstanden die R. aus der Fusion linker Splittergruppen der Arbeiterbewegung. Die R. hatten das Ziel, eine sozialistische Bewegung auf basisdemokratischen und außerparlamentarischen Prinzipien aufzubauen. Die R. paßten sich 1933 den Bedingungen der Illegalität an. Der in Berlin im Sommer 1933 gebildeten Reichsleitung mit Arthur Goldstein, Karl Schröder, Alexander ↑Schwab und Kurt Stechert waren in mehreren Bezirken (West, Südwest, Sachsen, Hamburg, Bremen) untergliederte Ortsleitungen mit annähernd 400 Mitgliedern unterstellt. Überwiegend waren es Arbeiter im Alter zwischen 26 und 30 Jahren. Zweimonatlich erschien die Zeitschrift „Der Rote Kämpfer", die im Frühjahr 1936 durch „Der Arbeiterkommunist" abgelöst wurde. Die R. besaßen Verbindungen zum deutschen Exil und regional Kontakte zu KPDO-Gruppen, zum ↑ISK und der ↑SAP. Im November 1936 stieß die Gestapo bei Ermittlungen gegen kommunistische Gruppen auf die ihr bis dahin unbekannten R. Bis Mai 1937 wurden über 150 Mitglieder festgenommen, vom Berliner Kammergericht zu Gefängnis- und Zuchthausstrafen verurteilt und viele von ihnen nach Kriegsbeginn in ↑„Bewährungseinheiten" abkommandiert.

Lit.: O. Ihlau: Die Roten Kämpfer. Ein Beitrag zur Geschichte der Arbeiterbewegung in der Weimarer Republik und im Dritten Reich. Meisenheim 1969. *C.*

Rote Kapelle. Intellektuelle, Künstler, Arbeiter, Angestellte, Soldaten, Offiziere, Marxisten, Christen, Frauen und Männer unterschiedlicher sozialer Herkunft mit verschiedenen politischen und weltanschaulichen Ansichten fanden in den dreißiger Jahren in Berliner Freundes- und Widerstandskreisen zusammen. Auf Grund persönlicher Kontakte verschmolzen Anfang der vierziger Jahre diese Widerstandsgruppen, die sich teilweise überschnitten und auch gegenseitig beeinflußt hatten, zu einer Sammlungsbewegung. Der Meinungsaustausch zu künstlerischen, politischen und weltanschaulichen Fragen in kleinen Kreisen, Hilfe für politisch und rassisch Verfolgte, die Dokumentation von NS-Gewaltverbrechen, die Erarbeitung und Verbreitung von Flugschriften, die Organisation einer Zettelklebeaktion, Verbindungen zu anderen Widerstandsgruppen, Fühlungnahme mit Hitlergegnern in Betrieben und Institutionen, Kontakte zu ausländischen Zwangsarbeitern, Übermittlung kriegswichtiger Informationen an Vertreter des sowjetischen Nachrichtendienstes waren Ausdruck vielfältiger oppositioneller Aktivitäten. Die Gestapo ordnete die

Widerstandskreise um den Oberregierungsrat im Reichswirtschaftsministerium Arvid ↑Harnack und den Oberleutnant im Reichsluftfahrtministerium Harro ↑Schulze-Boysen dem Fahndungsbegriff „R." für Gruppen des sowjetischen militärischen Nachrichtendienstes in Westeuropa in den Jahren 1941/42 zu. Die NS-Führung verfügte, die Prozesse gegen die meisten Angeklagten vor dem RKG zu führen. Weit über 50 Frauen und 100 Männer können der R. zugerechnet werden. 130 von ihnen wurden Ende 1942 verhaftet, vier Männer wählten den Freitod, fünf Verhaftete wurden ohne Gerichtsverhandlung ermordet, 79 vor dem RKG und 13 vor dem VGH angeklagt, 49 von ihnen hingerichtet, darunter 19 Frauen.

Lit.: R. Griebel, M. Coburger, H. Scheel: Erfaßt? Das Gestapo-Album zur Roten Kapelle. Eine Fotodokumentation. Hrsg. in Verbindung mit der Gedenkstätte Deutscher Widerstand. Halle 1992. – H. Coppi, J. Danyel, J. Tuchel (Hrsg.): Die Rote Kapelle im Widerstand gegen den Nationalsozialismus. Berlin 1994. *C.*

Roter Stoßtrupp. Der R. bestand seit 1932 und war eine der frühesten illegalen Widerstandsgruppen, die sich vornehmlich aus sozialdemokratisch-linkssozialistisch orientierten Studenten, Jungarbeitern und Arbeitslosen zusammensetzte. Rudolf ↑Küstermeier, Kurt Mengelin, Willi Schwarz, Willi Strinz, Karl Zinn u. a. bildeten zunächst den „Roten Stab", die organisatorische Leitung dieser Widerstandsgruppe, deren Absicht es war, eine Einheitsfront außerhalb der Parteien der Arbeiterbewegung gegenüber den Nationalsozialisten herauszubilden. Im Zentrum ihrer Arbeit stand die Herausgabe von Flugblättern sowie der illegalen Zeitschrift R., die in mehreren zehntausend Exemplaren verbreitet wurde. Als die Gestapo erstmals im Oktober 1933 auf den R. aufmerksam wurde, hatte er sich über Berlin hinaus inzwischen in der Pfalz organisiert und weitere Verbindungen nach Hamburg und Stettin hergestellt. Im November 1933 wurde die Gruppe aufgedeckt, 240 Personen verhaftet und mit Küstermeier, Zinn und Strinz 180 von ihnen zu hohen Strafen verurteilt. Obwohl die Organisation weitgehend zerschlagen worden war und die Zeitschrift aus Sicherheitsgründen nicht mehr hergestellt wurde, blieb der R. unter der Organisationsleitung von Kurt Mengelin bestehen, half zwischen 1934 und 1945 den Familien der Inhaftierten, vermittelte Verstecke und Papiere an politische Flüchtlinge und Juden und stellte über Wilhelm ↑Leuschner eine relativ lose Verbindung zu den Gruppen des ↑20. Juli 1944 her.

Lit.: R. Küstermeier: Der Rote Stoßtrupp. Hrsg. von der Gedenkstätte Deutscher Widerstand. Berlin 1981. – H.-R. Sandvoß: Widerstand in Mitte und Tiergarten. Hrsg. von der Gedenkstätte Deutscher Widerstand. Berlin 1994. *A.C.*

Rotholz, Heinz (28. 5. 1921–4. 3. 1943). Nach dem Mittelschulabschluß begann R., Sohn eines Handelsvertreters, im September 1938 eine Mechanikerlehre. Er brach die Ausbildung jedoch im Dezember 1939 ab, um sich in Gemeinschaftslagern der Reichsvereinigung der Juden in Deutschland, in Bielefeld und Paderborn auf die Auswanderung nach Palästina vorzubereiten. Da die Auswanderungspläne scheiterten, kehrte er im Juli 1940 nach Berlin zurück. Wenige Tage nach seiner Rückkehr begann er am 25. Juli 1940 seine Tätigkeit als Zwangsarbeiter im Elektromotorenwerk der Siemenswerke als Hilfsmechaniker in der Abteilung 133, der „Judenabteilung", aufzunehmen. Dort lernte er Herbert ↑Baum kennen, dessen Gruppe er sich anschloß. Am 17. Mai 1942 wurde R. zusammen mit anderen Gruppenmitgliedern von Baum über den geplanten Brandanschlag auf die antisowjetische Ausstellung „Das Sowjetparadies" informiert. Am 22. Mai 1942 wurden vier Mitglieder der Gruppe, darunter R. und Baum, an ihrer Arbeitsstelle verhaftet. Bei R. wurden „zweimal verschärfte Vernehmungsmittel in Form von Stockhieben in Anwendung gebracht". Er wurde am 10. Dezember 1942 zum Tode verurteilt und in Berlin-Plötzensee hingerichtet.

Lit.: W. Löhken, W. Vathke (Hrsg.): Juden im Widerstand. Drei Gruppen zwischen Überlebenskampf und politischer Aktion. Berlin 1993, S. 134 ff. *R.*

Rütli-Gruppe. Im Sommer 1940 stellten der Bäckergeselle Hanno ↑Günther, die Kommunistin Elisabeth Pungs sowie Wolfgang Pander, ein Jungkommunist jüdischer Herkunft, Flugblätter her, die sie „Das Freie Wort" nannten und als „Deutsche Friedensfront" unterzeichneten. Darin verbreiteten sie Nachrichten über die Kriegslage, verlangten Frieden und Meinungsfreiheit und forderten Rüstungsarbeiter zur Sabotage auf. Später baute Günther zusammen mit Bernhard Sikorski, Emmerich Schaper und anderen ehemaligen Schülern der Rütli-Schule, einer Reformschule in Berlin-Neukölln, einen kleinen Schulungs- und Widerstandskreis auf. Mit Hilfe von Pungs nahm Günther auch Kontakte zu dem ehemaligen KPD-Funktionär Herbert Bochow auf. Als Bochow verhaftet und bei Vernehmungen schwer mißhandelt wurde, konnte die Gestapo im Juli und August 1942 die Gruppe aufdecken. Die jungen Leute wurden wegen ihrer gemeinsamen Schulzeit von der Gestapo als R. bezeichnet. Am 9. Oktober 1942 verurteilte der VGH sechs von sieben Angeklagten zum Tode. Der schwerkranke Emmerich Schaper starb noch vor dem Hinrichtungstermin; Günther und die anderen wurden in Berlin-Plötzensee hingerichtet.

Lit.: V. Hoffmann: Hanno Günther. Ein Hitlergegner 1921–1942. Geschichte eines unvollendeten Kampfes. Berlin 1992.

Sack, Karl (9. 6. 1896–9. 4. 1945). S. begann in den zwanziger Jahren seine juristische Laufbahn als Amtsrichter in Hessen. 1934 trat er in die Militärgerichtsbarkeit über. Er war verheiratet mit Wilhelmine Weber, mit der er zwei Söhne hatte. Der zügige Ausbau der Wehrmacht erleichterte seine rasche Karriere im Reichskriegsministerium. Im Verfahren gegen den 1938 von der Gestapo fälschlich der Homosexualität beschuldigten Chef der Heeresleitung, Generaloberst von Fritsch, war S. als Richter am Reichskriegsgericht an den Ermittlungen beteiligt und konnte die Unhaltbarkeit der Vorwürfe beweisen. S. verfügte über Verbindungen zu der Widerstandsgruppe der Abwehr um Admiral Canaris, Generalmajor Hans ↑Oster und Hans von ↑Dohnanyi und zur militärischen Opposition. Im Herbst 1942 wurde S. zum Chef der Heeresjustiz ernannt. In den Plänen der Verschwörer war S. kurzfristig als Justizminister einer zivilen Regierung vorgesehen. Nach dem gescheiterten Umsturzversuch vom ↑20. Juli 1944 wurde er am 9. August 1944 verhaftet und am 9. April 1945 auf Befehl Hitlers im KZ Flossenbürg ermordet.

Lit.: H. Bösch: Heeresrichter Dr. Karl Sack im Widerstand. München 1967. – M. Messerschmidt, F. Wüllner: Die Wehrmachtjustiz im Dienste des Nationalsozialismus. Zerstörung einer Legende. Baden-Baden 1987. *H.*

Sadrozinski, Joachim (20. 9. 1907–29. 9. 1944). Der in Tilsit geborene S. wählte die Offizierslaufbahn und trat im April 1926 in die Reichswehr ein. Er war verheiratet mit Elfriede Hempel, mit der er eine Tochter und vier Söhne hatte. Im Mai 1939 wurde S. zur Kriegsakademie nach Berlin abgeordnet. Nach verschiedenen Fronteinsätzen im Zweiten Weltkrieg wurde der Oberstleutnant im Generalstab wegen einer Verwundung im Juni 1944 zur Führerreserve beim Oberkommando des Heeres versetzt und arbeitete als Gruppenleiter im Stab von General Friedrich Fromm, dessen Stabschef wenige Wochen zuvor Claus Schenk Graf von ↑Stauffenberg geworden war. Am ↑20. Juli 1944 arbeitete S. nach der Festnahme des gemeinsamen Vorgesetzten Generaloberst Fromm im Berliner ↑Bendlerblock eng mit Stauffenberg zusammen. S. wurde unmittelbar nach dem Scheitern des Umsturzversuches vom 20. Juli 1944 von der Gestapo verhaftet, am 21. August 1944 vom VGH zum Tode verurteilt und in Berlin-Plötzensee hingerichtet.

Lit.: P. Hoffmann: Widerstand, Staatsstreich, Attentat. Der Kampf der Opposition gegen Hitler. München 1985.

Saefkow, Anton (22. 7. 1903–18. 9. 1944). S. wuchs in einer Berliner Arbeiterfamilie auf und erlernte den Beruf eines Maschinenbauers. Als Fünfzehnjähriger schloß er sich der sozialistischen Jugendbewegung an, trat 1920 dem Metallarbeiterverband bei und wurde bald einer der führenden Funktionäre des KJVD in Berlin. 1924 trat er der KPD bei und war von 1928 bis 1933 Mitglied der Bezirksleitungen in Sachsen, im Ruhrgebiet und in Hamburg. Er wurde im April 1933 erstmals verhaftet und 1935 zu zwei Jahren Zuchthaus verurteilt, anschließend in die KZ Fuhlsbüttel und Dachau eingewiesen. Wegen einer Trauerrede auf den ermordeten Kommunisten Etkar André kam es erneut zu einer Verurteilung. Nach seiner Entlassung aus dem Zuchthaus heiratete S., suchte wenig später erneut Anschluß an die kommunistische Widerstandsbewegung und stieß zum Kreis um Robert ↑Uhrig. Nach Uhrigs Verhaftung übernahm S. zusammen mit Franz ↑Jacob im Herbst 1942 die Führung der weitgehend zerstörten Berliner kommunistischen Widerstandsorganisation. Er knüpfte 1944 Verbindungen zu nichtkommunistischen Widerstandsgruppen in Berlin, wurde Anfang Juli 1944 verhaftet, am 5. September 1944 zum Tode verurteilt und in Brandenburg-Görden hingerichtet.

Lit.: G. Nitzsche: Die Saefkow-Jacob-Bästlein-Gruppe. Dokumente und Materialien des illegalen antifaschistischen Kampfes (1942–1945). Berlin 1957.

Saefkow-Organisation Die S. entstand 1943 in Berlin als Nachfolgerin der ↑Uhrig-Organisation. Im Herbst 1943 entstanden erstmals „Kadermaterialien", die insbesondere für die in der Regel aus drei Personen („Dreier-Köpfe") bestehenden engeren Führungskreise der einzelnen Widerstandsgruppen bestimmt waren. Im Frühjahr 1944 stieß Bernhard ↑Bästlein zur engeren Führung um Anton ↑Saefkow und Franz ↑Jacob, die sich selbst als illegale Leitung der Berliner KPD verstand. Die S. sammelte die Reste der Uhrig-Organisation um sich und baute eine neue Betriebszellen-Organisation auf. Durch das Abhören des Moskauer Rundfunks und eine Kurierverbindung nach Schweden war die S. über die Ziele des ↑Nationalkomitees „Freies Deutschland" informiert und sah hier ihre Handlungsmaximen. Die S. verstand sich als Kern einer kommunistischen Partei, die nach Kriegsende neu gebildet werden sollte. Die S. warb unter deutschen Soldaten, Kriegsgefangenen und Zwangsarbeitern für ihre Ziele und nahm Verbindungen zu anderen kommunistischen Widerstandsgruppen, aber auch zu Kreisen des bürgerlichen Widerstands, schließlich zu den Sozialdemokraten um Julius ↑Leber und Adolf ↑Reichwein auf. Im Sommer 1944 verhaftete die Gestapo nach der Denunziation durch einen Spitzel Hunderte von Widerstandskämpfern der S., die zum Teil noch in den letzten Kriegstagen zum Tode verurteilt und hingerichtet wurden.

Lit.: G. Nitzsche: Die Saefkow-Jacob-Bästlein-Gruppe. Dokumente und Materialien des illegalen antifaschistischen Kampfes (1942–1945). Berlin 1957.

Scharff, Werner (16. 8. 1912–16. 3. 1945). Nach dem Tod des Vaters 1929 entschloß sich Sch. für eine kürzere Berufsausbildung und wurde Elektrotechniker. Ab 1939 war er als Handwerker bei der Jüdischen Gemeinde in Berlin angestellt. Da seine Freundin Francia Grün dort als Sekretärin Deportationslisten schreiben mußte, war sie über die Zusammenstellung der Transporte informiert. Beide versuchten, jüdische Verfolgte vor der Deportation zu warnen. Es gelang Sch., seinen Bruder, den er zufällig im Sammellager vor dessen Deportation traf, aus dem Gebäude zu schleusen. Gemeinsam mit seiner Freundin versuchte Sch. am 10. Juni 1943 der Deportation zu entgehen, indem sie untertauchten. Er wurde jedoch bereits am 14. Juli 1943 von der Gestapo gefaßt und zusammen mit Francia Grün in das Ghetto Theresienstadt deportiert. Dort wurde Sch. die Vernichtungspolitik des nationalsozialistischen Staates deutlich. Es gelang ihm, mit Francia Grün einen Monat später zu fliehen. Sch. hielt sich in Berlin und Fürstenwalde verborgen. Es war seine Initiative, die Widerstandsgruppe ↑„Gemeinschaft für Frieden und Aufbau" zu bilden, die ca. zwanzig Mitglieder umfaßte. Unter der Leitung von Sch. und dem Justizangestellten Hans Winkler (1906–1987) aus Lukkenwalde war die Gruppe daran beteiligt, untergetauchte Juden zu unterstützen, und informierte die Bevölkerung durch Flugblätter über die Unrechtsmaßnahmen des NS-Staates. Sch. wurde Anfang Oktober 1944 verhaftet und am 16. März 1945 im KZ Sachsenhausen ermordet.

Lit.: W. Löhken, W. Vathke (Hrsg.): Juden im Widerstand. Drei Gruppen zwischen Überlebenskampf und politischer Aktion. Berlin 1993, S. 37 ff. *R.*

Schehr, John (9. 2. 1896–1. 2. 1934). Bereits als Sechzehnjähriger trat Sch. 1912 der SPD bei und schloß sich 1919 der KPD an. Ende der zwanziger Jahre war er Politischer Sekretär in Harburg und bald auch Mitglied der Leitung des KPD-Bezirks Wasserkante. 1932 wurde er in die KPD-Führung gewählt und gehörte sowohl dem Reichstag als auch dem Preußischen Landtag an. Als enger Vertrauter von Ernst ↑Thälmann übernahm Sch. nach dessen Verhaftung am 3. März 1933 die Leitung der von den Nationalsozialisten mit allen Mitteln verfolgten KPD und wollte die Partei in der Illegalität neu organisieren. Nach ersten Erfolgen wurde er bereits im November 1933 verhaftet und nach grausamen Mißhandlungen vermutlich am 1. Februar 1934 am Kilometerberg in Berlin-Wannsee zusammen mit den führenden Berliner Kommunisten Erich Steinfurth, Eugen Schönhaar und Rudolf Schwarz ermordet.

Lit.: S. Weber: Nach der Verhaftung Ernst Thälmanns leitete John Schehr die illegale KPD. In: BzG 24 (1982), S. 483 ff.

Scheliha, Rudolf von (31. 5. 1897–22. 12. 1942). Der Sohn eines schlesischen Rittergutsbesitzers wurde im Ersten Weltkrieg mehrfach verwundet. Als Vorsitzender des Allgemeinen Studentenausschusses in Heidelberg wandte er sich 1921 gegen antisemitische Ausschreitungen. Seit Mitte der zwanziger Jahre im Auswärtigen Dienst tätig, arbeitete Sch. an den Auslandsvertretungen in Prag, Konstantinopel, Ankara, Kattowitz, Warschau und Brünn. 1933 trat er in die NSDAP ein. In Warschau pflegte er auch Kontakte zu NS-Regimegegnern, darunter zu Rudolf Herrnstadt und Ilse Stöbe, die als Korrespondenten arbeiteten. Sch. war mit polnischen Intellektuellen befreundet, für die er sich auch nach der deutschen Okkupation einsetzte. Er konnte in einzelnen Fällen ihre Freilassung erwirken. In seiner Tätigkeit als Referatsleiter in der Informationsabteilung des Auswärtigen Amtes erfuhr Sch. von deutschen Übergriffen und Gewaltverbrechen an der polnischen Bevölkerung. Während seiner Reisen 1941/42 in die Schweiz gab er Informationen über die „Endlösung der Judenfrage" weiter. Der Legationsrat I. Klasse im Auswärtigen Amt stand auch dem Kreis der Verschwörer um Henning von ↑Treskow nahe. Am 29. Oktober 1942 wurde Sch. im Büro des Personalchefs des Auswärtigen Amtes verhaftet, am 14. Dezember zum Tode verurteilt und auf Befehl Hitlers durch den Strang hingerichtet.

Lit.: U. Sahm: Rudolf von Scheliha 1897–1942. Ein deutscher Diplomat gegen Hitler. München 1990. *C.*

Schiftan, Hans (8. 12. 1899–3. 11. 1941). Der kaufmännische Angestellte wurde 1924 Mitglied des Reichsbanners und der SPD. Nach 1933 versuchte Sch., in Berlin-Neukölln eine Gruppe von Sozialisten und Sozialdemokraten um sich zu sammeln, die auch für eine Zusammenarbeit mit Kommunisten eintrat. 1936 nahm Erwin Auchter als SPD-Abgesandten des Prager Volksfrontausschusses Verbindung mit Sch. auf. Die aus Prag erhaltenen illegalen Schriften, darunter der „Neue Vorwärts", die „Rote Fahne", gab er weiter. Sch. stellte seine Berliner Wohnung für illegale Treffs zur Verfügung. Als nach dem Einmarsch der Wehrmacht in Prag 1939 Freunde von Sch. verhaftet wurden, wurde auch er am 13. April 1939 in Berlin festgenommen. 1940 wurde ihm der Prozeß wegen Vorbereitung zum Hochverrat gemacht und Sch. zu zwei Jahren Zuchthaus verurteilt. Am 20. April 1941 wieder entlassen, kehrte er zu seiner Familie zurück. Nichtsahnend folgte er der ihm bei seiner Haftentlassung auferlegten Anweisung, sich wöchentlich auf dem Polizeipräsidium Alexanderplatz zu melden, wo er aufgrund eines vorliegenden Schutzhaftbefehls am 22. April 1941 wieder inhaftiert wurde. Im Mai 1941 wurde er in das KZ Mauthausen überführt, wo er auf ungeklärte Weise ums Leben kam.

Lit.: H.-R. Sandvoß: Widerstand in Neukölln. Hrsg. von der Gedenkstätte Deutscher Widerstand. Berlin 1990.

Schindler, Oskar (28. 4. 1908–9. 10. 1974). Im mährischen Zwittau geboren, arbeitete Sch. nach dem Abitur in der Landmaschinenfabrik seines Vaters mit, der während der großen Weltwirtschaftskrise Konkurs anmelden mußte. 1935 wurde Sch. Verkaufsdirektor der „Mährischen Elektrizitätswerke" in Brünn. Er trat 1939 der nationalsozialistischen Sudetendeutschen Partei bei und arbeitete 1939 sogar für das Amt Ausland/Abwehr des Oberkommandos der Wehrmacht in Polen. Ende 1939 baute Sch. die Krakauer „Deutsche Emailfabrik" auf, die bald kriegswichtige Aufträge der Wehrmacht ausführte. 1940 forderte Sch. 150 jüdische Arbeiter aus dem Krakauer Ghetto an. Immer wieder konnte er durch die Beschäftigung von Juden in seiner Fabrik deren Deportation in die Vernichtungslager verhindern. Um seine Arbeiter vor der Deportation zu schützen, errichtete Sch. 1942 ein fabrikeigenes, von der SS bewachtes Lager, in dem nahezu 1000 jüdische Arbeiter untergebracht waren. Auch die Nahrung, die Kleidung und die ärztliche Versorgung der Häftlinge bezahlte Sch., der fast ständig SS- und Gestapomitarbeiter bestechen mußte, aus den Gewinnen seiner Emailleproduktion. Als die Ostfront näher rückte, mußte Sch. seine Fabrik verlegen. Nach zähen Verhandlungen erhielt er die Genehmigung, die nahezu 700 Männer und 300 Frauen als Arbeitskräfte nach Brünnlitz/Mähren mitzunehmen. Zusätzlich nahm er einhundert völlig entkräftete Häftlinge aus dem KZ Auschwitz bei sich auf, die seine Frau Emilie pflegte. Fast alle seine Schützlinge überlebten das Kriegsende. Oskar und Emilie Sch. wurden aus Böhmen vertrieben und waren finanziell ruiniert. Bis zu seinem Tod in Frankfurt am Main wurde Sch. von seinen ehemaligen Schutzbefohlenen unterstützt.

Lit.: T. Keneally: Schindlers Liste. München 1985.

Schleicher, Rüdiger (14. 1. 1895–22. 4. 1945). Der Jurist Sch. promovierte 1923 mit einer Arbeit über Luftrecht, einem Gebiet, auf dem er auch als Mitarbeiter im Reichsverkehrsministerium und später als Minsterialdirektor im Reichsluftfahrtministerium tätig blieb. Daneben leitete er seit 1939 das Institut für Luftrecht der Berliner Friedrich-Wilhelms-Universität. Er war verheiratet mit Ursula Bonhoeffer, mit der er drei Töchter und einen Sohn hatte, und hielt enge Verbindungen zum Kreis der Gegner des NS-Regimes im Amt Ausland/Abwehr um Hans von ↑Dohnanyi und Dietrich ↑Bonhoeffer. Sch. wurde am 4. Oktober 1944 verhaftet, da die Gestapo inzwischen im Oberkommando der Wehrmacht in Zossen Akten entdeckt hatte, die die Beteiligung von Angehörigen der Abwehr an den Umsturzplänen der Verschwörer vom ↑20. Juli 1944 belegten. Am 2. Februar 1945 wurde Sch. vom VGH zum Tode verurteilt. Er blieb nach dem Urteil im Berliner Zellengefängnis Lehrter Straße inhaftiert, bis in der Nacht zum 23. April 1945 ein Sonderkommando des Reichssicherheitshauptamtes ihn und andere Gefangene auf einem benachbarten Ruinengelände erschoß.

Lit.: E. Bethge: Dietrich Bonhoeffer. München 1967.

Schmenkel, Fritz (14. 2. 1918–22. 2. 1944). Sch., dessen Vater 1932 in Warsow bei Stettin bei gewaltsamen Auseinandersetzungen mit den Nationalsozialisten ums Leben kam, wurde 1938 zur Wehrmacht einberufen. Im Januar 1940 verurteilte ihn ein Kriegsgericht zu einer 18monatigen Haftstrafe, die er im Wehrmachtgefängnis Torgau verbüßen mußte. Sch. lief im November 1941 als Soldat eines Artillerie-Regiments der Heeresgruppe Mitte in Wjasma zu den Partisanen über. In der Partisanenbewegung Weißrußlands beteiligte sich Sch. aktiv am Kampf gegen die deutsche Wehrmacht und nahm eine wichtige militärische Rolle ein, wofür er eine sowjetische Kriegsauszeichnung erhielt. Von seiten der Waffen-SS und der Wehrmacht wurde intensiv nach ihm gefahndet. Im Winter 1943/44 geriet Sch. bei dem Versuch, mit dem Fallschirm hinter den deutschen Linien abzuspringen, in Gefangenschaft. Sch. wurde am 15. Februar 1944 von einem Kriegsgericht in Minsk zum Tode verurteilt und dort am 22. Februar 1944 erschossen. 1964 ehrte ihn die Sowjetunion posthum als „Helden der Sowjetunion". In der Traditionspflege der DDR nahm Sch. seither eine herausragende Stellung ein.

Lit.: W. Gerhardt: Partisan an der Seite des Sowjetvolkes. F. Schmenkel. In: BzG (26) 1984, S.388 ff. *H.*

Schmorell, Alexander (16. 9. 1917–13. 7. 1943). Sch. entstammte einer deutsch-russischen Familie, die seit 1921 in München lebte. Nach Arbeits- und Wehrdienst studierte er seit 1939 in Hamburg Medizin. Nach der Teilnahme an den Kämpfen in Frankreich im Frühjahr 1940 kam Sch. im Herbst 1940 zur Fortsetzung seines Studiums in die Münchener Studentenkompanie. Dort lernte er Hans

↑Scholl, später auch Willi ↑Graf kennen. Mit Hans Scholl verfaßte Sch. die ersten vier Flugblätter der ↑Weißen Rose, ehe sie gemeinsam mit Willi Graf nach Rußland abkommandiert wurden. Das Land und die Menschen beeindruckten Sch. tief. Nach der Rückkehr suchten Sch. und Scholl Kontakte zu anderen Widerstandsgruppen. Sch. nahm auch an der Vervielfältigung des fünften und sechsten Flugblattes der Weißen Rose teil. Nach der Verhaftung von Hans und Sophie ↑Scholl versuchte er, in einem Kriegsgefangenenlager bei Innsbruck als sowjetischer Soldat unterzutauchen, kehrte nach München zurück und wurde hier am 24. Februar 1943 verhaftet. Am 19. April 1943 wurde er vom VGH zum Tode verurteilt und im Strafgefängnis München-Stadelheim hingerichtet.

Lit.: R. Hanser: Deutschland zuliebe. Leben und Sterben der Geschwister Scholl. Die Geschichte der Weißen Rose. München 1982.

Schneider, Paul (29. 8. 1897–18. 7. 1939). In einem rheinischen Pfarrhaus aufgewachsen, diente Sch. als Leutnant im Ersten Weltkrieg und studierte danach Theologie in Gießen und Marburg. Anschließend arbeitete er in einem Hüttenwerk in Hörde, versah Hilfspredigerstellen in Berlin und Essen, später eine Pfarrei bei Wetzlar. Als Mitglied der ↑Bekennenden Kirche protestierte Sch. im Oktober 1933 mehrmals gegen Äußerungen des SA-Führers Ernst Röhm. Er engagierte sich in Auseinandersetzungen mit den NS-treuen „Deutschen Christen" und wandte sich von der Kanzel und andernorts gegen NS-Kirchenpolitik und -Weltanschauung, insbesondere gegen die Schriften Hitlers und des Ideologen Alfred Rosenberg. Wegen seiner NS-kritischen Äußerungen versetzte ihn die Kirchenbehörde zum 1. April 1934 nach Dickenschied im Hunsrück, wo er sich weiter oppositionell zeigte. Bis 1936 lud die Gestapo ihn mehrmals vor und nahm ihn für eine Woche in Haft. Am 31. Mai 1937 wurde der Geistliche, weil er eine kirchliche Sanktion über einen NS-Lehrer ausgesprochen hatte, von der Koblenzer Gestapo bis zum 29. Juli 1937 inhaftiert und dann aus der Rheinprovinz ausgewiesen. Er kehrte jedoch in seine Gemeinde zurück, worauf er am 3. Oktober wieder verhaftet und am 25. November 1937 in das KZ Buchenwald gebracht wurde. Als er sich dort am 20. April 1938 weigerte, die Hakenkreuzfahne zu grüßen, verhängte der Lagerkommandant Karl Koch Bunkerhaft über Sch. Aus dem Zellenfenster klagte der Pfarrer ungebrochen SS-Leute der Mißhandlungen und des Mordes an und rief Mithäftlinge zum Durchhalten auf. Der SS-Arzt Erwin Ding-Schuler ermordete Sch. mittels einer Giftinjektion. Sch.s Beisetzung in Dikkenschied wurde zu einer Demonstration gegen das NS-Regime.

Lit.: H. Vogel (Hrsg.): Der Prediger von Buchenwald. Berlin 1968. *D.*

Scholl, Hans (22. 9. 1918–22. 2. 1943). Sch. wuchs mit vier Geschwistern in einem liberalen Elternhaus auf und wurde stark von der bündischen Jugend beeinflußt. 1937 beteiligte er sich maßgeblich an einer Ulmer Gruppe, die sich an den Lebensformen der verbotenen „deutschen jungenschaft vom 1. 11. 1929" (dj. 1. 11) orientierte. Ende 1937 inhaftierte ihn die Gestapo mehrere Wochen. Nach Arbeits- und Wehrdienst studierte Sch. seit Sommersemester 1939 in München Medizin, seit März 1940 in einer Studentenkompanie. Im Mai 1940 wurde er als Sanitäter an der französischen Front eingesetzt, im Oktober 1940 konnte Sch. bei der Münchener Studentenkompanie sein Studium fortsetzen. Zwischen Herbst 1941 und Sommer 1942 hielt Sch. engen Kontakt zu dem katholischen Publizisten Carl Muth. Im Juli 1942 verbreitete Sch. zusammen mit Alexander ↑Schmorell die ersten vier Flugblätter der ↑Weißen Rose. Zusammen mit Schmorell und Willi ↑Graf wurde Sch. von Juli bis Ende Oktober 1942 zu einer „Frontfamulatur" in die Sowjetunion abkommandiert. Seit Ende November gewann Kurt ↑Huber wesentlichen Einfluß auf die Weiße Rose. Das fünfte Flugblatt der Gruppe wurde von Sch., seiner Schwester Sophie, Schmorell und Graf vervielfältigt. Nach der Niederlage bei Stalingrad entstand nach einem Entwurf von Huber das sechste und letzte Flugblatt. Es wurde von Sch. und seiner Schwester Sophie am 18. Februar 1943 in der Münchener Universität ausgelegt und zum Teil in den Lichthof geworfen. Sch. und seine Schwester wurden festgenommen, vier Tage später vom VGH zum Tode verurteilt und im Strafgefängnis München-Stadelheim hingerichtet.

Lit.: H. und S. Scholl: Briefe und Aufzeichnungen. Hrsg. von I. Jens. Frankfurt am Main 1984.

Scholl, Sophie (9. 5. 1921–22. 2. 1943). Sch. wurde bereits als Schülerin 1937 wegen des bündischen Engagements ihres Bruders Hans von der Gestapo vernommen. Nach dem Abitur im März 1940 machte sie eine Ausbildung als Kindergärtnerin und begann nach dem Arbeits- und Kriegshilfsdienst im Mai 1942 in München mit dem Studium der Biologie und Philosophie. Dabei kam sie durch ihren Bruder Hans auch mit Carl Muth zusammen, der beide ebenso wie der Hochschullehrer Kurt ↑Huber nachhaltig beeinflußte. Im August und September 1942 mußte sie als Kriegshilfsdienst in einem Ulmer Rüstungsbetrieb arbeiten. Im Januar 1943 nahm Sch. an der Herstellung und Verbreitung des fünften Flugblattes der ↑Weißen Rose teil. Das sechste Flugblatt war nach einem Entwurf Hubers von ihren Freunden bereits vervielfältigt, als sie nach einem Besuch in Ulm am 15. Februar 1943 nach München zurückkehrte. Nach dem Auslegen von Flugblättern in der Münchener Universität wurde Sch. zusammen mit ihrem Bruder am 18. Februar 1943 festgenommen, vier Tage später vom VGH zum Tode verurteilt und am selben Tag im Strafgefängnis München-Stadelheim hingerichtet.

Lit.: H. und S. Scholl: Briefe und Aufzeichnungen. Hrsg. von I. Jens. Frankfurt am Main 1984.

Schürmann-Horster, Wilhelm (21. 6. 1900–9. 9. 1943). Der in Köln geborene Sch. kehrte als Kriegsgegner aus dem Ersten Weltkrieg zurück und schloß sich 1923 der KPD an. Bis 1933 arbeitete er als Schauspieler an

Theatern in Hagen, Godesberg und Düsseldorf. 1934 wegen illegaler Tätigkeit für die KPD verhaftet, wurde Sch. vom OLG Hamm jedoch aus Mangel an Beweisen freigesprochen. Seit 1937 war er freier Mitarbeiter bei Filmgesellschaften und ab November 1941 als Regisseur und Dramaturg am Grenzlandtheater in Konstanz tätig. Bei einem Kostümfest der Akademie der bildenden Künste in Berlin lernte Sch. 1938 den Bildhauer Cay von Brockdorff und dessen Frau Erika kennen. Daraus entstand ein Gesprächskreis, dem Jutta und Viktor Dubinsky, die Bildhauerin Ruthild Hahne, die Tänzerin Hanna Berger, der Architekt Friedrich Schauer, ab 1939 die Arbeiter Karl Böhme, Hans ↑Coppi, Wolfgang Thiess und ab Mitte 1941 Herbert ↑Grasse und Eugen ↑Neutert angehörten. 1940 wurde eine Gruppenstruktur geschaffen, die Schulungen, einen regelmäßigen Austausch von Informationen und eine Verbindung zu Zellen des Widerstands in Betrieben ermöglichen sollte. Illegale Schriften wurden hergestellt und weitergegeben. Sch. gehörte damit zum Umkreis der Widerstandsorganisation ↑„Rote Kapelle". Am 29. Oktober 1942 wurde Sch. in Konstanz verhaftet, am 21. August 1943 vom VGH zum Tode verurteilt und in Berlin-Plötzensee durch den Strang getötet. *C.*

Schulenburg, Friedrich-Werner Graf von der (**20. 11. 1875–10. 11. 1944**). Schon vor dem Ersten Weltkrieg begann Sch. seine Laufbahn als Diplomat und war als Konsul und Botschafter in verschiedenen Ländern tätig. Er war verheiratet mit Elisabeth von Sobbe, mit der er eine Tochter hatte. 1934 wurde er zum deutschen Botschafter in der Sowjetunion ernannt. Sch. trat für eine Verständigung zwischen Deutschland und der Sowjetunion ein und war maßgeblich am Zustandekommen des deutsch-sowjetischen Nichtangriffspakts vom August 1939 beteiligt. Bis zuletzt versuchte er, den deutschen Überfall auf die Sowjetunion im Juli 1941 zu verhindern. Später machte er seinen Einfluß in der militärischen Opposition geltend, um einen raschen Friedensschluß im Osten zu erreichen. Er war bereit, im Namen der Verschwörer sogar mit Stalin zu verhandeln. In den Umsturzplänen war Sch. zeitweilig als Außenminister vorgesehen. Er wurde nach dem gescheiterten Attentat vom ↑20. Juli 1944 verhaftet, am 23. Oktober 1944 vom VGH zum Tode verurteilt und in Berlin-Plötzensee hingerichtet.

Lit.: S. Wegner-Korfes: Friedrich-Werner Graf von der Schulenburg. Botschafter Nazideutschlands und Mitverschwörer des 20. Juli 1944. In: O. Groehler (Hrsg.): Alternativen. Schicksale deutscher Bürger. Berlin (Ost) 1987.

Schulenburg, Fritz-Dietlof Graf von der (**5. 9. 1902–10. 8. 1944**). Sch. begann nach dem juristischen Studium 1923 eine Verwaltungsausbildung und trat im Frühjahr 1932 der NSDAP bei. Er war verheiratet mit Charlotte Kotelmann, mit der er fünf Töchter und einen Sohn hatte. Nach der Machtübernahme der Nationalsozialisten übte er verschiedene Parteiämter aus und arbeitete eine Weile als persönlicher Referent des ostpreußischen Gauleiters und Oberpräsidenten Erich Koch. 1937 wurde Sch. stellvertretender Polizeipräsident von Berlin, zwei Jahre später Vizepräsident im Oberpräsidium Breslau. Nach Beginn des Zweiten Weltkriegs kam Sch. mit der militärischen Opposition und dem ↑Kreisauer Kreis in Verbindung und löste sich gänzlich vom Nationalsozialismus. Er wurde von den Verschwörern 1944 als Staatssekretär im Reichsinnenministerium vorgesehen. Nach dem gescheiterten Attentat vom ↑20. Juli 1944 wurde er im ↑Bendlerblock verhaftet, am 10. August vom VGH zum Tode verurteilt und noch am selben Tag in Berlin-Plötzensee hingerichtet.

Lit.: U. Heinemann: Ein konservativer Rebell. Fritz-Dietlof Graf von der Schulenburg und der 20. Juli 1944. Berlin 1990. – A. Krebs: Fritz-Dietlof Graf von der Schulenburg. Zwischen Staatsraison und Hochverrat. Hamburg 1964.

Schulze-Boysen, Harro (2. 9. 1909–22. 12. 1942). Der Großneffe des Admirals Alfred von Tirpitz engagierte sich Ende der zwanziger Jahre im Jungdeutschen Orden. Als Herausgeber der Zeitschrift „gegner“ hatte er 1932/33 vielfältige Kontakte in politisch unterschiedliche Lager. Nach dem Verbot des „gegner“ und einer kurzfristigen Haft in einem Berliner SA-Folterkeller begann Sch. im Mai 1933 eine Ausbildung an der Verkehrsfliegerschule in Warnemünde. Seit April 1934 im Reichsluftfahrtministerium tätig, bildete sich Mitte der dreißiger Jahre ein engerer Freundes- und Widerstandskreis heraus, dem seine Frau Libertas, Elfriede ↑Paul, Walter ↑Küchenmeister, Elisabeth und Kurt ↑Schumacher und andere angehörten. Der Oberleutnant Sch. in der Attaché-Gruppe des Reichsluftfahrtministeriums war zusammen mit Arvid ↑Harnack der führende Kopf der Widerstandsorganisation ↑„Rote Kapelle“. Harnack und Sch. informierten im ersten Halbjahr 1941 einen Vertreter der sowjetischen Botschaft über die Angriffspläne gegen die Sowjetunion. Sch. war bereit, den Kontakt nach Moskau über ein Funkgerät aufrechtzuerhalten. Durch technische Probleme kam es nicht zu einer Aufnahme des Sendebetriebes. Sch. gewann nach dem 22. Juni 1941 neue Mitstreiter, beteiligte sich an der Ausarbeitung von Flugschriften, an einer Zettelklebeaktion und hatte Kontakte zu politisch und weltanschaulich unterschiedlich orientierten Hitler-Gegnern. Ende Oktober 1941 empfing er einen aus Brüssel angereisten Kurier des sowjetischen militärischen Nachrichtendienstes zu einem Gespräch. Aus einem dechiffrierten Telegramm aus Moskau nach Brüssel erfuhr die Gestapo Namen und Anschrift von Sch. und verhaftete ihn am 31. August 1942. Am 19. Dezember 1942 wurde er vom RKG zum Tode verurteilt und auf Befehl Hitlers durch den Strang in Berlin-Plötzensee hingerichtet.

Lit.: H. Schulze-Boysen: Gegner von heute – Kampfgenossen von morgen. Berlin 1932/Koblenz 1987. – H. Coppi: Harro Schulze-Boysen. Eine biographische Studie. Koblenz 1993. *C.*

Schulze-Boysen, Libertas (20. 11. 1913–22. 12. 1942). Libertas Haas-Heye verbrachte ihre Kindheit auf dem Gut ihres Großvaters Philipp Fürst zu Eulenburg und Hertefeld in Liebenberg bei Berlin. Nach dem Abitur an einem Mädchen-Gymnasium in Zürich und einem Englandaufenthalt begann sie 1933 eine Tätigkeit als Pressereferentin bei Metro-Goldwyn-Mayer in Berlin. Im Sommer 1934 lernte sie Harro ↑Schulze-Boysen kennen, den sie im Sommer 1936 in Liebenberg heiratete. Anfang 1937 trat Sch. aus der NSDAP aus, der sie sich im März 1933 angeschlossen hatte. Sie arbeitete mit Günther Weisenborn an dem Stück „Die guten Feinde". Im Jahre 1940 schrieb sie Filmkritiken für die „Essener Nationalzeitung" und sammelte zugleich in der deutschen Kulturfilmzentrale im Reichspropagandaministerium Bildmaterial über NS-Gewaltverbrechen. Sie unterstützte ihren Mann bei der Suche nach neuen Verbindungen im Widerstand. Ende Oktober 1941 empfing sie den aus Brüssel angereisten sowjetischen Offizier des militärischen Nachrichtendienstes und vermittelte ihm ein Gespräch mit ihrem Mann. Nach dessen Verhaftung warnte sie Freunde und schaffte illegales Material beiseite. Sch. wurde am 8. September verhaftet, am 19. Dezember 1942 vom RKG zum Tode verurteilt und drei Tage später in Berlin-Plötzensee hingerichtet.

Lit.: L. Schulze-Boysen: Gedichte und Briefe. Hrsg. von T. Eulenburg. O.O. 1952. – H. Coppi: Harro Schulze-Boysen. Eine biographische Studie. Koblenz 1993. C.

Schumacher, Elisabeth (28. 4. 1904–22. 12. 1942). Elisabeth Hohenemser entstammte einer ursprünglich wohlhabenden Familie. Ihr Vater fiel bereits 1914 im Ersten Weltkrieg. Nach ihrer Ausbildung in Offenbach und Berlin arbeitete sie als freiberufliche Graphikerin im Deutschen Arbeitsschutzmuseum in Berlin. Als „Halbjüdin" wurde ihr eine feste Anstellung verwehrt. Sch. war an den Diskussionen und ersten Aktionen im Widerstandskreis um Harro ↑Schulze-Boysen beteiligt. Sie fotokopierte und verkleinerte illegale Schriften. Im August 1939 organisierte sie zusammen mit ihrem Mann Kurt ↑Sch. Hilfe für den verfolgten Rudi Bergtel. Unmittelbar nach Beginn des Krieges gegen die Sowjetunion übernahm sie von dem Vertreter der sowjetischen Botschaft Alexander Korotkow einen Funkcode und Geld. Sch. half bei der Verbreitung und Weitergabe illegaler Schriften und kümmerte sich um die von der Deportation bedrohten Verwandten. Ihr Onkel Moritz Hohenemser wurde in das Ghetto nach Theresienstadt deportiert. Ihren Onkel Richard Hohenemser und seine Frau, die einen Selbstmordversuch unternommen hatten, versuchte sie zusammen mit Philipp Schaeffer zu retten. Anfang August nahm sie den aus Moskau kommenden Fallschirmagenten Albert Hößler auf. Am 12. September 1942 wurde sie festgenommen und in das Berliner Polizeipräsidium gebracht, am 19. Dezember 1942 durch das RKG zum Tode verurteilt und gemeinsam mit ihrem Mann drei Tage später in Berlin-Plötzensee hingerichtet.

Lit.: H. Scheel: Kurt und Elisabeth Schumacher. In: H. Coppi, J. Danyel, J. Tuchel (Hrsg.): Die Rote Kapelle im Widerstand gegen den Nationalsozialismus. Berlin 1994. C.

Schumacher, Kurt (6. 5. 1905–22. 12. 1942). Nach einer Lehre als Holzbildhauer studierte Sch. an den Berliner

Vereinigten Staatsschulen für freie und angewandte Kunst. Dort lernte er Elisabeth Hohenemser kennen, die er 1934 heiratete. Der bald anerkannte Meisterschüler stand mit Harro ↑Schulze-Boysen und der Zeitschrift „gegner" in Verbindung. Die erhaltenen Medaillons an der Berliner Schleusenbrücke gehörten zu seinen ersten Auftragsarbeiten als freier Bildhauer. Politische Diskussionen im Freundeskreis von Schulze-Boysen stärkten den sich herausbildenden Widerstandszusammenhang. Kontakte zu Heinrich Scheel, Eugen ↑Neutert und Hans ↑Coppi erweiterten den Kreis der Mitstreiter. Im Mai 1941 erklärte sich Sch. bereit, im Kriegsfalle als Funker die Kommunikation mit der Sowjetunion aufrechtzuerhalten. Sch. wurde jedoch Anfang Juni 1941 zur Wehrmacht eingezogen. Anfang August 1942 nahm er den aus Moskau kommenden Fallschirmagenten Albert Hößler bei sich auf und leitete ihn an Hans Coppi weiter. Bei Sch.s Verhaftung am 12. September 1942 verwüstete die Gestapo sein Atelier und zerstörte zahlreiche Arbeiten. Am 19. Dezember 1942 wurde Sch. vom RKG zum Tode verurteilt und in Berlin-Plötzensee hingerichtet.

Lit.: H. Scheel: Kurt und Elisabeth Schumacher. In: H. Coppi, J. Danyel, J. Tuchel (Hrsg.): Die Rote Kapelle im Widerstand gegen den Nationalsozialismus. Berlin 1994. *C.*

Schumacher, Kurt (13. 10. 1895–20. 8. 1952). Sch. wuchs in der Familie eines ostpreußischen Kaufmanns auf und meldete sich 1914 freiwillig an die Front. Nach dem Verlust des rechten Armes 1915 aus dem Heer entlassen, studierte Sch. Staats- und Wirtschaftswissenschaften und promovierte 1920. Im Januar 1918 war er der SPD beigetreten und 1918/19 Mitglied des Soldaten- und Matrosenrats von Berlin gewesen. 1920 übernahm er die Redaktion der „Schwäbischen Tagwacht" und gehörte 1924 zu den Mitbegründern des ↑Reichsbanners Schwarz-Rot-Gold. Im selben Jahr wurde Sch. in den Württembergischen Landtag gewählt und 1930 in den Reichstag. Im Februar 1932 zog er sich durch eine scharfe Rede gegen die NSDAP den Zorn der Nationalsozialisten zu. Am 6. Juli 1933 wurde Sch. in Berlin verhaftet und erst am 16. März 1943 nach Haft in den Konzentrationslagern Heuberg, Kuhberg und Dachau entlassen. Als Obmann für die Häftlingsbücherei konnte er in Dachau Verbindung zu politischen Freunden halten, drang aber immer auf Distanz zu den Kommunisten. Im Zuge der „Gewitter-Aktion" wurde Sch. erneut von August bis September 1944 im KZ Neuengamme inhaftiert. Er bereitete bereits im Frühjahr 1945 in Hannover die Neugründung der SPD vor, deren Nachkriegsentwicklung Sch., im Mai 1946 zu ihrem Vorsitzenden gewählt und seit 1949 Mitglied des Deutschen Bundestages, entscheidend beeinflußte.

Lit.: W. Albrecht: Kurt Schumacher. Bonn 1985. *A. D.*

Schumann, Georg (28. 11. 1886–11. 1. 1945). Sch., aufgewachsen als Sohn eines Steindruckers in Reudnitz, erlernte den Beruf eines Werkzeugschlossers. 1905 trat er der SPD bei, fand 1907 eine Anstellung bei den Jenaer Zeiss-Werken und engagierte sich als Mitglied des Deutschen Metallarbeiterverbandes in der Gewerkschaftsbewegung. Er gehörte dem Vorstand der SAJ in Jena an. 1916 wurde Sch. zum Kriegsdienst eingezogen und dort wegen seiner antimilitaristischen Aktivitäten zweimal disziplinarisch bestraft. Nach dem Krieg gehörte er zu den Gründern der KPD in Leipzig. 1921 in den Preußischen Landtag gewählt, nahm er 1925 an einem Parteilehrgang in Moskau teil, wurde 1928 für die KPD in den Reichstag gewählt und war bis 1929 Mitglied ihres Zentralkomitees. Im Frühsommer 1933 versuchte Sch., in Breslau eine kommunistische Widerstandsgruppe zu bilden, wurde wenig später verhaftet und im August 1934 zu drei Jahren Zuchthaus verurteilt. Anschließend wurde er in das KZ Sachsenhausen eingewiesen und erst im Sommer 1939 entlassen. Zusammen mit Otto ↑Engert, mit dem er u.a. „Leitsätze über die Liquidierung des imperialistischen Krieges und der Naziherrschaft" verfaßte, und mit Kurt ↑Kresse führte Sch. eine der wichtigsten kommunistischen Widerstandsorganisationen in Sachsen. Er wurde am 19. Juli 1944 verhaftet, am 21. November 1944 zum Tode verurteilt und in Dresden mit dem Fallbeil hingerichtet.

Lit.: I. Krause: Die Schumann-Engert-Kresse-Gruppe. Dokumente und Materialien des illegalen antifaschistischen Kampfes (Leipzig 1943–1945). Berlin 1960.

Schwab, Alexander (5. 7. 1887–12. 11. 1943). Sch. studierte an verschiedenen deutschen Universitäten und war Führer in der Freideutschen Jugend. Als Freiwilliger zog er 1914 in den Krieg und kehrte als Pazifist zurück. 1918 trat Sch. dem Spartakusbund bei und war einer der Mitbegründer der oppositionellen KAPD, aus der er 1922 wieder austrat. Sch. arbeitete als Journalist und Wirtschaftsschriftsteller und wirkte von 1929 bis zu seiner Entlassung im April 1933 als Pressechef der Reichsanstalt für Arbeitsvermittlung und Arbeitslosenversicherung in Berlin. Im Mai 1933 wurde er für ein halbes Jahr inhaftiert. 1934 baute Sch. gemeinsam mit Franz Jung eine Wirtschaftskorrespondenz für Banken, Zeitungen und Fachzeitschriften auf. Er arbeitete aktiv in der Reichsleitung der ↑„Roten Kämpfer" (RK) mit, verfaßte die RK-Rundschreiben und reorganisierte einige Gruppen. Im August 1936 leitete Sch. die RK-Reichskonferenz; im November 1936 wurde er verhaftet. Sch. nahm im Prozeß vor dem 2. Senat des VGH die Verantwortung für die illegale Arbeit auf sich und wurde am 30. November 1937 zu acht Jahren Zuchthaus verurteilt. Nach Haft in Brandenburg, Sonnenburg und den Emslandlagern starb Sch. im Zuchthaus Zwickau an den Folgen der Haft.

Lit.: O. Ihlau: Die Roten Kämpfer. Ein Beitrag zur Geschichte der Arbeiterbewegung in der Weimarer Republik und im Dritten Reich. Meisenheim 1969. *C.*

Schwamb, Ludwig (30. 7. 1890–23. 1. 1945). Sch. schlug nach einem juristischen Studium und seiner zeitweiligen Niederlassung als Rechtsanwalt 1925 die Verwaltungslaufbahn ein. Als Sozialdemokrat wurde er 1928 zusammen mit Carlo ↑Mierendorff als persönlicher Referent in das hessische

Innenministerium unter Wilhelm ↑Leuschner berufen. Nach der nationalsozialistischen Machtübernahme verlor er 1933 sein Amt, siedelte nach Berlin über und arbeitete als Syndikus in der Privatwirtschaft. In den folgenden Jahren hielt Sch. engen Kontakt mit seinen sozialdemokratischen Freunden Leuschner, Mierendorff und ↑Leber, die erst nach und nach aus den Konzentrationslagern entlassen wurden. Die Verschwörer des ↑20. Juli 1944 schlugen Sch. als politischen Unterbeauftragten für den Wehrkreis XII (Wiesbaden) vor. Er wurde nach dem gescheiterten Attentat zusammen mit seiner Frau, die jedoch wenige Tage später wieder freikam, am 23. Juli 1944 in Frankfurt am Main verhaftet. Am 15. November 1944 verurteilte ihn der VGH zum Tode; er wurde in Berlin-Plötzensee hingerichtet.

Lit.: H.-A. Jacobsen (Hrsg.): „Spiegelbild einer Verschwörung". Die Opposition gegen Hitler und der Staatsstreich vom 20. Juli 1944 in der SD-Berichterstattung. Geheime Dokumente aus dem ehemaligen Reichssicherheitshauptamt. Stuttgart 1984.

Schwantes, Martin (20. 8. 1904–5. 2. 1945). Der Sohn eines Uhrmachermeisters aus dem ostpreußischen Kreis Rastenburg besuchte bis 1924 das Lehrerseminar in Quedlinburg. Da er keine Anstellung bekam, ging er in die USA, wo er sich in 14 Berufen durchschlug. 1926 kehrte er zurück, arbeitete als Lehrer in Gommern und 1927 in Magdeburg. 1928 trat er der KPD bei und wurde 1930 Mitglied ihrer Bezirksleitung Magdeburg-Anhalt, die ihm 1932 die Agitations- und Propagandaarbeit übertrug. Aus dem Schuldienst 1933 entfernt, stellte Sch. konspirative Kontakte zu Kommunisten in Mitteldeutschland her. Am 24. Januar 1934 wurde er dabei in Erfurt verhaftet und am 12. Juli 1934 vom Kammergericht Berlin zu zweieinhalb Jahren Zuchthaus verurteilt. Nach der Strafhaft wurde Sch. bis Februar 1941 im KZ Sachsenhausen inhaftiert, wo er als Blockältester und Vorarbeiter der Kleiderkammer Mithäftlingen zur Seite stand. Im zweiten Halbjahr 1942 begann er, inzwischen Lagerist und Verkaufsleiter einer Schuhfabrik, mit dem KPD-Funktionär Hermann Danz in Mageburg eine KPD-Gruppe aufzubauen. Ende 1942 kam eine Verbindung zu den KPD-Funktionären Franz ↑Jacob und Anton ↑Saefkow in Berlin zustande. Sch. beteiligte sich an programmatischen Ausarbeitungen und stellte, einen Arzt und einen Lehrer einbeziehend, Grundsätze für Sofortmaßnahmen im Gesundheits- und Schulwesen nach Sturz des NS-Regimes zusammen. Verhaftet am 9. Juli 1944, verurteilte ihn der VGH mit Danz am 1. November 1944 zum Tode und ließ beide in Brandenburg-Görden hinrichten.

Lit.: K. Drobisch: Martin Schwantes. In: Antifaschistische Lehrer im Widerstandskampf. Berlin 1967, S. 95 ff. *D.*

Schwanenfeld, Ulrich Wilhelm Graf Schwerin von (21. 12. 1902–8. 9. 1944). Der Gutsbesitzer Sch., der bereits 1923 als Student der Landwirtschaft in München den Nationalsozialismus scharf kritisierte, trat für eine politische Erneuerung Deutschlands auf christlich-sozialer Grundlage ein. Er war verheiratet mit Marianne Sahm, mit der er vier Söhne hatte. Seit 1935 war er der Überzeugung, daß eine Befreiung vom Nationalsozialismus nur durch die Tötung Hitlers möglich sei. Von 1938 an gehörte Sch. zum engeren Widerstandskreis um Peter Graf ↑Yorck von Wartenburg und Fritz-Dietlof Graf von der ↑Schulenburg. Wegen seiner freundschaftlichen Verbindungen zum späteren ↑Kreisauer Kreis und engen Kontakten zu den Oppositionellen im Amt Ausland/Abwehr des Oberkommandos der Wehrmacht wurde er während der Sudetenkrise führendes Verbindungsglied zwischen zivilem und militärischem Widerstand. Ab 1939 Kriegsteilnehmer, kam er 1941 als Ordonnanzoffizier zu Feldmarschall Erwin von ↑Witzleben nach Paris. 1942 holte ihn Hans ↑Oster nach Berlin, wo er sich weiterhin entschlossen für den Sturz des Regimes einsetzte. Obwohl Sch. 1944 der Auffassung war, daß auch eine gewaltsame Beseitigung des NS-Regimes die Katastrophe für Deutschland nicht mehr abwenden könne, gehörte er bis zuletzt zum engsten Kreis der Verschwörer. Sch. wurde am ↑20. Juli 1944 im ↑Bendlerblock verhaftet, am 21. August 1944 vom VGH zum Tode verurteilt und in Berlin-Plötzensee hingerichtet.

Lit.: D. Graf von Schwerin: „Dann sind's die besten Köpfe, die man henkt." Die junge Generation im deutschen Widerstand. München 1991.

Schwarze Front. Innerhalb der nationalsozialistischen Bewegung entstand in den zwanziger Jahren ein revolutionär-sozialistischer Flügel um Gregor und Otto ↑Strasser, der antikapitalistische Zielsetzungen verfolgte und zugleich eine antisemitische Programmatik vertrat. Die Gebrüder Strasser, stärkste Widersacher Hitlers in der NSDAP, traten im Frühjahr 1930 aus dieser Partei aus und gründeten im Juli 1930 die „Kampfgemeinschaft Revolutionäre Nationalsozialisten", die sich seit 1931 ebenso wie ihre Zeitung Sch. nannte. Nach Hitlers Machtübernahme befehdeten die Mitglieder der Sch., die vielfach intensive Kontakte zu anderen nationalrevolutionären Widerstandskreisen, aber auch zum Arbeiterwiderstand unterhielten, erfolglos die Parteiführung der NSDAP und die Politik des NS-Regimes. Zahlreiche Mitglieder der Sch. wurden wie Rudolf ↑Formis verfolgt, mehrere ihrer führenden Funktionäre fielen im Juni 1934 den Morden im Zusammenhang mit der Ausschaltung der SA zum Opfer. Andere, wie etwa Otto Strasser, gingen in die Emigration, von wo aus sie ihre Propaganda gegen das NS-Regime fortzusetzen versuchten. Viele Angehörige der Sch. wurden in Konzentrationslagern inhaftiert.

Lit.: U. Kissenkötter: Gregor Strasser und die NSDAP. Stuttgart 1979. *H.*

Schwersenz, Jizchak (30. 5. 1915). Bereits als Neunjähriger wurde der Sohn eines Kaufmannes Mitglied des jüdischen religiös-orthodoxen Jugendbundes Esra. Als Dreizehnjähriger wechselte er in den jüdischen Pfadfinderbund Kadima (Vorwärts). Von 1925 bis 1933 besuchte er das Schiller-Realgymnasium. Kurz vor dem Abitur unternahm er mit einer ihm anvertrauten Jugendgruppe eine Hollandreise, von der er aus Angst vor der

Gestapo nicht zurückkehrte. Seit 1933 engagierte sich Sch. als Jugendführer in der Jugend-Alija, die sich bemühte, junge Juden auf ein Arbeiterleben in Palästina vorzubereiten. 1935 wurde Sch. von der Bundesleitung der zionistischen Weltorganisation Hechaluz (Der Pionier) nach Deutschland zurückgerufen. Er betreute in Köln ein Heim der Jüdischen Jugendhilfe. Zugleich besuchte er bis Ende 1936 die Kölner Jüdische Religionsakademie, ein früheres Lehrer-Seminar. Nach dem Abitur am Adass-Jisroel-Gymnasium und anschließendem Studium an der Lehrerbildungsanstalt legte Sch. Ende Februar 1939 das Lehrerexamen ab, das ihn zum Unterrricht von „nichtarischen Schülern“ berechtigte. Im selben Jahr wurde er Direktor der Jugend-Alijah-Schule in Berlin. Als Sch. im August 1942 deportiert werden sollte, widersetzte er sich durch Flucht in den Untergrund. Unterstützt von Edith Wolff, sammelte er im Frühjahr 1943 jüdische Jugendliche aus seinem ehemaligen Schülerkreis und der zionistischen Jugendbewegung um sich, die er auf ein Leben in der Illegalität vorbereitet hatte. Diese Gruppe, die bald vierzig Mitglieder umfaßte, nannte sich ↑Chug Chaluzi (Pionierkreis). Sch. gelang im Februar 1944 die Flucht in die Schweiz. 1953 wanderte er nach Israel aus und arbeitete dort als Lehrer, bis er 1990 nach Deutschland zurückkehrte.

Lit.: J. Schwersenz: Die versteckte Gruppe. Ein jüdischer Lehrer erinnert sich an Deutschland. Berlin 1988. *R.*

Seelenbinder, Werner (2. 8. 1904–24. 10. 1944). S., in einem Berliner Arbeiterviertel aufgewachsen, schloß sich 1921 als Transportarbeiter der Arbeitersportbewegung an. Der hochtalentierte Ringer errang sechsmal den Titel des Deutschen Meisters im Halbschwergewicht des klassischen Ringkampfs. Nach der Teilnahme an der I. Internationalen Spartakiade der Roten Sportinternationale trat er 1928 der KPD bei. Die Reisen der Ringer-Nationalmannschaft nach Dänemark, Lettland und Frankreich nutzte er zu Treffen mit Emigranten. Er gewann schwedische Sportler, anläßlich der Olympischen Spiele 1936 in Berlin die antifaschistischen Flugschriften „Hitlers Olympiade als Kulisse der Kriegsvorbereitungen“ einzuschmuggeln, die Veranstaltungsprogrammen beigelegt wurden. Seit 1938 arbeitete S. eng mit Robert ↑Uhrig zusammen. Er hielt Verbindungen zu einer Widerstandsgruppe in Mannheim und beteiligte sich an der Herstellung und Verbreitung des „Informationsdienstes“ sowie anderer Flugschriften. S. half, dem 1941 aus den Niederlanden eingereisten Alfred ↑Kowalke eine Unterkunft zu verschaffen. Am 4. Februar 1942 verhaftet, wurde S. mit anderen aus der ↑Uhrig-Organisation in die Arbeitserziehungslager Wuhlheide und Großbeeren eingewiesen, am 5. September 1942 vom VGH zum Tode verurteilt und in Brandenburg-Görden hingerichtet.

Lit.: W. Radetz: Der Stärkere. Ein Buch über Werner Seelenbinder. Berlin 1982. – L. Kraushaar: Berliner Kommunisten im Kampf gegen den Faschismus 1936–1942. Berlin (Ost) 1981. *C.*

Selbsthilfe von Juden. Die organisierte S. war eine bedeutende Form des Widerstandes gegen den NS-Staat, da sie das physische und psychische Überleben der deutschen Juden sicherte. Als Reaktion auf die Ausgrenzung und Entrechtung wurde am 13. April 1933 von den Vertretern aller wichtigen jüdischen Organisationen der Zentralausschuß der deutschen Juden für Hilfe und Aufbau gegründet. Seine Arbeitsgebiete waren der Not vieler der 560000 jüdischen Menschen in Deutschland entsprechend die Auswanderungsunterstützung, Wohlfahrtspflege, Wirtschaftshilfe und Berufsumschichtung. Am 1. April 1935 wurde der Zentralausschuß der Reichsvertretung der deutschen Juden angegliedert. Diese erste gesamtjüdische Organisation, die am 17. September 1933 gegründet worden war, vertrat die Interessen der deutschen Juden gegenüber den Behörden des NS-Staates und leitete das Selbsthilfewerk unter dem Vorsitz des Rabbiners Leo Baeck (1873–1956) bis 1939. Wichtige Arbeitsgebiete der Reichsvertretung waren der Aufbau eines jüdischen Schulwerkes und die Ausbildung der Jugend in besonders für die Auswanderung geeigneten handwerklichen und landwirtschaftlichen Berufen. Die Zentralstelle für jüdische Wirtschaftshilfe hatte bis Ende 1937 ca. 13000 Jugendlichen eine Erstausbildung und 20000 Erwachsenen eine Umschulung ermöglicht. Gerade durch diese berufliche Fortbildung wurde ein wichtiger Beitrag zur Auswanderungsförderung erbracht. Die effektivste Selbsthilfeorganisation war die im Oktober 1935 von der Zentralwohlfahrtsstelle der Reichsvertretung gegründete Jüdische Winterhilfe, nachdem die jüdischen Deutschen aus dem Winterhilfswerk des deutschen Volkes ausgegrenzt worden waren. Bereits im Gründungsjahr waren 20 Prozent der jüdischen Bevölkerung auf die Unterstützung mit Nahrungsmitteln, Heizmaterial und Kleidung angewiesen.

Lit.: S. Adler-Rudel: Jüdische Selbsthilfe unter dem Naziregime 1933–1939. Tübingen 1974. – W. Benz (Hrsg.): Die Juden in Deutschland 1933–1945. Leben unter nationalsozialistischer Herrschaft. München 1988. *R.*

Seng, Willi (11. 2. 1909–27. 7. 1944). In Berlin aufgewachsen, erlernte S. den Beruf eines Schneiders. Seit 1920 betätigte er sich im Arbeitersportverein Fichte und nahm 1929 an der Spartakiade in Moskau teil. 1930 trat er der Roten Hilfe und 1932 der KPD bei. Im Frühjahr 1933 wurde er im KZ Oranienburg inhaftiert. Nach seiner Entlassung wurde er als Verbindungsmann der Kampfgemeinschaft für rote Sporteinheit (K.G.) zu den Berliner Stadtteilleitungen eingesetzt. 1934 leitete er die K.G. Niederrhein in Düsseldorf. Im Mai 1935 floh er nach Amsterdam und absolvierte 1937 die Leninschule in Moskau. Anschließend reiste er als Instrukteur der KPD-Auslandsleitung nach Dortmund, Essen und Oberhausen. Im Januar 1939 nahm S. an der „Berner Konferenz" der KPD bei Paris teil. Er lebte nach dem Einmarsch deutscher Truppen unter falschem Namen in den Niederlanden. Wilhelm ↑Knöchel wählte S. Ende 1940 aus, nach Deutschland zu reisen und im Ruhrgebiet eine illegale Organisation aufzubauen. Kenntnisse aus Verbindungen zu Betrieben in Essen, Duisburg, Bottrop, Wuppertal und im Bergischen Land flossen in die von ihm herausgegebenen Schriften „Ruhrecho“ und „Illegaler SA-Mann“ ein. Am 20. Januar 1943 wurde er verhaftet, am 24. Mai 1944 zum Tode verurteilt und in Köln hingerichtet.

Lit.: B. Herlemann: Auf verlorenem Posten. Kommunistischer Widerstand im Zweiten Weltkrieg. Die Knöchel-Organisation. Bonn 1986.

Seydewitz, Max (19. 12. 1892–8. 2. 1987). Der Sohn eines Gerbers aus Forst in der Lausitz und gelernte Schriftsetzer trat 1907 der SAJ, 1910 der SPD und 1911 dem Verband Deutscher Buchdrucker bei. Ab 1913 schrieb er für sozialdemokratische Blätter und übernahm nach der Novemberrevolution 1918 die Chefredaktion der „Volksstimme“ in Halle und von 1920 bis 1931 vom „Sächsischen Volksblatt“ in Zwickau. Als Vorsitzender des SPD-Bezirkes Zwickau-Erzgebirge-Vogtland, Mitglied des sächsischen Landtages und des Reichstages (1924 bis 1932) gehörte S. zur linken Parteiopposition, die im Juli 1927 als Organ die Zeitschrift „Der Klassenkampf – Marxistische Blätter“ in Berlin gründete. Nach Parteiauseinandersetzungen schloß ihn die SPD am 29. September 1931 zusammen mit Kurt Rosenfeld aus. S. wurde Initiator der am 4. Oktober 1931 gegründeten ↑Sozialistischen Arbeiterpartei Deutschlands (SAP), ihr Mitvorsitzender und Chefredakteur ihrer Wochenzeitungen. Nach Flügelkämpfen votierte er Anfang 1933 für eine Parteiauflösung und forderte zum Anschluß an die SPD auf. Seit April 1933 in Prag, gründete er mit Siegfried Aufhäuser und Karl ↑Böchel 1934 die Arbeitsgemeinschaft Revolutionärer Sozialisten (RSD), die ihn 1937, da er inzwischen verdeckt für die KPD arbeitete, ausschloß. S. gehörte zu den Leitungsmitgliedern des Deutschen Volksfrontausschusses in Prag sowie zu den Mitunterzeichnern des Pariser Volksfrontaufrufs vom Dezember 1936. 1938 emigrierte er über die Niederlande nach Norwegen und mit der deutschen Besetzung im April 1940 nach Schweden, wurde dort interniert und im Juli 1940 entlassen. In Stockholm arbeitete er leitend und publizierend in der KPD-Landesgruppe. Am 18. August 1942 verhaftet, mußte er sich nach einem Ausweisungsbeschluß von Januar 1943 bis September 1944 zwangsweise in Lund aufhalten. 1944/45 unterzeichnete S. den „Aufruf zur Sammlung der Deutschen in Schweden“, wurde Mitglied des Freien Deutschen Kulturbundes und Mitarbeiter der in Stockholm erscheinenden „Politischen Information“. Er kehrte im Dezember 1945 nach Berlin zurück und war von 1947 bis 1952 Ministerpräsident und SED-Funktionär in Sachsen.

Lit.: M. Seydewitz: Es hat sich gelohnt zu leben. Berlin 1980. *A.*

Sieg, John (3. 2. 1903–15. 10. 1942). In einer deutsch-amerikanischen Familie geboren, heiratete der Journalist nach seiner Rückkehr nach Deutschland 1928 Sophie Wlosczynski und arbeitete als freier Autor. 1928/1929 veröffentlichte er erste Reportagen in der von Adam ↑Kuckhoff geleiteten

Monatsschrift „Die Tat“, im „Berliner Tageblatt“ und in der „Roten Fahne“ unter dem Pseudonym Siegfried Nebel. In der Feuilleton-Redaktion der „Roten Fahne“ lernte er Wilhelm ↑Guddorf, Martin ↑Weise und Walter ↑Husemann kennen. 1933 kurzzeitig verhaftet, wurde er Ende der dreißiger Jahre Mittelpunkt eines sich ausweitenden Kreises von Verbindungen zu kommunistischen Widerstandszellen in Berlin-Neukölln. 1937 fand S. eine Anstellung zuerst als Güterbodenarbeiter und später als Fahrdienstleiter bei der Reichsbahn. 1939/40 verstärkten sich die Kontakte zu Adam Kuckhoff, Arvid ↑Harnack, Wilhelm Guddorf und Herbert ↑Grasse sowie zu Widerstandsgruppen um Robert ↑Uhrig, Herbert ↑Baum und Beppo ↑Römer. Ab 1941 war er Mitherausgeber der illegalen Flugschrift „Die Innere Front“. Am 11. Oktober 1942 verhaftet, wählte S. am 15. Oktober 1942 im Hausgefängnis des Geheimen Staatspolizeiamts in der Berliner Prinz-Albrecht-Straße den Freitod.

Lit.: J. Sieg: Einer von Millionen spricht. Skizzen, Erzählungen, Reportagen. Hrsg. von H. Schmidt. Berlin 1989. *C.*

Sievers, Max (11. 6. 1887–17. 1. 1944). Bis 1907 ungelernter Arbeiter, dann kaufmännischer Angestellter, trat S. vor dem Ersten Weltkrieg in die SPD ein, wurde nach Kriegsende USPD-Abgeordneter in Berlin-Neukölln und gab 1919 die Zeitschrift „Der Arbeiterrat“ heraus. Er wechselte im Dezember 1920 zur KPD und war Redakteur der „Roten Fahne“. Nach dem KPD-Austritt im März 1921 wieder SPD-Mitglied, wurde S. im Oktober 1922 Sekretär des Vereins für Freidenkertum und Feuerbestattung, (später Deutscher Freidenker-Verband [DFV]) und gab dessen Zeitschrift heraus. S. wurde nach dem Sturm von SA-Männern am 17. März 1933 auf die Zentrale des DFV kurze Zeit inhaftiert. Er floh im April 1933 über die Niederlande, Belgien und Frankreich in die Schweiz. Ab August 1933 in Brüssel, leitete S. die Freidenker-Internationale und konnte die Zeitschrift „Der Freidenker“ sowie getarnte Schriften des DFV herausgeben. S. propagierte einen Zusammenschluß linker Kräfte in Deutschland und im Exil. Er wurde im Mai 1940 durch belgische Behörden wegen seiner politischen Tätigkeit verhaftet und zur Internierung nach Frankreich gebracht. S. konnte fliehen, wurde abermals interniert und ließ sich nach seiner Entlassung unter dem Namen Loth bei Lille nieder. Hier wurde S. am 3. Juni 1943 von der Gestapo verhaftet, nach Deutschland gebracht, vom VGH am 17. November 1943 zum Tode verurteilt und in Brandenburg-Görden hingerichtet.

Lit.: Stimme des Freidenkers, 1983. *U.*

Simoleit, Herbert (22. 5. 1908–13. 11. 1944). In Berlin in eine gemischt konfessionelle Familie geboren, hatte er zunächst zu deren Lebensunterhalt beitragen müssen und erst 1933 das Priesterseminar Fulda beziehen können. 1935 zum Priester geweiht, kam er zuerst nach Greifswald zur Seelsorge unter aus Polen angesiedelten Deutschen. Im Mai 1941 nach Stettin berufen, betreute er als Standortpfarrer Soldaten. Ein Gestapo-Agent, der auch auf andere katholische Geistliche angesetzt worden war, gab die freimütigen Äußerungen des jungen Kaplans über NS-Politik und den Krieg weiter. Anfang Februar 1943 mit weiteren Opfern desselben Spitzels, darunter Provikar Carl ↑Lampert, Pater Friedrich ↑Lorenz und Pfarrer Dr. Alfons Maria ↑Wachsmann aus Greifswald, Stettin und Usedom, verhaftet, wurde S. mit Lampert und Lorenz am 4. September 1944 vom RKG zum Tode verurteilt und in Halle/Saale hingerichtet.

Lit.: B. M. Kempner: Priester vor Hitlers Tribunalen. München 1966, S. 207 ff. *D.*

Smend, Günther (**29. 11. 1912–8. 9. 1944**). S. trat im März 1932 als Offiziersanwärter in das Infanterie-Regiment Nr. 18 in Detmold ein. Er war verheiratet mit Renate von Cossel, mit der er eine Tochter und zwei Söhne hatte. Mit seiner Einheit wurde er nach Beginn des Zweiten Weltkrieges in Frankreich und der UdSSR eingesetzt. Im Dezember 1942 wurde S. zum Generalstab versetzt und im Juni 1943 zum Adjutanten des Generalstabschefs des Heeres Generaloberst Zeitzler ernannt. S. arbeitete mit der militärischen Opposition zusammen und teilte vor allem die Sorge der Verschwörer, der Krieg müsse wegen der Unfähigkeit Hitlers in der Niederlage münden. Nach dem gescheiterten Attentat vom ↑20. Juli 1944 wurde S. am 1. August 1944 verhaftet, am 30. August 1944 vom VGH zum Tode verurteilt und hingerichtet.

Lit.: H.-A. Jacobsen (Hrsg.): „Spiegelbild einer Verschwörung“. Die Opposition gegen Hitler und der Staatsstreich vom 20. Juli 1944 in der SD-Berichterstattung. Geheime Dokumente aus dem ehemaligen Reichssicherheitshauptamt. Stuttgart 1984.

Solf, Johanna (**14. 11. 1887–1954**). Johanna Dotti heiratete 1908 den damaligen Gouverneur von Samoa und späteren Staatssekretär im Auswärtigen Amt Wilhelm-Heinrich Solf, der von 1920 bis 1927 deutscher Botschafter in Japan war. Seit 1928 lebte sie in Berlin, wo ihr Mann 1936 starb. In ihrer Wohnung in Berlin trafen sich häufig oppositionelle Mitarbeiter des Auswärtigen Amtes im Rahmen von regelmäßig in ihrem Hause oder bei Elisabeth von ↑Thadden stattfindenden Teegesellschaft. S. versuchte, politisch und rassisch Verfolgten bei der Flucht ins Ausland zu helfen. Im Frühjahr 1943 vermittelte sie ein Gespräch zwischen dem Diplomaten Richard Kuenzer und dem katholischen Geistlichen Max Josef ↑Metzger und wurde über dessen Friedensprogramm informiert. Als ein Spitzel der Geheimen Staatspolizei sie denunzierte, wurde S. am 12. Januar 1944 ebenso wie die zu ihrem Kreis gehörenden Otto Carl ↑Kiep, Artur Zarden und Elisabeth von Thadden verhaftet. Die für den 28. April 1945 geplante Verhandlung vor dem VGH fand nicht mehr statt; S. wurde Ende April 1945 befreit.

Lit.: I. von der Lühe: Eine Frau im Widerstand. Elisabeth von Thadden und das Dritte Reich. Freiburg 1980.

Solf-Kreis. In der Berliner Wohnung von Johanna ↑Solf trafen sich oppositionelle Mitarbeiter des Auswärtigen Amtes und andere Oppositionelle in den Kriegsjahren im Rahmen einer regelmäßig stattfindenden Teegesellschaft. Der S. versuchte, politisch und rassisch Verfolgten bei der Flucht ins Ausland zu helfen. Als ein Spitzel der Geheimen Staatspolizei auf den S. angesetzt wurde und Kontakte zum ehemaligen Reichskanzler Wirth in der Schweiz aufdeckte, kam es im Januar 1944 zu mehr als einem Dutzend Verhaftungen. Nach Todesurteilen im ersten Prozeß gegen Elisabeth von ↑Thadden und Otto Carl ↑Kiep sollte ein zweites Verfahren durchgeführt werden. Zu der für den 28. April 1945 angesetzten Verhandlung gegen Johanna Solf und ihre fünf Mitangeklagten kam es jedoch nicht mehr. Richard Kuenzer und Albrecht Graf von Bernstorff wurden Ende April 1945 in der Nähe des Lehrter Bahnhofs ermordet; die anderen Angeklagten konnten im Mai 1945 befreit werden.

Lit.: I. von der Lühe: Eine Frau im Widerstand. Elisabeth von Thadden und das Dritte Reich. Freiburg 1980.

Sommer, Margarete (**21. 7. 1893–30. 6. 1965**). S. studierte in Berlin Philosophie und Volkswirtschaft, promovierte hier und wurde Dozentin an Wohlfahrtsschulen. Aus politischen Gründen entlassen, wurde sie am 1. Juni 1935 Mitarbeiterin des Berliner Bischöflichen Ordinariats und mußte speziell von der Zwangssterilisation Betroffene beraten. Am 15. September 1941 übernahm S. die Geschäftsführung des Hilfswerkes beim Bischöflichen Ordinariat Berlin, dessen Verantwortung beim Dompropst Bernhard ↑Lichtenberg, nach dessen Verhaftung am 23. Oktober 1941 beim Bischof Konrad Graf von ↑Preysing lag. Das Hilfswerk betreute und unterstützte Hunderte rassisch Verfolgte, vor allem Katholiken jüdischer Herkunft, bei der Auswanderung, später mit Lebensmitteln, Kleidung und Geld, und konnte manche einige Zeit oder ganz vor der Deportation bewahren. S. wandte sich u. a. nach der Brandmarkung der Juden mit dem gelben Stern im September 1941 mit einer Ausarbeitung an die Seelsorger, die Juden nicht in den Gemeinden abzusondern, inspirierte im November 1942 einen Protest gegen geplante Zwangsscheidung von jüdischen und nichtjüdischen Eheleuten und schilderte im Februar und Juli/August 1942 ausführlich die Deportationen und die Lage der Verschleppten im besetzten Osteuropa. Dieser Bericht erreichte auch den Vatikan. Im August 1943 entwarf S. für die Fuldaer Bischofskonferenz zwei Eingaben über die Bedrohung sog. Mischehen und wegen des Schicksals der Deportierten. Weiter kümmerte sich S. um KZ-Häftlinge und deren Familien. Nach 1945 setzte sie sich für Juden ein, die in Verstecken überlebt hatten oder aus Ghettos und Konzentrationslagern zurückkehrten.

Lit.: E. Klausener: Margarete Sommer (1893–1965). In: W. Knauft (Hrsg.): Miterbauer des Bistums Berlin. Berlin 1979, S. 153 ff. – B. Oleschinski: „... daß das Menschen waren, nicht Steine“. Hilfsnetze katholischer Frauen für verfolgte Juden im Dritten Reich. In: Zeitgeschichte [Wien], 17 (1990), S. 395 ff.

D.

Sondergerichte. Anknüpfend an in Krisensituationen der Weimarer Republik tätige S. setzte die Hitler-Papen-Regierung mit der Verordnung vom 21. März 1933 für jeden Oberlandesgerichtsbezirk S. als Ausnahmetribunale für politische Verfahren und vom NS-Regime kriminalisierte Delikte ein. Die S. führten Verfahren wegen „Heimtücke" und „Rassenschande", nach Kriegsbeginn zusätzlich wegen „Abhörens feindicher Sender", „Wehrkraftzersetzung", Kriegswirtschaftsdelikten und verbotenen Umgangs mit Kriegsgefangenen oder Zwangsarbeitern sowie „Nacht-und-Nebel"-Prozesse gegen aus ihrem Heimatland verschleppte ausländische Widerstandskämpfer durch. Die kurzfristig anberaumten Verfahren in erster und letzter Instanz konnten ohne schriftliche Beweise, Zeugen, Sachverständige und Verteidiger stattfinden. Die schließlich 92 S. in Deutschland und den von ihm annektierten Gebieten verhängten schätzungsweise mindestens 11000 Todesurteile.

Lit.: H. Wüllenweber: Sondergerichte im Dritten Reich. Frankfurt am Main 1990. *D.*

Sopade. Der im Mai/Juni 1933 sich in Prag bildende und nach dem SPD-Verbot vom Juni 1933 am 30. Juli 1933 offiziell hervorgetretene SPD-Parteivorstand im Exil (S.) ging hervor aus der am 4. Mai 1933 vom Parteivorstand in Berlin bestimmten Auslandsgruppe. Zu Sigmund Crummenerl, Paul Hertz, Erich Ollenhauer, Friedrich Stampfer, Hans ↑Vogel und Otto Wels stießen im August 1933 Siegfried Aufhäuser und Karl ↑Böchel und im Oktober 1933 Erich Rinner, die alle ein Mandat der letzten SPD-Reichskonferenz vom 26. April 1933 hatten. Es gelang, einen Teil der Parteikasse vor dem Zugriff der Gestapo zu retten. Der S.-Vorstand baute Grenzsekretariate für Parteibezirke in Deutschland auf, versuchte eine illegale Reichsleitung in Berlin zu schaffen und begann mit einer umfangreichen publizistisch-propagandistischen Arbeit. In Prag erschien im Juni 1933 der „Neue Vorwärts" mit einem programmatischen Aufruf zum Kampf gegen das NS-Regime. Die S. organisierte zur Unterstützung der Arbeit in Deutschland Auslandskonferenzen mit Vertretern der bis Anfang 1934 gebildeten 30 illegalen Stützpunkte. Über ein weitverzweigtes Netz erhielt die Prager Zentrale Berichte über die Lage in Deutschland. Diese Informationen wurden von Rinner als „Deutschlandberichte der S." herausgegeben. Die zwischen 1935 und 1938 vom ZK der KPD dem S.-Vorstand angebotene ↑Aktionseinheit kam aufgrund tiefgreifender politischer Differenzen nicht zustande. Im Frühjahr 1938 verlegte der Vorstand der S. seinen Sitz nach Paris und 1940 nach London. Der vierköpfige Vorstand mit Vogel, Ollenhauer sowie den 1938 kooptierten Fritz Heine und Kurt Geier hatte in Großbritannien – von der Labour-Party unterstützt – günstige Arbeitsmöglichkeiten. Die in das Nachkriegsdeutschland zurückgekehrten S.-Mitglieder wurden in der SPD aktiv.

Lit.: W. Link, E. Matthias (Hrsg.): Mit dem Gesicht nach Deutschland. Eine Dokumentation über die sozialdemokratische Emigration. Aus dem Nachlaß von Friedrich Stampfer, ergänzt durch andere Überlieferungen. Düsseldorf 1968. – Deutschlandberichte der Sozialdemokratischen Partei Deutschlands (Sopade) 1934–1940. 7 Bde. Frankfurt am Main 1980. *A. C.*

Sozialistische Arbeiterpartei Deutschlands. Die S., 1931 unter führender Beteiligung von Kurt Rosenfeld und Max ↑Seydewitz gegründet, war mit rund 17000 Mitgliedern 1933 die größte sozialistische Gruppe, die allerdings mit erheblichen programmatischen und persönlichen Differenzen zu kämpfen hatte. Ziel der S. war eine „Einheitsfront von oben und von unten". Eine illegale Reichsleitung unter Walter Fabian konnte bis in die Mitte der dreißiger Jahre wirken; ihre Mitglieder emigrierten zumeist nach Paris. Von hier aus versuchten sie, die in Deutschland aktiven Mitglieder der S. zu koordinieren. Erst 1936/37 konnte die Gestapo die S.-Gruppen in Deutschland aufdecken, so daß nur noch in Berlin, Hamburg und Mannheim größere Gruppen bis nach Kriegsbeginn agieren konnten.

Lit.: J. Foitzik: Zwischen den Fronten. Zur Politik, Organisation und Funktion linker politischer Kleinorganisationen im Widerstand 1933 bis 1939/40. Bonn 1986.

Sozialistische Front. Um den sozialdemokratischen Redakteur Werner Blumenberg, der bereits 1932 in Hannover Vorbereitungen für die illegale Arbeit traf, enstand die S. vor allem aus Angehörigen des ↑Reichsbanner Schwarz-Rot-Gold und der ↑Eisernen Front. Ihr gehörten in den hannoverschen Arbeiterwohngebieten mehrere hundert Menschen an. Die S. konnte aufgrund ihrer Verankerung im sozialdemokratischen Milieu bis Herbst 1936 eine Vielzahl von Ausgaben der illegalen Publikation „Sozialistische Blätter" herstellen und verbreiten. Nach der Aufdeckung durch einen Gestapo-Spitzel wurden mehr als 250 Mitglieder der S. verhaftet und verurteilt, mehr als sechshundert blieben unentdeckt.

Lit.: B. Rabe: Die „Sozialistische Front". Sozialdemokraten gegen den Faschismus 1933–1936. Hannover 1984.

Spanischer Bürgerkrieg. Am 18. Juli 1936 putschten Generale unter Führung von Francisco Franco gegen die Regierung in Spanien. Sie wurden mit umfangreichen Lieferungen von Kriegsmaterial und durch Soldaten und die Luftwaffe aus Italien und Deutschland unterstützt. Den Republikanern, die zunächst wichtige Zentren wie Madrid, Barcelona, Malaga und das Baskenland verteidigen konnten, stellten sich mehrere tausend Freiwillige aus 54 Länder in zivilen Hilfsfunktionen und als Angehörige der Internationalen Brigaden zur Verfügung. Unter den 5000, vor allem kommunistischen und linkssozialistischen Freiwilligen aus Deutschland, waren Industrie- und Landarbeiter, Intellektuelle, Künstler, Schriftsteller. Mehr als 2000 von ihnen fielen. Für die Verteidigung des republikanischen Spanien engagierten sich in Deutschland auch viele Widerstandskämpfer. Sie versuchten, Lieferungen nach Spanien zu verzögern, und informierten über die geheimgehaltene Einmischung der deutschen Regierung in Spanien. Die Republikaner und Interbrigadisten unterlagen der zahlenmäßig und waffentechnischen Überlegenheit der Putschisten. Die Mehrzahl der überlebenden deutschen Spanienkämpfer floh Anfang 1939 nach Frankreich und wurde dort interniert. Ein Teil von ihnen fand später Anschluß an die Résistance, andere emigrierten in außereuropäische Staaten, wurden in nationalen und internationalen antifaschistischen Organisationen tätig; einige lieferten französische Behörden an die Gestapo aus.

Lit.: P. von zur Mühlen: Spanien war ihre Hoffnung. Die deutsche Linke im Spanischen Bürgerkrieg 1936–1939. Bonn 1983. *C.*

Sperr, Franz (12. 2. 1878–23. 1. 1945). Mit der Aufhebung der deutschen Länder verlor der Jurist S. Ende 1934 sein Amt als Bayerischer Gesandter beim Reich und ging seitdem einer privatwirtschaftlichen Tätigkeit nach. In den folgenden Jahren sammelte er einen Kreis von Gleichgesinnten um sich, die eigene politische Ziele verfolgten und in Bayern die Ablösung der Nationalsozialisten anstrebten. Im Winter 1942 kam Sperr durch die Vermittlung der Jesuitenpatres Alfred ↑Delp und Augustin Josef ↑Rösch mit dem ↑Kreisauer Kreis in Verbindung und lernte Helmuth James Graf von ↑Moltke kennen. Ein halbes Jahr später traf S. auch mit ↑Stauffenberg zusammen. Obwohl er ein Attentat immer abgelehnt hatte, wurde S. nach dem gescheiterten Umsturzversuch am 28. Juli 1944 verhaftet und wegen der Nichtanzeige der Attentatsbestrebungen sowie wegen der Verbindungen zum Kreis um Moltke am 11. Januar 1945 vom VGH zum Tode verurteilt und in Berlin-Plötzensee hingerichtet.

Lit.: G. van Roon: Neuordnung im Widerstand. Der Kreisauer Kreis innerhalb der deutschen Widerstandsbewegung. München 1967.

Sproll, Johannes Baptista (2. 10. 1870–4. 3. 1949). Geboren in einer Bauernfamilie, studierte er bis 1894 in Tübingen, anschließend am Priesterseminar Rottenburg, wo er 1895 zum Priester geweiht wurde. Zum Lehrer für Kirchenrecht nach Tübingen berufen, promovierte er 1897, war am Rottenburger Priesterseminar tätig, anschließend als Gemeindeseelsorger und Generalvikar der Diözese Rottenburg. 1916 wurde er hier zum Weihbischof ernannt und am 12. März 1927 zum Bischof gewählt. Er äußerte sich in Predigten und Schreiben gegen kirchenpolitische Eingriffe des NS-Regimes und weigerte sich, an der Abstimmung über den sog. Anschluß Österreichs und der Wahl zum Reichstag am 10. April 1938 teilzunehmen. Deshalb wurde S. nach organisierten Demonstrationen und einer Pressekampagne auf Hitlers Entscheid am 24. August 1938 aus Württemberg ausgewiesen und kam in bayerischen Klöstern unter. Er kehrte am 12. Juni 1945 schwerkrank in sein Amt zurück.

Lit.: P. Knopf: Johannes Baptista Sproll (1870–1949). In: J. Aretz, R. Morsey, A. Rauscher (Hrsg.): Zeitgeschichte in Lebensbildern. Bd. 5. Mainz 1982, S. 10 ff. *D.*

Staehle, Wilhelm (20. 11. 1877–23. 4. 1945). Der aus einem deutsch-niederländischen Elternhaus aus der Grafschaft Bentheim stammende Abwehroffizier St. stand seit 1937 in enger Verbindung zu Carl ↑Goerdeler. Von Anfang an waren er und seine Frau Hildegard aus konservativer, niederländisch-calvinistisch geprägter Einstellung Gegner des NS-Regimes. Das

Ehepaar St. beteiligte sich aktiv an der Hilfe für Verfolgte und gehörte zum Helferkreis der Kirchlichen Hilfsstelle für evangelische Nichtarier (Büro Pfarrer ↑Grüber). St. konnte hierfür seit Ende der dreißiger Jahre seine berufliche Stellung als Kommandant der Invalidensiedlung in Berlin-Frohnau nutzen. Er verfügte darüber hinaus über gute Verbindungen zu bürgerlichen Widerstandskreisen und zur Abwehr. Von Goerdeler wurde St. beauftragt, niederländischen Widerstandsgruppen, mit denen er in Kontakt stand, mitzuteilen, daß Umsturzplanungen erarbeitet würden. Nach einem erfolgreichen Umsturz sollte er nach dem ↑20. Juli 1944 für eine Übergangszeit die militärische Leitung in Holland und Belgien übernehmen. Am 12. Juni 1944 wurde St., zwei Monate später auch seine Frau festgenommen. Der VGH verurteilte St. am 16. März 1945 zu zwei Jahren Gefängnis wegen Begünstigung eines politischen Häftlings. In der Nacht vom 22. auf den 23. April 1945 wurde er von einem Sonderkommando des Reichssicherheitshauptamtes in der Nähe des Gefängnisses Lehrter Straße in Berlin erschossen.

Lit.: G. van Roon: Wilhelm Staehle. Ein Leben auf der Grenze 1877–1945. München 1969. *H.*

Stamm, Robert (16. 7. 1900–4. 11. 1937). St. wuchs in einer Remscheider Arbeiterfamilie auf. Nach einer Werkzeugschlosserlehre besuchte er die Fachschule für Werkzeug- und Maschinenbau. Er trat bald nach ihrer Gründung der KPD bei, beteiligte sich 1920 an Aktionen gegen die Kapp-Putschisten und 1923 gegen die separatistischen Gruppen im Rheinland. Von 1924 bis 1933 übte St. verschiedene Funktionen in der KPD im Rhein-Ruhr-Gebiet aus. Seit 1932 gehörte er dem Reichstag an. Nach dem Reichtagsbrand arbeitete er illegal, von Mai 1933 bis Frühjahr 1934 als Politischer Sekretär der Bezirksleitung Niedersachsen, anschließend leitete er die Berlin-Brandenburger Organisation der KPD bis Oktober 1934. Im November 1934 verließ er Deutschland, ging nach Moskau und nahm an den Vorbereitungen des VII. Weltkongresses der Kommunistischen Internationale teil. Auf Beschluß der KPD-Führung kehrte er Ende 1935 nach Berlin zurück. Zusammen mit Adolf Rembte und Max Maddalena wurde St. am 7. März 1937 verhaftet. Trotz einer großen internationalen Protest- und Solidaritätsbewegung wurden alle drei am 4. Juni 1937 vom VGH zum Tode verurteilt und in Berlin-Plötzensee hingerichtet. *C.*

Staritz, Katharina (25. 7. 1903–3. 4. 1953). Die Tochter eines Breslauer Studienrates hatte seit 1922 Philosophie in ihrer Heimatstadt, danach Theologie, zuletzt in Marburg, studiert. Seit 1928 in Lehrvikariaten, wurde sie 1932 als Vikarin angestellt. Im November 1938 übernahm sie die schlesische Vertrauensstelle der Kirchlichen Hilfsstelle für evangelische Nichtarier (Büro des Pfarrers Heinrich ↑Grüber) und unterstützte Diskriminierte und Verfolgte beim Umzug in andere Orte und bei der Auswanderung. Am 12. September 1941 wandte sie sich an alle Breslauer Pfarrämter mit einem Rundschreiben, in dem sie forderte, angesichts der Brandmarkung von Juden durch den gelben Stern diese nicht aus den Gemeinden auszuschließen. Das evangelische Konsistorium beurlaubte sie deswegen am 22. Oktober 1941, noch bevor sie in dem SS-Blatt „Das Schwarze Korps" am 18. Dezember 1941 angegriffen wurde. Die Gestapo nahm sie am 4. März 1942 in sog. Schutzhaft, sperrte sie zunächst ins Arbeitshaus Breitenau, vom 6. August 1942 bis zum 18. Mai 1943 ins KZ Ravensbrück. Auf Probe entlassen, blieb sie in Breslau unter Gestapo-Aufsicht und ohne Anstellung in ihrem Beruf. Von 1945 bis 1949 vertrat sie Pfarrer in verschiedenen Gemeinden in Thüringen und Hessen, bis sie von 1949 bis 1953 den Pfarrdienst und die evangelische Frauenarbeit wieder ausüben durfte.

Lit.: K. Staritz: Des großen Lichtes Widerschein. Münster 1953. – G. Schwöbel: „Ich aber vertraue". Frankfurt am Main 1990. *D.*

Stauffenberg, Berthold Schenk Graf von (15. 3. 1905–10. 8. 1944). St. begann nach einem juristischen Studium an verschiedenen Universitäten 1927 seine wissenschaftliche Laufbahn als Dozent für Völkerrecht am Kaiser-Wilhelm-Institut für ausländisches Recht und Völkerrecht. Er war verheiratet mit Maria Classen, mit der er eine Tochter und einen Sohn hatte. Zwei Jahre arbeitet er für den Internationalen Gerichtshof in Den Haag, ehe er 1933 an sein Institut nach Berlin zurückkehrte. 1939 wurde St. im Rang eines Marinestabsrichters zum Oberkommando der Marine eingezogen. Früher als sein jüngerer Bruder ↑Claus, mit dem er seit den gemeinsamen Kinder- und Jugendjahren eng verbunden war, hatte er Kontakt zur militärischen Opposition. Am ↑20. Juli 1944 war St. im ↑Bendlerblock, der Berliner Zentrale der Verschwörer, für die Verbindung zur Marine zuständig. Er wurde noch am selben Tag verhaftet, am 10. August 1944 vom VGH zum Tode verurteilt und am selben Tag in Berlin-Plötzensee hingerichtet.

Lit.: P. Hoffmann: Claus Schenk Graf von Stauffenberg und seine Brüder. Stuttgart 1992. – E. Zeller: Claus und Berthold Stauffenberg. In: VfZ 12 (1964), S. 223 ff.

Stauffenberg, Claus Schenk Graf von (15. 11. 1907–20. 7. 1944). Der Vater von St., Alfred St., war zunächst Stallmeister des Königs von Württemberg und später Oberhofmarschall. Seine Mutter Caroline, eine geborene Gräfin von Uxkull-Gyllenband, war eine Urenkelin des preußischen Generals der Befreiungskriege und Heeresreformers August Wilhelm Graf Neidhardt von Gneisenau. Die Geschwister von St., die Zwillingsbrüder Alexander und ↑Berthold, waren zwei Jahre älter als dieser. Eine besonders enge Beziehung bestand zwischen St. und seinem Bruder Berthold, mit dem er auch zum Kreis um Stefan George gehörte. St. besann sich später immer wieder auf einzelne Verse des Lyrikers als Maximen seines Handelns. Tief waren in St. aber auch Grundsätze des katholischen Christentums verankert. Seit 1933 war er mit mit Nina Freiin von Lerchenfeld verheiratet, mit der er zwei Töchter und drei Söhne hatte. St. trat 1926 in das Bamberger Reiterregiment 17 ein. Er galt als besonders begabter Offizier. Nach der Auflösung dieser Einheit wurde er Mitte 1934 an die Kavallerieschule Hannover versetzt. Anschließend an die Kriegsakademie in Berlin kommandiert, absolvierte er bis 1938 eine Generalstabsausbildung. In seinem Lehrgangs- und Hörsaalkameraden Albrecht Ritter ↑Mertz von Quirnheim traf er auf einen Freund und späteren Mitverschwörer. 1938 wurde St. zweiter Generalstabsoffizier (Ib) beim Divisionsstab der 1. Leichten Division unter Generalleutnant Erich ↑Hoepner, mit der St. im Herbst 1938 an der Besetzung des Sudetenlandes teilnahm. Zu dieser Zeit zählte Hoepner bereits zum Kreis der Verschwörer um General Erwin von ↑Witzleben. St.s Einheit kam beim Überfall auf Polen zum Einsatz, anschließend wurde er als Generalstabsoffizier bei der Westoffensive gegen Frankreich eingesetzt. Nach wechselnden Verwendungen in der Organisationsabteilung des Oberkommandos des Heeres wurde St. Anfang 1943 zur 10. Panzerdivision versetzt, die General Erwin Rommels Rückzug in Afrika decken sollte. Am 7. April 1943 schwer verwundet, konnte St. noch vor der Kapitulation der deutschen Afrika-Truppen nach Deutschland geflogen werden. St. wurde seit dem Herbst 1943 zu einer entscheidenden Kraft im Kampf gegen Hitler. Schon früh hatte er sich gegen den nationalsozialistischen Rassenantisemitismus gewandt. Zur aktiven Gegnerschaft hatte er sich entschlossen, als er die Folgen der deutschen Politik im Osten Europas erkannte und das ganze Ausmaß des Schadens abschätzen konnte, den Hitlers Krieg über das Deutsche Reich und Europa brachte. Unter dem Einfluß Henning von ↑Tresckows, des Generals Friedrich ↑Olbricht und des Oberleutnants d.R. Fritz-Dietlof Graf von der ↑Schulenburg rückte St. jetzt in den Mittelpunkt der militärischen Konspiration. Er stellte wichtige Verbindungen zu zivilen Widerstandskreisen her und koordinierte seine Attentatspläne mit Carl-Friedrich ↑Goerdeler und Ludwig ↑Beck sowie mit den Verschwörern, die sich in Paris, in Wien, in Berlin und bei der Heeresgruppe Mitte bereithielten, aber auch mit Sozialdemokraten wie Julius ↑Leber, Mitgliedern des ↑Kreisauer Kreises wie Adam von ↑Trott zu Solz und Vertretern der Gewerkschaftsbewegung wie Jakob ↑Kaiser und Wilhelm ↑Leuschner. Er versuchte die verschiedenen Kreise und Gruppen auf ein gemeinsames Programm zu einigen. Nach seiner Genesung wurde St. im Oktober 1943 zum Stabschef beim Befehlshaber des Ersatzheeres, wenig später im Allgemeinen Heeresamt in Berlin ernannt. In einer neuen Regierung nach einem gelungenen Umsturz sollte St. Staatssekretär im Reichskriegsministerium werden. Im Sommer 1944 entschloß er sich, das Attentat selbst auszuführen. Die militärischen Lagebesprechungen Hitlers schienen eine Möglichkeit zu bieten, den Diktator auszuschalten. Deshalb konzentrierte sich St. nach mehreren Versuchen anderer darauf, Hitler durch einen Anschlag im Führerhauptquartier zu töten. Am ↑20. Juli 1944 konnte St. den Anschlag in Hitlers Hauptquartier „Wolfschanze" bei Rastenburg in Ostpreußen ausführen. Hitler überlebte; St. glaubte aber fest, daß sein Attentat gelungen sei und konnte das

Hauptquartier im letzten Moment vor der Abriegelung verlassen. Anschließend flog er nach Rangsdorf bei Berlin, um im ↑Bendlerblock den Staatsstreich energisch voranzutreiben. Nach dem Scheitern des Umsturzes wurde St. in der Nacht zum 21. Juli zusammen mit seinen Mitverschworenen Olbricht, Mertz von Quirnheim und Werner von ↑Haeften im Hof des Bendlerblocks erschossen.

Lit.: J. Kramarz: Claus Graf Stauffenberg. 15. 11. 1907 bis 20. 7. 1944. Das Leben eines Offiziers. Frankfurt/Main 1965. – Ch. Müller: Oberst i. G. Stauffenberg. Eine Biographie. Düsseldorf 1971.

Steffelbauer, Kurt (**16. 2. 1890–21. 5. 1942**). Nach seinem Lehrerstudium 1907–1910 und der Teilnahme am Ersten Weltkrieg übte St. zunächst wechselnde Tätigkeiten aus: 1917/18 Lehrer in einem Waisenhaus in Beirut, nach 1918 war er zunächst arbeitslos, bekam dann eine Anstellung bei der Deutschen Demokratischen Partei, bis er seit 1926 wieder als Lehrer in Berlin-Wedding arbeitete. Wegen seiner Mitgliedschaft in der KPD und des aktiven Engagements in der Lehrergewerkschaft und der Berliner „Interessengemeinschaft oppositioneller Lehrer“ (IOL) wurde er im Februar 1933 von den Nationalsozialisten aus dem Schuldienst entlassen, im Herbst 1933 jedoch wieder eingestellt. Seit dem Frühsommer 1934 leitete St. illegale Gruppen, in denen entlassene und noch im Schuldienst befindliche Lehrer mitarbeiteten. Seine Widerstandskontakte reichten nach Hamburg, Magdeburg, Bielefeld, Sachsen und Bayern. Enge Kontakte hatte er zu Arthur ↑Emmerlich. Nachdem der Gestapo Flugblätter und Schriften aus diesem Kreis in die Hände gefallen waren, wurde St. am 28. Mai 1941 in seiner Schule verhaftet, am 10. Januar 1942 vom VGH zum Tode verurteilt und am 21. 5. 1942 in Berlin-Plötzensee hingerichtet.

Lit.: H. Joop: Kurt Steffelbauer. Ein Berliner Lehrer im Widerstand gegen den Nationalsozialismus. Berlin 1991. *H.*

Steinbrink, Werner (**19. 4. 1914–18. 8. 1942**). St., der in einer Berliner Arbeiterfamilie aufwuchs, verließ die Schule ohne Abschluß, holte aber das Abitur durch Abendkurse nach und absolvierte gleichzeitig eine Laborantenlehre. 1937 wurde er zum Reichsarbeitsdienst, 1939 zur Wehrmacht einberufen. St. kannte Herbert ↑Baum aus dem illegalen KJVD, dem er sich nach 1933 angeschlossen hatte. Für den Unterbezirk Südost des KJVD gab St. eine Untergrundzeitung heraus. Hier lernte er seine spätere Verlobte Hildegard ↑Jadamowitz kennen. Als Angehöriger der Wehrmacht wurde er 1940 als Chemotechniker an das Berliner Kaiser-Wilhelm-Institut für Physikalische Chemie versetzt. Im Hause von Hans-Georg ↑Vötter lernte St. Joachim ↑Franke kennen. Den Kontakt zwischen der ↑Baum-Gruppe und dem Kreis um Franke stellte St. bald darauf her. In Zusammenarbeit von Franke, St. und Vötter entstand die illegale Flugschrift „Der Ausweg“, die im November und Dezember 1941 in 40 Exemplaren hergestellt wurde. Zur Finanzierung illegaler Flugschriften beteiligte sich St., als Gestapo-Mann getarnt, an einem Diebstahl. Er organisierte die Chemikalien, die für den

Brandanschlag auf die antisowjetische Propagandaausstellung „Das Sowjetparadies“ im Berliner Lustgarten benötigt wurden. St. wurde am 22. Mai 1942 festgenommen, am 16. Juli vom Berliner Sondergericht V zum Tode verurteilt und in Berlin-Plötzensee hingerichtet.

Lit.: M. Pikarski: Jugend im Berliner Widerstand. Berlin 1978, S. 154ff. *R.*

Stellbrink, Karl Friedrich (28. 10. 1894–10. 11. 1943). Der in Münster geborene St. lebte von 1921 bis 1929 als Auslandsvikar in Brasilien. 1934 wurde er an die Lübecker Lutherkirche berufen. St. war zunächst überzeugter Nationalsozialist und stand der ↑Bekennenden Kirche eher fern. Erst die antikirchliche Haltung der NSDAP führte zu einem Gesinnungswandel. 1936 wurde St. aus der NSDAP ausgeschlossen. Immer wieder mußte er sich in Gestapo-Verhören rechtfertigen, weil er verfolgten Juden half. Bei Kriegsbeginn war St. entschlossener Gegner des Nationalsozialismus, seit Sommer 1941 stand er in enger Verbindung mit den katholischen Geistlichen der Lübecker Herz-Jesu-Kirche um Johannes ↑Prassek und Hermann Lange und diskutierte wie diese mit jungen Christen kritisch über das NS-Regime und die Kriegslage. St. wurde am 7. April 1942 verhaftet, am 23. Juni 1943 im „Lübecker Christenprozeß“ zum Tode verurteilt und am 10. November 1943 im Hamburger Untersuchungsgefängnis hingerichtet.

Lit.: E. Pelke: Der Lübecker Christenprozeß. Mainz 1974.

Steltzer, Theodor (17. 12. 1885–27. 10. 1967). Aus einer bürgerlichen Familie in Schleswig-Holstein stammend, studierte St. in München Staats- und Wirtschaftswissenschaften und engagierte sich hier auch in der Arbeiterbildungsarbeit. Nach der Teilnahme am Ersten Weltkrieg war er seit 1920 Landrat im Kreis Rendsburg. Da er sich in der Weimarer Republik offen als Gegner der Nationalsozialisten zu erkennen gab, wurde er im Frühjahr 1933 seines Postens enthoben. Eine Anklage wegen Dienstvergehens und Hochverrat auf Grund einer Denkschrift, in der er für die österreichische Regierung offen die Politik des NS-Regimes kritisiert hatte, mußte fallengelassen werden. Nach einigen Monaten der Haft kam St. frei und übernahm 1936 die Leitung des Sekretariats der evangelischen Michaelsbruderschaft in Marburg. 1939 wurde St. zur deutschen Wehrmacht als Transportoffizier einberufen und war seit 1940 Oberstleutnant im Generalstab des Wehrmachtsbefehlshabers Norwegen in Oslo. Im selben Jahr begann durch die Vermittlung von Otto Heinrich von der Gablentz der Kontakt mit Helmuth James Graf von ↑Moltke und die Mitarbeit im engeren ↑Kreisauer Kreis. St. nahm an der ersten und zweiten Tagung in Kreisau teil. Nach dem ↑20. Juli 1944 wurde St., der als Landesverweser für Schleswig-Holstein vorgesehen war, dienstlich nach Berlin zurückgerufen und hier von der Gestapo verhaftet. Am 15. Januar 1945 verurteilte ihn der VGH zum Tode; nach einer Intervention bei Reichsinnenminister Heinrich Himmler durch schwedische und norwegische Freunde von St. wurde die Hinrichtung aufgeschoben und St. am 25. April 1945 aus dem Gefängnis in der Lehrter Straße kurz vor dem Einmarsch der sowjetischen Armee entlassen. Im selben Jahr gehörte er zu den Mitbegründern der CDU in Berlin und war von 1945 bis 1947 zuerst Oberpräsident, später Ministerpräsident des Landes Schleswig-Holstein.

Lit.: Th. Steltzer: Sechzig Jahre Zeitgenosse. München 1966.

Stieff, Hellmuth (6. 6. 1901–8. 8. 1944). St. absolvierte nach dem Ersten Weltkrieg eine Offiziersausbildung und wurde 1938 in den Generalstab versetzt. Seit Oktober 1942 war er Chef der Organisationsabteilung im Oberkommando des Heeres. Nach Gesprächen mit Henning von ↑Tresckow entschloß sich St. im Sommer 1943, an der Vorbereitung eines Attentates auf Hitler mitzuwirken. Er versuchte, Generalfeldmarschall Günther von Kluge zur Teilnahme an diesem Umsturzversuch zu bewegen, und verwahrte in den folgenden Monaten mehrfach Sprengstoff für einen Anschlag auf Hitler. Allerdings lehnte St. es ab, das Attentat selbst auszuführen. Noch in der Nacht des ↑20. Juli 1944 wurde er in Ostpreußen festgenommen und bei den nachfolgenden Vernehmungen von der Gestapo schwer mißhandelt. Am 8. August 1944 verurteilte ihn der VGH zum Tode, am selben Tag wurde er in Berlin-Plötzensee hingerichtet.

Lit.: H. Mühleisen: Hellmuth Stieff und der deutsche Widerstand. In: VfZ (39) 1991, S. 339ff.

Stöhr, Hermann (4. 1. 1898–21. 6. 1940). Der Theologe und Staatswissenschaftler war in den zwanziger Jahren durch Friedrich Siegmund-Schultze in die Soziale Arbeitsgemeinschaft Berlin-Ost eingeführt worden und bereits hier für ökumenische und pazifistische Ideale eingetreten. Seine Studien und sein theologisches Engagement widmete er dem Gedanken einer konfessionellen, politischen und sozialen Versöhnung. Zeitweilig arbeitete er als Sekretär bei der Geschäftsstelle des Internationalen Versöhnungsbundes in Berlin. Mutig bezog St. nach 1933 Stellung gegen die nationalsozialistische Kirchenpolitik und forderte eine Einbeziehung politisch Verfolgter in die Fürbitten seiner Kirche und praktische Solidarität mit den Juden. Aus Gewissensgründen lehnte er nach seiner Einberufung zur Wehrmacht 1939 den Wehrdienst ab und verlangte, ersatzweise einen Arbeitsdienst ableisten zu dürfen. Am 16. März 1940 wurde St. daher vom RKG als Kriegsdienstverweigerer zum Tode verurteilt und in Berlin-Plötzensee hingerichtet.

Lit.: E. Röhm: Sterben für den Frieden. Spurensicherung: Hermann Stöhr (1898-1940) und die ökumenische Friedensbewegung. Stuttgart 1985. *H.*

Strasser, Otto (10. 9. 1897–27. 8. 1974). Nach der Rückkehr aus dem Ersten Weltkrieg war St. 1919 an der Niederschlagung der Münchener Räterepublik beteiligt, wirkte dann beim Kapp-Putsch aber auf seiten regierungstreuer Milizeinheiten mit. Er studierte Volkswirtschaft und trat zunächst der SPD bei. 1925 schloß sich St. der NSDAP an, wo er in Opposition zur Münchener Parteileitung eine antikapitalistische, zugleich aber antisemitische Programmatik vertrat. Er betrieb die publizistische und programmatische Unterstützung seines später beim sogenannten „Röhm-Putsch" am 30. Juni 1934 auf Befehl Hitlers ermordeten Bruders Gregor, der wie er dem revolutionär-„sozialistischen" Flügel der NSDAP angehörte. 1930 trat St. aus der NSDAP wieder aus und gründete die „Kampfgemeinschaft Revolutionärer Nationalsozialisten", die sogenannte ↑Schwarze Front. Als erklärter Feind Hitlers und des NS-Systems emigrierte er 1933 nach Wien, ein Jahr darauf nach Prag, später in die Schweiz, die USA und 1941 nach Kanada. Im März 1955 kehrte er nach Deutschland zurück und versuchte als Begründer der Deutschen Sozialen Union bis zu seinem Tod in München weiterhin Mitstreiter für seine politischen Ideen zu gewinnen. *H.*

Strassmann, Ernst (27. 11. 1897–11. 3. 1958). Nach seiner Teilnahme am Ersten Weltkrieg schloß sich St. der Deutschen Demokratischen Partei an und gehörte neben Hans ↑Robinsohn zu den Mitbegründern des Jugendverbandes dieser liberalen Partei. Lange vor der Machtübernahme der Nationalsozialisten galt das politische Engagement des Juristen St. dem Erhalt der Republik. Er gründete 1934 zusammen mit Robinsohn und dem Berliner Journalisten Oskar Stark eine Widerstandsgruppe, deren führender Organisator St. wurde. Als Landgerichtsrat in Berlin mußte er in den dreißiger Jahren wegen seines jüdischen Adoptivvaters wiederholt Erklärungen über seine Abstammung abgeben. Im Juni 1939 fuhr er mit dem im dänischen Exil lebenden Robinsohn nach London, um dort finanzielle Unterstützung für die deutsche Widerstandsbewegung zu erlangen. Eine Reise nach Schweden, um dort mit britischen Vertretern zu verhandeln, wurde am 19. August 1942 durch seine Festnahme vereitelt. St. blieb ohne Prozeß bis 1945 in Haft. Nach 1945 trat er der SPD bei, übernahm in Berlin wichtige Aufgaben beim Wiederaufbau und engagierte sich als Gewerkschafter und Wirtschaftspolitiker.

Lit.: H. R. Sassin: Liberale im Widerstand. Die Robinsohn-Strassmann-Gruppe 1934–1942. Hamburg 1993. *H.*

Strünck, Theodor (5. 4. 1895–9. 4. 1945). Nach dem Abschluß seines Studiums übernahm der Jurist St. eine leitende Aufgabe in der Versicherungswirtschaft. In den frühen zwanziger Jahren fühlte er sich von nationalistischen Kräften mehr angesprochen als von den Parteien der Weimarer Republik. Die offenkundigen Rechtsbrüche nach der Machtübernahme der Nationalsozialisten veranlaßten ihn jedoch, sich oppositionellen Kreisen zuzuwenden. Auf Betreiben von Hans ↑Oster wurde St. 1937 als Reserveoffizier zur Verwendung beim Amt Ausland/Abwehr des Oberkommandos der Wehrmacht eingezogen und beteiligte sich bereits an den Umsturzplanungen des Jahres 1938. Er unterstützte in enger Zusammenarbeit mit Hans Oster und Carl ↑Goerdeler die Umsturzbestrebungen. Nach dem Scheitern des Attentats vom ↑20.

Juli 1944 nutzte St. die sich ihm bietenden Fluchtmöglichkeiten in die Schweiz nicht, um seine Angehörigen nicht der „Sippenhaft" auszusetzen. Er wurde mit seiner Frau Elisabeth am 1. August verhaftet, am 10. Oktober 1944 vom VGH zum Tode verurteilt und bis zu seiner Ermordung im KZ Flossenbürg gefangengehalten.

Lit.: P. Hoffmann: Widerstand, Staatsstreich, Attentat. Der Kampf der Opposition gegen Hitler. München 1985.

Stülpnagel, Carl-Heinrich von (2. 1. 1886–30. 8. 1944). Kurz nach dem Abitur 1904 wählte St. die Militärlaufbahn. Er wurde im Ersten Weltkrieg als Generalstabsoffizier eingesetzt und in die Reichswehr übernommen. Er war verheiratet mit Helene Freiin von Pentz, mit der er eine Tochter und zwei Söhne hatte. Zu Ludwig ↑Beck ergab sich schon zu Beginn der dreißiger Jahre eine freundschaftliche Verbindung. Die Blomberg-Fritsch-Affäre sowie die Sudetenkrise 1938 verstärkten bei St. die innere Distanz zum NS-Regime. Er beteiligte sich an den ersten Umsturzplänen der militärischen Opposition, die im Herbst 1938 nach dem Münchener Abkommen nicht mehr verfolgt werden konnten. Im März 1942 wurde St. zum Militärbefehlshaber in Frankreich ernannt. Von hier aus unterstützte er zusammen mit seinem Adjutanten Cäsar von ↑Hofacker die Berliner Umsturzpläne. Am ↑20. Juli 1944 wurden nur in St.s Befehlsbereich alle für den Attentatstag vorgesehenen Pläne der Verschwörer erfolgreich realisiert. Als das Scheitern des Anschlags offensichtlich war, unternahm St. einen Selbstmordversuch, bei dem er sich schwere Verletzungen zufügte. Er wurde anschließend von der Gestapo verhaftet, am 30. August 1944 vom VGH zum Tode verurteilt und noch am selben Tag in Berlin-Plötzensee hingerichtet.

Lit.: H. Bücheler: Carl-Heinrich von Stülpnagel. Soldat, Philosoph, Verschwörer. Berlin 1989.

Sylten, Werner (9. 8. 1893–26. 8. 1942). Der in der Schweiz geborene Sohn eines Chemikers stand nach dem Theologiestudium ab 1925 einem Mädchenerziehungshaus in Bad Köstritz vor und fungierte dort als 2. Bürgermeister. Zum 1. April 1936 wurde er wegen seiner Nähe zu den Religiösen Sozialisten, der Mitgliedschaft in der ↑Bekennenden Kirche und wegen seines jüdischen Großvaters entlassen. Heinrich ↑Grüber holte S. später nach Berlin. Dort arbeitete er seit 1938 in der „Kirchlichen Hilfsstelle für evangelische Nichtarier" (Büro Pfarrer Grüber) mit. Hier unterstützte S. rassisch Verfolgte evangelischen Glaubens seelsorgerisch und bei der Auswanderung. Nach Grübers Verhaftung am 19. Dezember 1940 leitete S. die Hilfsstelle und mußte sie auf Gestapo-Anweisung auflösen. Am 27. Februar 1941 verhaftet, wies ihn die Gestapo am 30. Mai 1941 ins KZ Dachau ein. Wegens eines schlimmen Sonnenbrandes wurde er am 12. August 1942 mit einem „Invalidentransport" in die Vernichtungsstätte Hartheim bei Linz gebracht und hier vergast. Im KZ Dachau registrierte man seinen Tod erst verspätet.

Lit.: B. Köhler: Werner Sylten. Eisenach 1968 *D.*

Thadden, Elisabeth von (29. 7. 1890–8. 8. 1944). T. legte 1924 die Volkspflegerinnenprüfung ab und übernahm die Haushaltsführung im Landerziehungsheim Salem bei Überlingen. 1927 gründete sie das Landerziehungsheim für Mädchen in Schloß Wieblingen bei Heidelberg, bis ihr 1941 aus politischen Gründen die dafür notwendige Genehmigung entzogen wurde. Seit 1942 war T. für das Deutsche Rote Kreuz tätig, zuletzt als Leiterin von Soldatenheimen in Frankreich. In Berlin gehörte sie zum Kreis von Johanna ↑Solf und half verfolgten deutschen Juden bei der Flucht ins Ausland. In Gesprächen mit Johanna Solf, Otto Carl ↑Kiep und anderen kritisierte sie die nationalsozialistischen Gewaltverbrechen scharf. Nach der Denunziation durch einen Gestapo-Spitzel wurde T. am 13. Januar 1944 festgenommen, im KZ Ravensbrück inhaftiert, am 1. Juli 1944 vom VGH zum Tode verurteilt und in Berlin-Plötzensee hingerichtet.

Lit.: I. von der Lühe: Eine Frau im Widerstand. Elisabeth von Thadden und das Dritte Reich. Freiburg 1980.

Thälmann, Ernst (16. 4. 1886–18. 8. 1944). Nach der Schulzeit arbeitete der Transportarbeiter T. als Rollkutscher im elterlichen Betrieb in Hamburg, lebte einige Zeit als Arbeiter in den USA und trat nach seiner Rückkehr 1903 der SPD bei. Nach Militärdienst und Mitarbeit in der Hamburger Gewerkschaftsverwaltung wurde er 1914 aus politischen Gründen entlassen. Als Reservist eingezogen, kämpfte er im Ersten Weltkrieg in Frankreich. Im Herbst 1918 kehrte er aus dem Heimaturlaub nicht mehr an die Front zurück, sondern beteiligte sich an der Revolution in Deutschland. 1919 wurde T. für die USPD in die Hamburger Bürgerschaft gewählt, der er bis 1933 angehörte. Er unterstützte die Vereinigung von KPD und USPD-Mehrheit und galt bereits 1921 als Führer der Hamburger KPD. 1922/23 entwickelte sich T. zu einem radikalen Sprecher des linken Parteiflügels. Nach dem Hamburger Aufstand vom Oktober 1923 wurde er als stellvertretender Parteivorsitzender in die engste Führungsgruppe der KPD und 1924 in den Reichstag gewählt. 1925 und 1932 kandidierte er als kommunistischer Kandidat bei den Reichspräsidentenwahlen. Aus den parteiinternen Kämpfen ging er 1925 schließlich als Parteivorsitzender hervor. Im März 1933 wurde T. verhaftet; ein sorgfältig vorbereiteter Prozeß fand Mitte der dreißiger Jahre jedoch nicht statt. T. wurde Mitte August 1937 vom Untersuchungsgefängnis Berlin-Moabit in das Gerichtsgefängnis Hannover verlegt. Weil die Gestapo neue Proteste erwartete, zögerte sie, T. in einem Konzentrationslager zu inhaftieren. Auch in Hannover wurde T. von den Mitgefangenen isoliert. Als sich sein Gesundheitszustand weiter verschlechterte, wurden die Haftbedingungen ein wenig erleichtert. Im August 1943 wurde T. von Hannover in das Zuchthaus Bautzen verlegt. T.s Frau Rosa war während der langen Haftjahre die wichtigste Verbindung zwischen ihm und der Außenwelt. Als sie den Belastungen nicht mehr gewachsen war, übernahm ihre Tochter Irma manchen Besuch in der Haftanstalt und damit auch die

Übermittlung von Nachrichten. Irma T. verhaftete man am 16. April 1944, T.s. 58. Geburtstag, seine Frau Rosa am 8. Mai 1944. Beide wurden in das Frauen-KZ Ravensbrück eingewiesen. Hitler befahl am 14. August 1944 den Mord an Ernst Thälmann. Drei Tage später verlegten ihn Gestapo-Beamte in das KZ Buchenwald. Dort wurde bereits zur Stunde seines Transports der Mord vorbereitet. T. wurde am 18. August 1944 kurz nach Mitternacht im Krematorium des KZ Buchenwald hinterrücks erschossen, sein Leichnam sofort verbrannt. Die nationalsozialistische Propaganda verbreitete zwei Wochen später die Nachricht, T. sei bei einem Bombenangriff am 24. August getötet worden.

Lit.: E. Thälmann. Eine Biographie. Berlin (Ost) 1983.

Thalheimer, August (**18. 3. 1884–19. 9. 1948**). Der Sohn eines Kaufmanns studierte Sprachwissenschaften und Völkerkunde in Deutschland und Großbritannien und promovierte 1907. Seit 1904 Mitglied der SPD, gehörte T. ab 1914 zum engeren Kreis um Karl Liebknecht und Rosa Luxemburg und fand 1915 Anschluß an die „Gruppe Internationale". Während der Novemberrevolution wurde T. Mitglied des Stuttgarter Arbeiter- und Soldatenrates und in die Zentrale des Spartakusbundes gewählt. 1919 trat T. der KPD bei und war bis 1924 für die theoretische Arbeit in der Parteiführung zuständig. Im Februar 1924 wurden T. und Heinrich ↑Brandler nach Moskau beordert, wo sich T. einer wissenschaftlichen Lehr- und Forschungstätigkeit widmete. Nach seiner Rückkehr war T. gemeinsam mit Brandler im Dezember 1928 führend an der Gründung der KPDO beteiligt und gehörte seit 1930 zur Leitung der Internationalen Vereinigung der Kommunistischen Opposition (IVKO). Nach der nationalsozialistischen Machtergreifung ging er zunächst nach Straßburg, dann nach Paris und bildete das KPDO-Auslandskomitee (AK), das Anfang 1939 nach Spaltung der Pariser KPDO-Gruppe aufgelöst wurde. Seine Analysen wurden in den Zeitschriften der KPDO veröffentlicht, gelangten von Frankreich aus nach Deutschland und unterstützten die illegale KPDO-Arbeit. Im Herbst 1939 wurde T. interniert, erst 1941 konnte er mit Brandler nach Kuba flüchten. Dort widmete er sich vor allem politischen, theoretischen und ideologiekritischen Arbeiten. Mit „Briefen aus der Ferne", die er zusammen mit Brandler nach 1945 herausgab, war die Bemühung verbunden, KPDO-Mitglieder neu zu sammeln. T. kehrte nicht mehr nach Deutschland zurück und starb in Havanna.

Lit.: Th. Bergmann, W. Haible: Die Geschwister Thalheimer. Skizzen ihrer Leben und Politik. Mainz 1993. – J. Bekker: Der Widerstand der KPDO gegen den Faschismus. Mainz 1992. *C.*

Thoma, Busso (**31. 10. 1899–23. 1. 1945**). T. war bereits im Ersten Weltkrieg Soldat und nahm 1920 als Leutnant seinen Abschied vom Militärdienst. 1939 wurde er reaktiviert und war im Stab des Allgemeinen Heeresamtes als Luftwaffenreferent tätig. 1941 traf er mit Hermann ↑Kaiser zusammen, der zu dieser Zeit das Kriegstagebuch des Oberkommandos des Heeres führte und die Pläne der Verschwörer unterstützte. In Gesprächen mit Kaiser fand T. den Weg in den Widerstand und wurde zum Mitwisser der Attentatspläne. Am ↑20. Juli 1944 befand er sich im Berliner ↑Bendlerblock und beteiligte sich an den Bemühungen der Verschwörer, sich gegen Kräfte aus dem Reichssicherheitshauptamt zu behaupten, die das Gebäude besetzen sollten. Er wurde deshalb noch am selben Tag verhaftet, kurz darauf jedoch wieder freigelassen. Am 14. September 1944 verhaftete die Gestapo T. erneut. Der VGH verurteilte ihn am 17. Januar 1945 zum Tode, wenige Tage später wurde er in Berlin-Plötzensee hingerichtet.

Lit.: G. van Roon: Hermann Kaiser und der deutsche Widerstand. In: VfZ 24 (1976), S. 259ff.

Thomas, Georg (20. 2. 1890–29. 12. 1946). T., Sohn eines Fabrikbesitzers, trat 1908 als Fahnenjunker in das Infanterie-Regiment 63 ein und wurde Berufssoldat. Seit 1928 arbeitete er im Heereswaffenamt im Reichswehrministerium in Berlin und war hier maßgeblich für die Rüstungswirtschaft zuständig, seit 1939 als Chef des Wehrwirtschafts- und Rüstungsamts im Oberkommando der Wehrmacht. T., seit August 1940 General der Infanterie, kam aufgrund seiner genauen Kenntnis der militärischen Möglichkeiten Deutschlands und ihrer wirtschaftlich bedingten Grenzen zur militärischen Opposition und war besonders 1938/39 an den Planungen der ↑Militäropposition für einen Staatsstreich gegen Hitler beteiligt. Enge Kontakte besaß er zu seinem früheren Vorgesetzten Ludwig ↑Beck sowie zu Carl ↑Goerdeler und Johannes ↑Popitz. Als das Rüstungsministerium unter Albert Speer immer mehr Kompetenzen übernahm, schied T. im November 1942 aus dem Amt. Nach dem ↑20. Juli 1944 wurden ihn belastende Dokumente aus der Zeit um 1939/40 gefunden und T. am 11. Oktober 1944 verhaftet. Nach der Haft in der Berliner Prinz-Albrecht-Straße und in den Konzentrationslagern Flossenbürg und Dachau wurde T. von amerikanischen Truppen auf einem Transport in Südtirol befreit und starb 1946 in amerikanischem Gewahrsam.

Lit.: G. Thomas: Geschichte der deutschen Wehr- und Rüstungswirtschaft (1918–1943/45). Boppard 1966.

Thüngen, Karl Freiherr von (26. 6. 1893–24. 10. 1944). Im Sommer 1944 war T. Inspekteur des Wehrersatzwesens in Berlin. Von den Verschwörern wurde er am ↑20. Juli 1944 zum Befehlshaber für den Wehrkreis III (Berlin) ernannt, nachdem der bisherige Befehlshaber General von Kortzfleisch von ihnen festgesetzt worden war. T. traf jedoch erst am Abend im Gebäude des Heereskommandos ein und konnte zu diesem Zeitpunkt das Scheitern des Umsturzversuches nicht mehr verhindern. Er nahm daraufhin die Befehle der Verschwörer zurück und beteiligte sich sogar an der Vernehmung Hans-Ulrich von ↑Oertzens durch Kortzfleisch, der sich Oertzen schließlich durch Selbstmord entzog. Wenig später wurde T. jedoch von der Gestapo verhaftet und am 5. Oktober 1944 vom VGH zum Tode verurteilt. Auf

Anordnung von Reichsjustizminister Otto Thierack wurde das Urteil in Brandenburg-Görden durch Erschießen vollstreckt.

Lit.: P. Hoffmann: Widerstand, Staatsstreich, Attentat. Der Kampf der Opposition gegen Hitler. München 1985.

Tresckow, Henning von (10. 1. 1901–21. 7. 1944). T. meldete sich bereits sechzehnjährig als Freiwilliger und nahm 1917/1918 am Ersten Weltkrieg teil. 1920 verließ er die Armee und begann ein Jura-Studium. Vier Jahre später übernahm er das väterliche Gut in der Neumark, trat nach zwei Jahren jedoch erneut in die Reichswehr ein. T. stand der Weimarer Republik zunächst distanziert gegenüber. Er absolvierte eine Generalstabsausbildung und war verheiratet mit Erika von Falkenhayn, mit der er zwei Töchter und zwei Söhne hatte. T. begrüßte zunächst die Machtübernahme der Nationalsozialisten, distanzierte sich aber zunehmend von der Politik Hitlers und stellte sich nach den Novemberpogromen 1938 auf die Seite der entschlossenen Regimegegner. 1940 wurde er als Oberstleutnant zur Heeresgruppe B versetzt, die 1941 vor dem Überfall auf die Sowjetunion in Heeresgruppe Mitte umbenannt wurde. Hier kam T. eine führende Rolle unter den oppositionellen Offizieren zu. Er war früh der Ansicht, der Anschlag auf Hitler sei als Notwehr rechtmäßig und sittlich geboten. T. wurde 1941 zum Ersten Generalstabsoffizier (Ia) in der Heeresgruppe Mitte ernannt und 1942 zum Oberst im Generalstab befördert und versuchte seit Mitte 1942 mehrmals, Anschläge auf Hitler zu organisieren, die jedoch immer wieder wegen widriger Umstände scheiterten. Ende Juli 1943 wurde T. in die „Führerreserve“ versetzt. Er nutzte die Gelegenheit, um zusammen mit Claus Schenk Graf von ↑Stauffenberg in Berlin die „Walküre“-Pläne für innere Unruhen in einen Staatsstreichplan für die Opposition umzuarbeiten. Seine Frau Erika und Margarete von Oven, Sekretärin und Vertraute in der Bendlerstraße, schrieben diese Befehle heimlich. Im Herbst 1943 wurde T. an den Südabschnitt der Ostfront versetzt und dort Ende November 1943 zum Chef des Stabes der 2. Armee ernannt, die am Südflügel der früheren Heeresgruppe Mitte eingesetzt war. T. hielt als Generalmajor Kontakt zu den Verschwörern, ohne unmittelbar eingreifen zu können. Unmittelbar vor dem Anschlag vom ↑20. Juli 1944 bestärkte T. Stauffenberg in seinem Entschluß, den Anschlag auszuführen. Einen Tag nach dem Scheitern des Attentats vom 20. Juli 1944 tötete sich T. an der Front bei Ostrów in Polen mit einer Gewehrsprenggranate. Man glaubte zunächst, er sei im Kampf gefallen. Die späteren Prozesse gegen die Urheber und Mitwisser der „Walküre“-Pläne brachten seine Beteiligung an dem Umsturzversuch ans Licht. Seine Leiche, die nach Wartenburg überführt worden war, wurde von der Gestapo exhumiert und verbrannt. T.s. Bruder Gerd, der 1944 in Italien kämpfte, war in die Staatsstreichpläne eingeweiht. Einen Tag nach dem Scheitern offenbarte er selbst seine Mitwisserschaft und wählte in der Haft den Freitod. Seine Familie wurde in „Sippenhaft“ genommen.

Lit.: K. O. Freiherr von Aretin: Henning von Tresckow. In: R. Lill, H. Oberreuter (Hrsg.): 20.Juli. Portraits des Widerstands. Düsseldorf und Wien 1984. – B. Scheurig: Henning von Tresckow. Oldenburg und Hamburg 1973.

Trotha, Carl Dietrich von (**25. 6. 1907–28. 6. 1952**). Als Vetter Helmuth James Graf von ↑Moltkes verbrachte der Offizierssohn T. seine Kindheitsjahre auf Gut Kreisau bei Schweidnitz in Schlesien. Früh bekannt geworden mit den Gedanken der Pfadfinderbewegung, prägten die Eindrücke seiner Auslandsfahrten seine Weltanschauung. 1925 begann T. Rechts- sowie Wirtschafts- und Sozialwissenschaften zu studieren. Nach der wirtschaftswissenschaftlichen Promotion 1933 und dem Assessorenexamen trat er in den Dienst des Reichswirtschaftsministeriums ein, wo er sich mit der Erzeugungs- und Versorgungsplanung befaßte. Hier fand er auch Zugang zu Gleichgesinnten, wie etwa zu seinem Kollegen Arvid ↑Harnack, sowie zu seinem Studienfreund Harro ↑Schulze-Boysen. Im ↑Kreisauer Kreis trug er ebenso wie seine Ehefrau Margarete Bartelt maßgeblich zum wirtschaftspolitischen Gedankengebäude bei. Zusammen mit Horst von ↑Einsiedel verfaßte er die Denkschrift „Die Gestaltungsaufgaben der Wirtschaft". Häufig fanden die Zusammenkünfte der Arbeitsgruppe für Wirtschaftsfragen in der Wohnung T.s statt. Wohl weil T. an den Kreisauer Haupttagungen nicht teilnahm, blieb er nach dem 20. Juli 1944 unentdeckt. Von 1948 bis zu seinem Unfalltod in den USA lehrte er an der Deutschen Hochschule für Politik in Berlin.

Lit.: Moltke-Almanach. Band I. Die Herkunft der Mitglieder des engeren Kreisauer Kreises. Das biographische und genealogische Bild einer Widerstandsgruppe. Hrsg. von der Moltke-Stiftung. Berlin 1984, S. 148 ff.

Trott zu Solz, Adam von (**9. 8. 1909–26. 8. 1944**). Als fünftes Kind des preußischen Kultusministers August T. geboren, lebte T. bis 1917 überwiegend in Berlin und wuchs in einem offenen geistigen Klima auf. Nach dem Abitur 1927 begann er mit dem Studium der Rechtswissenschaft in München und Göttingen. Nach seiner Promotion 1931 bewarb er sich erfolgreich um ein Rhodes-Stipendium in Oxford. 1933 kam T. nach Deutschland zurück und legte 1936 das Assessorexamen ab. 1937/38 konnte er ein Jahr als Stipendiat vor allem in China und Ostasien verbringen. Diese Auslandsaufenthalte beeinflußten ihn tief. T. traf hierbei auch immer wieder mit Gegnern des Regimes zusammen. Anfang 1937 lernte er in Oxford Helmuth James Graf von ↑Moltke, 1940 Peter Graf ↑Yorck von Wartenburg kennen. Im Frühjahr 1940 wurde T. als Mitarbeiter der Informationsabteilung des Auswärtigen Amtes eingestellt, um seine Studienreisen auszuwerten. Hier hatte er Gelegenheit, unauffällig mit den Gruppen um Hans von ↑Dohnanyi und Dietrich ↑Bonhoeffer im Amt Ausland/Abwehr des Oberkommandos der Wehrmacht regelmäßige Kontakte aufzubauen. T. unternahm von 1941 bis 1943 mehrere Reisen ins Ausland und verstand sich als außenpolitischer Beauftragter des ↑Kreisauer Kreises. Während der dritten Kreisauer

Haupttagung Pfingsten 1943 leitete er die Diskussion über die Grundlagen künftiger deutscher Außenpolitik. Nach dem Anschlag vom ↑20. Juli 1944 blieb er zunächst unbehelligt und wurde erst fünf Tage später verhaftet, als die Verbindungen der Verschwörer um ↑Stauffenberg zum Auswärtigen Amt bekannt wurden. T. wurde am 15. August 1944 vom VGH zum Tode verurteilt und in Berlin-Plötzensee hingerichtet.

Lit.: H. O. Malone: Adam von Trott zu Solz. Werdegang eines Verschwörers 1909–1938. Berlin 1986.

Tyrannenmord. Seit der Antike gilt der Tyrann als die Verkörperung einer „entarteten", der wohl schlechtesten und am meisten menschenverachtenden Herrschaftsordnung. Durch Archilochos etwa 700 v. Chr. in Griechenland definiert, wurde das Bild des Tyrannen, der als Gegensatz des „guten" Monarchen gilt und durch seine extrem ausgebildete Selbstsucht charakterisiert scheint, als Sinnbild einer abzulehnenden politischen Ordnung, später vor allem durch Platon und Aristoteles geprägt. Cicero und Seneca leiteten aus dieser Vorstellung die Rechtfertigung des Tyrannenmordes ab. Die Beseitung des Tyrannen gilt als Voraussetzung für die Wiederherstellung einer guten Herrschaftsordnung und sogar als heroische Tat. Im Mittelalter galt der Tyrann als Verkörperung der Verletzung der Friedensordnung, der Gerechtigkeit und der sozialen Ordnung. Thomas von Aquin deutete die Tyrannis einerseits als „Entartung" der Herrschaft, die den berechtigten Widerstand derjenigen hervorrufen darf, die den Herrscher kraft ihrer Souveränität beauftragt haben. Diese Vorstellung rechtfertigte sowohl den Fürstenwiderstand im Sinne der Monarchomachen als auch den Widerstand, der sich seit der Französischen Revolution auf das Prinzip der Volkssouveränität berief. Anderseits sah Thomas von Aquin in der Tyrannis den Ausdruck einer Usurpation von Herrschaft und Macht durch einen Herrscher, der sich nicht mehr dem Naturrecht unterwarf und dessen Verstöße gegen eine gute Ordnung deshalb selbst den Widerstand des einzelnen rechtfertigen konnte. Eine Widerstandspflicht wird daraus allerdings nicht abgeleitet. Die Rechtfertigung des Widerstands als Abwehr tyrannischer Macht beeinflußte im 20. Jahrhundert vor allem die Rechtfertigung eines gewaltsamen Anschlags auf den Diktator, der in umfassender Weise ein Unrechtsregime im Sinne einer grundlegenden Verletzung der Rechte des Menschen und seiner menschenwürdigen Ordnung verkörpert.

Lit.: H. Mandt: Tyrannislehre und Widerstandsrecht. Darmstadt und Neuwied 1974.

Uhlmann, Walter (**14. 6. 1904–11. 6. 1991**). Als Sohn eines Kistenbauers in Leipzig aufgewachsen, schloß sich U. schon als Sechzehnjähriger dem Metallarbeiter-Verband an und trat nach der Novemberrevolution der Freien Sozialistischen Jugend bei. 1923 wurde er Mitglied des KJVD und war seit Mitte der zwanziger Jahre Bezirksleiter, zunächst in Köln, seit 1928 in Leipzig. Er wurde aus der KPD ausgeschlossen und ging zur Kommunistischen Partei Deutschlands/Opposition (KPDO). Als Redakteur bei deren

Zeitschrift „Junge Kämpfer" war er den Nationalsozialisten verhaßt. „Der Metallarbeiter, Organ des Aktions-Ausschusses Gruppe Metall" wurde von gewerkschaftlichen Widerstandsgruppen unter der Leitung von U. hergestellt, fotomechanisch vervielfältigt und in den Jahren 1933 und 1934 wöchentlich in einer Auflage von etwa 600 Stück verbreitet. Bis 1937 konnte U. im Untergrund Widerstand leisten, wurde schließlich verhaftet und zu einer achtjährigen Zuchthausstrafe verurteilt, die er bis 1945 im Zuchthaus Brandenburg absaß.

Lit.: W. Uhlmann: Metallarbeiter im antifaschistischen Widerstand. Berlin 1982.

Uhrig, Robert (8. 3. **1903–21. 8. 1944**). U. wuchs in der Familie eines Schlossers in Berlin auf, wurde Werkzeugmacher und galt als hochqualifizierter Facharbeiter. 1920 schloß er sich der KPD an, besuchte mehrere Kurse der Marxistischen Arbeiterschule und arbeitete als Betriebsfunktionär. 1929 nahm er eine Stelle in der Versuchsabteilung für Radioröhren der Firma Osram an und leitete dort eine kommunistische Betriebszelle. 1934 wurde U. zum erstenmal verhaftet, weil er eine Untergrundzeitung herausgegeben und Geldsammlungen für Angehörige Inhaftierter organisiert hatte. Er wurde zu einer Strafe von 21 Monaten Zuchthaus verurteilt, setzte aber unmittelbar nach der Entlassung seinen Widerstand fort und baute erneut illegale kommunistische Betriebsgruppen auf. Bis zum Beginn des Zweiten Weltkrieges konnte U. Verbindungen zu anderen kommunistischen Widerstandsgruppen knüpfen. Deshalb galt er um 1940 als Kopf des kommunistischen Widerstands in Berlin. Anfang 1942 gelang es der Gestapo, seine breitgefächerte Widerstandsgruppe zu unterwandern und im Februar 1942 U. und seine Freunde zu verhaften. Nach mehr als zweijähriger Haft im KZ Sachsenhausen wurde er im Juni 1944 vom VGH zum Tode verurteilt und in Brandenburg-Görden hingerichtet.

Lit.: L. Kraushaar: Berliner Kommunisten im Kampf gegen den Faschismus 1936–1942. Berlin (Ost) 1981.

Uhrig-Organisation. Seit dem Ende der dreißiger Jahre entstand eine weitverzweigte Widerstandsorganisation um den Berliner Kommunisten Robert ↑Uhrig. Ihm gelang es, bis in die frühen vierziger Jahre Berlin zu einem Mittelpunkt des deutschen kommunistischen Widerstandskampfes zu machen. Mit seinen Freunden konnte Uhrig weitere Kontakte zu Widerstandsgruppen im Ruhrgebiet, in Hamburg und Süddeutschland aufnehmen. Es bestanden selbst Verbindungen zu bürgerlichen Widerstandskreisen, die sich in Berlin bildeten. Josef ↑Römer traf sich mit Uhrig und Walter ↑Budeus mehrfach in der Privatwohnung der Berliner Buchhalterin Cäcilie Bode. Dabei versuchten Uhrig und Römer, eine gemeinsame politische Grundlage für ihren Kampf zu finden. Römer diktierte bei einem Treffen Bode seinen Vorschlag für eine gemeinsame „Generallinie". Die beiden zusätzlich aufgenommenen abschließenden Punkte gaben die Ziele von Uhrig und Budeus wieder. Weil es der Geheimen Staatspolizei gelang, Spitzel einzuschleusen, konnte die aus vielen Teilgruppen bestehende U. Anfang 1942 trotz konspirativer Vorsichtsmaßnahmen systematisch ausgehoben und zerstört werden. Nur wenige Mitglieder bleiben unentdeckt. Zu den Verurteilten gehörte auch der bekannte Sportler Werner ↑Seelenbinder.

Lit.: L. Kraushaar: Berliner Kommunisten im Kampf gegen den Faschismus 1936–1942. Berlin (Ost) 1981.

Unternehmen Sieben. Nach dem Beginn der Judendeportationen im Herbst 1941 organisierten Hans von ↑Dohnanyi und Hans ↑Oster mit der Rückendeckung von Admiral Wilhelm Canaris, Chef des Amtes Ausland/Abwehr im Oberkommando der Wehrmacht, eine Rettungsaktion für Juden aus Berlin. Ohne sich aktiv an der Konspiration gegen das nationalsozialistische Regime und an den Umsturzvorbereitungen nach 1938 zu beteiligen, war Canaris doch über viele Bestrebungen der Regimegegner informiert und deckte diese. Als Agenten der Abwehr getarnt, sollten zuerst sieben Berliner Juden in die Schweiz ausreisen. Auf Vorschlag Dohnanyis ordnete Canaris an, daß die mit dem „Unternehmen Sieben" zu Rettenden ihre ohnehin dem Reich verfallenden Vermögen dem Amt Ausland/Abwehr überschrieben. Dafür sollte ihnen in der Schweiz der ungefähre Gegenwert in Devisen zur Verfügung gestellt werden. Insgesamt konnten Ende September 1942 14 Berliner Juden in die Schweiz gelangen.

Lit.: W. Meyer: Unternehmen Sieben. Eine Rettungsaktion für vom Holocaust Bedrohte aus dem Amt Ausland/Abwehr im Oberkommando der Wehrmacht. Frankfurt am Main 1993.

Vötter, Hans-Georg (19. 4. 1917–18. 8. 1942). V., der als Sohn eines Klempners aufwuchs, erlernte den Beruf eines Schriftsetzers. Er trat bereits 1920 in die KPD ein und engagierte sich ab 1928 in der Internationalen Arbeiterhilfe (IAH). 1933 war er Mitglied der Bezirksleitung der IAH in Berlin-Brandenburg und leitete den Unterbezirk Friedrichshain. Im Dezember 1935 wurde V. verhaftet und wegen seiner illegalen Arbeit für die IAH zu einer Zuchthausstrafe von fünf Jahren verurteilt. Während der Inhaftierung V.s traf sich im Hause seiner Frau Charlotte ein kommunistischer Schulungskreis um Werner Schaumann und Karl Kunger. Nach der Haftentlassung von V. im Juli 1940 ging der Schulungskreis um Schaumann auf Distanz zu ihm, da V. noch unter Polizeiaufsicht stand. Werner ↑Steinbrink und Hilde ↑Jadamowitz sowie Joachim ↑Franke waren während der Haftzeit V.s ebenfalls zu diesem Kreis gestoßen. Aus dieser Diskussionsrunde enstand die von der Gestapo später so bezeichnete Gruppe Franke. V. war neben Steinbrink, Franke und anderen an dem Entwurf für die Artikel der illegalen Flugschrift „Der Ausweg" beteiligt. Er wurde am 5. März 1943 zum Tode verurteilt und in Berlin-Plötzensee hingerichtet.

Lit.: M. Pikarski: Jugend im Berliner Widerstand. Dresden 1977. *R.*

Vogel, Hans (16. 2. 1881–6. 10. 1945). V. ging nach abgeschlossener Bildhauerlehre 1897 auf Wanderschaft und trat der SPD bei. Er war von 1907 bis 1911 Vorstandsmitglied des sozialdemokratischen Wahlvereins in Fürth, 1908 Sekretär des Bezirksverbandes Franken und von 1912 bis 1918 Mitglied des bayrischen Landtages. 1919/20 Abgeordneter der Nationalversammlung und bis 1933 Mitglied des Reichstages, rückte V. während der Weimarer Republik rasch in Führungspositionen der SPD auf und war seit 1931 zusammen mit Otto Wels und Arthur Crispien Vorsitzender der SPD. Auf der SPD-Reichskonferenz am 26. April 1933 wurde V. als 2. Vorsitzender des Parteivorstandes bestätigt und emigrierte am 4. Mai 1933 auf Parteibeschluß gemeinsam mit Siegmund Crummenerl, Paul Hertz, Erich Ollenhauer, Friedrich Stampfer und Otto Wels zum Aufbau einer Auslandszentrale zunächst nach Saarbrücken, im Juni 1933 nach Prag. Von hier aus versuchte die ↑Sopade vor allem, die sozialdemokratischen Widerstandsgruppen im Reich zu unterstützen. Ein Treffen von V. und Stampfer mit Franz Dahlem und Walter Ulbricht am 23. November 1935 in Prag blieb ohne Ergebnis. Im Mai 1938 wechselte V. mit der Sopade nach Paris und wurde nach dem Tode von Otto Wels am 16. September 1939 deren Vorsitzender. Im Juni 1940 interniert, auf Initiative Léon Blums bald freigelassen, flüchtete V. nach Südfrankreich und im September über Spanien und Portugal nach Großbritannien. Seit Januar 1941 war er Vorsitzender des für die Kriegsdauer in London konstituierten Emigrationsvorstandes der Sopade. V.s Bemühungen führten im März 1941 zur Gründung der Union deutscher sozialistischer Organisationen in Großbritannien. Von der Union wurden von 1942 bis 1945 Vorschläge und Programme für eine geeinte sozialistische Partei nach dem Sturz des NS-Regimes erarbeitet. Einer Einladung von Kurt ↑Schumacher zur Parteikonferenz nach Hannover konnte V. nicht mehr nachkommen.

Lit.: W. Röder: Die deutschen sozialistischen Exilgruppen in Großbritannien 1940–1945. Hannover 1968. *A.*

Voigt, Fritz (**18. 11. 1882–1. 3. 1945**). Nach dem Ersten Weltkrieg wurde der Gewerkschafter V. von der schlesischen SPD für die Nationalversammlung aufgestellt und übernahm für ein Jahr das Amt des Polizeipräsidenten in Breslau. Während des Kapp-Putsches weigerte er sich, die Breslauer Arbeiter gegen die nationalistischen Aufständischen bewaffnen zu lassen, weil er ein Blutbad befürchtete. Er war verheiratet mit Magda Kruse, mit der er einen Sohn hatte. Nach seinem Rücktritt als Polizeipräsident widmete V. sich vor allem dem Aufbau gemeinnütziger Bau-Organisationen. 1933 wurde er in den KZ Breslau-Dürrgoy, Esterwegen und Lichtenburg gefangengehalten und kam erst 1934 wieder frei. In den Kriegsjahren nahm er Verbindung zu Jakob ↑Kaiser und Wilhelm ↑Leuschner in Berlin auf. V. arbeitete in Breslau mit Franz ↑Leuninger und Fritz-Dietlof Graf von der ↑Schulenburg zusammen. Er wurde von den Verschwörern als politischer Beauftragter für Niederschlesien vorgesehen. Nach dem gescheiterten Umsturzversuch vom ↑20. Juli 1944 wurde er verhaftet, vom VGH am 26. Februar 1945 zum Tode verurteilt und in Berlin-Plötzensee hingerichtet.

Lit.: H.-A. Jacobsen (Hrsg.): „Spiegelbild einer Verschwörung“. Die Opposition gegen Hitler und der Staatsstreich vom 20. Juli 1944 in der SD-Berichterstattung. Geheime Dokumente aus dem ehemaligen Reichssicherheitshauptamt. Stuttgart 1984.

Volksfront. Die V. sollte ein Bündnis von der Arbeiterschaft bis hin zu den Konservativen gegen NS-Diktatur und Krieg, für Demokratie, Menschenrechte und Frieden sein. Angeregt durch Frankreich und Spanien, wo sich 1935 V.-Regierungen bildeten, trat im August 1935, initiiert durch Willi ↑Münzenberg, aus Vertretern unterschiedlicher politischer Richtungen in Paris ein Vorbereitender Ausschuß für die Schaffung einer Deutschen Volksfront zusammen. Eine weitere Zusammenkunft von 51 Teilnehmern, darunter 22 Sozialdemokraten und 25 bürgerliche Oppositionelle, beschloß am 26. September 1935 ein Büro unter der Leitung des Schriftstellers Heinrich Mann. Programmatische Ausarbeitungen für eine neue deutsche Republik gingen ihm zu. Nach weiteren Tagungen am 22. November 1935 und 2. Februar 1936 mit strittigen Debatten wurde am 24. Mai 1936 ein Aufruf zur Einigung aller Hitlergegner und ein Antikriegsappell verabschiedet. Nach Vorlagen von kommunistischer Seite kam es am 21. Dezember 1936 zu einem Aufruf zur Bildung einer V., dessen zukunftsweisende Punkte demokratische Rechte und Freiheiten wie soziale Sicherheiten nach Sturz des NS-Regimes enthielten, in einem Gemeinwesen, das die Macht von Rüstungsindustrie, Banken, Großgrundbesitz und Militär brechen mußte. Dem stimmten 40 Kommunisten, 20 SPD-, 10 SAP-Mitglieder und 28 bürgerliche Regimegegner und Intellektuelle zu. Am selben Tag stellten Otto ↑Brass, Dr. Hermann ↑Brill und weitere Sozialdemokraten in Berlin ein ähnliches Zehn-Punkte-Programm fertig, das sie den Spitzen von KPD und SPD übermittelten. In Paris bekräftigte der Ausschuß am 10./11. April 1937 in einer Botschaft an das deutsche Volk die Zusammenschlußforderung. Doch überschatteten Repressalien und Prozesse in der UdSSR und andere Differenzen unter den Teilnehmern die Ausschußarbeit. Sie scheiterte – trotz bis ins Frühjahr 1939 reichender Bemühungen – gleichfalls an der nicht zustande kommenden ↑Aktionseinheit der Führungen von KPD und SPD, dem Kern einer V., während in Deutschland einige Widerstandsgruppen im Sinne der V. ihre Basis verbreiterten. Auch das ↑Nationalkomitee „Freies Deutschland“ kamen ihr nahe. Im KZ Buchenwald fand sich unter ↑Brill am 5. Juli 1944 ein V.-Komitee zusammen, dessen programmatische Ausarbeitungen nach der Befreiung konzentriert am 23. April 1945 vor einem großen Kreis vorgetragen und angenommen wurden.

Lit.: U. Langkau-Alex: Volksfront für Deutschland. Frankfurt am Main 1977. – J. Wegmüller: Das Experiment der Volksfront. Frankfurt am Main 1972. *D.*

Volksgerichtshof. Nach den Freisprüchen für die Kommunisten im Reichstagsbrandprozeß Ende 1933 zeigte sich die NS-Führung unzufrieden mit der Rechtsprechung des Reichsgerichts. Nach dem Vorbild des zeitweiligen Staatsgerichtshof für politische Delikte in der Weimarer Republik und den seit 1920 formulierten Vorstellungen Hitlers und des NS-Juristen Wilhelm Frick setzte das Gesetz vom 24. April 1934 den V. ein. Als höchstes Ausnahmetribunal für politische Verfahren verhandelte er in einziger Instanz Fälle der Vorbereitung zum ↑Hochverrat, des ↑Landesverrats, später auch das Abhören ausländischer Sender, sog. Heimtücke und ↑Wehrkraftzersetzung. Ab Mitte 1941 warf er Angeklagten meist auch „Feindbegünstigung" vor. Seinen sechs Senaten gehörten – durch Hitler bestätigt – je zwei Berufs- und drei Laienrichter aus NSDAP-Funktionären, Polizei-, SS- und Wehrmachtoffizieren an. Besonders berüchtigt waren seine Vorsitzenden Otto Thierack (Mai 1936 bis August 1942), danach Roland Freisler (bis Februar 1945). Als Instrument zur – wie es ausdrücklich hieß – Vernichtung politischer Gegner verurteilte der V. von 16 342 Angeklagten 5243 zum Tode, vor allem ab 1942 und besonders nach dem ↑20. Juli 1944. In der sowjetischen Besatzungszone und der DDR wurden fünf V.-Richter wegen ihrer Judikatur bestraft. In der Bundesrepublik kam es trotz umfangreicher Berliner Ermittlungen nicht zu einer rechtskräftigen Verurteilung.

Lit.: B. Jahntz, V. Kähne: Der Volksgerichtshof. Berlin 1987. – G. Wieland: Das war der Volksgrichtshof. Berlin 1989. *D.*

Voss, Hans-Alexander von (13. 12. 1907–8. 11. 1944). Der Generalstabsoffizier V. nahm früh an der Bildung einer militärischen Opposition teil. Bereits 1941 in Frankreich wurden von Offizieren um den an der Verschwörung beteiligten damaligen Oberbefehlshaber West Erwin von ↑Witzleben Möglichkeiten eines Anschlags erörtert. V., der im Stabe Witzlebens Dienst tat, erklärte sich bereit, diese Tat auszuführen. V. war Witzleben persönlich verbunden und hielt in dessen Auftrag Verbindung zu Kreisen der ↑Militäropposition. Das Attentat konnte nicht ausgeführt werden, weil Hitler seinen Truppenbesuch in letzter Minute absagte. V. war verheiratet mit Gisela von Stülpnagel, mit der er eine Tochter und zwei Söhne hatte. Seit 1943 war V. im Stabe Henning von ↑Tresckows bei der Heeresgruppe Mitte an der Ostfront eingesetzt. Nach dem Scheitern des Umsturzversuches vom ↑20. Juli 1944 blieben seine Verbindungen zu den Verschwörern zunächst verborgen. Während er sich bei seiner Familie aufhielt, bekam er einen Hinweis, daß seine Verhaftung bevorstehe. Am 8. November 1944 nahm sich V. in Heinersdorf bei Berlin das Leben, um der Festnahme zu entgehen und seine Freunde zu schützen.

Lit.: R. von Voss: Auflehnung und letzter Gang. In: Der 20. Juli 1944. Annäherung an den geschichtlichen Augenblick. Pfullingen 1984.

Wachsmann, Alfons Maria (25. 1. 1896–21. 2. 1944). In Berlin geboren, kam W. nach dem Tod des Vaters nach Breslau und meldete sich bereits im August 1914 als Kriegsfreiwilliger. Trotz einer schweren Malaria seit 1917 wurde er erst im Januar 1919 als Unteroffizier aus der Armee entlassen. Sein 1915/16 während einer Krankheit aufgenommenes Theologiestudium beendete er 1920/21. 1921 weihte ihn der Breslauer Kardinal Bertram zum Priester. Im selben Jahr wurde er zweiter Kaplan der Heilig-Kreuz-Kirche in Görlitz. Seit 1924 an der Berliner Herz-Jesu-Kirche, widmete W. sich besonders der Seelsorge. Stark prägten ihn die Gedanken von Carl Sonnenschein und Romano Guardini. 1929 übernahm er eine Pfarrei in der pommmerschen Universitätsstadt Greifswald. Hier setzte er sich besonders für die Studenten- und die Arbeiterseelsorge ein. Gegen den Nationalsozialismus nahm W. schon früh Stellung. Er hörte regelmäßig Auslandssender und bezeichnete die Weitergabe von so gewonnenen Informationen als „Wahrheitsdienst". Im Zuge der Stettiner Gestapo-Aktion gegen katholische Geistliche in Pommern wurde W. am 23. Juni 1943 verhaftet, am 3. Dezember 1943 vom VGH zum Tode verurteilt und in Brandenburg-Görden hingerichtet.

Lit.: F. Herberhold: A.M. Wachsmann. Ein Opfer des Faschismus. Leipzig 1963.

Wager, Bebo (**29. 12. 1905–12. 8. 1943**). W., in einer Augsburger Arbeiterfamilie aufgewachsen, erlernte den Beruf eines Elektrikers. Als Siebzehnjähriger schloß er sich der SAJ an und gründete im Sommer 1933 mit Freunden aus der SPD und ihr nahestehenden Bildungs- und Arbeitervereinen eine „Kampfgruppe", deren Mitglieder sich als ↑„Revolutionäre Sozialisten " bezeichneten. Dabei arbeitete W. eng mit seinem Freund Hermann ↑Frieb zusammen. Bis 1936 zerschlug die Gestapo die meisten dieser Kampfgruppen in verschiedenen Orten Bayerns und verhaftete mehr als 200 Personen. W. und Frieb setzten ihren Kampf jedoch fort und konnten schließlich Verbindungen ins Ausland herstellen. Anfang 1942 entdeckte die Gestapo die Widerstandspläne der Gruppen und beschlagnahmte sogar Waffen und Munition. Dies bedeutete für den kleinen Führungskreis der „Revolutionären Sozialisten" den sicheren Tod. W. und Frieb wurden ein Jahr in Untersuchungshaft gehalten, am 23. Mai 1943 vom VGH in Innsbruck zum Tode verurteilt und gemeinsam in München-Stadelheim hingerichtet.

Lit.: H. Mehringer: Waldemar von Knoeringen. Eine politische Biographie. Der Weg vom revolutionären Sozialismus zur sozialen Demokratie. München u.a. 1989.

Wagner, Eduard (**1. 4. 1894–23. 7. 1944**). Seit 1941 war der Berufssoldat W. Generalquartiermeister des Heeres. Er teilte die Sorge der Verschwörer um den Ausgang des Krieges und unterstützte deshalb die Vorbereitung eines Anschlags auf Hitler durch die verschiedenen Gruppen der Militäropposition. Im Juni 1944 drängte W. ↑Stauffenberg zu einer raschen Entscheidung über das Attentat, um das Vordringen sowjetischer Truppen auf das Reichsgebiet abzuwenden. Unter anderem stellte er am ↑20. Juli 1944 das Flugzeug für den Rückflug Stauffenbergs von Ostpreußen nach Berlin zur Verfügung. W.s maßgebliche Beteiligung an dem Umsturzversuch wurde der Gestapo rasch bekannt. Seiner Verhaftung kam W. am Mittag des 23. Juli 1944 durch den Freitod zuvor.

Lit.: H.-A. Jacobsen (Hrsg.): „Spiegelbild einer Verschwörung“. Die Opposition gegen Hitler und der Staatsstreich vom 20. Juli 1944 in der SD-Berichterstattung. Geheime Dokumente aus dem ehemaligen Reichssicherheitshauptamt. Stuttgart 1984. – E. Wagner: Meine Erlebnisse nach dem 20. Juli 1944. O. O., o. J.

Wagner, Siegfried (**16. 2. 1881–22. 7. 1944**). Oberst W., ein früheres Mitglied des „Stahlhelm“, war ein entschiedener Kritiker von Hitlers Kriegspolitik. Daher stellte sich W., der vorher im Allgemeinen Heeresamt tätig war, den Verschwörern als Abteilungschef der Truppenabteilung im Oberkommando der Wehrmacht zur Verfügung. Im Falle eines erfolgreichen Umsturzes war W., der für die Verhängung eines Ausnahmezustandes plädierte, als Verbindungsoffizier zum Wehrkreis XI (Hannover) vorgesehen. Durch Freitod kam W. am 22. Juli 1944 seiner Verhaftung zuvor.

Lit.: H.-A. Jacobsen (Hrsg.): „Spiegelbild einer Verschwörung“. Die Opposition gegen Hitler und der Staatsstreich vom 20. Juli 1944 in der SD-Berichterstattung. Geheime Dokumente aus dem ehemaligen Reichssicherheitshauptamt. Stuttgart 1984.

Walter, Margarete (**23. 2. 1913–21. 10. 1935**). In Berlin als Tochter eines Molkereibesitzers geboren, besuchte sie eine Handelsschule und trat 1928 in den KJVD ein. Sie leitete eine Gruppe in Berlin-Neukölln und widmete sich vor allem der kommunistischen Kinderbewegung. Mit 17 Jahren KPD-Mitglied, besuchte sie 1930 die Lenin-Schule der Kommunistischen Internationale in Moskau, wurde danach Mitglied der Unterbezirksleitung Berlin-Neukölln des KJVD, 1933 Mitglied dessen Zentralkomitees. Zwischen 1933 und 1935 verteilte die Arbeiterin W. heimlich kommunistische Betriebszeitungen im Kabelwerk Oberspree in Berlin, kritisierte unsoziale Maßnahmen und setzte sich für wegen ihrer jüdischen Herkunft entlassene Kollegen ein. Im Frühjahr 1935 zur Landarbeit im Kreis Anklam dienstverpflichtet, versuchte sie, andere Dienstverpflichtete dagegen aufzubringen. Am 9. Oktober 1935 verhaftet, wählte sie nach schweren Mißhandlungen in der Berliner Gestapo-Zentrale den Freitod und stürzte sich aus dem dritten Stock der Prinz-Albrecht-Straße 8 in einen Lichtschacht.

Lit.: H.-R. Sandvoß: Widerstand in Neukölln. Hrsg. von der Gedenkstätte Deutscher Widerstand. Berlin 1990. *D.*

Wehner, Herbert (**11. 7. 1906–19. 1. 1990**). W. wuchs in einer Dresdner Arbeiterfamilie auf. Nachdem er Privatsekretär des anarchistischen Schriftstellers Erich Mühsam gewesen war und für anarchistische Blätter geschrieben hatte, schloß sich W. 1927 der KPD an und wurde nach kurzer Zeit KPD-Funktionär in Sachsen sowie Bezirkssekretär der Roten Hilfe. Im August 1932 avancierte er zum technischen Sekretär des Politbüros der KPD. Bis zum Juni 1934 arbeitete er illegal in der Landesleitung der KPD in Berlin. Danach organisierte er im Saargebiet die politische Arbeit gegen den Anschluß an das Deutsche Reich und erreichte ein partielles Zusammengehen mit der SPD. Nach einem Aufenthalt in Moskau war W.

von 1935 bis 1937 in Paris für die Anleitung der Widerstandsgruppen in West- und Süddeutschland verantwortlich. Er gehörte zu den Unterzeichnern des Volksfrontaufrufs in Paris 1936. Von 1937 bis 1940 in der Presseabteilung des Exekutivkomitees der Komintern in Moskau tätig, wurde er 1941 – nach mehreren Untersuchungen gegen ihn durch den sowjetischen NKWD – in Schweden eingesetzt. W. sollte eine neue Inlandsleitung der KPD in Deutschland aufbauen. Als er in Schweden blieb, weil er nicht mehr mit der Politik der KPD übereinstimmte, und dort verhaftet wurde, schloß ihn die KPD am 6. Juni 1942 aus der Partei aus. 1946 ging W. nach Hamburg, trat der SPD bei und arbeitete seit 1948 eng mit Kurt ↑Schumacher zusammen. Von 1949 bis 1983 gehörte W. dem Deutschen Bundestag an und war von 1969 bis 1983 als SPD-Fraktionsvorsitzender einer der bedeutendsten sozialdemokratischen Politiker der Bundesrepublik. W. fungierte zudem zwischen 1958 und 1973 als stellvertretender SPD-Vorsitzender und war von 1966 bis 1969 Minister für Gesamtdeutsche Fragen.

Lit.: H. Wehner: Zeugnis. Persönliche Notizen 1929–1942. Köln 1982. – R. Müller: Die Akte Wehner. Moskau 1937–1941. Berlin 1993. *C.*

Wehrkraftzersetzung. Der § 5 der Kriegssonderstrafrechtsverordnung (KSSVO) vom 26. August 1939, die den Zweck verfolgte, zur „Erringung des Endsieges" jede Form des Widerstandes im Keim zu ersticken, umfaßte ein ganzes Bündel von Tatbeständen unter der Überschrift „Zersetzung der Wehrkraft". Hierunter fielen die bereits durch das sogenannte „Heimtückegesetz" vom 20. Dezember 1934 kriminalisierten „defaitistischen" Äußerungen, öffentliche Zweifel oder Kritik an der Führung. Weiter umfaßte er Strafen für die Kriegsdienstverweigerung, Selbstverstümmelung, Simulation und andere Formen der Wehrdienstentziehung sowie die Anstiftung zur Fahnenflucht oder „Zersetzung". Wegen W. verhängte die Wehrmachtjustiz zur Sicherstellung der politischen Loyalität der Soldaten etwa 5000 Todesurteile. Auch VGH und ↑Sondergerichte bedienten sich besonders in der zweiten Kriegshälfte dieser Vorschrift zur Unterdrückung wachsenden Unmuts in der Bevölkerung.

Lit.: M. Messerschmidt, F. Wüllner: Die Wehrmachtjustiz im Dienste des Nationalsozialismus. Zerstörung einer Legende. Baden-Baden 1987. *H.*

Wehrmachtjustiz. Die von den Nationalsozialisten 1934 wiedereingeführte Militärgerichtsbarkeit übte die Rechtsprechung über die Wehrmacht und ihr Gefolge, im Kriege auch über Kriegsgefangene und Zivilisten in den besetzten Gebieten aus. Den Verbänden der drei Wehrmachtteile war eine große Zahl von Kriegsgerichten unterstellt. Höchstes Wehrmachtgericht war seit 1936 das Reichskriegsgericht (RKG) mit einer besonderen Zuständigkeit für politische Strafsachen. Die Wehrmachtjustiz war Teil der militärischen Kommandogewalt, so daß die Spruchpraxis sich nach der nationalsozialistischen Kriegführung und der Erhaltung der Schlagkraft der Truppe ausrichtete. Besonders anhand der politisch motivierten Verfolgung der Desertion, der „Wehrkraftzersetzung" und der Kriegsdienstverweigerung, vor allem aber durch die Prozesse 1942/43 gegen die ↑Rote Kapelle sowie anderer in- und ausländischer Widerstandsgruppen vor dem RKG wird die Rolle der Wehrmachtjustiz als Terrorinstrument des NS-Staates deutlich. Die Zahl der Todesurteile lag bei über 30000. Neu aufgestellte mobile „Fliegende Standgerichte" ließen im Frühjahr 1945 noch Tausende hinrichten, die in der Weiterführung des Krieges keinen Sinn mehr sahen.

Lit.: M. Messerschmidt, F. Wüllner: Die Wehrmachtjustiz im Dienste des Nationalsozialismus. Zerstörung einer Legende. Baden-Baden 1987. – N. Haase: Das Reichskriegsgericht und der Widerstand gegen die nationalsozialistische Herrschaft. Hrsg. von der Gedenkstätte Deutscher Widerstand. Berlin 1993. *H.*

Weidt, Otto (2. 5. 1883–22. 12. 1947). W. besaß Anfang der vierziger Jahre eine Bürstenfabrik im Berliner Bezirk Mitte, in der viele blinde jüdische Arbeiter beschäftigt wurden. Der Betrieb galt als kriegswichtig, weil er auch Besen für die Wehrmacht herstellte. Als immer mehr Berliner Juden deportiert wurden, versuchte W. daher, die jüdischen Zwangsarbeiter für „kriegswichtige" Arbeiten zu reklamieren. Auch Krüppel und Taubstumme bewahrte er vor der Einweisung in Anstalten, indem er sie bei sich „arbeiten" ließ. Oftmals mußte W. dafür Beamte der Arbeitsverwaltung und der Gestapo bestechen. Immer wieder verhalf er einzelnen Verfolgten zu gefälschten Ausweisen und Arbeitsbüchern. Anfang Februar 1943 gelang es W., die verhafteten und zur Deportation bestimmten Arbeiter seines Betriebes zurückzuholen und manchem Bedrohten auf diese Weise zu ermöglichen, in die Illegalität zu gehen. Zu den Geretteten gehörten Inge Deutschkron und ihre Mutter. Mit einer anderen Verfolgten konnte W. noch im Lager Auschwitz-Monowitz durch Bestechung Kontakt aufnehmen und für sie ein Versteck vorbereiten, das sie nach dem Beginn der Auflösung des Lagers zur Flucht nach Berlin nutzen konnte. Nach seiner Fahrt zum Vernichtungslager Auschwitz wollte W. sein Wissen verbreiten. Er wandte sich Ende 1944 an Erik Myrgren, der Pastor an der schwedischen Kirche in Berlin-Wilmersdorf war. Bald nach Kriegsende starb W. an den Folgen der illegalen Arbeit.

Lit.: I. Deutschkron: Ich trug den gelben Stern. Köln 1978. – R. Scheer: Bürstenfabrik Otto Weidt. Ein Bericht. In: Temperamente. Berlin (Ost) 1984, S. 62ff.

Weise, Martin (12. 5. 1903–15. 11. 1943). Der Sohn eines Lehrers wuchs in Berlin auf und beteiligte sich zunächst in der Wandervogel-Bewegung. 1921 trat er in den KJVD und 1927 in die KPD ein. Er studierte von 1922 bis 1924 Geschichte und Philologie. Das Studium mußte er aus finanziellen Gründen abbrechen. Bevor er 1928 arbeitslos wurde, war er einige Jahre Sachbearbeiter in einer Versicherungsgesellschaft. 1929 wurde er Bezirksverordneter für die KPD in Berlin-Neukölln. Ab 1930 schrieb er Artikel für die „Rote Fahne". W. gehörte zu den Redakteuren, die diese Zeitung nach 1933 illegal weiter herausgaben. 1934 wurde er verhaftet, zu drei Jahren Zuchthaus verurteilt und nach seiner Entlassung in das KZ Sachsenhausen überführt, wo er auch Wilhelm ↑Guddorf wiedertraf. W.s Freundin Frieda Seydlitz arbeitete als Kurierin und wurde 1936 in der Untersuchungshaft von der Gestapo ermordet. Nach seiner Entlassung nahm W. wieder Kontakt zu seinen Freunden auf, so auch zu Guddorf. Sie nahmen Verbindungen zu Bernhard ↑Bästlein und Robert ↑Abshagen aus Hamburg auf und arbeiteten an der Flugschrift „Organisiert den revolutionären Massenkampf" mit, die Anfang 1942 in verschiedenen illegalen Berliner Gruppen zirkulierte. Am 1. Dezember 1942 wurde W. verhaftet und im Oktober 1943 vom VGH zum Tode verurteilt.

Lit.: H.-R. Sandvoß: Widerstand in Neukölln. Hrsg. von der Gedenkstätte Deutscher Widerstand. Berlin 1990. *C.*

Weisenborn, Günther (7. 10. 1902–26. 3. 1969). Als Sohn eines kaufmännischen Angestellten in Velbert/Rheinland aufgewachsen, begann W. 1924 neben seinem Studium mit der Theaterarbeit. Sein Studentenroman „Barbaren" fiel der Bücherverbrennung im Mai 1933 zum Opfer. Nach einem zeitweiligen Schreibverbot und mehreren Auslandsreisen veröffentlichte W. 1937 den Roman „Die Furie" und schloß sich im selben Jahr dem Widerstandskreis um Harro ↑Schulze-Boysen an, den er seit 1932 kannte. W. beteiligte sich an politischen Diskussionen und der Weitergabe von illegalem Material. 1941 heiratete er Joy Schnabel. Seit 1940 arbeitete W. beim Großdeutschen Rundfunk und seit 1941 war er Dramaturg am Schillertheater. Am 26. September wurden W. und seine Frau verhaftet. Obwohl die Todesstrafe beantragt war, verurteilte das RKG W. am 6. Februar 1943 zu einer dreijährigen Zuchthausstrafe. Aus dem Zuchthaus Luckau wurde er am 28. April 1945 befreit. Das gemeinsam mit Greta Kuckhoff und Adolf Grimme angestrengte Verfahren gegen den Chefankläger der ↑Roten Kapelle Manfred Roeder wegen Aussageerpressung im Amt wurde 1951 eingestellt. 1953 veröffentlichte W. „Der lautlose Aufstand", eine der ersten Gesamtdarstellungen über den deutschen Widerstand.

Lit.: G. Weisenborn, J. Weisenborn: Einmal laß mich traurig sein. Briefe, Lieder, Kassiber 1942–1943. Zürich 1982. *C.*

Weiße Rose. An der Münchener Universität fand sich im Sommer 1942 um die Geschwister Hans und Sophie ↑Scholl eine Gruppe von Studenten zusammen, die sich der totalen Vereinnahmung durch den Nationalsozialismus entziehen und ihre geistige Unabhängigkeit bewahren wollten. Zu ihnen gehörten Willi ↑Graf, Alexander ↑Schmorell und Christoph ↑Probst. Im Juni 1942 verfaßten Scholl und Schmorell die ersten vier Flugblätter der Weißen Rose. Entscheidend wurden diese Studenten durch ihren Hochschullehrer Kurt ↑Huber geprägt. Als sie im Wintersemester 1942/43 mit ihm Grundfragen der politischen Ordnung diskutierten, hatte die Schlacht um Stalingrad ihren Höhepunkt erreicht. Unter dem Eindruck der sinnlosen Leiden und Opfer des Krieges gegen die Sowjetunion riefen sie mit Wandparolen und dem 5. und 6. Flugblatt zum „passiven Widerstand" gegen Hitlers verbrecherische Kriegführung auf. Zugleich versuchten sie, Kontakte in andere Städte auszubauen. Auch in Hamburg bildete sich eine Gruppe, die Kontakte zur Münchener W. besaß. Unter dem Eindruck der Niederlage von Stalingrad legten Hans und Sophie Scholl am 18. Februar 1943 Hunderte von Flugblättern in der Münchener Universität aus. Sie wurden von einem Hausmeister gestellt und der Gestapo übergeben. Die führenden Mitglieder der W. wurden verhaftet und zum Tode verurteilt. Die nationalsozialistischen Machthaber werteten ihren ethisch begründeten Appell an das Gewissen als politisches Schwerverbrechen. Die Geschwister Scholl und Christoph Probst starben noch am Tage ihrer Verurteilung. Alexander Schmorell, Willi Graf und Kurt Huber wurden Monate später hingerichtet. Im Herbst 1943 wurde auch die Hamburger Gruppe von der Gestapo zerschlagen. In den folgenden Jahren wurden weitere zehn Menschen aus dem Umfeld der „Weißen Rose" hingerichtet oder kamen in der Haft ums Leben.

Lit.: H. und S. Scholl: Briefe und Aufzeichnungen. Hrsg. von I. Jens. Frankfurt am Main 1984. – K. Drobisch: Wir schweigen nicht! Die Geschwister Scholl und ihre Freunde. Eine Dokumentation über den antifaschistischen Kampf Münchner Studenten 1942/43. Berlin (Ost) 1983.

Weißler, Friedrich (28. 4. 1891–19. 2. 1937). W. war zunächst Richter in Halle/Saale, dann bis 1933 Landgerichtsdirektor in Magdeburg. Wegen seiner jüdischen Herkunft wurde er in diesem Jahr entlassen und trat in den Dienst der ↑Bekennenden Kirche. W. beteiligte sich an der Abwehr von Angriffen der nationalsozialistischen Deutschen Christen und durch staatliche Stellen. Der Rechtsberater und Bürochef der Leitung der Bekennenden Kirche verwahrte auch die BK-Denkschrift an Hitler vom 28. Mai 1936, die NS-Eingriffe in das kirchliche Leben anprangerte, Religionsfeindlichkeit und Antisemitismus verurteilte und die Auflösung der Gestapo und der Konzentrationslager verlangte. Als Auszüge und der ganze Text in deutschen und danach in ausländischen Zeitungen erschienen, distanzierte sich die Leitung der Bekennenden Kirche von der Veröffentlichung und ließ die Gestapo ermitteln. Daraufhin wurde W. am 6. Oktober 1936 festgenommen. Er und die ebenfalls der Weitergabe der Denkschrift beschuldigten Vikare Werner Koch und Ernst Tillich wurden am 13. Juli 1937 in das KZ Sachsenhausen eingewiesen. W. wurde in Bunkerhaft genommen und dort von dem Arrestaufseher Paul Zeitler derart mißhandelt, daß er starb. Im Ausland erregte der erste Mord an einem Mitglied der Bekennenden Kirche großes Aufsehen.

Lit.: W. Oehme: Märtyrer der evangelischen Christenheit 1933–1945. Berlin 1980, S. 36ff. *D.*

Wentzel-Teutschenthal, Carl (9. 12. 1875–20. 12. 1944). W. übernahm nach einem Studium der Landwirtschaft vor dem Ersten Weltkrieg den väterlichen Besitz, den er in den zwanziger und dreißiger Jahren zu einem landwirtschaftlichen Großunternehmen ausbaute. Er gehörte dem Gesprächskreis um den Generaldirektor der Gute-Hoffnungs-Hütte Paul Reusch an, den dieser 1935 ins Leben rief, um allgemeine Fragen der Großindustrie zu erörtern. W. war verheiratet mit Ella von Zimmermann, mit der er einen Sohn hatte. Auf seinem Gut Teutschenthal fanden mehrfach Besprechungen des Reusch-Kreises statt. Offen bedauerte W. dabei die fehlende Bereitschaft der Offiziere, Hitler niederzuschießen. Im November 1943 hielt Carl ↑Goerdeler in Teutschenthal einen Vortrag über die wirtschaftspolitische Konzeption der Verschwörer. W. lehnte die angebotene Beteiligung an dem Umsturz ab, nannte Goerdeler aber weitere Namen für die geplante Regierung. Nach dem gescheiterten Attentat vom ↑20. Juli 1944 wurde W. verhaftet, weil ein höherer SS- und Polizeiführer ihn aus persönlichen Gründen verurteilt sehen wollte. W. wurde am 13. November 1944 vom VGH zum Tode verurteilt und in Berlin-Plötzensee hingerichtet.

Lit.: H. Olbrich: Carl Wentzel-Teutschenthal 1876–1944. Berlin 1981.

Widerstand am Kriegsende. Die nationalsozialistische Führung rief Anfang 1945 dazu auf, den Krieg „bis zum letzten Blutstropfen“ fortzusetzen. Hitler befahl, ohne Rücksicht auf die Zivilbevölkerung jeden Ort zu „verteidigen“: Brücken zu zerstören und Versorgungseinrichtungen unbrauchbar zu machen. Jeder, der sich diesen Befehlen widersetzte oder Zweifel am Sinn von Durchhalteparolen äußerte, riskierte sein Leben. Immer wieder versuchten einzelne Deutsche, Kämpfe in ihrer Umgebung zu verhindern. Sie nahmen Kontakt zu den alliierten Truppenverbänden auf, entwaffneten Jugendliche oder Greise des Volkssturms oder forderten demonstrativ die örtlichen Nationalsozialisten auf, Dörfer und Städte den alliierten Verbänden kampflos zu übergeben. Viele bezahlten ihren Kampf gegen den „Krieg bis zur letzten Patrone“ mit dem Tode. Sie wurden standrechtlich verurteilt, öffentlich gehängt oder verschleppt – nicht selten nur Stunden, bevor alliierte Truppen eintrafen. Drei Beispiele lassen dies erkennen: Im Frühjahr 1945 entschloß sich etwa der Würzburger Student Robert Limpert mit Freunden, die Bewohner von Ansbach aufzufordern, gegen die „Nazihenker“ zu kämpfen, weiße Fahnen zu hissen und die kampflose Übergabe der fränkischen Stadt an amerikanische Truppen zu ermöglichen. Limpert wurde dabei beobachtet, wie er das Telefonkabel zwischen dem ehemaligen „Gefechtsstand“ des Ortskommandanten und seinen Truppeneinheiten zerschnitt, die Ansbach verteidigen sollten. Ein Standgericht verurteilte Limpert zum Tode; das Urteil wurde wenige Stunden vor der Befreiung der Stadt vollstreckt. Dabei übernahm der Kommandant die Aufgabe des Henkers. Am 22. April 1945 befahl der nach Regensburg geflohene Gauleiter von Bayreuth die Verteidigung von Regensburg. Einen Tag später versammelten sich am frühen Abend mehrere hundert Einwohner auf dem Marktplatz und forderten die kampflose Übergabe der Stadt an die Amerikaner. Mitglieder der NSDAP nahmen aus der Menge von 1000 Menschen einige Demonstranten fest. Der Regensburger Bezirksinspektor Michael Lottner wurde auf der Stelle erschossen. Der verhaftete Domprediger Johann Maier und der Lagerarbeiter Josef Zirkl wurden von einem Standgericht unter dem Vorsitz eines Landgerichtsdirektors angeklagt; nach kurzer Verhandlung wurden sie zum Tode verurteilt und am 24. April 1945, Stunden vor dem Einmarsch der Amerikaner, öffentlich hingerichtet. In Brettheim widersetzten sich einige Einwohner dem Aufruf, die Kleinstadt mit Volkssturmeinheiten zu verteidigen, indem sie eine Gruppe Hitlerjungen entwaffneten. SS-Gruppenführer Max Simon ließ das Dorf umstellen. Die entwaffneten Hitlerjungen sollten jene Einwohner identifizieren, die ihnen die Panzerfäuste abgenommen hatten. Schließlich meldete sich Friedrich Hanselmann freiwillig als Täter. Als sich der Bürgermeister und der Ortsgruppenleiter weigerten, das rasch gefällte Todesurteil des Standgerichtes zu unterzeichnen, wurden sie in einem weiteren Verfahren mit drei bereits Verurteilten angeklagt, verurteilt und wenig später hingerichtet.

Widerstand aus der Arbeiterbewegung. Der erste Widerstand gegen die Politik der Nationalsozialisten kam aus den Reihen der traditionsreichen Arbeiterbewegung. Schon vor 1933 setzten sich Kommunisten, Sozialisten, Sozialdemokraten und Gewerkschaftsmitglieder gegen die Ideen und Ziele Hitlers zur Wehr. Eine gemeinsame Abwehrfront der Arbeiterbewegung kam jedoch nicht zustande, weil die Gegensätze zwischen Kommunisten und Sozialdemokraten unüberbrückbar blieben. Die Gewerkschaftsführung suchte zuletzt sogar einen Kompromiß mit der Regierung Hitler. Der Reichstagsbrand am 27. Februar 1933 gab Hitler den Vorwand, bereits am nächsten Tag die Grundrechte außer Kraft setzen zu lassen. Viele Kommunisten und Sozialdemokraten wurden vor aller Augen verfolgt und verhaftet. Einigen gelang die Flucht ins Ausland, wo sie den Kampf gegen die Hitlerdiktatur fortsetzten. Andere tauchten unter und konnten in der Illegalität regionale Parteizirkel oder Gesinnungsgemeinschaften aufbauen. Wandparolen, Flugblätter und Broschüren bestimmten zunächst das Gesicht des Widerstandes aus der Arbeiterbewegung. Einzelne versuchten, im Widerstand die Spaltung der Arbeiterbewegung zu überwinden. Anhänger von Einheitsbestrebungen schlossen sich vor allem in der Gruppe ↑„Neu Beginnen“, im ↑„Roten Stoßtrupp“ und in der „Sozialistischen Aktion“ zusammen. Neben der Selbstbehauptung gab es auch in der Arbeiterschaft überwiegend Anpassung an den Nationalsozialismus. Die Nationalsozialisten wollten durch scheinbare Zugeständnisse an die Arbeiterschaft deren Unterstützung gewinnen und machten den 1. Mai, den traditionsreichen Kampftag der Arbeiterbewegung, zum Staatsfeiertag, ehe die Gewerkschaften verboten wurden. Die Bereitschaft der meisten Deutschen, sich den Forderungen und Zielen des NS-Staates unterzuordnen, ließ den Widerstandswillen von Kommunisten, Sozialdemokraten und Gewerkschaftern immer mehr erlahmen. Bis Ende 1937 konnten die Nationalsozialisten nahezu alle größeren Widerstandsgruppen von Kommunisten, Sozialdemokraten und Sozialisten zerschlagen. Die Erfahrungen der Haft bestärkten die Regimegegner jedoch in ihrem Entschluß, den nationalsozialistischen Staat bei jeder sich bietenden Gelegenheiten erneut aktiv zu bekämpfen. Nur wenigen gelang es aber später, neue Widerstandsorganisationen aufzubauen und Kontakte zu anderen Gruppen herzustellen. Viele Kommunisten traf der Abschluß des deutsch-sowjetischen Freundschafts- und Nichtangriffspaktes vom 23. August 1939 wie ein Schock. Sie wollten nun einen eigenen, von der Moskauer Führung unabhängigen Weg und eine neue Orientierung finden. Erst der Überfall auf die Sowjetunion am 22. Juni 1941 und die Kenntnis von den nationalsozialistischen Gewaltverbrechen hinter der Front führten zur Verstärkung kommunistischer Widerstandsaktivitäten und zu einer Wiederannäherung an die Politik der Sowjetunion und der Moskauer KPD-Führung. Frühere KPD-Funktionäre, die 1939 und 1940 aus Konzentrationslagern und Zuchthäusern zurückkehrten, versuchten, neue Widerstandsgruppen aufzubauen. So entstanden um Robert ↑Uhrig in Berlin, um Theodor ↑Neubauer in Mitteldeutschland und um Bernhard ↑Bästlein in Hamburg große Widerstandsorganisationen; eine weitere um Wilhelm ↑Knöchel war im Ruhrgebiet aktiv. Diese Organisationen, in denen auch Sozialdemokraten und Sozialisten mitwirkten, verbreiteten Flugblätter und selbstgefertigte Flugschriften, versuchten vor allem aber, in den Betrieben ihre Basis zu verbreitern, und bereiteten sich auf die Zeit nach der Befreiung von der Herrschaft des Nationalsozialismus vor. Immer wieder schleuste aber die Gestapo Spitzel in die kommunistischen Gruppen ein. Einzelne sozialistische Gruppen wie die ↑Revolutionären Sozialisten konnten ihre Widerstandsaktivitäten bis in die Kriegszeit fortsetzen. Sozialdemokratische Regimegegner festigten vor allem ihre Kontakte untereinander, ohne allerdings fest organisierte Gruppen aufzubauen. Ihr Ziel war es, nach der deutschen militärischen Niederlage, die die Befreiung vom Nationalsozialismus bedeutete, politische Handlungsfähigkeit zu beweisen. Einzelne Sozialdemokraten und Gewerkschaftsführer standen in enger Verbindung mit den Berliner Widerstandskreisen um Carl ↑Goerdeler, Helmuth James Graf von ↑Moltke und Claus Schenk Graf von ↑Stauffenberg. Im Sommer 1944 versuchten Julius ↑Leber und Adolf ↑Reichwein, die neben Wilhelm ↑Leuschner als Repräsentanten der sozialdemokratischen Arbeiterbewegung galten, mit der kommunistischen Widerstandsorganisation um Anton ↑Saefkow und Franz ↑Jacob grundlegende Fragen gemeinsamer Arbeit zu klären. Durch einen Spitzel wurde diese Zusammenarbeit verraten. In der „Gewitter-Aktion“ im Herbst 1944 inhaftierte die Gestapo erneut ehemalige Funktionäre der Arbeiterorganisationen vor 1933, von denen viele die KZ-Haft nicht überlebten. Andere versuchten gleich nach 1945, in den wieder entstehenden Parteien Einfluß auf die Gestaltung der Nachkriegsordnung zu gewinnen.

Lit.: Widerstand und Exil der Deutschen Arbeiterbewegung. Hrsg. von der Bundeszentrale für politische Bildung. Bonn 1981.

Widerstand im Kriegsalltag. Nach dem Beginn des Krieges mit dem deutschen Überfall auf Polen am 1. September 1939 griffen Geheime Staatspolizei und Justiz immer schärfer in das Alltagsleben der Deutschen ein, um oppositionelle Regungen im Keim zu ersticken. Verhaftungen, Prozesse und Todesurteile sollten die Bevölkerung einschüchtern. Vor allem in den letzten Kriegsmonaten wurden noch Tausende Menschen angeklagt und verurteilt. Seit Kriegsbeginn wurde auch das Abhören von „Feindsendern" unter Strafe gestellt. Die nationalsozialistische Führung wollte verhindern, daß die Deutschen über den wirklichen Verlauf des Krieges informiert wurden oder Kenntnis von den politischen Forderungen und militärischen Zielen der Alliierten erhielten. Vor allem Regimegegner versuchten aber, sich von den Nachrichten der NS-Propaganda und den Wehrmachtsberichten unabhängig zu machen. Sie unterschieden sich in ihrem Wunsch, Hitler möge den Krieg verlieren, von den meisten anderen Deutschen, die sich zunächst von den Siegen der Wehrmacht beeindrucken ließen. Nach den deutschen Niederlagen in Stalingrad und Nordafrika 1943, der Landung alliierter Truppen in Italien und Frankreich und dem unaufhaltsam erscheinenden Vormarsch sowjetischer Truppen 1944, aber auch unter dem Eindruck der ständigen Bombenangriffe verloren immer mehr Deutsche den Glauben an die nationalsozialistische Propaganda. Versorgungsschwierigkeiten und die unglaubwürdig erscheinenden Durchhalteparolen der nationalsozialistischen Führung verstärkten die Überzeugung, daß die militärische Niederlage unausweichlich sei. Die nationalsozialistischen Gewaltverbrechen in Polen und der Sowjetunion, die Ermordung der Kranken, die Deportation der Juden und die Unterdrückung jeder Opposition weckte bei manchen neuen Widerstandswillen. Immer wieder versuchten einzelne, das Elend der Kriegsgefangenen, der Zwangsarbeiter und der Häftlinge der jetzt über das gesamte Reichsgebiet verteilten KZ-Außenlager zu mildern. Tausende von Deutschen wurden Opfer von Strafverfahren, weil sie gegenüber den von der rassistischen nationalsozialistischen Propaganda so bezeichneten „Fremdvölkischen" Mitgefühl und Anstand bewiesen.

Lit.: D. Peukert: Volksgenossen und Gemeinschaftsfremde. Anpassung, Ausmerze und Aufbegehren unter dem Nationalsozialismus. Köln 1982.

Widerstand im Konzentrationslager. Schon wenige Wochen nach Hitlers Regierungsübernahme gab es in vielen Teilen des Reiches Konzentrationslager, in denen die Nationalsozialisten ihre Gegner inhaftierten, quälten und einzuschüchtern suchten. Das im März 1933 von der SS geschaffene Konzentrationslager in Dachau wurde zum Modell für weitere Lager, die im Emsland, später in Sachsenhausen, Buchenwald, Ravensbrück, Flossenbürg, Neuengamme und Mauthausen entstanden. Sie hatten auch die Ausbreitung des Schreckens nationalsozialistischer Verfolgung zum Ziel. Die Häftlinge in den Konzentrationslagern wurden aus politischen, weltanschaulichen und rassenideologischen Gründen verfolgt. Unter ihnen befanden sich politische Gegner des Regimes ebenso wie Kriminelle, angebliche Asoziale und „Gemeinschaftsschädlinge“, Geistliche, Juden, später auch viele Menschen aus den von deutschen Truppen besetzten Gebieten und Kriegsgefangene. Sie sollten unterdrückt, ausgebeutet, schließlich „durch Arbeit vernichtet“ werden. In den Gefängnissen und Lagern waren Häftlinge der Gewalt und dem Terror ihrer Peiniger hilflos ausgeliefert. Immer gab es jedoch auch Häftlinge, die sich gegen ihre Unterdrücker zur Wehr setzten und sich behaupten wollten. Sie suchten Verbindungen zu anderen Gefangenen, wollten gefährdeten Gefangenen helfen und nutzten vielfach die kleinen Spielräume, die sie in den Lagern durch Küchenarbeit, Blockdienst oder gar durch ihre Einbindung in die Lagerverwaltung gewannen. Zuweilen schlossen sie sich sogar mit anderen Häftlingen zusammen, um sich besser gegen die SS wehren zu können. Sich nicht dem Druck von SS-Männern und kriminellen Mitgefangenen zu beugen, stand jedoch im Vordergrund aller Versuche, auch unter schlimmsten Haft- und Lagerbedingungen die Grundlagen eigener Identität und Menschenwürde zu bewahren. Im Mittelpunkt der Solidarität in den Konzentrationslagern ab 1939 mit Hunderttausenden vor allem ausländischer Häftlinge stand die gegenseitige Überlebenshilfe. Eine gruppen- und nationalitätsspezifische Solidarität ließ sich hier immer wieder feststellen. Ausnahmen blieben Aufstände von Häftlingen wie in Auschwitz-Birkenau oder im Vernichtungslager Treblinka. Politische Zusammenschlüsse von Häftlingen ergaben sich vor allem in der Endphase des NS-Regimes, so etwa in Buchenwald und Sachsenhausen.

Lit.: H. Langbein: ... nicht wie die Schafe zur Schlachtbank. Widerstand in den nationalsozialistischen Konzentrationslagern. Frankfurt am Main 1980.

Widerstand im Strafvollzug. In den deutschen Justizhaftanstalten begann 1933 ein Bruch mit den bis dahin geltenden Praktiken. Durch neues Personal, vor allem aus der SA, kam es zunehmend zu Mißhandlungen, unzureichender Versorgung und einer Verschärfung des Arbeitseinsatzes. Besonders in den Justizhaftlagern im emsländischen Moor herrschten KZ-ähnliche Zustände. Die politischen Gefangenen blieben überwiegend ungebrochen. Obwohl in der Enge Reibereien und politische Auseinandersetzungen, vor allem zwischen Kommunisten und Sozialdemokraten, nicht ausblieben, standen sie sich meist gegen das Justizpersonal, dessen Willkür und Haftverhältnisse bei. Ebenso spielte sich fast überall in Strafvollzugseinrichtungen in unterschiedlicher Intensität die gegenseitige Information aus allerlei Quellen, manchmal versteckten selbstgebauten Rundfunkempfängern, über soziale, politische und militärische Entwicklungen auf konspirative Weise, bei Freistunden, beim Arzt, Kirchgang und an Arbeitsplätzen ein. Die politischen Diskussionen gingen teilweise zu einer Art politischer Schulung und zu programmatischen Zukunftsvorstellungen, die über das eigene Schicksal hinausreichten, über. Zu individuellen Widersetzlichkeiten trat gemeinsames Aufbegehren gegen Existenz- und Arbeitsbedingungen. Vor allem bei Kriegsfertigungen versuchten Häftlinge mitunter direkte Sabotage. Ab Mitte des Zweiten Weltkrieges überlegten einige von ihnen in einzelnen Haftanstalten, wie sie mit ihren Kameraden den absehbaren Evakuierungsmärschen und Morden, die denen der KZ-Gefangenen glichen, begegnen könnten. Dafür bildeten sich in einigen Anstalten im Frühjahr 1945 Komitees, die das Schicksal der Gefangenen bei ihrer Befreiung in ihre Hände nahmen, so in Brandenburg-Görden, dem Kommando Felgentreu von Luckau oder in Siegburg. Der NS-Strafvollzug und der dortige Widerstand ist im Gegensatz zu denen in Konzentrationslagern nur wenig dargestellt.

Lit.: M. Frenzel, W. Thiele, A. Mannbar: Gesprengte Fesseln. Berlin 1975. – W. Uhlmann (Hrsg.): Sterben, um zu leben. Köln 1983. *D.*

Widerstand in Albanien. Das seit 1913 politisch selbständige Albanien war seit 1935 wirtschaftlich und politisch weitgehend von Italien abhängig und wurde 1939 gewaltsam von italienischen Truppen besetzt und als Vizekönigtum mit Italien durch eine Union verbunden. Das Land wurde seitdem verstärkt italisiert; die Macht wurde durch einen Großfaschistischen Rat ausge übt. Seit Herbst 1940 wurde Albanien militärisches Aufmarschgebiet für Italien, das seinen Einfluß in Südosteuropa verstärken wollte. Obwohl die Kommunistische Partei Albaniens bis zum deutschen Angriff auf die Sowjetunion zum Stillhalten gezwungen worden war, schlossen sich Albaner militärischen Verbänden Griechenlands an, die Ende 1940 albanisches Gebiet besetzten und vielfach als Befreier begrüßt worden waren. Allerdings wurde den albanischen Verbänden untersagt, eigene Formationen unter albanischer Flagge zu bilden. Nach dem deutschen Balkankrieg, dem Zusammenbruch Jugoslawiens und dem Sieg über Griechenland wurde Albanien im Kosovo und Nordepirus vergrößert und gehörte nun zu den Achsenmächten. Diese Ausweitung des Gebietes schien die Haltung potentieller Gegner zu lähmen. Überdies waren die Kommunisten bis zum Sommer 1941 gezwungen, gegenüber Italien als dem Verbündeten Deutschlands keinen Widerstand zu leisten. Deshalb konnte sich erst am 8. September 1941 eine KP unter Enver Hodscha bilden, die ein Jahr später in Tirana ein Nationales Befreiungskomitee (LNC) errichtete, das aus vier Kommunisten und sechs Nichtkommunisten bestand. Im Oktober gründeten nationale Oppositionelle die Nationale Front (Balli Kompetar). Vertreter beider Gruppen kämpften ebenso gegeneinander wie gegen die italienischen Besatzungstruppen, allerdings kaum gegen die deutsche Wehrmacht. Im Sommer 1943 einigten sich beide Verbände kurze Zeit auf die Bildung eines größeren Albaniens. Die Zusammenarbeit wurde jedoch auf jugoslawischen Druck hin wenig später beendet und eröffnete eine neue Phase heftiger Auseinandersetzungen zwischen beiden Gruppen. Die BK wurde der Kollaboration beschuldigt und mit zunehmender Rücksichtslosigkeit bekämpft. Nach der italienischen Kapitulation 1943 versuchte Albanien, seine Unabhängigkeit wiederherzustellen und auch die deutsche Besatzungsherrschaft zu schwächen. Vertreter der „Nationalen Front" riefen aber mit Unterstützung des deutschen Sonderbeauftragten Hermann Neubacher in Tirana die Unabhängigkeit aus (11. September 1943), bildeten einen Vollzugsrat unter Bey Bicaku und proklamierten eine vorläufige Regierung, die zunächst die Neutralität gegenüber Deutschland erklärte. Seit Herbst 1944 griffen Einheiten der im März 1943 gegründeten und von Titos Vertrauten beeinflußten Albanischen Befreiungsarmee, die zunächst ihre nationale Orientierung betonte, faktisch aber eng mit der LNC verbunden war und von Kommunisten geführt wurde, als Partisanen in das Geschehen ein und wurden zunächst von einer albanischen SS-Freiwilligendivision bekämpft. Im Herbst 1944 sollen der Befreiungsarmee etwa 65000 Männer und 5000 Frauen angehört haben. Unter Mitwirkung jugoslawischer Kommunisten konnten seit Herbst 1944 kommunistische Partisanen in Albanien allmählich ihre bürgerlichen Gegner ausschalten, so daß beim verlustreich gestalteten Abzug der deutschen Truppen ein „Antifaschistischer Kongreß der Nationalen Befreiung" unter dem Einfluß der KP Albaniens unter Hodscha entscheidende Machtpositionen besaß.

Lit.: X. Frasheri, X. Gjecovi: Problèmes et aspects du développement de la Lutte antifasciste de libération nationale en Albanie. In: Europäischer Widerstand im Vergleich. Die Internationalen Konferenzen Amsterdam. Hrsg. von Ger van Roon. Berlin 1985, S. 364ff.

Widerstand in Belgien. Nach dem Einfall deutscher Truppen in Belgien drohte das Land wie im Ersten Weltkrieg zum Schlachtfeld zu werden. Deutsche Truppen schlossen bei Dünkirchen das britische Expeditionskorps ein, ohne allerdings dessen Evakuierung zu verhindern. Ende Mai 1940 bat der belgische König gegen den Rat seiner Regierung, die nach London floh und sich dort als Exilregierung Pierlot-Spaak bildete, die Deutschen um einen Waffenstillstand. Der belgische König Leopold III. blieb im Land, traf sich einmal sogar mit Hitler und wurde nach der Befreiung durch seinen Bruder, der als Regent proklamiert wurde, ersetzt. 1950 mußte Leopold III. nach heftigen innenpolitischen Auseinandersetzungen endgültig zugunsten seines Sohnes Baudoin abdanken. Zunächst blieb 1940/1941 das Verhältnis zwischen der deutschen Besatzungsverwaltung und der belgischen Zivilbevölkerung entspannt, obwohl die SS-Führung die Bemühungen um eine Respektierung der Belgier vielfach durchkreuzte. Die Vertreter der belgischen Sammlungsbewegung kollaborierten weitgehend, gründeten sogar einen flämischen und einen wallonischen SS-Verband und riefen 1941 zum Kampf gegen die Sowjetunion auf. Sie hofften, daß ein großniederländisches Reich entstehen sollte. Auch erkannten viele Belgier an, daß in der deutschen Militärverwaltung viele Gegener des NS-Staates zu finden waren, die nicht selten demonstrativ auf Distanz gegenüber dem NS-Regime gingen. Ohne Zweifel wirkte sich aber auch die Spaltung der Bevölkerung in Flamen und Wallonen auf den Widerstandswillen aus. Der Widerstand richtete sich zum einen gegen die Deportation belgischer Juden, zum anderen gegen die Zwangsverpflichtung der Belgier als Fremdarbeiter. Sabotage, aber auch die Verteilung von Flugblättern sowie die Übermittlung von kriegswichtigen Informationen waren die wichtigsten Mittel des Widerstands. Belgien wurde bereits 1944 von den Alliierten befreit, allerdings im Winter 1944/45 noch einmal durch die Ardennenoffensive Kampffeld. Neben den Kriegsschäden wurde aber die Abrechnung mit den Kollaborateuren zu einer Hauptbelastung. Nahezu 60000 Kollaborateuren wurde der Prozeß gemacht, über 240 Belgier wurden zum Tode verurteilt.

Lit.: W. Rings: Leben mit dem Feind. Anpassung und Widerstand in Hitlers Europa. München und Zürich 1979.

Widerstand in Bulgarien. Nach dem Beginn des Zweiten Weltkriegs lag Bulgarien sowohl im deutschen als auch im sowjetischen Sicherheits- und Interessenbereich. Gegen territoriale Zugeständnisse, die allerdings nicht so weit wie die von der Sowjetunion angebotenen gingen, trat Bulgarien dem Dreimächtepakt bei. Offiziell beteiligte es sich nicht am Krieg gegen die Sowjetunion, sondern hatte vor allem gegen makedonische Partisanen in den Bulgarien überlassenen ehemals griechischen Landesteilen zu kämpfen. Auch der deutschen Forderung, die bulgarischen Juden zu deportieren, konnten sich die Regierung und vor allem der Hitler gegenüber mehrfach besonders freimütig auftretende bulgarische König Boris widersetzen. Der Deportation der Juden, die in Trakien und Makedonien lebten und ursprünglich keine bulgarische Staatsbürgerschaft hatten, stimmte die Regierung allerdings zu. Eine Wende trat mit dem bis heute nicht geklärten Tod von Boris Ende August 1943 ein. Ein Regentschaftsrat versuchte, Kontakt mit der britischen Regierung aufzunehmen. Bereits seit 1942 hatte sich der in Moskau lebende bulgarische Kommunist Georgi Dimitroff um die Bildung einer Vaterländischen Front aus Bürgerlichen, Anhängern der Bauernpartei und Kommunisten bemüht, war allerdings gescheitert. 1944 wurde die den Achsenmächten gegenüber freundliche Regierung Bozilov gestürzt und bis zum Zeitpunkt der rumänischen Kapitulation durch eine andere unter Bagrianov ersetzt, an dessen Stelle Anfang September 1944 Muraviev trat. Seine Regierung trat aus dem Dreimächtebund aus, verzögerte aber die Entwaffnung der deutschen Verbände, um bulgarischen Truppen aus Griechenland den Rückzug nach Bulgarien zu ermöglichen. Daraufhin erklärte die Sowjetunion Bulgarien den Krieg und bereitete nach dem Sturz von Muraviev die Umwandlung Bulgariens in eine Volksdemokratie vor.

Lit.: S. Petrova: Bulgaria's contribution to a comparative study. In: Europäischer Widerstand im Vergleich. Die Internationalen Konferenzen Amsterdam. Hrsg. von G. van Roon. Berlin 1985, S. 271 ff.

Widerstand in Dänemark. Nach dem deutschen Überfall auf Polen versuchte die dänische Regierung zu nächst, ihre Neutralität zu behaupten. Der Einmarsch deutscher Truppen am 9. April 1940 führte trotz des schwachen militärischen Widerstands der Dänen rasch zur weitgehenden Anpassung der dänischen Regierung unter Thorvald Stauning an die neue Situation. König Christian X. blieb im Land. In London wurde im Februar 1941 mit dem „Dänischen Rat" eine Art dänischer Exilregierung gebildet. Zu den ersten Opfern der deutschen Besatzungsherrschaft gehörten die dänischen Kommunisten; hingegen konnten die meisten dänischen Juden nach einem Hinweis des deutschen Botschaftsangehörigen von Duckwitz mit kleinen Booten nach Schweden gerettet werden. 1943 nahmen die Auseinandersetzungen zwischen der deutschen Besatzungsmacht und der dänischen Regierung zu. Das Heer wurde entlassen, die dänische Marine versenkte sich selbst. Streiks und Sabotageakte nahmen zu. Dänische Widerstandsgruppen arbeiteten immer enger mit den Alliierten zusammen; die Gegenmaßnahmen wurden immer härter. Bekanntestes Opfer der Gestapo wurde der dänische Dichter und Pfarrer Kai Munk. Mitte September 1944 wurde die dänische Polizei entwaffnet, gefangengesetzt und überwiegend in deutsche Konzentrationslager verschleppt.

Lit.: J. Hæstrup: Secret Alliance. A study of the Danish Resistance Movement 1940–1945. 2 Bde. Odense 1976 und 1977.

Widerstand in Estland und Litauen. Durch den deutsch-sowjetischen Nichtangriffspakt vom 23. August 1939 schienen beide Staaten endgültig dem Einflußbereich Stalins zugeschlagen. Im Juni 1940 wurden die Regierungen beider Staaten aufgefordert, prosowjetische Regierungen zu bilden und dem Einmarsch sowjetischer Truppen zuzustimmen. Manipulierte Volkswahlen schufen die Voraussetzungen für den Beitritt der Länder zur Sowjetunion; Angehörige der Führungsschichten wurden in das Innere der UdSSR deportiert. Deshalb wurden nach dem Überfall auf die Sowjetunion deutsche Wehrmachtsverbände zunächst als Befreier begrüßt. Esten und Letten beteiligten sich nicht selten an den Kämpfen gegen die Rote Armee; auch der Ausrottung des baltischen Judentums setzten sie kaum Widerstand entgegen. Erst gegen Kriegsende griffen einige Angehörige beider Staaten in die militärischen Auseinandersetzungen ein und schlossen sich Partisanenverbänden an. Eine Chance zur Eigenstaatlichkeit hatten sie jedoch nicht: die rücksichtslose Sowjetisierung des Baltikums war das Ergebnis des Krieges und des weitgehend ausgebliebenen Widerstands.

Widerstand in Frankreich. Nach der Kapitulation der französischen Regierung am 22.6. 1940 wurde Frankreich in zwei Zonen aufgeteilt: einem von Deutschland besetzten Bereich stand Vichy-Frankreich gegenüber. Elsaß und Lothringen wurden dem Deutschen Reich faktisch eingegliedert, die dort lebende Bevölkerung sollte nicht mehr französisch sprechen, die Männer wurden zur Wehrmacht eingezogen. Die französische Regierung war zunächst nach Bordeaux ausgewichen, einzelne Regierungsmitglieder wollten nach Marokko entkommen und dort eine Exilregierung ausrufen, wurden daran jedoch von Vertretern der späteren Regierung von Vichy gehindert. General Charles de Gaulle, der mit einem Flugzeug nach London entkommen war, rief allerdings dazu auf, den Widerstand gegen die deutsche Wehrmacht fortzusetzen. Damit fand er wenig Resonanz bei den Gouverneuren in den französischen Kolonien, die sich zu Vichy-Frankreich bekannten; dennoch wurde de Gaulle zum Kern einer in sich vielfältig-widersprüchlichen Oppositionsbewegung, die den Geist des freien und wahren Frankreich zu verkörpern beanspruchte. De Gaulle rief Ende Oktober 1940 in Brazzaville einen Nationalen Verteidigungsrat zusammen, der sich ein Jahr später zum Comité National und damit zu einer Art Exilregierung erklärte. Insgesamt sollen sich 70000 Franzosen zu de Gaulle bekannt haben, der sogar eine Exilverwaltung aufbaute und Kontakte zu den in Frankreich operierenden nationalen Widerstandsbewegungen der Résistance herstellte, die sich im Conseil National de la Résistance (CNR) organisierten. Die in Vichy residierende Regierung unter Marschall Pétain und Laval fand eine überraschend breite Unterstützung – aus ganz unterschiedlichen Gründen: Mochten die einen von der nun immer wieder proklamierten „nationalen Revolution" eine Korrektur der umstrittenen republikanischen Vorstellungen erhoffen, so ließen sich andere durch die Propagierung der Ideale des ländlichen Frankreich faszinieren, die Monarchisten mochten von einer Restauration träumen. Das Bürgertum begrüßte die Schwächung der politischen Arbeiterbewegung, wie Vertreter des Marxismus und Syndikalismus der antikapitalistischen Propaganda der Vichy-Führung vertrauten. Die Kirche wiederum versprach sich von Vichy die Festigung ihrer alten Positionen. Antisemiten träumten von der Rache für die Dreyfus-Affäre und begrüßten die Ausschaltung des französischen Judentums. Laval wollte Frankreich neben Deutschland einen „zweiten Platz" in Europa sichern und propagierte den Gedanken der Kollaboration; Pétain teilte die Hoffnung, auf diese Weise Frankreich das Schicksal Polens ersparen zu können. Im November 1942 wurde Vichy-Frankreich aber von deutschen Truppen besetzt; französische Miliz beteiligte sich an der Unterdrückung der Opposition und verschärfte so den französischen Widerstand. Durch die Auseinandersetzungen zwischen den Sprechern des französischen Exil und der verschiedenen französischen Widerstandsgruppen gelang es kaum, gegenüber den Alliierten eine einheitliche Haltung einzunehmen. Die Franzosen hatten sich immer wieder zwischen Vichy, de Gaulles „Freiem Frankreich" und der im Lande operierenden nationalen Widerstandsbewegung zu entscheiden, die verschiedene Strömungen der Opposition bündelte – von den Kommunisten bis zum Katholizismus – und vor allem unter kritischen Intellektuellen Rückhalt besaß. Gegner des NS-Regimes und der Kollaboration übermittelten Nachrichten und arbeiteten mit Geheimdiensten zusammen, gaben Untergrundzeitungen heraus, verübten Sabotageakte und gingen nicht selten zum bewaffneten Partisanenkrieg über. Nach der Landung alliierter Truppen in Frankreich griffen Partisanenverbände sogar regulär in die Kämpfe ein. Die Ablehnung der deutschen Besatzungsmacht verschärfte sich ab 1943 noch einmal nach der Zwangsrekrutierung von Arbeitskräften. Die Opfer des französischen Widerstands waren außerordentlich hoch: Man geht von mehr als 20000 hingerichteten Widerstandskämpfern und weit über 60000 Deportierten aus, von denen wohl weniger als die Hälfte die deutschen Konzentrationslager überlebte. Nach dem Krieg wurde die Résistance zum Ausgangspunkt eines neuen französischen Selbstbewußtseins, das erst heute durch die kritische Zeitgeschichtsforschung problematisiert wird, indem sie die Auseinandersetzungen zwischen Widerstandsgruppen erforscht und insbesondere auch die Unterstützung der Deportationen von französischen Juden durch kollaborierende Behörden und eine nicht selten weitgehende Passivität der französischen Bevölkerung betont.

Lit.: W. Rings: Leben mit dem Feind. Anpassung und Widerstand in Hitlers Europa. München und Zürich 1979.

Widerstand in Griechenland. Nach der Abschaffung der parlamentarischen Demokratie in Griechenland am 8. August 1936 und der Errichtung einer Obristen-Diktatur unter Metaxas waren die Parteien, die Grundrechte und die Freiheit der Presse abgeschafft worden. Verwaltung und Armee wurden gesäubert. 1938 wurde ein Aufstand, der sich auch gegen den Terror der Polizei gerichtet hatte, auf Kreta niedergeschlagen. Die Unterdrückung der Makedonen verschärfte allerdings die Spannungen Griechenlands mit seinen nördlichen Nachbarn. Im Herbst 1940 konnte sich die griechische Armee gegen Übergriffe Mussolinis erfolgreich behaupten; das Eingreifen der deutschen Wehrmacht in den Balkankrieg führte jedoch innerhalb weniger Wochen zur Kapitulation der griechischen Armee, zur Vertreibung des britischen Expeditionskorps, zur Besetzung des Landes durch deutsche und italienische Truppen sowie zur Abtrennung großer Landesteile an Albanien und Bulgarien. Die deutsche Besetzung beschränkte sich auf Athen, den Raum um Saloniki, auf das Grenzgebiet des Ebros, Kreta und die Inseln der Ägäis. Da die legitime griechische Regierung nicht kapituliert hatte, konnte sich mit Unterstützung Großbritanniens eine griechische Exilregierung behaupten, die von außen in die Kämpfe der Partisanenverbände eingriff, die bald aufgestellt wurden. Zunächst allerdings war die Bereitschaft zum Widerstand gegen die deutsche Besatzungsmacht schwach ausgebildet. Gewaltsame Übergriffe und vor allem die katastrophale Versorgung der städtischen Bevölkerung im Winter 1941/42 verstärkten jedoch den Widerstandswillen, der von bürgerlichen und kommunistischen Widerstandsgruppen gebündelt wurde. Am 9. September 1941 bildete sich eine republikanische Nationale Demokratische Griechische Vereinigung (EDEM), drei Wochen später eine kommunistisch geführte Nationale Befreiungsfront (EAM) aufstellte, die am 10. April 1942 eine eigene Nationale Befreiungsarmee (ELAS) und im Herbst 1942 sogar durch ein britisches Besatzungskorps unterstützt wurde. ELAS und EDEM konzentrierten sich zunächst auf ihren Kampf gegen die deutschen Besatzungstruppen, um auch im britischen Interesse den deutschen Nachschub zu schwächen, zunehmend trugen sie aber auch untereinander ihre Gegensätze aus. Vor allem in Griechenland beteiligten sich auch Deserteure der deutschen Wehrmacht auf griechischer Seite an den Kämpfen. Seit dem Umsturz in Italien im Sommer 1943 nahmen die bürgerkriegsähnlichen Auseinandersetzungen zwischen den beiden griechischen Verbänden an Schärfe zu, konnten aber zunächst durch einen Waffenstillstand unterbrochen werden. Neben EDEM und EAM/ELAS gründeten auch die Royalisten eigene Verbände. Bestimmend wurde aber die Furcht vieler Griechen vor den Kommunisten, die ihre Gegner zunehmend terrorisierten und im April 1944 ein Komitee zur Nationalen Befreiung ausgerufen hatten, das zu einer Gefahr für die griechische Exilarmee wurde. Als eine Meuterei ausbrach, die links orientierten Offizieren angelastet wurde, kam es zu einer Säuberung der Armee zugunsten der Anhänger der Monarchie und zu einer Umbildung der griechischen Exilregierung, die von dem Liberalen Georgios Papandreou geführt wurde. Ihm gelang es, die einzeln operierenden Verbände griechischer Partisanen zusammenzuführen und so die Voraussetzungen für die Zurückdrängung der Macht der EAM/ELAS zu schaffen. Im Winter 1944/45 gelang es der Regierung mit Hilfe der britischen Armee und weitgehender Billigung der sowjetischen Seite, die Griechenland nicht als eigenen Einflußbereich definieren konnte, den bis dahin sehr großen Einfluß der Kommunisten in Griechenland zurückzudrängen.

Lit.: A. Gerolymatos: The Greek Resistance. In: Europäischer Widerstand im Vergleich. Die Internationalen Konferenzen Amsterdam. Hrsg. von G. van Roon. Berlin 1985, S. 211 ff.

Widerstand in Italien. Der gegen Mussolini gerichtete antifaschistische Widerstand konnte Mitte der zwanziger Jahre im Zusammenhang mit der Ermordung des Sozialisten Matteotti am 10. Juni 1924, der scharf den Wahlterror gegeißelt hatte, fast den Sturz des Systems erreichen. Dennoch konnte sich Mussolini behaupten, weil die Opposition das Gesetz des Handelns nicht an sich zu reißen vermochte und keinen Generalstreik proklamieren konnte. Mussolini proklamierte Anfang 1925 sogar den Übergang zum faschistischen Totalitarismus, schaltete Verbände und Parteien zielvoll gleich und schlug Widerstandsbestrebungen nieder, die immer entschiedener den „Antifaschismus" als Programm proklamierten. Immer häufiger emigrierten die Gegner Mussolinis aus den verbotenen Parteien ins Ausland, vor allem nach Frankreich. Seit der Mitte der dreißiger Jahre wurde Italien zunehmend zu einem Bündnispartner Hitlers mit abnehmendem eigenständigen Profil. Die Landung alliierter Truppen in Süditalien am 10. Juli 1943 schwächte den Faschismus, verstärkte oppositionelle Strömungen und schien dem italienischen König das Gesetz des Handelns zurückzugeben, der Mussolini am 15. Juli 1943 seine Entlassung eröffnete und die Regierung Badoglios berief. Die neue Regierung suchte Waffenstillstandsgespräche mit den Alliierten, riskierte zugleich aber die Besetzung Italiens durch deutsche Truppen. Anfang September 1943 fanden sich Anhänger der antifaschistischen Parteien im Comitato de Liberazione Nationale (CLN) zusammen; sie versuchten, nicht nur gegen die deutschen Verbände zu kämpfen, sondern auch die entscheidenden Verfassungsfragen Italiens aufzuwerfen. In den von Deutschen besetzten Gebieten kam es zu heftigen Kämpfen zwischen den Anhängern Mussolinis, die die Republica Sociale Italiana mit Sitz in Salò proklamierten, und den antifaschistischen Verbänden, die sich um die aus dem Exil zurückgekehrten ehemaligen Parteiführer scharten. Die Resistenza war sehr vielgestaltig und umfaßte kommunistische Revolutionäre ebenso wie kirchliche Traditionalisten, Liberale und Legitimisten. Im Norden Italiens operierten schließlich Partisanenverbände unter militärischer Führung. Nach außen bekannten sich alle Antifaschisten zu ihrer Gemeinsamkeit; aber sehr bald war es nur zu offensichtlich, daß sie jeweils unterschiedliche Ziele verfolgten und in der gewaltsamen politischen Säuberung des Landes nicht nur die Voraussetzung für die Überwindung des Faschismus erblickten, sondern Ausgangspositionen für die weitere Umgestaltung gewinnen wollten.

Lit.: C. Francovich: La Résistance Italienne. In: Europäischer Widerstand im Vergleich. Die Internationalen Konferenzen Amsterdam. Hrsg. von G. van Roon. Berlin 1985, S. 43ff.

Widerstand in Jugoslawien. Nach dem Überfall auf Jugoslawien am 6. April 1941 wurde das Land innerhalb weniger Tage von deutschen Truppen vernichtend geschlagen und anschließend vollständig aufgeteilt, teilweise den Nachbarstaaten zugeschlagen, teilweise zum Kern eines katholisch geprägten kroatischen (Ustaša-)Staates, der am 10. April 1941 trotz seiner weiteren militärischen Besetzung durch Italien und Deutschland als unabhängiger Staat gebildet wurde, allerdings wegen seiner brutalen Herrschaftsmethoden nur wenig Rückhalt in der Bevölkerung erhielt. Serbien wurde von deutschen Truppen besetzt und militärisch verwaltet, erhielt aber zunächst eine regierungsähnliche Landesverwaltung. Montenegro wurde unter italienischem Einfluß als unabhängiger Staat gebildet und in der Folgezeit zu einem besonders wichtigen Operationsgebiet der Partisanen. Infolge des raschen Sieges waren nicht alle jugoslawischen Einheiten in Gefangenschaft geraten und entwaffnet worden. Sie schlossen sich oftmals Partisanenverbänden an, deren Legitimität durch die Flucht der Regierung nach London und die Bildung einer Exilregierung erhöht wurde, die den Anspruch auf die Wiederherstellung des Landes verkörperte. Seit der Auflehnung gegen die Herrschaft der Türken gab es Erfahrungen in der Führung von Kriegen durch kleine Verbände. Nach 1941 entwickelte sich allerdings keine einheitliche Partisanenbewegung. In Serbien und Kroatien wandten sich die Partisanen auch gegen Kollaborateure, obwohl es auch Kampfverbände gab, die wegen der ethnischen

Konflikte mit den deutschen Besatzungstruppen zusammenarbeiteten. Weiterhin gab es Četniks (Kämpfer), die sich der Exilregierung unterstellten und einen Guerillakrieg führten oder versuchten, die Voraussetzungen für einen für die Zukunft geplanten Kleinkrieg zu schaffen. In Montenegro operierten Partisanenverbände, die sich als Teil einer nationalen Unabhängigkeitsbewegung verstanden. Räumlich übergreifend operierten hingegen kommunistische Verbände unter Josip Broz, genannt Tito, der vor allem nach dem deutschen Überfall auf die Sowjetunion versuchte, das Gesetz des Handelns an sich zu ziehen und deutsche Wehrmachtsverbände in Kämpfe zu verwickeln. Tito proklamierte im Herbst 1941 sogar eine Volksrepublik und deutete auf diese Weise seinen übernationalen Führungsanspruch an. Dadurch unterschied sich seine Kampfmethode deutlich von denjenigen der anderen Gruppen, die teilweise abwarteten, teilweise nur ethnische Ziele verfolgten. Titos Verbände wurden von den deutschen Besatzungstruppen nicht nur direkt bekämpft, sondern sollten eine bis dahin nicht für möglich gehaltene Praxis der Geiselnahme und Vergeltung rechtfertigen, die allerdings nach den ihre Wirkung verfehlenden deutschen Abschreckungs-, Terror- und Zwangsmaßnahmen für weitere Unterstützung der kommunistischen Partisanenverbände in der Bevölkerung sorgten. Tito konnte das für den Guerillakampf besonders geeignete Gelände ausnutzen, erhielt seit 1943 auch britische Unterstützung und konnte schließlich nach der Übernahme der italienischen Waffen im Herbst 1943 eine umfangreiche Armee aufbauen, die zur „Nationalen Befreiungsarmee" des „Nationalkomitees zur Befreiung Jugoslawiens" erklärt wurde, den Süden des Landes weitgehend beherrschte und den deutschen Truppen reguläre Kämpfe bot. Ende 1943 wurde Tito durch Stalin als einziger Vertreter der jugoslawischen Regierung anerkannt; die in London residierende Exilregierung verlor an Einfluß. Tito, der Ende Mai nur knapp dem Zugriff deutscher Fallschirmjäger entkommen konnte, koordinierte seit 1944 von der Insel Lissa aus die jugoslawischen Operationen, schaltete die Befürworter der Monarchie aus und konnte nach der Eroberung von Belgrad durch die Rote Armee im Oktober 1944 von dort aus seinen Einfluß in einer stark von Kommunisten dominierten Regierung festigen. Jugoslawien erschien seitdem ein Staat, der sein Selbstverständnis aus dem Partisanenkampf gegen Besatzungsmächte ableitete und den Anspruch erhob, auf dieser Grundlage zu einer neuen Einheit trotz großer konfessioneller, nationaler und kultureller Vielfalt zu werden. Dieser Traum zerbrach mit dem Zerfall Jugoslawiens seit 1990.

Lit.: T. Ferenc: Der Volksbefreiungskampf in Jugoslawien. In: Europäischer Widerstand im Vergleich. Die Internationalen Konferenzen Amsterdam. Hrsg. von G. van Roon. Berlin 1985, S. 192ff.

Widerstand in Litauen. Durch den Hitler-Stalin-Pakt vom 23. August 1939 sollte Litauen in den deutschen Interessenbereich einbezogen werden. Beim Beginn des Zweiten Weltkrieges blieb das Land aber neutral und wurde Ende September 1939 weitgehend dem sowjetischen Machtbereich zugeschlagen. Die sowjetischen Verbände rückten ohne Widerstand in das Land ein; wenige Monate später wurde Litauen Sowjetrepublik. Nach dem Überfall deutscher Truppen auf die Sowjetunion erhofften nichtkommunistische Litauer vergeblich die Wiederherstellung der Selbständigkeit ihres Staates. Litauen wurde Teil des Reichskommissariats Ostland und Opfer deutscher Besatzungspolitik. Dennoch blieb der Widerstand gegen die deutsche Besatzungsmacht schwach, vor allem, weil die Furcht vor einer Sowjetisierung des Landes die deutsche Herrschaft, und dies trotz der Ausrottung des litauischen Judentums, als geringeres Übel erscheinen ließ. Nach dem Vormarsch der Roten Armee wurde in Litauen wieder eine Sowjetrepublik etabliert.

Widerstand in Luxemburg. Das Großherzogtum Luxemburg wurde am 10. Mai 1940 von deutschen Truppen überrannt und besetzt; die Regierung konnte nach England entkommen. Im Juli 1940 wurde der Gauleiter von Koblenz-Trier, Gustav Simon, zugleich Chef der Zivilverwaltung in Luxemburg. Verwaltung und Bevölkerung wurden gleichgeschaltet, um das Land im Großdeutschen Reich aufgehen zu lassen. Die Politik der Eindeutschung erregte heftigen Widerstand und begünstigte den entschiedenen Widerstand vor allem jüngerer Luxemburger. Die Einführung der Wehrpflicht in der deutschen Wehrmacht am 30. August 1942 zog eine Reihe von Streiks nach sich. 21 Menschen wurden zum Tode verurteilt, andere zu hohen Strafen. In den folgenden Jahren wurden viele Luxemburger, die sich weigerten, in der deutschen Armee Wehrdienst zu leisten, von Kriegsgerichten zum Tode verurteilt und erschossen oder in deutschen Konzentrationslagern und Zuchthäusern inhaftiert. Andere mußten in Strafeinheiten Dienst tun. Von den mehr als 12000 Luxemburgern, die zur Wehrmacht eingezogen wurden, desertierten über 2800. Mehr als 3900 wurden in Konzentrationslagern inhaftiert. Nur eine Minderheit der Luxemburger kollaborierte bewußt mit der Besatzungsmacht.

Lit.: E. Krier: Widerstand in Luxemburg. In: Europäischer Widerstand im Vergleich. Die Internationalen Konferenzen Amsterdam. Hrsg. von G. van Roon. Berlin 1985, S. 232ff.

Widerstand in den Niederlanden. Nach dem raschen Einmarsch deutscher Truppen in die Niederlande, der sogar von Oberst Wilhelm ↑Staehle und Hans ↑Oster vorzeitig bekannt gemacht werden konnte, wichen Königshaus und Regierung vor den deutschen Truppen nach London ins Exil aus. Ein Reichskommissariat für die besetzten niederländischen Gebiete orientierte sich dezidiert an den politischen und rassistischen nationalsozialistischen Herrschaftszielen und machte deutlich, daß die staatliche Selbständigkeit der Niederlande in besonderer Weise gefährdet war. Aus diesem Grunde schlug auch der Versuch fehl, eine niederländische Sammlungsbewegung („Volksunie") zu bilden. Politische und weltanschauliche Zusammenstöße zwischen der Zivilbevölkerung und der Besatzungsverwaltung waren die Folge. Konsequent widersetzten sich die Niederländer ihrer politischen und organisatorischen Gleichschaltung, versuchten durch Untergrundzeitungen eine eigenständige Information zu gewährleisten und streikten schließlich 1943 gegen die Ankündigung, die ehemaligen niederländischen Soldaten in das Deutsche Reich zu verlegen. Vor allem die Kirchen und die linken Parteien mobilisierten immer wieder den Widerstand, der aber nicht vorrangig im Protest gegen die Zwangsverpflichtung von Arbeitskräften deutlich wurde, sondern als Reaktion vieler Niederländer auf die Entrechtung und Deportation der jüdischen Bevölkerung zu deuten ist. Ende Februar 1942 beteiligten sich viele Amsterdamer an einem Streik zum Schutz ihrer jüdischen Mitbürger. Zwar scheiterte dieser Versuch zur Rettung der holländischen Juden; die Hilfe für verfolgte Juden war jedoch ein wichtiges Element des niederländischen Widerstandes. Im Herbst 1944 kam es nach der Befreiung Belgiens und der südlichen niederländischen Provinzen in den weiterhin von Deutschen besetzten Teilgebieten zu heftigen Auseinandersetzungen zwischen der niederländischen Widerstandsbewegung und den deutschen Besatzungstruppen. Höhepunkt dieses Widerstands war die Stillegung des gesamten Bahnverkehrs am 18. September 1944 und die Behinderung neuer Zwangsverpflichtungen von Arbeitsfähigen; im Zuge der deutschen Maßnahmen wurden weit über 50000 Niederländer in Konzentrationslager eingewiesen. Widerstandskämpfer galten als rechtlos. Das unerbittliche Vorgehen der Deutschen gegen die Bevölkerung der Niederlande hat das deutsch-niederländische Verhältnis lange Zeit schwer belastet.

Lit.: K. Kwiet: Reichskommissariat Niederlande. Stuttgart 1968.

Widerstand in Norwegen. Nach dem deutschen Angriff auf Norwegen, der verlustreicher als erwartet war, griffen zunächst norwegische Verbände neben britischen Einheiten in die Kämpfe ein. König Haakon, Regierung und Parlament lehnten die deutsche Aufforderung ab, sich der Besatzungsmacht zu unterwerfen; statt dessen wurde mit dem Ende der Kampfhandlungen im Sommer 1940 eine Exilregierung in London gebildet und ein Jahr später auch eine Untergrundarmee gebildet, die seit dem Jahreswechsel 1942/43 an Wirksamkeit gewann und gegen die deutschen Besatzungstruppen, aber auch gegen norwegische Kollaborateure um Vidkun Quisling kämpfte, der seit Februar 1942 als norwegischer Ministerpräsident fungierte. 1943 nahm der norwegische Widerstand zu. Die Handelsmarine stellte sich den Alliierten zur Verfügung. Studenten streikten nach einer Massenverhaftung ihrer Kommilitonen ebenso wie Lehrer, die einen gewaltfreien Widerstand erprobten. Universitäten und Schulen wurden daraufhin für längere Zeit geschlossen, etwa 50000 Norweger, darunter fast 1000 Studenten, in Konzentrationslager verschleppt. Während des Krieges wurden ungefähr 500 Todesurteile an norwegischen Widerstandskämpfern vollstreckt. Die norwegische Exilregierung bildete eine Flotte, stellte Fliegerverbände auf und gliederte norwegische Kontingente in die alliierten Verbände ein. In Schweden, wohin etwa 40000 Norweger geflohen waren, konnte ein norwegisches Heer von 15000 Mann aufgestellt werden.

Lit: O. Riste/B. Nöklby: Norway 1940–1945. The Resistance Movement. Oslo 1970.

Widerstand in Österreich. Unter dem Dollfuß-Regime hatten die österreichischen Nationalsozialisten sich als Widerstandskämpfer empfunden und waren von Verwaltung und Justiz verfolgt worden. Nicht selten hatten sie dabei die Zellen mit jenen Gegnern des Dollfuß-Regimes geteilt, die sie nach 1938 verfolgten. Nach dem „Anschluß" Österreichs im März 1938 betonte Hitler seinen Willen, den „gottlosen Bolschewismus" zu bekämpfen; er umwarb die Führungsschichten in Heer, Verwaltung und Kirche und konnte überdies auch eine seit 1918 gewachsene breite Stimmung der österreichischen Bevölkerung für die Eingliederung ihres Staates in das Deutsche Reich ausnutzen. In kurzer Zeit wurden grundlegende nationalsozialistische Gesetze übernommen und Verfolgungs- sowie Repressionsstrukturen geschaffen. Innerhalb weniger Wochen emigrierten rund hundertdreißigtausend Juden, Sozialisten, Kommunisten, Liberale und Legitimisten. Vor allem Angehörigen des politischen Exils versuchten, von außen den Nationalsozialismus zu bekämpfen und die durch den Anschluß nicht zerstörte Eigenstaatlichkeit Österreichs zu betonen. Mit dieser Deutung konnten sie die Alliierten überzeugen, die auf der Moskauer Konferenz Österreich zum ersten von den Nationalsozialisten gewaltsam besetzten Land erklärten und damit unter Voraussetzung der aktiven Beteiligung der Österreicher an ihrer Selbstbefreiung die Möglichkeit andeuteten, daß Österreich als Nation wiederentstehen könnte und als Staat nicht undifferenziert mit den nationalsozialistischen Gewalt- und Kriegsverbrechen belastet werden sollte. Der innerösterreichische Widerstand war vielfältig: Verteidigten auf der einen Seite Kommunisten und Sozialisten ihre programmatischen Ziele, indem sie Flugblätter verfaßten und verteilten oder bedrohten Parteifreunden halfen, ihren Verfolgern zu entkommen, so mußte sich auf der anderen Seite die katholische Kirche bei aller Loyalität dem Staat gegenüber als Institution den totalen weltanschaulichen Führungsanspruch der NS-Führung zurückweisen. Christen widersetzen sich vor allem als einzelne den Nationalsozialisten, wie der Kriegsdienstverweigerer Franz Jägerstätter, oder als Mitglieder bedrohter kirchlicher Gruppen und versuchten, Grundlagen Ihres Glaubens und Elemente des katholischen Milieus zu verteidigen. Die politische Opposition sammelte sich in Zirkeln und Gesinnungsgemeinschaften, ihre Mitglieder wurden häufig von der Gestapo aufgespürt und vom Volksgerichtshof verurteilt. Verfolgung und Widerstand bildeten so stets eine Einheit. Die Zusammenarbeit mit der deutschen Opposition wurde aber zunehmend erschwert, weil die Angehörigen des österreichischen Widerstands immer stärker ihren Wunsch nach staatlicher Unabhängigkeit betonten.

Bemerkenswert waren allerdings Verbindungen zwischen dem Umsturzversuch des 20. Juli 1944 und österreichischen Oppositionellen, die Wien zu einem wichtigen Nebenzentrum des Umsturzversuches machten und zur Verhaftung führender Oppostioneller führten. Unter dem Eindruck des Krieges, der auch zur Bombardierung österreichischer Städte führte, kam es zu einem grundlegenden Stimmungsumschwung gegen die Deutschen, die als „Preußen" und „Piefkes" zu Kontrahenten der österreichischen Selbständigkeit gemacht wurden. Im Alltag nahmen ablehnende Äußerungen gegen die angeblich aus Berlin stammenden Beamten und Militärs zu und verstärkten die Neigung, die österreichische Identität aus Widerspruch und Widerstand gegen die Deutschen zu bestimmen. Besonders Kommunisten forderten im Anschluß an die Proklamation nationaler Widerstandsbewegungen in den von Deutschland besetzten Gebieten zur Bildung einer volksfrontähnlichen nationalen „Österreichischen Befreiungsfront" auf, der sich jedoch nur wenige Angehörige des oppositionellen Bürgertums anschlossen. Enge Verbindungen bestanden auch zwischen der illegalen Kommunistischen Partei Österreichs und tschechischen Widerstandsgruppen. Während des Krieges nehmen einerseits Widerstandshandlungen im Alltag – in den Betrieben, bei der Hilfe für Verfolgte –, andererseits Sabotageakte zu. Dies wird deutlich an der Zahl von etwa 100000 von den Nationalsozialisten inhaftierten und verurteilten Österreichern. Vor allem in den Grenzgebieten Kärntens und der Steiermark kam es seit 1943 auch zur engen Kooperation zwischen Regimegegnern und österreichischen Partisanen, die teilweise den Kampf der jugoslawischen Partisanenverbände unterstützen wollten, teilweise aber auch die Abtrennung der südlichen Landesteile mit slowenischer und kroatischer Bevölkerung anstrebten. In den deutschsprachigen Landesteilen richtete sich das Streben der Opposition zunehmend darauf, Österreich davor zu bewahren, zum Kampfgebiet zu werden. Durch die Vielzahl von Zielen kam es in den letzten Monaten zu vielfältigen Verwerfungen des Widerstands in Österreich.

Lit: Wolfgang Neugebauer: Widerstand und Opposition. In: Ernst Talos u.a. (Hrsg): NS-Herrschaft in Österreich 1938–1945. München 1988, S. 357 ff. – Ernst Hanisch: Gibt es einen spezifischen österreichischen Widerstand, in: Peter Steinbach (Hrsg): Widerstand. Ein Problem zwischen Theorie und Geschichte, Köln 1987, S. 163 ff.

Widerstand in Polen. Nach der Niederlage der polnischen Armee wurde Polen im November 1939 geteilt und dem Einflußbereich Deutschlands und der Sowjetunion zugeschlagen. Die polnische Regierung konnte ins Ausland fliehen. Zunächst wurde Bukarest, dann Paris und Bordeaux, schließlich London Sitz der Exilregierung, die sogar kleinere polnische Kampfverbände befehligte. Diese Regierung wurde bis zu dessen Tod 1943 von dem polnischen General W. Sikorski geleitet. Ende 1939 wurde aus geflohenen Mitgliedern des Sejm auch ein Exilparlament, der Nationalrat, gebildet. Ein relativ großer Teil der polnischen Soldaten konnte nach der polnischen Kapitulation ihrer Gefangennahme ausweichen und so den Kern einer polnischen Untergrundarmee (ZPS: Sluziba Zwyciestwu Polski = Dienst am Siege Polens) bilden, die im Lande operieren sollte. Ein anderer Teil konnte ins benachbarte Ausland entkommen, um sich dort der polnischen Exilarmee einzugliedern, die an den Kämpfen um Narvik und in Frankreich teilnahm und nach der französischen Kapitulation 1940 teilweise in die Schweiz entkam, teilweise nach England evakuiert wurde. Immer wieder brachen in der Regierung die Gegensätze zwischen den Vertretern verschiedener polnischer Parteien auf. Das Oberkommando der ZPS bildete einen überparteilichen Beirat aus den Vertretern der bisherigen Oppositionsparteien und begünstigte auch auf diese Weise Konflikte zwischen den Gruppierungen, die die deutsche Besatzungsherrschaft abschütteln wollten. Besonders die Kommunisten nutzten die fragwürdige Legitimität der Exilregierung aus, um eigene Führungsansprüche zu erheben. Nach der polnischen Kapitulation wurde Polen zwischen Deutschland, der Sowjetunion und Litauen aufgeteilt. Deutschland gliederte weite Gebiete ein, darunter das zum Mustergau erklärte Reichsgau Posen/Warthegau, und bildete das von den Deutschen sehr brutal beherrschte Generalgouvernement mit der Hauptstadt Krakau. In diesen Gebieten wurde eine rigorose Volkstumspolitik der Germanisierung mit Enteignungen, Aussiedlungen und Vertreibungen der polnischen Bevölkerung betrieben. Ihre Führungsschicht wurde gewaltsam geschwächt, die jüdische Bevölkerung Polens planvoll deportiert und unter Kontrolle der SS- und Polizei-Führung durch Einsatzgruppen und in Vernichtungslagern ermordet. In den ins Deutsche Reich eingegliederten polnischen Gebieten war es schwierig, aus dem Untergrund Widerstand zu leisten – nur im Generalgouvernement konnte mit Unterstützung auch der polnischen Bevölkerung konspirativ gearbeitet werden. Dabei wirkte sich bis zum Sommer 1941 besonders lähmend der Hitler-Stalin-Pakt vom 23. August 1939 zwischen Deutschland und der Sowjetunion aus, denn Stalin hatte alle Polen seines Machtbereichs zu sowjetischen Staatsbürgern erklären lassen. Vor allem aber hatte der kommunistische polnische Widerstand bis dahin nicht die These der Londoner Exilregierung von der Notwendigkeit des Kampfes gegen zwei Feinde teilen können. Der polnische Widerstand in den sowjetisch besetzten Landesteilen wurde vor allem von der Londoner Exilregierung angestoßen, die den Aufbau einer antisowjetischen Untergrundarmee (ZWZ: Zwiacek Walki Zborjnej = Verband für bewaffneten Kampf) durchgesetzt hatte, die allerdings nicht den bewaffneten Konflikt suchte, sondern sich „Gewehr bei Fuß“ bereithielt. Dies änderte sich erst mit dem deutschen Überfall auf die Sowjetunion am 22. Juni 1941. Nach Verhandlungen zwischen der polnischen Exilregierung und Moskau wurde auf sowjetischem Gebiet eine polnische Armeeeinheit („Anders-Armee“) aufgestellt; keine Einigkeit erreichten Polen und Sowjets in der polnischen Grenzfrage. Stalin schlug 1943 vor, polnische Landverluste im Osten durch Landgewinne im Westen zu kompensieren. Stalin rief die polnischen Verbände im Sommer 1942 nach Zentralasien, später in den Iran; deshalb konnten sie nur unter britischer Führung in den Afrikakrieg eingreifen. Eine endgültige Verschlechterung des Verhältnisses zwischen der polnischen Exilregierung und Stalin trat nach der Entdekkung des Massenmordes an polnischen Offizieren bei Katyn Mitte April 1943 ein. Während die Sowjets mit diesem Verbrechen die deutsche Seite belasteten, hatte die polnische Exilregierung das Internationale Rote Kreuz gebeten, die Vorgänge zu untersuchen. Dies führte zum Abbruch der Beziehungen zwischen der UdSSR und der polnischen Exilregierung. In Polen verstärkte sich der Widerstand aus Protest gegen die wirtschaftliche Ausbeutung der besetzten Gebiete, gegen die Zwangsverpflichtungen zur Arbeit in Deutschland und gegen die Verfolgung und Ausrottung des polnischen Judentums. Der polnische Widerstand konzentrierte sich zunächst auf Sabotageakte und nachrichtendienstliche Tätigkeit. Die Nationale Verteidigungsorganisation (NOW) wurde zur polnischen „Armee im Lande“ (AK=Armia Krajowa); lediglich die „Nationalen Streitkräfte“ (NSZ) beharrten auf ihrer Selbständigkeit, weil sie jede Zusammenarbeit mit der Sowjetunion ablehnten. Januar 1942 gründeten Kommunisten im Untergrund in Warschau die Polnische Arbeiterpartei (PPR) und den „Kampfverband für die Befreiung“, später in „Volksgarde“ (GL, dann AL) umbenannt, die für den bewaffneten Kampf gegen die deutschen Besatzungstruppen ohne Rücksicht auf mögliche Gefahren für die Zivilbevölkerung plädierten. Seit Ende 1942 wurde Gomulka der Führer der PPR und suchte Verbindung zur AK. Mit den sowjetischen militärischen Erfolgen verschlechterte sich die Position der Londoner Exilregierung. Der Ausbruch des polnischen Aufstandes in Warschau im August 1944 wurde von der Roten Armee, die bereits in unmittelbarer Nähe der bewaffneten polnischen Verbände operierte, nicht aktiv unterstützt, so daß die deutsche Wehrmacht die Aufständischen niederkämpfen und die Sprengung von Warschau vorbereiten konnte. Mit dem Scheitern des Aufstandes entschied sich 1944 so zugleich die Ausgangslage für den politischen Neuaufbau, denn dadurch war die Bedeutung der antikommunistischen Kräfte in Polen nach der Befreiung vom Nationalsozialismus faktisch minimiert. Damit waren entscheidende Voraussetzungen für das Übergewicht der Kommunisten im befreiten Polen geschaffen worden.

Lit.: M. Broszat: 200 Jahre deutsche Polenpolitik. Stuttgart 1967.

Widerstand in der Sowjetunion. Unmittelbar nach Hitlers Regierungsübernahme 1933 hatten sich kommunistische Regimegegner und Widerstandskämpfer in Deutschland auf die programmatische Linie der Kommunistischen Internationale (Komintern) berufen. Durch den Nichtangriffspakt vom 23. August 1939 waren die kommunistischen Regimegegner jedoch in eine Phase tiefer Irritation geraten, die erst nach dem Überfall der deutschen Wehrmacht auf die Sowjetunion vom 22. Juni 1941 beendet war. Militärische Erfolge der Wehrmacht sollten nicht nur durch militärische Gegenschläge der Roten Armee, sondern auch durch Partisanenverbände rückgängig gemacht werden, die im Rükken der Front kämpften, Sabotageakte verübten, Nachrichten übermittelten oder die Aktionen der regulären Truppenverbände unterstützten. Teilweise operierten diese Partisanenverbände gemeinsam mit nationalen Partisanengruppen, teilweise richteten sie sich aber auch gegen Bestrebungen, die auf die Selbständigkeit einzelner Teilrepubliken von der UdSSR zielten. Die Partisanengruppen rekrutierten sich aus allen Teilen der Bevölkerung. Seit Mai 1942 bemühte sich der „Zentrale Stab der Partisanenbewegung" unter Führung des Generals Ponomarenko um eine Koordination der einzelnen Gruppen, von denen allerdings durch fehlende Nachrichtenverbindungen viele weiterhin vollkommen unabhängig agierten. Ihre Aktionen richteten sich vor allem gegen Transportwege und Versorgungsanlagen der deutschen Truppen; sie sollten zugleich deutsche Truppen im Hinterland der Front binden. Allein in der zentralisierten Partisanenbewegung sollen mehr als 280000 Männer und Frauen gekämpft haben; andere Schätzungen sprechen von mehr als einer Million Menschen. Partisanen, die in die Hände der Deutschen fielen, wurden zumeist ohne jedes Gerichtsverfahren erschossen. Systematisch versuchten Wehrmacht und SS durch die Vernichtung ganzer Dörfer und die Deportation der Bevölkerung zur Zwangsarbeit nach Deutschland die Organisation und die Infrastruktur der Partisanen zu zerschlagen. Dies gelang nicht. Je weiter die Deutschen ihre Frontlinie zurücknehmen mußten und je weiter die sowjetischen Truppen nach Westen vorstießen, desto mehr Partisanenverbände wurden in die sowjetische Armee eingegliedert.

Lit.: Das Deutsche Reich und der Zweite Weltkrieg. Hrsg. vom Militärgeschichtlichen Forschungsamt. Bd. 4: Der Angriff auf die Sowjetunion. Stuttgart 1983. Bd. 6: Der globale Krieg. Stuttgart 1990.

Widerstand in Ungarn. Ungarn war im Sommer 1941 an der Seite Deutschlands in den Krieg gegen die Sowjetunion eingetreten und hatte vor allem im Winter 1942/43 schwere Verluste hinnehmen müssen. Immer intensiver versuchten Kreise der ungarischen Führung, sich von Hitler zu lösen, dessen antisemitische Politik im Lande zunächst ebenso Befürworter gefunden hatte wie seine territorialen Zugeständnisse. Sie wollten Verbindungen zu den Alliierten herstellen. Im März 1944 besetzten deutsche Truppen Ungarn und schalteten viele Gegner der Nationalsozialisten aus. Admiral Horthy, der Ungarn – Monarchie mit vakantem Thron – seit 1920 als Staatsoberhaupt und Reichsverweser regierte, blieb zwar im Amt, aber Zweifel an seiner von Deutschland bestimmten Marionettenherrschaft waren nicht möglich, zumal viele seiner engsten Mitarbeiter in Konzentrationslager verschleppt wurden. Im Sommer 1944 wurden unter der Leitung von Adolf Eichmann bis auf einen Teil der Budapester Juden fast alle ungarischen Juden deportiert und ermordet. Im Herbst 1944 bereitete Horthy Verhandlungen mit der Sowjetunion vor und erklärte am 15. Oktober 1944 den Waffenstillstand; allerdings folgten ihm die weitaus meisten Militärs und Pfeilkreuzler nicht. Horthy wurde nach der gewaltsamen Besetzung seines Amtssitzes zum Rücktritt gezwungen. An die Spitze der ungarischen Regierung trat mit Szalasi ein bedingsloser Gefolgsmann des NS-Staates. Seine Anhänger errichteten eine Schreckensherrschaft, der politische Gegner und vor allem Juden zum Opfer fielen. Die Kirchen und die Vertreter der alten Parteien gingen immer offener auf Distanz und suchten die Zusammenarbeit mit den Verbänden der Roten Armee, indem sie im Dezember 1944 eine Gegenregierung ausriefen.

Lit.: P. Sipos: The main questions of the history of the Hungarian resistance Movement. In: Europäischer Widerstand im Vergleich. Die Internationalen Konferenzen Amsterdam. Hrsg. von G. van Roon. Berlin 1985, S. 349 ff.

Widerstand von Juden. W. gegen den NS-Staat hatte vielfältige Formen. Von Bedeutung war in Deutschland z.B. der Aufbau eines jüdischen Selbsthilfewerkes als Form des W.s, das den unverschuldet in Not Gebrachten nicht nur materiell half, sondern ihnen auch ihre Würde zurückgab. In diesem Zusammenhang ist der geistige W. mit dem Aufbau eines jüdischen Bildungswerkes und die Gründung der ↑Jüdischen Kulturbünde zu betonen. Auch in den von den Nationalsozialisten eingerichteten Ghettos in Osteuropa wie Wilna oder Warschau bedeutete der Aufbau eines Kulturlebens die Festigung der jüdischen Identität und des Überlebenswillens. Als W. ist auch jede Handlung anzusehen, die half, das nationalsozialistische Vernichtungsprogramm zu sabotieren. In diesem Zusammenhang spielte der bewaffnete Kampf eine entscheidende Rolle. Der Warschauer Ghettoaufstand im April und Mai 1943 dokumentierte, daß Juden nicht gewillt waren, sich den Mordplänen des NS-Staates zu beugen. Wie ein Fanal wirkte dieser Aufstand auf die in Ghettos und Vernichtungslagern eingesperrten Juden. W. in einem Vernichtungslager bedeutete auch Schutz des Lebens. Alle Aktivitäten, die darauf zielten, allgemeine Verschlechterungen für die Häftlinge abzuwehren und bessere Lebensbedingungen zu erreichen, waren als Widerstand zu verstehen. Jüdische Gefangene der Vernichtungslager Treblinka (2. August 1943), Sobibor (14. Oktober 1943) und Auschwitz-Birkenau (7. Oktober 1944) organisierten bewaffnete Aufstände, die sämtlich niedergeschlagen wurden. Über 1,5 Millionen Juden kämpften in den alliierten Armeen oder schlossen sich Partisanen im Kampf gegen den NS-Staat an. In Frankreich kam es 1942 zur Gründung einer nur aus Juden bestehenden Formation, der Armée Juive.

Lit.: R. Ainsztein: Jewish Resistance in Nazi Occupied Eastern Europe. London und New York 1974. – K. Kwiet, H. Eschwege: Selbstbehauptung und Widerstand von Juden im Kampf um Existenz und Menschenwürde 1933–1945. Hamburg 1984. *R.*

Widerstandsbegriff. Der Begriff W. ist stets umstritten gewesen. In der Regel bezeichnet das Wort W. Reaktionen eines Menschen oder von Gruppen auf Machtmißbrauch, Verfassungsbruch und Menschenrechtsverletzungen. Deshalb erscheint W. immer dann als geboten oder gerechtfertigt, wenn Grundsätze des modernen Naturrechts oder Grundprinzipien einer demokratischen, freiheitlichen, rechtsstaatlichen Ordnung gegen Übergriffe verteidigt werden sollen. Weil sich W. vor allem auf die Verteidigung einer menschenwürdigen Ordnung bezieht, hängt die innere Anerkennung des W.s von der Formulierung der Grenzen und Ziele des Staates ab, deren Gefährdung und Verletzung widerständiges Verhalten notwendig macht. In der Regel wird W. durch Attribute präzisiert. Dadurch soll deutlich gemacht werden, daß W. als eine Form abweichenden Verhaltens ein breites Verhaltensspektrum abdeckt – vom passiven Widerstand und der Verweigerung über die innere Emigration, den ideologischen Gegensatz und die bewußte Nonkonformität zum Protest, zur offenen Ablehnung und schließlich zur Konspiration, die sich sowohl auf die gedankliche Vorbereitung der Neuordnung nach dem Ende des NS-Staates konzentrieren konnte als auch versuchen mußte, aktiv den Umsturz des Regimes vorzubereiten und durchzuführen. W. bezeichnet ein breites Verhaltensspektrum, dessen Voraussetzungen in Vorbehalten gegenüber dem Regime (Resistenz), in der inneren Kraft zur bewußten Distanzierung von den politischen Konventionen der Zeit und in der Befähigung zur Bewahrung traditional vermittelter Wertvorstellungen liegen. Im Verständnis der Deutschen wird der Begriff W. vor allem durch die Erfahrungen des NS-Zeit bestimmt. W. bezeichnet in diesem Zusammenhang jedes aktive und passive Verhalten, das sich gegen das NS-Regime oder einen erheblichen Teilbereich der NS-Ideologie richtete und mit hohen persönlichen Risiken verbunden war.

Lit.: P. Steinbach (Hrsg.): Widerstand. Ein Problem zwischen Theorie und Geschichte. Köln 1987.

Widerstandsdiskussion nach 1945. Seit dem Ende des NS-Regimes wird vor allem in Deutschland intensiv über Voraussetzungen, Entwicklungen und Ergebnisse des Widerstands diskutiert. Unbestritten ist dabei die Notwendigkeit, gegen Menschenrechtsverletzungen Widerstand zu leisten. Problematisch blieb jedoch stets die Unterscheidung von Landes- und Hochverrat sowie die Festlegung der Grenze von Befehl und Gehorsam. Unmittelbar nach 1945 erschwerten die Alliierten zunächst die Auseinandersetzung mit den Zielen und Leistungen des „anderen Deutschland". Erst Hans Rothfels gelang Ende der vierziger Jahre ein Durchbruch. Anfang der fünfziger Jahre setzten sich Politiker – unter ihnen der damalige Bundespräsident Theodor Heuß – für die Anerkennung des Widerstands in der deutschen Öffentlichkeit ein. Im Zusammenhang mit der deutschen Wiederbewaffnung wurde seit der Mitte der fünfziger Jahre die Erinnerung an den militärischen Widerstand immer stärker betont; gleichzeitig setzte unter dem Eindruck der deutschen Teilung und des globalen Systemgegensatzes eine unterschiedliche Würdigung des angeblich demokratischen und des angeblich totalitären

Widerstands ein, der sich nach der Erhebung vom 17. Juni 1953 in der DDR und nach der Niederschlagung des Aufstandes in Ungarn verstärkte. Seit dieser Zeit konzentrierte sich die DDR auf die besondere Würdigung des kommunistischen Widerstands und des ↑Nationalkomitees Freies Deutschland, die Bundesrepublik auf den bürgerlich-militärischen Widerstand im Umkreis des ↑20. Juli 1944. Anfang der sechziger Jahre wurde in der Forschung die Verbindung zwischen der Ordnung des Grundgesetzes und dem Widerstand des 20. Juli 1944 entschieden in Zweifel gezogen, indem hervorgehoben wurde, in welchem Umfang die Vorstellungswelt der Regimegegner aus Bürgertum und Militär stets von den überkommenen politischen Ordnungsvorstellungen und den hegemonialen Zielen des deutschen Obrigkeitsstaates geprägt blieb. In den politischen Auseinandersetzungen berief man sich seit den späten fünfziger Jahren immer häufiger auf den Widerstand gegen den Nationalsozialismus. Nach der Anti-Atomtod-Kampagne führte insbesondere die Spiegel-Affäre zu einer intensiven Diskussion über die Grenzen staatlichen Handelns. Seit der Mitte der sechziger Jahre beeinflußte die Auseinandersetzung um die Notstandsgesetze die Debatte über das Widerstandsrecht. Die Entspannungspolitik begünstigte die Auseinandersetzung mit den Widerstandsbildern des jeweils anderen deutschen Staates und führte zu einer Veränderung des Widerstandsbildes in beiden deutschen Staaten. Unter dem Eindruck der breiten Politisierung von Staat und Gesellschaft seit den Kontroversen über den Vietnam-Krieg, den Demonstrationen gegen die Notstandsgesetze und den Studentenunruhen öffnete sich der Blick für die sozio-kulturelle Breite und die politische Vielfalt des Widerstands: Jugendopposition, Widerstehen im Alltag, Häftlingswiderstand, der Kampf gegen das Regime von außen oder aus der Kriegsgefangenschaft, der Widerstand einzelner in den letzten Kriegstagen und die politisch motivierte Desertion fanden zunehmende Aufmerksamkeit. Ende der siebziger Jahre wurde durch eine Empfehlung der deutschen Kultusminister festgelegt, daß der Widerstand gegen den Nationalsozialismus im Unterricht intensiv zu behandeln sei. Die Eröffnung der ständigen Ausstellung zur Geschichte des Widerstands in der ↑Gedenkstätte Deutscher Widerstand zu Berlin fand zwar bei denen Widerspruch, die sich gegen die Breite und Vielfalt der Darstellung der Regimegegnerschaft wandten; letztlich setzte sich aber ein integrales Widerstandsverständnis durch, das unterschiedliche Ziele und Dimensionen der Widerständigkeit einbezog.

Lit.: P. Steinbach (Hrsg.): Widerstand. Ein Problem zwischen Theorie und Geschichte. Köln 1987.

Widerstandsrecht. Durch das W. soll der Widerstand gegenüber Unrecht legitimiert werden. Voraussetzung ist in der Regel die Annahme, das Recht sei eine vor- oder überstaatliche Institution. Im Mittelalter stand die wechselseitige Treueverpflichtung zwischen Herrscher und Untertan im Mittelpunkt des W., das sich aus dem Lehensvertrag legitimierte. Seit dem Hochmittelalter wurde das christliche

Naturrecht immer wichtiger und überlagerte die positiv-rechtliche Vorstellung eines W., das während des Mittelalters vor allem im Einklang mit dem Lehns- und Landesrecht stand, durch die Betonung der Volkssouveränität und der Vorstellung eines die Ziele des Staates festlegenden Herrschaftsvertrages. Durch den Gesellschafts- und Unterwerfungsvertrag wurden die Bedingungen, die Ziele und Grenzen politischer Herrschaft festgelegt; Verletzungen des Rechts wurden so sichtbarer als zuvor. Die Demokratisierung des W. nahm ihren Ausgang von der englischen Diskussion des 17. Jahrhunderts (insbesondere durch John Locke), zeitigte wichtige Folgen während der amerikanischen Revolution und führte schließlich im Zuge der Französischen Revolution zur Proklamation des Rechts zum Widerstand als Menschenrecht. Seitdem ist das W. gegen Verfassungsbruch und Menschenrechtsverletzungen allgemein anerkannt. Umstritten bleibt die Frage, ob sich aus dem W. auch die Verpflichtung zum Widerstand ableiten läßt, aber auch das Verhältnis zwischen Konfrontation und Kooperation, zwischen Widerspruch und Anpassung, zwischen Opposition und Integration. In das Grundgesetz der Bundesrepublik Deutschland wurde unter dem Eindruck der Notstandsdebatten 1968 eine Verfassungsergänzung aufgenommen, derzufolge Widerstand geboten ist, wenn sich auf rechtsstaatlich gebotene Weise nicht gegen die Verletzung der Grundrechte und die Zerstörung der freiheitlich-demokratischen Grundordnung einschreiten läßt.

Lit.: Widerstandsrecht. Hrsg. von A. Kaufmann in Verbindung mit L. E. Backmann. Darmstadt 1972.

Wiersich, Oswald (1. 9. 1882–1. 3. 1945). Bereits als Maschinenbaulehrling schloß sich W. der Arbeiterbewegung an. Er arbeitete als Angestellter seines Berufsverbandes, war seit 1912 Bevollmächtigter des Deutschen Metallarbeiterverbandes in Breslau und wurde 1923 Bezirkssekretär des ADGB in Schlesien. Für die SPD gehörte er in den zwanziger Jahren dem Preußischen Landtag an. Nach der Machtübernahme der Nationalsozialisten wurde W. im März 1933 mit anderen Gewerkschaftern und Sozialdemokraten mehrere Wochen in „Schutzhaft“ genommen. Im folgenden Jahr fand er Arbeit als Buchhalter und bemühte sich, die Kontakte zwischen schlesischen Gewerkschaftskreisen zu festigen. Auch zu Wilhelm ↑Leuschner bestand eine enge Verbindung, wodurch W. bereits früh die Begegnung mit Ludwig ↑Beck ermöglicht wurde. Wegen seiner Verbindungen zu Michael Graf von Matuschka, Fritz-Dietlof Graf von der ↑Schulenburg und dem Gewerkschafter Fritz ↑Voigt wurde W. nach dem Scheitern des Attentats vom ↑20. Juli 1944 am 22. August 1944 verhaftet, am 28. Februar 1945 vom VGH zum Tode verurteilt und in Berlin-Plötzensee hingerichtet.

Lit.: F. Osterroth: Biographisches Lexikon des Sozialismus. Bd. 1. Hannover 1960.

Winzen, Erich (9. 1. 1908–5. 4. 1943). W. kam aus einem sozialistischen Elternhaus und war Arbeiter in einem

Dortmunder Stahlbetrieb. Vor 1933 gehörte er der Freidenkerjugend, dann dem Freien Wanderbund an. Nach der Machtübernahme der Nationalsozialisten beteiligte er sich aktiv an der Arbeit der von seinem Bruder Paul W. und Josef Kasel geleiteten Widerstandsgruppe, die Flugblattaktionen durchführte und ausländische Rundfunksendungen abhörte. Am 28. Juni 1940 wurde er verhaftet und vom OLG Hamm wegen „Vorbereitung zum Hochverrat" zu drei Jahren Zuchthaus verurteilt. Anfang Dezember 1942 wurde W. vom Strafgefangenenlager Oberems zur „Bewährungstruppe 999" auf dem Truppenübungsplatz Heuberg kommandiert. Beim Lufttransport zum vorgesehenen Einsatzort seiner Einheit in Tunesien kam er im April 1943 beim Abschuß des Flugzeugs über dem Mittelmeer mit seinen Kameraden um.

Lit.: G. Högl (Hrsg.): Widerstand und Verfolgung in Dortmund 1933–1945. Katalog zur ständigen Ausstellung des Stadtarchivs Dortmund in der Mahn- und Gedenkstätte Steinwache. Dortmund 1992. *H.*

Winzen, Paul (24. 11. 1911–12. 6. 1942). W., der aus einer sozialistischen Familie stammte, trat mit 17 Jahren der Freidenkerjugend bei und gründete 1932 mit Gleichgesinnten den Freien Wanderbund. W. wandte sich nach dem vorzeitigen Abbruch seiner Schulausbildung freien politischen und soziologischen Studien zu und war auch schriftstellerisch tätig. Nach der Machtübernahme durch die Nationalsozialisten gründete er eine Widerstandsgruppe. W., der seinen Lebensunterhalt als Schreibwarenhändler verdiente, entwickelte in verschiedenen Schriften seine Theorie des „Neuen Sozialismus", die sich gleichermaßen vom sowjetischen Modell des Kommunismus wie von der deutschen Sozialdemokratie abgrenzte. Vorrangig war jedoch die Brechung der NS-Herrschaft. Man traf sich in Diskussionszirkeln, druckte und verteilte Flugblätter und hörte ausländische Rundfunksendungen. Im Sommer 1940 wurden alle Mitglieder der Gruppe verhaftet, die meisten zu hohen Zuchthausstrafen verurteilt. Am 21. Februar 1942 wurde W. zusammen mit seinem Vertrauten Josef Kasel vom VGH zum Tode verurteilt und in Berlin-Plötzensee hingerichtet.

Lit.: G. Högl (Hrsg.): Widerstand und Verfolgung in Dortmund 1933–1945. Katalog zur ständigen Ausstellung des Stadtarchivs Dortmund in der Mahn- und Gedenkstätte Steinwache. Dortmund 1992. *H.*

Wirmer, Josef (19. 3. 1901–8. 9. 1944). Der Rechtsanwalt W. war in der Weimarer Republik als Syndikus des Kartellverbandes der katholischen Studentenvereine tätig und schloß sich dem linken Flügel der Zentrumspartei an. Er unterstützte die Ziele des Reichskanzlers Heinrich Brüning und trat in den Wahlkämpfen 1932 und 1933 für das Zentrum als Redner auf. W. war verheiratet mit Hedwig Preckel, mit der er zwei Töchter und einen Sohn hatte. Nach Hitlers Machtübernahme gehörte er zu den entschiedenen Kritikern des Reichskonkordats. Politische Freunde wie Brüning emigrierten oder wurden wie der Berliner Vorsitzende der Katholischen Aktion Erich ↑Klausener im Juni 1934 ermordet. 1936 schloß sich W. dem Kreis oppositioneller Gewerkschafter um Max ↑Habermann, Jakob ↑Kaiser und ↑Leuschner an. Er bekam auch Kontakt zu den gleichgesinnten Verschwörern im Amt Ausland/Abwehr des Oberkommandos der Wehrmacht. Seit Jahresende 1941 arbeitete W. mit Carl ↑Goerdeler zusammen. Nach dem gescheiterten Attentat vom ↑20. Juli 1944 wurde W. am 4. August verhaftet und im KZ Ravensbrück inhaftiert. Der VGH, vor dem W. die offene Auseinandersetzung mit Freisler suchte, verurteilte ihn am 8. September 1944 zum Tode. Am selben Tag wurde er in Berlin-Plötzensee hingerichtet.

Lit.: Josef Wirmer – ein Gegner Hitlers. Aufsätze und Dokumente. Hrsg. vom Museumsverein und Kulturforum Warburg in Verbindung mit dem Verein der Ehemaligen. Warburg 1989.

Witzleben, Erwin von (4. 12. 1881–8. 8. 1944). Der Berufsoffizier W. wurde nach dem Ende des Ersten Weltkrieges in die Reichswehr übernommen. Er war verheiratet mit Else Kleeberg, mit der er eine Tochter und einen Sohn hatte. Bereits 1937 äußerte er, Hitler verfolge eindeutige Kriegspläne. Die Blomberg-Fritsch-Affäre, die es Hitler ermöglichte, den Oberbefehl über die Wehrmacht zu übernehmen, trug zur Entschlossenheit W.s bei, eine militärische Aktion gegen das NS-Regime zu wagen. Er war einer der führenden Köpfe hinter den Umsturzplänen vom Herbst 1938. Das Münchner Abkommen lähmte diese Bestrebungen entscheidend. Nach Kriegsbeginn erwiesen sich auch andere Umsturzpläne der militärischen Opposition als undurchführbar. Im Mai 1941 wurde W. Oberbefehlshaber West. Aus gesundheitlichen Gründen schied er im März 1942 aus dem Dienst, jedoch hielt W. weiterhin engen Kontakt zu den Verschwörern. Schließlich erklärte er sich nach der Niederlage von Stalingrad bereit, bei einem Umsturz den Oberbefehl über die Wehrmacht zu übernehmen. Am Abend des ↑20. Juli 1944, als das Scheitern des Attentats offenkundig war, konnte W. den ↑Bendlerblock verlassen, wurde aber am nächsten Tag festgenommen, am 8. August 1944 vom VGH zum Tode verurteilt und am selben Tag in Berlin-Plötzensee hingerichtet.

Lit.: R. Pommerin: Erwin von Witzleben. In: R. Lill, H. Oberreuter (Hrsg.): 20. Juli. Portraits des Widerstands. Düsseldorf und Wien 1984.

Wurm, Theophil (7. 12. 1868–8. 1. 1953). W., in Basel als Pfarrersohn geboren, gehörte vor dem Ersten Weltkrieg der Christlichsozialen Partei, danach der Bürgerpartei an, die er auch bis 1920 im württembergischen Landtag vertrat. 1899 Gefängnisseelsorger und ab 1913 Gemeindepfarrer, wurde W. 1929 zum evangelischen Kirchenpräsidenten (1933 Landesbischof) gewählt. Im September 1934 wurde W. wegen seiner kirchenpolitischen Haltung zuerst „beurlaubt“ und dann vom Württembergischen Innenministerium zweimal unter Hausarrest gestellt. Nach einer Besprechung bei Hitler am 30. Oktober 1934 gemeinsam mit den Landesbischöfen Meiser und Mahrarens kam es zur Aufhebung der Repressalien. Im selben Jahr rückte W. endgültig von den nationalsozialistischen Deutschen Christen ab und nahm an den Synoden der ↑Bekennenden Kirche teil. Dennoch trug er die Entscheidungen ihres entschlossenen Flügels nicht mit und versuchte seit 1941, zwischen beiden Richtungen in der Kirche zu vermitteln. Am 19. Juli 1941 protestierte W. gegen den Mord an Patienten von Heilanstalten, am 16. Juli 1943 gegen die Ermordung von Juden. Obwohl er die Meinung vertrat, politischer Widerstand sei nicht Sache der Kirche, standen Eugen ↑Gerstenmaier und Carl ↑Goerdeler in Verbindung mit W. und sahen in ihm einen Gleichgesinnten. Am 3. März 1944 wurde über W. ein Rede- und Schreibverbot verhängt. Im August 1945 wurde er zum Vorsitzenden des Rates der Evangelischen Kirche in Deutschland gewählt und gehörte zu den Mitverfassern des Stuttgarter Schuldbekenntnisses der evangelischen Kirche vom 19. Oktober 1945.

Lit.: J. Thierfelder: Theophil Wurm. In: M. Bosch, W. Niess (Hrsg.): Der Widerstand im deutschen Südwesten 1933–1945. Stuttgart u.a. 1984, S. 47ff. *D.*

Yorck von Wartenburg, Peter Graf (13. 11. 1904–8. 9. 1944). Y. studierte von 1923 bis 1926 in Bonn und Breslau Rechts- und Staatswissenschaften, promovierte hier 1927 und machte 1930 in Berlin sein juristisches Assessorexamen. Im selben Jahr heiratete er Marion Winter. Nach einer Tätigkeit als Anwalt und am Oberpräsidium in Breslau war Y. von 1936 bis 1941 als Referent für Grundsatzfragen beim Reichskommissar für die Preisbildung in Berlin tätig. Da er sich weigerte, der NSDAP beizutreten, wurde Y. seit 1938 nicht mehr befördert. Zwischen 1938 und 1940 stand er in enger Verbindung mit Fritz-Dietlof Graf von der ↑Schulenburg und Ulrich-Wilhelm Graf Schwerin von ↑Schwanenfeld, mit denen er auch über die Planungen für Deutschland nach dem Untergang des Nationalsozialismus diskutierte. 1939 wurde er als Reserveoffizier einberufen und wechselte 1942 in den Wirtschaftsstab Ost beim Oberkommando der Wehrmacht in Berlin. Dort wurden seine Kontakte zur militärischen Opposition enger. Im Januar 1940 begann seine enge Zusammenarbeit mit Helmut James Graf von ↑Moltke, mit dem zusammen Y. zu den führenden Köpfen des ↑Kreisauer Kreises zählte. In seiner Wohnung in Berlin-Lichterfelde fanden regelmäßig Treffen des Kreises statt. Früher als sein Freund Moltke befürwortete Y., der auch an allen drei Tagungen des Kreises in Kreisau teilnahm, einen Umsturzversuch. Nach der Verhaftung Moltkes im Januar 1944 ergaben sich enge Kontakte von Y. zu Claus Schenk Graf von ↑Stauffenberg. In der neuen Regierung sollte Y. das Amt eines Staatssekretärs in der Reichskanzlei übernehmen. Nach dem gescheiterten Attentat auf Hitler vom ↑20. Juli 1944 wurde Y. verhaftet, am 8. September 1944 vom VGH zum Tode verurteilt und noch am selben Tag in Berlin-Plötzensee hingerichtet.

Lit.: G. van Roon: Neuordnung im Widerstand. Der Kreisauer Kreis innerhalb der deutschen Widerstandsbewegung. München 1967. – M. Gräfin Yorck von Wartenburg: Die Stärke der Stille. Erzählung eines Lebens aus dem deutschen Widerstand. Köln 1984.

Zeugen Jehovas („Ernste Bibelforscher"). Zur Glaubensgemeinschaft der Z. – wie sich die Angehörigen der Internationalen Bibelforscher-Vereinigung seit 1931 nannten – zählten zu Beginn der NS-Herrschaft etwa 25 000 Menschen. Für die Nationalsozialisten waren die Z. eine pazifistische, „die Volksgemeinschaft zersetzende Sekte". Seit Mitte der dreißiger Jahre wurden die Z. von Sondergerichten zu hohen Haftstrafen verurteilt und in großer Zahl in Konzentrationslager eingeliefert, da sie entgegen dem 1933 erfolgten Verbot ihrer Glaubensgemeinschaft ihren „Verkündigungsdienst" nicht aufgaben. Gleichzeitig verweigerten sich die Z. in ihrer religiösen Selbstbehauptung auf vielfältige Weise den Ansprüchen des Regimes. In den Konzentrationslagern bildeten sie eine eigene Häftlingskategorie und wurden mit dem lila Winkel gekennzeichnet. Zwar waren sie durch ihre Glaubenslehre und den Missionseifer isoliert, genossen aber hohes Ansehen unter anderen Gefangenen für ihre unerschrockene Haltung im Lager. Im Verlauf des Zweiten Weltkrieges verweigerten jene Z., die zur Wehrmacht einberufen wurden, den Kriegsdienst. Etwa 250 von ihnen wurden vom Reichskriegsgericht wegen „Zersetzung der Wehrkraft" zum Tode verurteilt. Diejenigen Z., die angesichts dieser Todesdrohung doch den Wehrdienst aufnahmen, wurden in Straf- und „↑Bewährungseinheiten" eingesetzt.

Lit.: D. Garbe: Zwischen Widerstand und Martyrium. Die Zeugen Jehovas im Dritten Reich. München 1993. *H.*

20. Juli 1944. Als sich 1943 wiederholt Attentatspläne zerschlugen und schließlich im Sommer 1944 enge Mitverschwörer wie Adolf ↑Reichwein und Julius ↑Leber verhaftet wurden, entschloß sich Claus Schenk Graf von ↑Stauffenberg Anfang Juli 1944, trotz seiner schweren Verwundung und seiner Schlüsselrolle in Berlin, selbst den Anschlag auf Hitler zu wagen. Am 20. Juli 1944 gelang es ihm, eine Bombe in das scharf bewachte Führerhauptquartier Wolfschanze nahe dem ostpreußischen Rastenburg einzuschleusen und in der Lagebesprechung explodieren zu lassen. Es gelang Stauffenberg, das Führerhauptquartier zu verlassen und nach Berlin-Rangsdorf zu fliegen. In Berlin konnte Stauffenberg der Nachricht vom Überleben Hitlers zunächst keinen Glauben schenken und versuchte, gemeinsam mit seinem Freund Albrecht Ritter ↑Mertz von Quirnheim und General Friedrich ↑Olbricht die ↑Operation „Walküre" überall im Reich anlaufen zu lassen und hohe Offiziere für den Umsturz zu gewinnen. Ihre Bemühungen scheiterten ebenso wie die von Generaloberst Ludwig ↑Beck und Generalfeldmarschall Erwin von ↑Witzleben, die ihre ehemaligen Kameraden überzeugen und gewinnen wollten. In den späten Abendstunden war das Scheitern des Anschlags erkennbar. Der ↑Bendlerblock, die Berliner Zentrale der Verschwörer, wurde von regimetreuen Truppen besetzt. Noch in derselben Nacht wurden Stauffenberg, dessen Adjutant Werner von ↑Haeften, Mertz von Quirnheim und Olbricht als die Hauptverantwortlichen des Attentats im Innenhof auf Befehl von Generaloberst Fromm erschossen. Ludwig Beck wurde zum Selbstmord gezwungen; Henning von ↑Tresckow nahm sich wenig später an der Ostfront das Leben.

Lit.: P. Hoffmann: Widerstand, Staatsstreich, Attentat. Der Kampf der Opposition gegen Hitler. München 1985.

Abkürzungen

ADG	Auslandsvertretung Deutscher Gewerkschafter
ADGB	Allgemeiner Deutscher Gewerkschaftsbund
ADV	Antinazistische Deutsche Volksfront
AEG	Allgemeine Elektrizitäts Gesellschaft
ARPLAN	Arbeitsgemeinschaft zum Studium der sowjetrussischen Planwirtschaft
BBC	British Broadcasting Corporation
Bd	Band
Bde	Bände
BdO	Bund deutscher Offiziere
BK	Bekennende Kirche
BSW	Brüderliche Zusammenarbeit der Kriegsgefangenen
CDU	Christlich Demokratische Union
DAF	Deutsche Arbeitsfront
DEFA	Deutsche Film Aktiengesellschaft
DFV	Deutscher Freidenker-Verband
DGB	Deutscher Gewerkschaftsbund
DJJG	Deutsch-Jüdische Jungengemeinschaft
DMV	Deutscher Metallarbeiterverband
DNVP	Deutschnationale Volkspartei
ELAS	Griechische Nationale Befreiungsfront
FDGB	Freier Deutscher Gewerkschaftsbund
GER	German Educational Reconstruction
Gestapo	Geheime Staatspolizei
HJ	Hitlerjugend
Hrsg	Herausgeber
IAH	Internationale Arbeiterhilfe
IB	Internationaler Bund für Sozialarbeit
i. G.	im Generalstab
IJB	Internationaler Jugendbund
IOL	Interessengemeinschaft oppositioneller Lehrer
ISK	Internationaler Sozialistischer Kampfbund
IVKO	Internationale Vereinigung der Kommunistischen Opposition
IWK	Internationale Wissenschaftliche Korrespondenz zur Geschichte der Arbeiterbewegung
Jg.	Jahrgang
KAPD	Kommunistische Arbeiterpartei Deutschlands
K. G.	Kampfgemeinschaft für rote Sporteinheit

KJVD	Kommunistischer Jugendverband Deutschlands
Komintern	Kommunistische Internationale
KPD	Kommunistische Partei Deutschlands
KPDO	Kommunistische Partei Deutschlands (Opposition)
KPdSU	Kommunistische Partei der Sowjetunion
KZ	Konzentrationslager
LG	Landgericht
LG	Landesgruppe deutscher Gewerkschafter in Großbritannien
LO	Leninistische Organisation
NKFD	Nationalkomitee „Freies Deutschland"
NSDAP	Nationalsozialistische Deutsche Arbeiterpartei
OKH	Oberkommando des Heeres
OLG	Oberlandesgericht
ORG	Organisation (auch Leninistische Organisation, LO)
RK	Rote Kämpfer
RKG	Reichskriegsgericht
RSD	Arbeitsgemeinschaft Revolutionärer Sozialisten
RSHA	Reichssicherheitshauptamt
SA	Sturmabteilung
SAI	Sozialistische Arbeiterinternationale
SAJ	Sozialistische Arbeiterjugend
SAP	Sozialistische Arbeiterpartei Deutschlands
Schufo	Schutzformationen
SD	Sicherheitsdienst
SED	Sozialistische Einheitspartei Deutschlands
SJVD	Sozialistischer Jugendverband Deutschlands
Sopade	Sozialdemokratische Partei Deutschlands (Exilvorstand)
SPD	Sozialdemokratische Partei Deutschlands
SS	Schutzstaffel
UdSSR	Union der Sozialistischen Sowjetrepubliken
UP	United Press
USPD	Unabhängige Sozialdemokratische Partei Deutschlands
VfZ	Vierteljahrshefte für Zeitgeschichte
VGH	Volksgerichtshof
ZdA	Zentralverband der Angestellten
ZK	Zentralkomitee